珍藏本
纪念版

汉译世界学术名著丛书

# 货币和信用理论

〔奥地利〕路德维希·冯·米塞斯 著

樊林洲 译

商务印书馆
SINCE 1897
The Commercial Press

2017年·北京

Ludwig von Mises
THE THEORY OF MONEY AND CREDIT

根据自由基金公司 1981 年版译出

# 汉译世界学术名著丛书
# （120 年纪念版·珍藏本）
# 出 版 说 明

2017 年 2 月 11 日，商务印书馆迎来 120 岁的生日。120 年前，商务印书馆前贤怀揣文化救国的理想，抱持“昌明教育，开启民智”的使命，立足本土，放眼寰宇，以出版为津梁，沟通中西，为中国、为世界提供最富智慧的思想文化成果。无论世事白云苍狗，潮流左右激荡，甚至战火硝烟弥漫，始终践行学术报国之志，无改初心。

迻译世界各国学术名著，即其一端。早在 20 世纪初年便出版《原富》《天演论》等影响至今的代表性著作，1950 年代后更致力于外国哲学和社会科学经典的译介，及至 1980 年代，辑为“汉译世界学术名著丛书”，汇涓为流，蔚为大观。丛书自 1981 年开始出版，历时三十余年，迄今已推出七百种，是我国现代出版史上规模最大、最为重要的学术翻译工程。

丛书所选之书，立场观点不囿于一派，学科领域不限于一门，皆为文明开启以来，各时代、各国家、各民族的思想与文化精粹，代表着人类已经到达过的精神境界。丛书系统译介世界学术经典，引领时代思想，为本土原创学术的发展提供丰富的文化滋养，为推动中国现代学术和现代化进程做出了突出的贡献。

为纪念商务印书馆成立120周年，我们整体推出“汉译世界学术名著丛书”120年纪念版的珍藏本，寄望既利于文化积累，又便于研读查考，同时向长期支持丛书出版的译者、编者和读者致以敬意。

两甲子后的今天，商务印书馆又站在了一个新的历史时间节点上。我们不仅要铭记先辈的身影和足迹，更须让我们的步伐充满新的时代精神。这是商务人代代相传的事业，更是与国家和民族的命运始终紧密相连的事业。我们责无旁贷，必须做好我们这代人的传承与创造，让我们的努力和成果不仅凝聚成民族文化的记忆，还能成为后来人可以接续的事业。唯此，才能不负前贤，无愧来者。



商务印书馆编辑部

2017年10月

# 目　　录

## 第二编　货币的价值

## 第三编 货币和银行业务

## 第四编　货币体系的重建

# 新 版 序

本书德文第一版出版以来，40 年过去了。在这 40 年期间，世界遭受了很多灾难性事件。导致发生这些令人遗憾的事件的政策也影响了各国的通货体系。不断贬值的不兑现钞票逐渐代替了健全货币。当今，通货膨胀困扰着所有国家，而且通货体系完全崩溃的黯淡前景威胁着所有的国家。

我们有必要认识到，世界目前的状况，尤其是货币事务目前的状况，是应用支配当代人思想的理论的必然结果。当代的严重通货膨胀现象不是不可抗力事件。它们是人为的现象，或者直截了当地说，是政府造成的现象。这些现象是赋予政府神奇的权力，从而使政府毫无根据地创造财富，并以提高"国民收入"从而使人民满意的理论体系的产物。

经济学的主要任务之一是戳穿基本的通货膨胀谬误，这个谬误使约翰·劳(John Law)时代到凯恩斯勋爵时代的著作者和政治家的思想陷入一片混乱。如果像"扩张"是好事这类无稽之谈形成官方理论的组成部分，并指导各国的经济政策的话，货币重建和经济复苏的任何问题就无从谈起。

经济学提出反对通货膨胀和扩张(expansionist)理论的任何观点都不可能影响政治煽动者。因为政治煽动者并不关心其政策的更长远的后果。虽然他知道通货膨胀和信用扩张理论所创造的繁荣是短期的，必然要以衰退而结束，他还是选择通货膨胀和信用扩张政策。他甚至会由于不顾长期后果而感到自豪。他不断地说，最终我们都会死亡；只有短期结果才是最重要的。

但是，问题是这种短期结果能持续多久？政治家和政客都似乎过于高估了这种短期结果的持续时间。对当前形势的正确分析是这样的：我们已经太久地经受了短期结果，现在必须面对政党不愿意考虑的长期结果。事情的发展正如是健全经济学（sound economics）早就预言过的，而新通货膨胀学派把健全经济学贬低为传统经济学。

在这种形势下，乐观主义者可能希望各个国家乐于正视它们在不久前还漠然无视的事实。正是这种乐观的预期促使出版商重印此书，并建议作者把一篇关于货币重建的文章作为这本书的结尾（第四编）。

路德维希·冯·米塞斯 1952 年 6 月于纽约

# 莱昂内尔·罗宾斯教授的导言

在经济科学的所有分支中，跟货币与信用有关的这一部分可能历史最长，文献最丰富。数量理论的基本理论建立之时，对其他类型的经济问题的探讨尚未开始。到19世纪中期，在一般价值理论中，令人满意的静态体系尚未建立，货币和银行的小册子文献就在处理经济动力学的很多更加深奥的问题，而且经常成果显著。到今天，尽管我们的观点有各种各样的分歧，我们认为，和货币与信用理论相比，经济理论中没有任何一部分能够给政治家和工商界人士提供更多的切实的帮助。



尽管如此，经济学这一部分的分析和经验的已有成果却没有系统化，没有和理论经济学的主要范畴联系起来。特殊的专题研究论文数以百计。小册子文献如此丰富，任何一个人都没有能力完全消化吸收。不过，在操英语的国家，几乎没有人尝试进行这种整理，因此凯恩斯在撰写其《货币论》时，不禁感叹不但缺少对这一部分进行系统整理的既定传统，而且甚至连对这一主题进行系统论述的一本著作都没有，无论在规模上还是质量上，都无法和纯均衡理论的中心问题的标准讨论相提并论。

在这种情况下，大家希望此书的出版能够满足操英语的学者的真正需要。这本著作是维也纳米塞斯教授《货币和信用理论》

(*Theorie des Geldes und der Umlaufsmittel*)的译本,的确能够弥补这一不足。它系统论述了货币和信用理论的主要内容,而且联系了分析经济学的主要部分,以及和当代政策相关的主要问题。本书首先对货币的性质和功能进行了严密的分析,用一系列巧妙的方法,以循序渐进的方式 ,讨论了在只有一种货币而没有银行制度的简单情形下货币的价值,然后分析平行通货和外汇现象,最后详细论述了现代银行业务的问题,以及信用创造对于资本结构和商业稳定的影响。在欧洲大陆经济学界,此书一直被视为这一学科的标准教科书。我们希望它在操英语的国家也能发挥相似的作用。就我所知,就逻辑连贯性和对现代经济的分析而言,几乎没有哪部著作能和此书相提并论。

不过,如果认为对货币和信用理论的系统论述是这一著作的唯一优点,或者是它的主要优点,实属大错特错。此书首次提出的很多命题,现在已成为现代货币理论广为使用和接受的原则,操英语的读者,如果在出版 20 多年之后第一次读这本书的话,可能不会注意到此书对知识的原创性贡献——人们现在讨论的许多极为重要的问题正是源于这一贡献。在 1912 年,谁听说过强迫储蓄?谁听说过均衡和货币利率之间的差距?还有谁听说过由于信用不稳定导致生产者的商品价格和消费者的商品价格之间的关系的波动周期?这些问题都在此书中,不是早期的文献中偶然提到的次要问题,而是充分阐述的理论体系的中心内容——这一体系是经过认真思考,被随后发生的一系列事件完全证实,作者确信无疑的理论,这些事件首先是第一次世界大战之后不久出现的严重的通货膨胀,以及后来导致萧条的一系列事件,全世界至今仍在遭受着这一系列事件的恶果。我们也不应该忽视此书对货币价值理论的更为抽象部分的贡献。米塞斯教授和马歇尔(Marshall),还有一两个其他人,把货币价值理论融会贯通于纯趋向于价值理论的一般范畴,这是他们的共同功绩:在这一结合过程中,米塞斯教授强调经济不稳定因素和保留现金多寡的关系,他还强调由于没有远见而造成一些货币现象,他的这些预言在这些问题的最近的讨论中被证明是非常有见地的。尽管我们可以观察到,在一些方面,趋向于转向数量理论的更为机械的形式,尤其趋向于更多地使用纯粹的重复公式,但是,进一步深入解释越来越难以理解的货币现象,可能会沿着这个途径发展,这似乎很清楚。

这个译本根据德文第二版翻译,于1924年出版。省略了对英语读者完全没有意义的一些段落,几乎纯粹讨论德国争议的一章作为附录1列出。第三编第六章对有关政策的评论保留了1924年的原文。[1]但是,作者在翻译的每一个阶段都给予了慷慨的协助,并为英文文本特别撰写了一篇导言,概括说明他对1924年以来出现的问题的观点。附录2中的说明列出了专业术语的德文对等词,这些专业术语用来说明不同种类的货币的名称,并详细讨论了没有准确英文对等词的一个德文词的翻译。



莱昂内尔·罗宾斯

伦敦经济学院

1934年9月

## 注　　释

1　除了时态的一个微小改变。在第二版中,作者用一个注释说明了第三编的最后一章的首次重要的划分，基本意思是说这一节是指 1912 年的情形，即最初写作时的情形。在这一版中，即使这个注释在边码第 406 页原来的地方重印了，为了防止有可能误解，某些做法和情形（尤其在第 4 节到第 8 节）使用过去时。（Cf. pp. 406 n. z，416 n.，and also 429 n.）（这个内容在尾注中也有。——译注）

# 英文版序

与银行和通货政策相关的问题表现出的外在情况每年、每月 15
都在变化着。在这种变化之中，我们能够处理这些问题的理论工具一直没有发生变化。其实，经济学的价值在于它能够使我们认识问题的真正意义，并使我们摆脱其偶然现象的影响。通常不需要非常高深的经济学知识来理解一个措施的短期影响，但是经济学的任务是预测更久远的影响，从而使我们避免在力图纠正目前的问题时，却为将来更严重的问题播下隐患的种种行为。



此书的德文第二版出版以来，十年已经过去了。在这十年期间，世界各国的通货和银行问题的外部情况已经完全发生了变化。但是，如果更加仔细地研究这些问题，我们就会发现现在和当时都面临相同的基本问题。那时，英国正在做把英镑的黄金价值再一次提高到战前水平的工作。当时没有人注意到，物价和工资使英国人自己适应了更低的价值，把英镑重新建立在战前的同等价值上注定会使物价下降，这使企业家的经营更加困难，因此扩大了在实际工资和在自由市场上所支付的工资之间的差距。当然，尽管这个做法毫无疑问有缺点，但是，力图重新确立以前的平价还是有一些理由的。应该充分考虑这样一个政策的赞同和反对意见之后，再进行这一决策。而事实却是，没有让公众事先充分了解这个政策的不可避免的缺点，这个政策就得以实施，这就使公众尤其激烈地反对金本位。

而且社会各界诉说的灾难并不是因为恢复金本位，就这个问题而论，只是因为英镑的黄金价值被固定在和英国的物价和工资水平相对而言的一个更高水平上。

从1926年到1929年，世人主要关注着美国繁荣的问题。正如在由信用扩张所产生的以前所有的繁荣一样，那时人们认为繁荣会永远持续下去，因此没有人重视经济学家的警告。经济学家对于1929年经济形势的逆转和随后发生的严重经济危机并不吃惊；他们已经预见了这些问题，虽然他们未能预测到这些问题发生的准确时间。



当前形势中值得注意的问题，不是我们刚刚经历了一段信用扩张时期，紧接着是一段经济萧条时期，而是政府过去一直和现在正在处理这些问题的方式。在物价普遍下跌的过程中，各个方面都致力于防止货币工资的下降，而且一方面利用公共资源支持那些会被危机压垮的企业；另一方面，通过实施公共建设工程计划对经济生活进行人为的刺激。由此带来的结果是，消除了在以前的萧条阶段最终把物价和工资调整到现有水平从而为复苏铺平了道路的那些因素。工资的稳定必定意味着失业人数的增加，而且也意味着在物价和成本之间，以及在产量和销量之间不平衡的长期化，这是危机的征兆，这个不受欢迎的真理一直没有得到大家的重视。

16 这个观点受纯粹的政治因素所支配。政府不想在以工资为生的人民大众当中造成不安定的局面。它们不敢反对视高工资为最重要的经济理想的理论，并认为工会的政策和政府的干预在物价不断下降的时期能够维持工资水平。因此，政府尽其所能以缓和或完全消除经济状况给工资水平造成的压力。为了防止工会工资制定得过低，政府给那些数量不断增长的失业者提供失业救济金，不准中央银行提高利率，限制信用，从而使危机的克服过程自由发展。

当政府感到没有足够的力量征收税赋或借款以满足它们视为不能削减的支出，或者限制其支出以能够凑合着使用现有的税收时，其绝招便是发行不兑现钞票，于是币值下降，这种现象在欧洲和美国历史上发生过不止一次。但是，贬值的最近试验的动机绝对不是财政方面的。货币单位的含金量已经被减少了，目的在于维持国内的工资水平和物价水平，还在于保证国内工业在国际贸易中和竞争对手相比处于优势地位。需要采取这样的行动在欧洲和美洲绝不是第一次。但是，在以前所有的情况下，除了几个重要的例外之外，需要采取这种行动的国家却没有保证它们的行动实现的力量。不过，在这种情况下，大不列颠则从放弃英镑的以前的含金量开始。英国并没有采用提高银行利率这一总是奏效的惯常方法来保持英镑的黄金价值，在银行利率是4.5%的情况下，英国政府和议会反而选择停止按照以前的法定平价兑现钞票，结果导致英镑价值的大幅下跌。其目的本来是阻止英国物价的进一步下跌，而且更重要的是，明显要避免产生有必要减少工资的情形。

其他国家也效仿英国的做法，尤其是美国。罗斯福总统减少了美元的含金量，因为他想预防工资的下降，并恢复1926—1929年繁荣时期的价格水平。

在中欧，效仿英国做法的第一个国家是捷克斯洛伐克共和国。在战争刚结束的几年中，捷克斯洛伐克为了提高国威，毫无顾忌地推行一种旨在提高其克朗价值的政策，直到该国不得不认识到提高其通货价值意味着阻碍其产品出口，却有利于外国产品进口，并且严重危及用银行信用获得大部分流动资金的所有那些企业的偿付能力时，才逐步停止了这种做法。不过，在今年的最初几个星期，捷克斯洛伐克克朗的黄金平价被降下来了，以便减轻负债企业的负担，还为了防止工资和物价的下跌，以及为了鼓励出口和限制进口。当今，在世界上的每个国家，人们最急于讨论的问题是是否维持或降低货币单位的购买力。

17 诚然，人们普遍认为，需要做的一切工作就是降低购买力到战前的水平，或者防止购买力高于目前的水平。但是，如果这是大家所希望的水平的话，那就很难理解为什么总是盯住 1926—1929 年的水平，而不是盯住，比如说，1913 年的水平。

假如有人认为，指数能够给我们提供制定具有坚实基础的通货政策的工具，并能使这个工具不受政府和政党的变化着的经济计划的影响，那我也就可以谈谈我在本书中提出的观点：我认为选择计算指数的任何一种具体的方法，将其视为从科学角度来看是唯一正确的方法，而把其他所有的方法视为从科学角度来看是错误的方法，这是不可能做到的事情。有使用指数计算购买力的很多方法，而且从经得起推敲的一些角度来看，每一种方法都是正确的；同样从经得起推敲的同样多的一些角度来看，每一种方法都是错误的。因为每一种计算方法都会产生和其他任何方法不一样的结果，而且因为如果把每一种计算结果都作为采取实际措施的基础，每一种计算结果会给一些人带来更多的利益，却损害其他人的利益，因此，很明显，每一个群体会拥护能够最大程度地满足他们的自身利益的那些方法。一旦认为操控购买力是通货政策的合理因素，确定购买力水平的问题就将具有至高无上的政治意义。在金本位制度下，货币价值的确定取决于黄金生产的赢利能力。对于一些人来说，这似乎是一个不利因素；而且肯定把一项不可计算的因素带入经济活动中。不过，金本位不会使商品的价格因为货币方面的因素而产生剧烈和突然的变化。19 世纪我们经历的货币价值的最剧烈的变化因素不是来源于黄金生产形势的变化，而 18
是来源于政府和发行银行的政策。货币价值依赖于黄金的生产确实至少说明货币价值不受当时政治的影响。通货和固定而且不变的黄金平价的分离使货币价值成了政治的玩物。今天我们看到，在国内和国际经济政策中，货币价值的考虑因素使其他所有考虑因素都处于次要的地位。我们现在离“经济政策”主要被理解为只影响货币的购买力的问题的形势已经不太远了。我们要维持货币单位的目前的金含量，还是转向一个更低的含金量？这是目前所有欧洲和美洲国家经济政策中的一个主要问题。也许我们已经处于减少货币单位黄金含量的竞争当中，目标是在商业战争中获得暂时的优势（不过，这种暂时的优势是自欺欺人的做法），文明世界的国家在几十年中越来越激烈地进行着这场商业战争，对这些国家人民的福利带来了极其不利的影响。

把这种形势称为从黄金的束缚中摆脱出来是难以令人满意的。在最近几年中，在“放弃金本位”的所有国家中，没有一个国家能够在国内外影响黄金作为交换媒介的重要性。实际发生的事情并不是脱离黄金，而是脱离货币单位以前的法定黄金平价，尤其是在牺牲债权人利益的情况下减少了债务人的负担，尽管这些措施的主要目标或许是尽可能保证名义工资的稳定，有时也保证物价的稳定。

一些国家因为上述原因对其通货的黄金价值进行贬值，此外还有另外一些国家不愿意承认，在其国内钞票流通数量大幅扩张
19 之后，其货币按照黄金价值计算贬值了，它们坚持这样一种虚幻的想法，即它们的货币单位仍然具有其法定黄金价值，或者至少具有超过其实际水平的黄金价值。为了支持这种虚构的想法，它们发布外汇管理条例，这些条例一般要求出口商以法定的黄金价值，即以蒙受很大损失的价格来出售外汇。在这种情况下，出售给中央银行的外汇数量大为减少，这个事实不必进一步说明。因此，在这些国家出现“外汇短缺”(Devisennot)。事实上按照规定价格难以购买到外汇，而且中央银行不会考虑购买以合理的价格在非法市场上交易的外汇，因为它不愿意支付这个价格。于是外汇“短缺”就成为讨论转嫁困难和禁止向外国支付利息和分期付款的借口。这实际上使国际信用陷入停顿状态。对以前债务的还本付息要么很少，要么根本不付，而且可以想象得出，新的国际信用交易难以继续成为认真考虑的问题。向国外借款再也不可能了，这不是遥远的形势，因为任何政府在任何时期出于“外汇政策”的原因都有理由禁止向外国偿还债务，这一原则逐渐为各国所接受。这种外汇政策的真正意义在这本书中进行了详细的讨论。在此仅仅指出，这种政策在最近三年中非常严重地损害了国际经济关系，其损害程度比在以前整个 50 或 60 年期间实施的贸易保护主义，包括

第一次世界大战期间所采取的措施，更为严重。如果不放弃这样一条原则，即各国政府可以借口自己的行动造成的外汇短缺，而随意停止支持利息，或随意禁止本国人民还本付息的话，国际信用的这种停顿就很难解决。恢复国际信用的唯一方法是使国际信用交易不受各国立法机构的影响，并为此制定一套专门的国际法规，由国际联盟保证并真正实施。如果不创造这些条件，那么几乎不可能提供新的国际信用。因为所有国家在国际信用的恢复中具有相同的利益，在接下来的几年中朝这个方向努力可能是有希望的，只要欧洲国家不会因为战争和革命在国际信用问题上陷得更深。但是，构成这些未来协议基础的货币体系就必定是基于黄金的体系 20
的。黄金不是货币体系的最好的基础。和所有人类的创造物一样，金本位不是没有缺点；但是在目前的情形下，不管是在目前还是在可预见的未来，没有其他任何办法能使货币体系摆脱政党政治和政府干预的不断变化的影响。而且受这些因素影响的任何货币体系都无法成为信用交易的基础。批评金本位制度的那些人不应该忘记，正是金本位制度使19世纪文明的传播跨越西欧古老的资本主义国家，并使这些国家的财富有助于世界其他国家的发展。欧洲一小块地方几个发达的资本主义国家的储蓄创造了整个世界的现代生产设备。如果债务国拒绝偿付它们现有的债务，它们当然会改善它们近期的形势。但是，它们是否同时不会极大地损害它们的未来前景则值得深为怀疑。因此，在谈论货币问题时，讨论债权国和债务国之间，资本供应充足的国家和资本供应不足的国家之间的利益冲突常常似乎是不对的。正是那些依赖于引进外国资本以开发它们的生产资源的更为贫穷的国家的利益，使国际信用的停顿似乎处于非常危险的状态中。

现在在各个国家发生的货币和信用体系的紊乱——这一事实再多次反复重申也是应该的——不是因为金本位制不完善。我们这个时代的货币体系饱受指责，以及最近五年期间物价下跌，不是金本位制的过错，而是信用扩张的不可避免的和无法逃避的结果。这一结果最终必定导致货币体系的崩溃。社会各界主要主张的补救措施只不过是另外一次信用扩张而已，这种补救措施当然可能会带来短暂的繁荣，但是必定会以相应的更严重的危机而告终。

21 货币和信用体系的困境只是目前世界各国正在遭受的严重经济困难的一部分。不但货币和信用体系不协调，而是整个经济体系出现了问题。多年来，所有国家的经济政策背离了19世纪积累起国家财富的原则。劳动的国际分工现在被视为一件坏事，有人要求回归到远古的自给自足的经济。外国货物的每一次进口被视为灾祸，要不惜一切代价加以避免。力量强大的政党以不可思议的热情宣布和平会带来问题，而战争才是进步的观点。它们不满足于把战争描述为国际交往的合理形式，而且还建议甚至在解决国内政治问题时使用武力来镇压反对者。自由主义的经济政策努力避免在发展的道路上设置障碍，使每一个生产部门都被配置到能最大限度地发挥劳动生产率的地方，但是，在当今，把企业建立在生产条件不利的地方的行为被认为是值得政府支持的爱国行为。如果要求货币和信用体系消除这些错误经济政策的结果，这种要求未免有失公允。

仅仅通过改革货币和银行制度以旨在消除错误的经济和财政政策的结果的所有建议是完全错误的。货币只是一个交换媒介，当商品和服务的交换借助于货币比易货贸易方式更容易进行时，货币就完全履行了其职能。试图从货币方面进行经济改革肯定不能取得任何成效，而只能是以货币扩张人为地刺激经济活动，而必须经常强调的是，这种做法必定导致危机和萧条。不断发生的经济危机只不过是通过额外的信用努力刺激经济活动的结果而已，尽管我们已经具有所有的经验教训，而且经济学家一直在警告我们。

这个观点有时被称为“传统观点”，因为它和古典经济学家的理论有关，古典经济学家是英国的不朽荣耀；它和“现代的”观点形成对比，现代的观点在和16和17世纪的重商主义的观点相似的理论中有过表述。我认为在传统的观点中没有什么内容会使我们感到羞愧。重要的问题不是一个理论是传统的还是最时尚的，而 22
是它是正确的还是错误的。我的研究得出的结论是，信用扩张不能构成资本的替代品，尽管一些人可能并不喜欢这个结论，但是我认为没有人能够对这一结论提出符合逻辑的反证。

路德维希·冯·米塞斯

1934年6月于维也纳

# 德文第二版序

23 12年前本书第一版付梓之时，各个国家及其政府都在准备第一次世界大战这一悲惨的事件。它们的准备不仅是在兵工厂里堆积武器和弹药，并且在起劲儿地宣扬和狂热地宣传战争的意识形态。在这场战争的意识形态中，最重要的经济因素是通货膨胀政策。

我的这本书也讨论了通货膨胀政策问题，并力图指出该理论的缺陷；这本书也提及了那些在不久的将来威胁货币体系的变化。那些为即将降临的货币灾难做准备工作的人对此书进行了无情的攻击。攻击过此书的一些人很快获得了很大的政治影响；他们能够把其理论付诸实践，并在他们自己的国家里用通货膨胀政策做实验。

一般认为在面对战争和战后期间的问题时，经济学就会崩溃，这种观点是完全错误的。做出这样的断言是不了解经济理论的文献，并误认为经济学是以历史、经验和现实学派的追随者的著作中发现的断章取义的内容为基础的理论。没有人比经济学家自身更了解经济学的缺点，也没有人比经济学家对经济学的缺陷和失败更感到遗憾。但是，最近10年政客需要的所有理论指南都可以从现有理论中学到。那些嘲弄并视科学劳动的可靠的并且公认的结果为"苍白的抽象概念"而予以无情拒绝的那些人应该责备他们自己，而不是批评经济学。

有人提出近年来的经验使得修订经济学成为必要，这个断言是如何得出的同样令人难以理解。对于熟悉通货史的任何人来说，我们所经历的货币价值的剧烈而且突然的变化都不是新问题；货币价值的变动、变动带来的社会后果，以及政客对这两者做出反应的方式对于经济学家来说都不是新问题。对于很多国家主义者来说，这些经验确实都是新的，这也许是最佳的证据，证明那些自诩有大量历史知识的这些政客不是名副其实的，而仅仅是他们重商主义宣传的托词而已。 24

尽管这本书在基本观点上没有变化，但和第一版的形式有很多不同，这倒不是因为不能用旧理论来解释新事实。实际情况是，在第一版出版后的 12 年中，经济学已经取得了不容忽视的进步。而且我自己对交易经济学中的问题的研究使我在很多方面得出和第一版不同的结论。我今天对利息理论的看法和 1911 年的看法已经不一样了；尽管在准备这一版和准备第一版时一样，我被迫推迟研究利息问题（这个问题不在间接交换理论的范围之内），但在这本书的某些章节仍然还有必要提到这一问题。还有，我在危机问题上的观点有一个方面发生了变化：我得出结论认为，作为通货学派理论的阐述和继续，我所提出的理论本身是对危机的完整解释，而不是在第一版中我所认为的仅仅是直接交换理论的补充解释。

此外，我深信，甚至在阐述货币理论时，不能进行静态（statics）和动态（dynamics）之间的区别。在撰写第一版时，为了不使德国读者产生误解，我认为应该不讨论这种区别而从事研究。因

25 为在当时的不久之前，在一本广泛阅读的论文集的一篇文章中，奥尔特曼(Altmann)曾在货币理论中使用“静态”和“动态”概念，其意义和当代美国学派的术语不同。[1]不过，当代理论中静态和动态之间区别的意义可能已经被注意经济学发展的人知道了，尽管不是了解得非常完整。现在采用这个术语是安全的，而不用担心和奥尔特曼的术语混淆。我对货币价值变化的社会意义一章有所修改，以说明这一观点。在第一版中，关于货币政策的一章包含很长的以对历史的研究为基础的讨论；最近几年的经验提供了基本论点的充分说明，在这一版中就没有包括这些讨论。

在第二版中增加了关于今天的银行政策问题的一节，而且也简要地研究了国家主义者的货币理论和政策。遵照几个同事的要求，我在第二版中也包括了关于货币理论分类的一篇经过修改和扩充的短文，这篇论文在几年前发表在社会学和社会立法文献(*Archiv für Sozialwissenschaft und Sozialpolitik*)的第 44 卷。

至于其他方面，我完全无意从批评的角度来论述大量新出版的专论货币和信用问题的著作。在科学中，正如斯宾诺莎所言：“真理会见证其本质，也会见证其错误。”我的书只在有必要确立我自己的观点，或者在解释或提出这些观点的理由时才包含批评性的观点。因为批评的任务在最近出版的两本极好的著作中有非常好的讨论，所以在这本书中不包括批评则更有理由了。[2]

第三编的结尾一章讨论信用政策问题，是按照第一版的内容重印的。这一章的论点提到了 1911 年的银行形势，但是，该章的理论性结论的意义似乎不应该修改。作为本版的结尾，上面提到的对当前银行政策问题的讨论，是这一章的补充。但是，即使在这个新增加的讨论中，也不应该寻求绝对的正确性。其目的仅仅在于表明有争议的问题的本质。在任何单独的案例中，在所有可能的解决方法之中进行的选择取决于对赞同和反对意见的评估；如何选择的决策不是经济学的职能，而是政治学的职能。

路德维希·冯·米塞斯

1924 年 3 月于维也纳

# 第　一　编

# 货币的性质

# 第一章　货币的功能

## 第一节　使用货币的一般经济条件 29



在商品和服务没有进行自由交换的地方，不需要货币。在劳动分工纯粹是家庭事务，生产和消费在单一家庭内部完成的社会状态中，货币就像对于一个与世隔绝的人一样没有用处。但是，即使在以劳动分工为基础的经济秩序中，如果生产资料被社会化，制成品的生产和分配被一个中央机构所管制，不允许个人用分配给他们的消费品交换分配给别人的消费品，则仍然没有必要使用货币。

货币现象的前提是一种经济秩序，其中生产以劳动分工为基础，私有财产不但包括初阶商品（goods of the first order）（消费品），而且也包括高阶商品（goods of higher orders）（生产资料）。在这样一个社会中，根本不对生产资料实行有组织的集中管理，因为如果不对生产资料进行集中支配的话，这是难以想象的。生产是“无政府状态”。该生产什么和如何生产首先由生产资料的拥有者决定，不过，生产者不但要为满足自己的需求，而且也要为满足他人的需求而生产，在生产者价值的估算当中，不但要考虑产品对于他们自身的使用价值，而且还要考虑这些产品对社会的其他成员所具有的使用价值。生产和消费的平衡在市场进行，不同的生产者在市场一起讨价还价交换货物和服务。作为一般交换媒介，货币的职能是便利市场的交易。

## 第二节　货币的起源

30 根据是否使用媒介，我们可以把间接交换和直接交换区别开。

假如甲和乙彼此交换一定单位的商品 m 和 n，甲得到商品 n，因为对甲来说，n 对他具有使用价值。他打算消费这个商品。同样的情况也适用于乙，他取得了商品 m，可以立刻使用。这是直接交换的例子。

如果市场上有两个以上的人和两种以上的商品，间接交换也是可能的。在这种情形中，甲获得商品 p，并不是因为他想消费这个商品，而是为了用这个商品交换他确实想消费的另一个商品 q。我们假定，甲把两个单位的商品 m 带到市场，乙把两个单位的商品 n 带到市场，丙把两个单位的商品 o 带到市场，而且我们还假定，甲希望得到每一个商品 n 和 o 的一个单位，乙希望得到每一个商品 o 和 m 的一个单位，而丙希望得到每一个商品 m 和 n 的一个单位。即使在这种情况下，如果对这三种商品的主观估价可使 m，n 和 o 的一个单位交换其他两个商品的一个单位，则直接交换是可能的。但是，如果这个假定或一个相似的假定无效，而且在所有交换交易的大多数交易中，这个假定都无效的话，那么就有必要进行间接交换了，而且除了满足当前的商品需求之外，还有和其他人交换商品的需求。[1]

让我们以一个简单的例子来说明，商品 q 的拥有者仅仅需要商品 p，而商品 p 的拥有者不需要商品 q，而第三个商品 r 的拥有者却需要商品 q，商品 p 的拥有者则需要商品 r。在这些人当中不可能进行直接交换。如果要进行任何程度的交换，这些交换必须是间接的；例如，如果商品 p 的拥有者用商品 p 交换商品 q，然后又用商品 q 交换商品 r，r 就成了他们自己希望消费的商品。当供给和需求在数量上不一致时，例如，当一个不可分割的商品被用来交换几个人分别拥有的不同商品时，交换的情形也大体上相同。 31

随着劳动分工越来越细和需求越来越多样化，间接交换也越来越有必要。在经济发展的目前阶段，可能使用而且实际上发生直接交换的情形就非常罕见了。不过，即使在今天，直接交换也时有发生。以实物工资的支付为例，如果一方面雇主雇用工人以直接满足他自己的需求，同时不必通过商品交换取得用于支付工资的商品；另一方面，如果工人消费了他得到的商品，而不是出售这些商品，这种行为就是直接交换的例子。用实物支付工资的这种做法在农业上仍然被广泛使用，尽管甚至在这一领域，由于资本主义管理方法的发展以及劳动分工的细化，实物工资的支付方法从而越来越不重要了。[2]



由此可见，市场上除了有可直接消费的商品需求之外，还有购买者不想消费而愿意通过进一步交换来支配的商品的需求。显然，并非所有商品都具有这种需求。如果间接交换不能使一个人更接近于他的最终目的，即得到商品供自己使用，他显然就没有进行间接交换的动机。如果人们不能从间接交换中获得任何直接的

个人利益，如果不是间接交换则没有任何交易，这就难以吸引人们进行间接交换。从个人的角度来看，直接交换不可能进行，间接交
32 换没有目的，那么就根本不能产生任何交易。人们仅仅在对他们有益的情况下才进行间接交换；换言之，只有在他们得到的货物比他们要出售的货物更有利可图的情况下，他们才进行间接交换。

所有商品并不是都具有相同程度的销路。一些商品只具有有限的和偶然的需求，另外一些商品的需求广泛并且稳定。因此，那些把第一种商品带入市场以交换他们需要的商品的人一般来说比把第二种商品带入市场销售的人赢利的机会少。不过，如果他们用相对不容易销售的商品交换更容易销售的商品，他们离目标就更近了，和局限于直接交换来说，他们可能有希望更有把握地和更加经济地销售其商品。



以这种方式，起初最容易销售的那些商品成为交换的常用媒介：即出售其他商品的人首先把他们的商品交换成这种商品，而准备购买其他商品的人们也要首先取得这种商品。一旦相对最容易销售的这些商品成为交换的常用媒介，这些商品和所有其他商品之间的适销性的差异就会增大，这反过来进一步巩固和扩大这些商品作为交换媒介的地位。[3]

因此，市场的需求逐渐导致选择某些商品为交换的常用媒介。作为交换媒介的商品种类最初很多，而且在各个国家都不相同；但是，交换媒介的数量不断减少。当大家都不进行直接交换时，参加交易的每一方自然会尽量交换各自多余的商品，不仅交换大体上更容易销售的商品，而且还交换最容易出售的商品；并且在更容易出售的商品之中，他自然会选择最容易出售的商品。在间接交换

中最先获得的商品的易售性越高，这种商品就越有希望不费周折地达到其最终的目的。所以，在作为交换媒介的一系列商品中，销 33 路不太好的商品一个一个被淘汰了，最后只剩下一种商品，这种商品就被普遍作为交换的媒介，简而言之，这种商品就是货币，这是不可避免的趋势。

在使用交换媒介发展的这个阶段，完全使用一种经济商品，还没有完全实现。在交换媒介的早期，一些地方比另一些地方早，间接交换的发展使人们开始采用金、银这两种贵金属作为常用的交换媒介。不过，作为交换目的的商品种类的持续减少在此之后中断了很长一段时间。在数百年甚至数千年期间，人类在黄金和白银之间进行选择时摇摆不定，难以决定使用哪一个。形成这种突出现象的主要原因在于这两种金属的自然品质。由于这两种金属在物理上和化学上的性质非常相似，它们几乎都能够满足人类的需求。对于制造各种各样的装饰品和首饰来说，金银的性能同样良好。（仅仅在近年人类在技术上的成果使贵金属的使用范围大为扩大，其效用的区别也更明显。）在与外界隔离的社会中，偶然会有使用黄金或白银作为唯一的一般交易媒介的现象，但是，一旦该社会从事国际贸易，其隔离状态被打破，这种短期的统一总是再次消失了。

经济史是经济社会越过单一家庭的最初界限，进入国家，然后再进入世界的逐步发展的历史。只要两个在经济上逐步融合的社会没有相同种类的货币，社会规模的每一次扩大就会产生新的二元交换媒介。在人类居住的所有主要地区形成一个单一的商业区域时，才有可能裁定最后的交易媒介，因为只有在这个时候，具有

34 不同货币体系的其他国家才有可能加入并且修改国际组织。

当然，如果两个或更多的经济商品(economic goods)具有完全相同的适销性，以致这两个商品作为交易媒介没有孰优孰劣的区别时，这会限制向统一货币体系发展。我们先不试图判定这个假设是否适用于黄金和白银。尽管几十年来这个问题出现了激烈的争议，但是这个问题对货币本质的理论并没有产生任何重要的关系。因为可以很肯定地说，即使对于作为交换媒介的各种货物的不同程度的适销性不能提供一个动机，货币统一仍然一直似乎是货币政策值得争取的目标。同时使用几种货币有很多缺点，并使兑换技术复杂化，所以，在任何情况下，当然应该努力统一货币体系。

货币理论必须考虑几种货币同时发挥职能时出现的所有情况。只有当其结论不可能受一种方式或其他方式影响时，我们才可以继续假设一个单一的商品可以使用为通用交换媒介。在其他情况下，必须考虑几种交换媒介同时使用。忽视这种现象就是逃避交换媒介的其中一个最艰巨的任务。



## 第三节　货币的“次要”功能

货币是一种商品，其经济功能是便利商品和服务的交换，这一简单的表述不能使那些重视物质的积累而不重视知识增长的著作者感到满意。很多研究者认为，如果仅仅视货币为具有交换媒介的功能，那么货币在经济生活中发挥的重要作用就没有得到足够的重视；他们认为，即使再列举好几个更多的“功能”，货币的重要性也没有得到完全重视——好像在以商品交换为基础的经济秩序中，应该有比一般交换媒介更重要的功能。

在门格尔对这个问题进行研究之后，应该没有必要进一步讨论货币的次要功能和其基本功能之间的关系了。[4] 不过，从最近有关货币的文献中出现的一些趋势来看，似乎有必要简单地研究一下这些次要职能——很多著作者认为一些次要功能和基本功能是一致的——并有必要再一次说明所有次要功能都能从货币作为一般交换媒介的功能中推断出来。 35

这一点首先适用于货币所履行的便利信用交易的功能。把这一项功能视为交换媒介的一部分是最简单不过的了。信用交易事实上只不过是用现在商品交换将来商品。在英国人和美国人撰写的著作中，常常谈到货币作为延期付款标准的功能。[5]但是，这个表述方式的最初目的不是对比货币的某一特殊功能和其一般经济功能，而只是以简化的方式讨论货币价值的变化对货币债务的实际数量所产生的影响。这一表述方式很好地满足了这个目的。但是，应该指出的是，这一用法使很多著作者只从现有债务关系变化的角度研究和货币价值变化的一般经济结果相关的问题，而忽略了这些问题在所有其他方面的重要性。

货币作为穿越时空的价值转移者的功能，也可以直接追溯到货币作为交换媒介的功能。门格尔已经指出了商品对于储藏的特殊适宜性，以及为了储藏的目的而随后被广泛使用，遂成为商品的增加的适销性，以及它们因此取得交换媒介的资格的最重要的原因之一。[6]一旦把某一个经济商品作为交换媒介的做法普遍化，人们更开始优先储藏这个商品，而不再重视其他商品的储藏了。事实上，作为投资形式的储藏在经济发展的现阶段并没有发挥重要的作用，其地位已被购买能够产生利息的财产所代替。[7]另一方面，货币今天仍然发挥着在不同空间转移价值的功能。[8]这个功能也只不过是发挥便利商品交换的作用而已。移民到美国，要把其欧洲的财产交换成美国的财产的欧洲农民，卖掉欧洲的财产，带着货币
36 （或能用货币支付的汇票）来到美国，然后再在美国购买新家园。这是货币便利交换的一个例子，这个例子是教材中的一个完善的范例。

尤其在近年来，有人特别关注货币作为支付的一般媒介的功能。间接交换把一笔交易分成两个不同的部分，这两个部分仅以交换者取得消费品的最终意图相联系。于是，买卖显然成为彼此没有联系的行为。再者，如果买卖交易的双方在不同时间内进行各自的交易，如果卖方先交货，买方后付款（赊账购买），那么交易的完成，或者卖方交易的履行（这两者不一定是同一环节）和买方交易的履行没有任何明显的联系。其他所有的信用交易也是如此，尤其是信用交易中最重要的一种——贷款更是如此。单一交易的两部分之间没有明显的关联，这被一些人视为它们是互不相关的交易过程的一个理由，因为视支付为一项独立的合法行为，所以赋予货币以支付的一般媒介的功能。这种看法明显是错误的。“如果认为货币的功能具有便利商品和资本交易的作用，这种功能包括货币价格的支付和贷款的偿还……那么再进一步讨论作为支付媒介的特殊用途，或者甚至货币的功能，则既没有必要性，也没有理由。”[9]

这个错误的根源（就像经济学中其他很多错误的根源一样）在

于不加批评地接受法律概念和思维习惯。从法律的角度来看，拖
欠的债务是一个能够而且必须独立加以思考的问题，完全（或者至
少在某种程度上）不涉及偿还债务的来源。当然，在经济学中和在
法律上一样，货币仅是交易的一般媒介。但是，法律涉及货币的主
要的（尽管不是全部的）目的是支付问题。当寻求回答什么是货币 37
这一问题时，则是为了决定如何能够解除货币的债务。对于法官
来说，货币是支付媒介。对于经济学家来说，货币问题提出了一个
不同的方面，如果经济学家从一开始就不打算以他们的偏见影响
对经济理论的发展有所贡献的话，那么他就不应该采纳这个观点。

# 第二章　价值的度量

## 第一节　主观使用价值的不可度量性

38 尽管人们常常视货币为价值和价格的尺度，但是，这个概念却是完全错误的。只要我们接受主观价值理论，就不会出现度量这个问题。在较早的政治经济学中，寻求制约价值度量的原则在某种程度上是有道理的。如果按照价值的客观理论接受商品价值的客观概念，并将交易视为同等商品的彼此交换，那么结论必然是，必须先度量在每一件待交换的商品中包含的价值数量，然后再进行交换交易。如果是这样的话，视货币为价值的尺度就是一个明显的步骤。



但是，现代价值理论有不同的出发点。现代价值理论把价值视为由意欲消费或以其他方式最佳地支配各种商品的人赋予某一商品的重要性。价值比较是每一笔经济交易的前提。但是，这种价值比较的必要性和可能性只有比较者在几个不同的商品之间进行选择的情形中才有可能。不管这种选择是在比较者自己拥有的商品和他可能交换的别人拥有的商品之间，或者在他本人给生产资源的特定数量赋予不同的用途之间，都完全没有关系。在一个与世隔绝的家庭中(就像在鲁滨逊·克鲁索的荒岛上),既没有出售也没有购买行为,但每当生产或消费任何产品时,仍然确实出现更高阶或更低阶商品的存量的变化;而且如果这些商品的收益要超过其支出的话,这些变化必须以估价为基础。不管是在家庭的面包房中通过劳动把面粉做成面包,或者是在市场上以布匹交换 39
面包,估价的过程在本质上是相同的。从进行估价的个人的角度来看,计算某种生产行为和货物以及劳动的某种支出是否合理,和比较要交换的商品和要取得商品的价值是完全一样的,都必须在交换交易之前进行。由于这个原因,有人说每一个经济行为可以被视为一种交换。[10]

估价行为不受任何种类的度量方法的影响。确实每个人都能够说一块面包对他是否比一块铁更有价值,或者比一块肉的价值更小。因此,当然每个人都可以列出一张很长的价值比较表;这张表只能在特定的时间内有效,因为它必须假定需求和商品的特定组合。如果个人的情况发生变化,那么他的价值范围也随之发生变化。



主观估价是所有经济活动的核心,但是,主观估价按照商品的重要性次序只排列商品;它并不衡量这种重要性。除了个人这样构建的价值尺度之外,经济活动没有任何其他的经济基础。当两个商品单位被置于两个不同的人的价值尺度的不同范围中时,就会发生交易。在市场上,交易会一直进行下去,直到任何两个人都不可能再互相交换商品,从而使每一个所获得的商品比那些所放弃的商品在价值尺度的等级范围内更高时为止。如果任何人想在经济基础上进行交易,他只需按照他自己的判断,思考该商品数量的相对重要性。相对价值量的这样一个估价根本不涉及度量的概念。估价是直接的心理判断，不依赖于任何种类的中间过程或辅助过程。

（这样的思考也给主观价值理论的一系列反对意见提供了答案。因为心理学过去没有，将来也不可能衡量欲望，因此不可能最
40 终认为主观因素会引起市场上从数量上来看准确的交换比率，得出这样的结论则过于轻率。商品交换比率的基础是在市场上进行交易的个人的价值尺度。假如甲有 3 个梨子，乙有 2 个苹果；再假如甲认为 2 个苹果的价值大于 3 个梨子，而乙认为 3 个梨子的价值大于 2 个苹果。以这些估价为基础，就发生了以 3 个梨子交换 2 个苹果的交易。然而，非常明显，从数字上来看准确的 2∶3 的交换比率的决定，以 1 个水果作为单位，绝对没有假设一个先决条件，即甲和乙准确地知道通过交换获得的数量的满足感超过由于放弃的数量而获得的数量的满足感是多大程度。）

这个事实的广泛承认应归功于当代价值理论的著作者，但是，在很长时间内一种特殊性质的困难妨碍了这个事实得以广泛的承认。那些勇敢地拒绝古老的传统和思考方法的开拓者，曾经毫不犹豫地为他们自己和其追随者开拓了新的道路，但在需要严格应用他们自己的原理的所有情形中却竟然有时畏缩不前，这不完全是一件罕见的事情。当是这种情况的时候，那些后继者努力纠正了这一情形。现在就是一个恰当的例子。就价值的衡量主题来说，就像和这个主题密切相关的一系列其他主题一样，价值主观理论的创建者没有一如既往地发展他们自己的理论。这对于庞巴维克（Böhm-Bawerk）来说尤其如此。至少在他的身上表现得非常

明显；因为我们将要讨论的他的观点是自成体系的，如果价值主观理论的作者只从他们当中想得到决定性的结论的话，这个体系能够提供一个可供选择的解决方案，而且以我的意见看来，对于这个问题能够提供一个更好的解决方案。

庞巴维克指出，当我们在实际生活中必须在几个满足中进行选择时，因为资源有限，不能同时得到这些满足，情形常常是，一方面是一个大的满足；另一方面则是很多相似的更小的满足。没有人会否认，我们有能力在这些情形中逐步做出一个理性的选择。41
但是同样清楚的是，如果判断仅仅一种满足大于另一种满足，还不足以形成这样的决策；而且第一种满足比第二种满足大得多也不足以形成这样的决策。于是庞巴维克得出结论认为，这个判断必须可靠地证实多少个小的满足能够超过第一种满足，换言之，一个满足超过另一个满足在程度上是多少倍。[11]

指出最后这两个观点当中有错误应该归功于库赫尔（Cuhel）。很多小的满足大于另外一种满足的判断，其实和一个满足是其他满足中的一个满足的许多倍的判断是不一样的。只有当许多商品单位共同提供的满足和一个单位商品乘以单位数量所提供的满足相等时，这两者才是相同的。从高森（Gossen）的需求满足法则来判断，这个假设是不成立的。“我宁愿要 8 个李子而不愿意要 1 个苹果”和“我宁愿要 1 个苹果而不愿意要 7 个李子”，这两个判断根本不能说明庞巴维克从中得出的结论，即他认为消费 1 个苹果所提供的满足大于消费 1 个李子所提供的满足的 7 倍，而小于 8 倍。唯一合理的结论是，1 个苹果所产生的满足大于 7 个李子所产生的满足的总和，而小于 8 个李子所产生的满足的总和。[12]

这是能够和边际效用理论家所阐述的，尤其是和庞巴维克本人所阐述的，基本概念相一致的唯一解释，即商品单位的效用（以
42 及由此而产生的主观使用价值）随其供给的增加而减少。但是，要接受这一解释便要否定衡量商品的主观使用价值的整个概念。主观使用价值不受任何一种度量方法的影响。

美国经济学家欧文·费希尔（Irving Fisher）利用数学方法试图解决价值度量问题。[13]费希尔的这个方法并不比前人用其他方法解决的问题高明。和前人一样，他也没有解决边际效用随着供给增加而减少的难题，能够包装其论点，而且常常被视为尤其是经济学研究的适宜形式的数学方法的唯一用途是，它可以掩盖他们那巧妙但却是人为的理论结构的一些缺陷。



费希尔首先假定，某项商品或服务的效用尽管由该商品或服务的供给所决定，但却和其他所有商品和服务的供给没有关系。他意识到，如果不一开始就说明如何决定两个已知边际效用的比例，他就不能实现他的目的，发现效用的度量单位。例如，如果一个人在一年内可以支配 100 块面包，这时每块面包对他的边际效用就比他有 150 块面包大。而问题在于决定这两个边际效用之间的算术比例。费希尔将它们和第三个效用比较以试图解决这一问题。因此，他假设一个人每年也有 B 加仑的石油，并且认为效用 B 的增量等于第 100 块面包的增量。在第二个例子中，当这个人能够支配 150 块而不是 100 块面包时，假定 B 的供给量维持不变。那么，第 150 块面包的效用可能等于 b/2 的效用。到这一点为止，费希尔的论点还不至于引起争论；但是，下面的突然变化却巧妙地

避开了这个问题中的所有难点。换言之，费希尔简直在继续说明似乎是一件不言自明的事情："那么就可以认为第 150 块面包的效用是第 100 块面包的一半。"然后没有再进行进一步的解释，他就若无其事地继续讨论他的问题。他所提出的解决办法（如果我们接受上述命题是正确的）完全没有提到更多的困难，所以就顺利地最终推理出他称之为"util"的一个单位。他似乎并不知道，在上面所引用的这个具体句子中，他的讨论完全无视边际效用理论的整个内容，并使他的观点和现代经济的所有基本理论对立起来了。43
显然，只有当 b 的效用和 b/2 的效用的 2 倍相等时，他的这个结论才是合理的。但是，如果真是这样的话，决定这两个边际效用之间的比例的问题就可以用更快捷的方法来解决，而且他的很长的推理过程就没有必要了。正如他所假定的 b 的效用等于 b/2 效用的 2 倍是合理的话，他可以直接假定第 150 块面包的效用是第 100 块面包的效用的 2/3。

费希尔想象 B 加仑石油的供给可以分成 n 个少量的 b，或者 2n 个少量的 b/2。他假定可以支配这个 B 供给量的个人认为商品单位 x 的价值和 b 的价值量相等，而且商品单位 y 的价值和b/2 的价值相等。他进一步假定在这两个估价中，即在 x 的价值和 b 的价值相等，y 的价值和 b/2 的价值相等中，个人可以支配相同供给量的 B 加仑的石油。

他明显认为，可以由此得出 b 的效用是 b/2 的效用的两倍的结论。这里的错误是明显的。在第一个例子中，此人需要在 x（第 100 块面包的价值）和 b ＝ 2b/2 之间作出选择。他发现不可能在这两者之间作出决定，也就是把它们视为相同的价值。在第二个例子中，他需要在 y(第 150 块面包的价值)和 b/2 之间作出选择。在这里他又发现二者的价值相等。现在需要解决的问题是，b 和 b/2 的边际效用之间的比例是多少？要解答这个问题，只有问我们自己，特定供给量的第 n 部分的边际效用和同一供给量的第 2n 部分，即在 b/n 和 b/2n 二者之间的比例是多少。为了解决这个问题，让我们想象把 B 供给量分成 b/2n 的 2n 部分。那么第(2n－1)部分的边际效用就比第 2n 部分的边际效用大。如果我们现在假
44 定把同一供给量 B 分成 n 部分，那么，显然第 n 部分的边际效用等于上例中第(2n－1)部分的边际效用加上第 2n 部分的边际效用。它并不是第 2n 部分的两倍，而是大于两倍。事实上，即使供给量不变，几个单位加在一起的边际效用并不等于一个单位的边际效用乘以单位的数量，而必然大于这个乘积的结果。两个单位的价值大于一个单位的价值，而不是一个单位价值的两倍。[14]

也许费希尔认为，如果假定 b 和 b/2 都是这样微小的数量，可以视它们的效用为无穷小，那么就不必思考上述问题了。如果这的确是他的看法，那我们必须首先指出，无穷小数量的特定数学概念不适用于经济学问题。商品的一定数量提供的效用要么大得无法估计，要么小得使估计者无法察觉，因此影响不到他的判断。但是，即使我们认为无穷小数量的概念有其适用的理由，这个观点仍然站不住脚，因为如果我们假定两个有限数的边际效用和两个无穷小的边际效用相等的话，我们显然还是无法找到它们之间的比例。

最后必须对熊彼特的观点稍加说明。熊彼特试图把消费特定数量的商品所产生的满足视作一个单位，并以这个单位的倍数来

表示其他的满足。按照这个原则进行的价值估算应该表达如下："我从消费某种数量的商品得到的满足是我每天吃一个苹果的一千倍，"或者说，"为了得到这个数量的商品，我愿意提供最多1000个苹果。"[15]世界上真有在大脑中这样思考或者表述这样的判断的人吗？真有实际上依靠这样的决策进行的经济活动吗？显然没有。[16]熊彼特一开始就假设我们需要一个价值的尺度，以便能够比较一个"价值数量"和另外一个"价值数量"，所以犯了同样的错误。但是，估价绝对不是两个"价值数量"的比较。它只在于不同需求的重要性的比较。"对我来说，甲商品比乙商品有更大的价值"绝 45
对没有要求经济价值的一个尺度，就像"甲对我比乙对我好"一样，也没有一个友谊的尺度。

## 第二节 总价值

如果不可能度量主观使用价值，那么认定主观使用价值的"数量"则完全是不切实际的。我们可以说，这个商品的价值比那个商品的价值大；但是我们却不可以说，这个商品的价值就值这么多。这样的说法必然意味着一个确定的单位。这在事实上等于说在尚待确认的数量中有多少倍的某一单位。所以这种计算在估价过程中是完全不适用的。

这些原则的一致应用，也意味着对熊彼特关于一定存量的商品的总价值的观点的批评。根据维塞尔的观点，一定存量商品的总价值等于该总量商品的数量乘以任何具体时间的边际效用。这个观点站不住脚，因为事实表明这个观点要证明免费物品（free goods)必须永远没有价值。熊彼特因此提出一个不同的方法,即每一部分乘以和价值尺度中的值(顺便说一下,这个值具有很强的任意性)相对应的指数,然后再把这些乘积加在一起。和前面的方法一样,利用这种方法寻求答案具有一个缺点,即假定有可能度量边际效用和价值的“程度”。事实是这样的度量方法是不可能的,这从而使这两个解决方法都完全无效。必须寻找其他方式来解决这个问题。

价值一向是估价过程的结果。估价的过程从估价者个人的角度来比较两组商品的重要性。进行估价的个人和被估价的两组商品,即估价的主体和客体,必须作为不可分割的元素进入任何具体的估价过程。这并不是说它们也在其他方面必然是不可分的。不管是在物质方面还是在经济方面。估价行为的主体可以是一群人、一个国家、一个社会和一个家庭,只要它们在这种具体行为中
46 由一个代表组成一个单位即可。而被估价的客体是商品的不同单位的集合,只要它们在这个具体行为中作为整体被估价即可。尽管在另一次估价中它们的组成部分可能彼此完全独立,但是,为了某一次估价,主体和客体必须完全作为一个单位。由一个代表,例如一个国家,作为一个单一代理人,对战舰和医院的相对价值进行判断的相同的人民,则是对其他商品,例如,香烟与报纸,进行估价时却是独立的主体。对于商品来说情形也相同。现代价值理论的基础在于决定商品价值尺度的因素不是不同种类的需求的抽象意义,而是对具体欲望的表现程度。从这个事实出发,边际效用规律主要以商品的集合是可分的通常种类的形式发展起来的。但是,也有对供给总额按照实际情况进行估价的情形。

假设在经济上与外界隔绝的一个人有两头牛和三匹马，并同时假设他的价值尺度的相关部分（价值最高的商品列于首位）如下：(1)一头牛；(2)一匹马；(3)一匹马；(4)一匹马；(5)一头牛。如果这个人必须在一头牛和一匹马之间进行选择，他很可能牺牲牛而不是马。如果野兽袭击他的一头牛和一匹马，而且他不可同时保全这头牛和这匹马，那么他会设法保全马。但是，如果他的全部马和牛都遭遇危险，他的决定就不一样了。假设他的马厩和牛棚着火，而且他只能救出马厩中的马或牛棚中的牛，必须让其中之一听由命运的安排，如果他对两头牛的估价高于三匹马，那么他就会尽力去救两头牛而不是三匹马。在一头牛和一匹马之间的选择上，估价过程的结果是对马的估价较高。在所有牛和所有马之间的选择上，估价过程的结果是对所有的牛估价更高。



只有针对估价的具体行为才能正确地讨论价值。价值只存在于这样的关系中；在估价过程之外没有任何价值。没有抽象价值这样的概念。只有个人或其他估价的"主体"必须在某些经济商品 47
的可获得的总量之间选择的具体情形中才能讨论总价值。像其他每一个估价行为一样，这本身是完整的。选择者没有必要利用关于商品的单位价值的概念。像其他每一个估价过程一样，他的估价过程是考虑相关效用的各种因素的直接结论。当一批货物作为整体被估价，其边际效用，即这批货物的最后一个可得到的单位的效用，和其总效用相一致，因为总供给量是一个不可分割的数量。这对免费物品的总价值也是适用的，免费物品的不同单位一向是没有价值的，就是说，它们一向被置于价值尺度的最末端，处于一种被忽略的状态和其他所有免费物品的单位混杂在一起。[17]

# 第三节　作为物价指数的货币

以上所述内容足以清楚地说明，货币作为价格或者甚至价值的尺度功能的做法具有不科学的性质。主观价值不能度量而只能划分等级。主观使用价值度量的问题根本不是一个经济学问题。(这里可以顺便说一下，度量效率对于每一种商品来说都是不可能的，充其量只能在不同种类之中度量。而一旦我们寻求在两个或
48 更多种类的效率之间建立一种关系，那么不但度量的可能性，而且甚至仅仅分级比较的可能性，都会消失。有可能度量或比较煤或木材的热量价值，但是根本没有可能得出一张桌子和一本书的客观效率的共同的和客观的平均水平。

客观交换价值也不能度量，因为它也是个人估价后比较的结果。特定商品单位的客观交换价值可以用其他每一种商品的单位来表示。现在交换通常通过货币表示，而且因为每一种商品因此具有用货币表示的价格，所以每一种商品的交换价值都可以用货币来表示。由于交换的发展，使价值尺度的范围日趋复杂，从而有必要对估价的技术进行修改，这就使货币可能成为表达价值的媒介。

这就是说，交换的可能性使个人重新考虑他的价值尺度。在一个人的价值尺度范围中，假定“一桶酒”的价值低于“一袋燕麦”的价值，如果他能够用一桶酒在市场上换来在他看来比一袋燕麦价值高的商品，他就会把它们的价值次序颠倒过来。个人的价值尺度范围中的商品的位置不再完全由他们自己的主观使用价值所

决定，而且也由在商品交换中能够得到的商品的主观使用价值所决定，无论何时只要在个人的估价中后者的价值高于前者的话。因此，如果一个人要从其资源中获得最大限度的效用，他就必须熟悉市场上的所有价格。

不过，要实现这一目的，他需要某种帮助，以在多种混杂的交换比率中找到实现这一目的的办法。一般交换媒介——货币，能够用来交换一切商品，也能够用来购买一切商品，就非常适合于这个目的。即使一个人是熟悉商业事务的专家，如果他不选择能够降低每一个交换比率的某个通用标准，他绝对不可能了解市场形势的每一个变化，并且也不能在他的使用价值和交换价值的尺度范围中进行相应的修改。因为市场能够使任何商品变成货币，而 49
且能够使货币变成商品，所以客观交换价值由货币来表示。用门格尔的术语来说，货币就变成了价格指数(price index)。企业家和消费者计算的整个结构均基于用货币估计商品价值的过程。于是货币就成为人们在经济计算中在思想上不再能够摆脱的辅助工具。[18] 在这个意义上，如果我们想赋予货币价格尺度的功能，那么就没有任何我们不应该这样做的理由。不过，最好避免使用像这样一个非常容易引起误解的术语。无论如何，这个用法当然不能被称为是正确的——我们通常不把如何决定经度和纬度视为恒星的“功能”。[19]

# 第三章　货币的各种类别

## 第一节　货币和货币代用品

50 我们使用货币进行间接交换时，货币并不一定需要实际转移；一个同等数额的、随时可支付的、完全有保证的债权可以被转移，而无须真实金属钱币的转移。就此事本身来看，货币没有任何重要或特殊的地方。货币的特殊之处，而且只能用货币的特殊特点来加以解释，则在于完成货币交易的这种方法具有非常频繁的使用频率。

首先，货币是非常适合于构成普通债务的物质。几乎其他所有经济商品的可代替性都在某种程度上有局限性，而且通常仅仅是以人为的商业术语为基础的想象物，但是货币的可代替性几乎没有任何限制。只有股票和债券的可代替性能够和货币的可替代性进行比较。任何这些不能完全具有可代替性的物质的唯一因素是难以对它们的不同单位进行再次分割；人们曾经采用过各种各样的办法，至少就货币来说，这些办法都使这个困难没有任何实际影响。

一个更重要的情况涉及货币所履行的功能的性质。一项货币债权可以在无数次间接交易中一遍又一遍地转移,而无须向此债权的偿还者要求偿还。就其他经济物品而言,它们显然不具备这种性质,因为这些经济商品一向用于最终消费。

绝对安全而且立即支付的货币的债权,我们简称为货币代用品,因其在法律和商业上的地位,进一步增加了它便捷间接交易的特殊适应性。

从技术角度上考虑,在一些国家也可以从法律上来分析,钞票
的转移和硬币(coin)的转移几乎没有不同。二者在表面上非常相 51
似,因此,从事商业交易的人们通常不能区别那些实际履行货币功能的货币和那些只用来代替货币的替代品。商人并不关心与此相关的经济问题;他只关心的是硬币、钞票和支票等的商业上的和法律上的特点。对商人来说,钞票不需要文件证明即可转移,像硬币一样以整数面额流通,以前的持有者没有收回权,作为清偿债务的工具,法律承认它和货币的效力完全一样,这些事实似乎有充分的理由将钞票包括在“货币”一词的定义之内,而且为了在钞票和现金存款之间进行本质的区别,现金存款的转移在技术上有更严格的程序,而且在法律上也被视为不同的种类。这是货币的流行的观念的起源,日常生活受此制约。毫无疑问它满足了银行人员的目的,而且甚至对于整个商业界也是很有用处的,但是,将其作为经济学的科学术语却是很不可取的。



货币概念的争议在经济科学史中并不是最令人满意的内容之一。这个争议尤其表现在它纠缠于法律和商业上的技术细节中,而且本来只不过是一个术语问题,人们却给它附加了不该有的重要性。这个问题的解决一直被视为就其本身而言就结束了,而且

人们似乎已经完全忘记，真正的目标应该完全在于如何促使这一争议得到进一步的研究。这样一个研究应该不会毫无结果。

在努力区分货币和那些从外表看起来像货币的事物的过程中，我们只需牢记我们研究的目标。目前的研究旨在探索决定货
52 币和其他经济商品之间的交换比率的规律。这是货币的经济理论的任务，其他则不是。我们现在所使用的术语必须适合于我们要解决的问题。如果一组特定事物从那些在商业上履行货币职能的所有具体事物之中选择的话，而且在货币的特殊名称下(仅有这一组事物具有这一名称)，和其他事物进行仔细地对比(其他事物不使用这一名称)，那么，这种区分的方式必须有助于研究的进一步发展。

正是出于这些考虑，使本书作者对于那些在商业上像货币一样使用，但是由完全可靠却是随时可以兑换的货币债权所构成的事物，称为货币代用品而不是称为货币。



债权不是商品；[20]债权是取得商品支配权的手段。这个观点决定债权的整个性质和经济意义。债权本身不是直接，而是间接计算价值的；债权的价值来自于它所涉及的经济商品的价值。在评估债权的价值中有两个因素：第一，作为权力所有者的商品的价值；第二，实际取得该商品所有权的可能性的程度。再者，如果债权只在经过一段时间之后才能生效，那么这种情形将构成此项商品估价的第三个因素。例如，同年 12 月 31 日取得 10 袋煤的债权，1 月 1 日的权利价值不是直接以 10 袋煤的价值为基础，而是
53 以交货 1 年后的 10 袋煤的价值为基础。这种计算是日常经验的问题，而且在计算债权的价值时，必须考虑它们的完整性或担

保物。

当然，货币债权也不例外。那些要求立即偿还的货币债权，如果对其偿付能力没有任何疑问，而其清算又不产生任何费用，那么其价值与现金一样，而且其交付和接受的方式也和货币一样。[21]只有这种债权——即可随时偿还的债权，在短期内是绝对安全的，而且在法律意义上完全具有流动性——是用于商业目的货币的完全替代品。当然，其他债权，例如由银行发行的信用可疑的钞票，或者尚未到期的汇票，也会进入金融交易中，而且也会作为一般交换媒介。按照我们使用的术语，这说明它们是货币。但是，它们是独立估价的；不能视它们为同等数额的货币，甚至也不能视它们为代表权力的价值。有助于决定它们的交换价值的进一步的特殊因素是什么，我们将在讨论过程中去认识。

如果我们试图将绝对安全而且随时可转换成我们更愿意称之为货币代用品的货币债权包括在我们的货币概念中，当然绝对没有错误。但是，把货币的名称给予某些类别的货币代用品，一般包括钞票和辅币等，并把它们和其余种类的代用品，例如现金存款，进行明显的对比，这些普遍的做法是完全不宜使用的。[22]这种对比缺乏足够的差别；譬如，因为钞票和现金存款只仅仅在外观上不同，它们的差别也许在商业和法律角度上看起来是重要的，但是，从经济学的角度来看则根本不重要。

另一方面，也有人提出很有分量的理由，支持把所有货币代用品无一例外地纳入货币的单一概念中。例如，有人或许指出，货币的绝对安全的和具有流动性的债权的意义和其他经济商品的债权的意义是截然不同的；而且商品的债权早晚必须清算，但是货币的债权却不一定是这样。这样的债权可以无期限地易手,并代替货币流通而无须对其进行清算。有人或许指出,那些需要货币的人会非常满足于像这样的这一类债权,而且那些想支出货币的人会发现这些债权也完全可以达到他们的目的;因此,货币代用品的供给必须计算进货币的供给,而且对货币代用品的需求也必须计算进货币的需求中。有人也许进一步指出,发行更多的面包券而不增加面包自身的实际供给不可能满足面包需求的增加,然而我们可以用增加货币代用品的办法,完全可以满足对货币增加了的需求。简言之,我们可以认为货币代用品具有某些特点,由于这些特点,完全可以将其包括在货币的概念之中。

我们不想质疑和这些争论相类似的争议的重要性,以方便为
54 原则,我们更愿意采纳货币概念的狭义解释,用货币代用品的不同概念来补充货币概念。这是不是解决这一问题的最佳方式,其他方式是否能够用来更好地理解我们的主题内容,这都要留给读者去判断。就本书的作者来说,他所选择的方法似乎是解决货币理论中的棘手问题的唯一方法。

## 第二节　货币代用品的特性

货币的经济讨论必须完全以经济因素为基础,只有也从经济角度来看重要时才考虑法律上的差别。因此,这样的讨论必须从事物的经济性质为基础的货币概念来开始,而不是从以法律的定义和区别为基础的货币概念来开始。所以我们决定不把汇票和货币的其他债权视为货币本身,这实在不能仅仅按照货币债权的狭

义法律概念来解释。除了严格的法律上的货币债权之外，我们也必须考虑在法律意义上不是债权，而在商业活动中被视为债权的这些关系，因为一些人将其视为，还有另一些人将其论述为似乎它们实际上确实构成针对自身的债权。[23]

根据 1873 年 7 月 9 日颁布的铸币法案，德国所铸造的辅币在法律上不构成货币的债权，这是毫无疑问的。也许有一些只注意表面现象的批评者会倾向于把这些硬币在实际上归类为货币，因为它们由有图案的银、镍或铜的圆形物铸成，从表面上看在每个方面都像货币。尽管如此，从经济学的角度看，这些辅币只是国库中的各种汇票。(1909 年 6 月 1 日颁布的)《铸币法》第 9 节第 2 段规定，联邦议会必须指定应立即支付金币，以兑换不低于 200 马克的银币或 50 马克的镍币和铜币的那些场所。德国国家银行的一些分行被赋予这项职能。《铸币法》的另一节(第 8 节)规定德国政府要永远能够在实际中维持这一可兑换性。根据这一节的规定，55
铸造的银币的总值永远不得超过全国人口中每个人 20 马克的数量，镍币和铜币不得超过每个人 2.5 马克的数量。按照联邦议会这一立法机构的观点，这些数额体现了国民对小额硬币的需求，按照这些标准，不会发生辅币的总发行额超过国民对其需求的危险。不可否认，法律上并没有规定辅币的持有者要求兑换的任何权利，法定货币(第 9 节第 1 段)的限制对这项权利并没有多大的补充。不过，大家都知道，辅币事实上是可兑换的，联邦总理指定的国家银行的各个分行不会反对这种兑换。

德国财政部发行的，流通总额没有超过 1.2 亿马克的钞票，也具有完全相同的作用。(按照 1874 年 4 月 30 日颁布的《铸币法》

的第5节），这些钞票也由国家银行代表财政部一直兑换黄金。财政部发行的钞票在私人交易中不是法定货币，而每个人必须依法接受20马克以内的银币和1马克的镍币和铜币，这些规定都关系不大；因为尽管在法律上没有规定在清偿债务时接受它们，但是事实上人们很乐意接受它们。

另外一个例子是在德国开始实行金本位制一直到1907年10月1日期间退出流通的德国塔勒（thaler，德国曾发行的一种银币）。在塔勒流通的整个这一时期，塔勒毫无疑问是法定货币。但是如果我们要深入探讨这一说法背后的原因，塔勒的法律来源使得它在我们目前的这个目的中就没有用处了，而且如果要讨论塔勒在这一时期是否是货币，答案一定是否定的。它确实作为交易媒介使用在商业中；但是它只能以这种方式使用，仅仅是因为它是对于实际上构成货币的某种事物的一种债权，即是交易的一般媒介。因为尽管德国国家银行、德国政府以及所属的各个王国和公国或任何人都不得兑换塔勒，但是代表政府的国家银行却一向努
56 力确保塔勒的流通量不能超过公众的需求。德国银行由于拒绝向顾客多付塔勒从而实现了这个目标。加上塔勒是德国银行和德国政府的法定货币，这个做法足以使它们事实上能够一直成为兑换成货币的汇票（drafts），结果使它们在国内成为令人非常满意的货币代用品而流通。有人多次向德国银行的行长们建议他们应该不用黄金，而用塔勒来兑现他们的票据（这本来是在法律的规定之内），而只在升水时兑付黄金，以防止黄金流向国外。但是该银行坚持不采纳这个办法或任何相似性质的建议。

在其他国家，辅币的实际性质一向没有德国辅币的性质那样

容易理解，德国的银行和货币体系是在诸如班伯格（Bamberger）、米凯利斯（Michaelis）和索特贝尔（Soetbeer）等人的影响下建立起来的。在一些法律中，当代辅币政策的理论基础可能不像已经讨论过的那些例子一样那样容易理解和说明。不过，所有这些政策最终具有相同的目的。辅币的共同法律特点是其支付权力以一定的最大数额为限度；而且这项规定一般是以可以铸造的数额的法律限度来补充的。

没有辅币的经济概念这样的概念。经济学能够区别的一切，是作为货币代用品使用的一组货币债权中的一个专门的次类别，这个次类别中的债权常常用于小额交易。辅币的发行和流通要受特殊法律和规定的制约，这一事实可以用辅币实现其目的的特殊性质来解释。一般认为钞票持有者具有用钞票兑换货币的权力，而辅币的兑换在许多国家由行政权力来决定，这是由钞票和辅币的不同发展方式所决定的。辅币起源于便利价值量小和小额货物的交易需求。目前没有其发展的历史详细资料，而且几乎毫无例外，关于辅币的书面资料只有钱币学或度量衡学上的意义。[24]然而，可以完全肯定一个事实：辅币一直是弥补现有货币体系中的缺陷的努力的结果。正是妨碍把货币单位分成小额硬币单位的技术困难，在各种不成功的尝试之后，导致产生了我们今天所采用的这一问题的解决办法。尽管这种做法还在发展，但是，在很多国家，
一种不兑换钞票[25]有时使用在小额交易中，即有两种互不相关的 57
货币在同时履行着一般交易媒介的功能，这自然带来很不方便的结果。为了避免这种情形造成的种种不方便之处，小面额硬币以法定比率和大额交易中使用的货币同时使用，并且采取必要的措

施以防止小额硬币的数量超过商业的需要。实现这一目的的最重要的手段一直是限制铸造量，以小额硬币的支付需要为限度，或者由法律加以规定，或者发行者严格遵守而无须法律强迫执行。和这个办法同时发挥作用的是，规定在私人交易中法定货币达到某个相对少的数额的限度。证明这些规定不完善的危险一向似乎不是太大，因此，辅币兑换的法律要么完全被忽视，要么不完整，对辅币持有者兑换货币的权力没有明确的说明。但是，当今在世界各国，不再流通的这些辅币均由国家，或由中央银行等其他机构收回，于是，它们作为货币债权的性质就建立起来了。在一些国家，这项政策中断了一段时间，而且企图停止辅币的有效兑换的结果却使比实际需要的更多辅币进入流通，辅币从而变成了信用货币，甚至变成商品货币了。这时，辅币不再被视为见票即付的货币债权，因此不再是货币的对等物，其价值就独立了。



钞票的发展方式完全不同。钞票一向被视为债权，甚至从法律的角度来看也是这样。以下事实从来没有被忽视：如果使钞票的价值和货币等值，就应该采取措施保证钞票和货币的永久兑换。现金付款的停止会改变钞票的经济性质也引起人们的注意；在小额交易中使用从数量上看不太重要的硬币的情况中，它更容易被人们所忘记。再者，因为辅币数量不大，维持其永久的兑换性，而
58 无须为兑换建立一个特殊基金是可能的。没有这样一个特殊基金可能也有助于掩盖辅币的真实性质。[26]

思考奥匈帝国的货币体系尤其具有启发意义。1892 年实施的通货改革从来没有正式实行过，直到哈布斯堡王朝灭亡，其货币本位在法律上一直是通常所谓的纸本位，因为奥匈银行没有责任

兑换它自己的钞票，这种钞票是没有数量限制的法定货币。不过，从 1900 年至 1914 年，奥匈帝国确实有一种金本位或金汇兑本位，因为奥匈银行确实给商业需求事实上随时提供黄金。虽然根据法律的规定，该银行没有义务兑现钞票，但是，它以低于较高的理论上的黄金输送点的价格提供在国外兑付黄金的汇票和其他债权（支票、本票和其他票据）。在这样的情况下，需要黄金出口的人自然会选择购买这种债权，这种债权能够使出口者比实际出口黄金能更廉价地达到目的。

在国内商业中黄金也使用得并不多，因为人民多年来已经习惯于使用钞票和辅币，[27]奥匈银行也用钞票兑付黄金，但是实际上
该行在法律上却没有义务这样做。而且这项政策的执行并非出于 59
偶然，也不是没有完全了解其意义，而是经过精心考虑和有计划的行为，旨在使奥匈两国能够得到金本位的经济利益。奥匈银行按照其各自政府的意图执行此项政策，而且奥匈两国政府以其最大能力予以合作。但是，该行自身首先必须以执行适当的贴现政策来保证始终能够自愿兑付钞票。为达到这一目的，该行采取的措施和其他实行金本位的国家的发行银行所采取的措施在本质上没有区别。[28]所以，奥匈银行发行的钞票事实上只不过是货币代用品。和其他欧洲国家一样，该国的货币是黄金。



## 第三节　商品货币、信用货币和不兑现纸币

货币的经济理论一般是以法律而不是以经济术语来表示的。
这种术语是由重视不同种类的货币和其代用品的法律特点的著作 60

者、政治家、商人积累起来的。在处理从法律的角度来看重要的货币体系的各个方面的问题时，这种术语是有用的；但是从经济研究的角度来看，这些术语实际上没有用处。人们没有充分地注意到这个缺点，尽管法律和经济学这两门学科的不同范围的混淆非常严重，并且给货币理论的这个范围带来了很多不良后果。根据法律标准解决经济问题是个错误。像用法律研究货币问题的结果一样，经济学必须视法律用语为其研究的目标之一。经济学的任务不是对其进行批评，尽管经济学有权为了自身的目的利用法律用语。如果不会导致任何不良的后果，那么在经济论证中则没有任何理由反对使用法律上的术语。但就其自身的特殊目的而言，经济学必须建构它自身的专门术语。

有可以作为货币使用的两类事物：一是像金属黄金和白银一样的有形商品，二是从技术上来看和不是货币的任何其他事物没有区别的事物，决定它们是货币的因素不是物质的特征，而是法律特征。一张由某一政府盖有印章而特别作为货币的纸片和另一张未经授权者盖印的纸片在技术角度上没有任何区别，就像一枚五法郎的真正货币在技术上和一枚“真正的复制品”的确没有任何区别一样。唯一的区别在于管理这种硬币铸造，并使其脱离权力就不能流通的法律。（为了避免任何可能的误解，让我们明确指出，法律的所有效力在于管理硬币的发行，而它们实际上能否成为货币；换言之，它们实际上是否作为交易的一般媒介被使用，国家则没有权力保证。）国家凭借其官方印章所能做的一切，就是从相同种类的其他事物中挑选出某些金属或纸张，使它们独立于其他的金属和纸张，用于估价的过程。所以，国家允许具有特殊法律资格的那些物品作为交易的一般媒介来使用，而相同种类的其他商品依然仅仅是商品。国家也能够采取各种措施，目的在于鼓励此类合格商品作为交易的一般媒介在实际中使用。但是，只是因为国家的命令，这些商品永远不能成为货币，只有通过参加商业交易者的使用，货币才能被创造出来。） 61

我们可以把商品货币这个名称给予同时是商品的那种货币；再把不兑现纸币(fiat money)的名称给予具有特殊法律资格的事物所构成的货币。第三类可以称之为信用货币，这是对任何个人或法人具有债权的那种货币。但是，这些债权不能既是见票即付的，又是绝对安全的；如果是这样的话，那么在债权的价值和债权所代表的货币金额的价值之间就没有任何区别了，而且货币交易者不能用独立的过程来对它们进行估价。这些债权的到期日必须以某种方式推迟到某个将来的时间。严格意义上的不兑现纸币在理论上是可以理解的，这应该没有争议。价值理论可以证明它存在的可能性。当然，不兑现纸币实际上是否存在是另外一个问题，而且这个问题不能立刻给予肯定的回答。毫无疑问，不是商品货币的大多数这类货币必须被归类在信用货币中。但是，只有翔实的历史研究才能澄清这个问题。

我们的术语比通常使用的术语应该更实用。它应该能够更清楚地表示不同类型的货币被估价的过程的特性。它当然比在金属货币和纸货币之间的通常区别更正确。金属货币不但包括本位货币，也包括辅币和诸如1873—1907年间使用的德国塔勒这一类货币；而纸币通常不仅包括用纸张制成的不兑现纸币和信用货币，也包括由银行或国家发行的可兑现钞票。这个术语来源于流行的用

法。以前,"金属"货币的确是货币而不是货币代用品,也许这个术语和现在相比有点儿不太合适。再者,它过去符合——也许现在
62 仍然符合——在贵金属中有"内在"价值的,而在纸信用货币中必然是例外价值的自然的,但却是令人困惑的流行的概念。从科学的角度来看,这个术语完全没有用处,也是无数误解和错误表达的来源。经济研究中可能出现的最严重的错误在于仅注重外表,所以未能注意到仅仅外表相似的事物之间的本质区别,或者不能区别其外表仅仅不同但本质上相似的事物之间的区别。

不可否认,对于钱币学家、技术专家和艺术史学家来说,在银币停止自由铸造之前和之后,在五法郎的银币之间几乎没有什么区别,而奥地利用白银铸造的盾甚至在1879—1892年之间似乎和纸盾之间有显著的区别。但是,令人遗憾的是,像这样的这种表面上的区别竟然仍然在经济研究中起作用。



我们提出的货币的三个分类不仅仅是术语训练的问题;本书其余部分的理论讨论应该会表明所涉及的概念是实用的。

商品货币的明显特征在技术意义上是把一种商品作为货币的目的来使用。对于目前的研究来说,这是何种特定的商品则完全不重要;重要的问题在于某一商品构成货币,而且货币仅仅就是这个商品。不兑现纸币的情况则完全不同。在不兑现纸币中,决定因素是印章,不是盖有印章的材料是货币,而是印章本身是货币。盖有印章的材料的性质与货币的性质关系不大。最后,信用货币是一种将来到期的债权,这种债权作为一种一般的交换媒介被使用。

## 第四节　过去和现在的商品货币

甚至在商品货币、信用货币和不兑现纸币的区分作为在原则上正确的概念被人们接受，而仅其效用有争议时，今天可以自由铸造的货币和前几个世纪的金属货币都是商品货币的例证，这种说法仍完全不为很多权威人士和甚至更多的社会各界人士所接受。63
一般而言，确实没有人否认更古老形式的货币是商品货币。人们还进而一致认为更早时期的硬币是以重量，而不是以数量流通的。然而，有人说货币的性质在很久之前就发生了变化。据说 1914 年德国和英国的货币不是黄金，而是马克和英镑。今日的货币是"由法律赋予的有具体价值的特定单位"（纳普）。"'本位'的意思是作为价值尺度而被采用的价值的单位（如弗罗林银币（florin）、法郎、马克等），'货币'的意思是作为价值尺度而发挥功能的，表示单位的辅币（硬币和钞票）。至于白银和黄金，或这两者是否应该作为本位和通货发挥职能则是一个没有价值的争议，因为不论白银还是黄金都没有履行过这些职能，也不可能履行这些职能"（哈默，Hammer）。[29]

在我们着手检验这些重要说法的真实性之前，先让我们简要地了解一下这些说法的起源——尽管说复兴比说起源实际上更正确，因为有关的理论和最古老的最原始的货币理论表现出非常密切的关系。像这些古老原始的理论一样，现在的唯名主义货币理论对货币理论的主要问题的解决竟然没有一个字的贡献——事实上，我们可以在事实上将其纯粹称为货币理论的问题——即解释在货币和其他经济商品之间的交换比率的问题。对于它们的作者来说，纯粹就不存在价值和价格的经济问题。他们从来都认为没有必要研究市场比率如何建立或者它们的意义是什么。他们偶然注意到德国塔勒(1873 年以来)，或奥地利弗罗林银币(1879 年以来)和政府铸币局没有盖章的相同重量和成色的银币的明显区别。
64 对于“纸票”他们注意到了相似的情况。他们不理解这种现象，因此努力寻找答案。但是，在此时，仅仅因为他们不熟悉价值和价格理论，他们的研究发生了变化，进展得不顺利。他们没有研究在货币和其他经济商品之间如何确定交换比率。对于他们来说，这似乎是一件非常显而易见的事情。他们用另外一种方式来阐述他们的问题:尽管塔勒中含银量的市场价值比马克中含金量的市场价值低，三枚 20 马克的金币怎么能等于三枚 20 塔勒的银币呢？他们的答案是:因为货币的价值是由国家和法律制度决定的。所以，由于忽视了货币史的最重要的事实，他们编造了一套人为的谬论；一旦提出下面的问题，他们的理论结构就会被推翻:对于价值单位，我们的准确理解是什么？但是，这样不切题的问题只能出现在那些至少熟悉价格理论要素的人身上。其他人只要一提到价值单位的“名称”就能够感到满意。所以，怪不得这些理论在普通人当中竟然如此流行，尤其因为它们和通货膨胀政策关系密切，这就注定使它们能够得到所有支持“廉价货币”的人士的强烈赞同。

对货币史的研究可以使我们肯定地说，在所有时代和所有民族当中，人们不是按个数而不考虑其数量和质量来使用并接受主要的硬币，而是作为有具体重量和成色的金属(货币)来使用。一旦人们按照数量接受硬币，人们则一直肯定地认为，印章表明硬币具有同种货币中的正常成色和正确的重量。一旦这个假设没有根据的时候，人们会再次称量并化验其重量和成色。

财政因素导致一个理论的传播，这个理论赋予铸币机构权力，以其认为合适的方式监管所铸硬币的购买力。因为只要硬币的铸造是政府的一项职能，政府就力图按其意愿固定硬币的重量和含量。法国菲力普六世公开宣称具有“依照我们的愿望和利益铸造货币，使其成为通货并规定其兑换率”的权力。[30] 所有中世纪的统治者在这个问题上和他的想法和做法一样。愿意听命于王室的法官支持国王，力图寻找国王贬低币值的神圣权力的哲学基础，并且力图证明硬币的真正价值就是本国统治者所指定的价值。 65



不过，商业惯例无视所有的官方规定、禁令、价格的制定和惩罚的威胁，一直坚持认为，在确定硬币的价值时，所考虑的因素不是其面值，而是它们作为金属的价值。硬币的价值一向不是由其表面的形象和文字决定的，也不是由铸造机构和市场管理机构的公告决定的，而是由其金属含量决定的。并不是每一种货币一发行就会被接受，而是在重量和成色上有良好信誉的那些货币种类才能被接受。在贷款合同中一直规定以特定种类的货币偿还，一旦铸币的情况发生变化，则规定以金属货币的条件偿还。[31] 尽管有所有财政上的影响因素，普通大众，甚至在法官之间，逐渐接受了这个观点，即正是金属价值——他们称之为内在价值——在偿还货币债务时应加以考虑。[32]

铸币价值的降低不能强迫商业惯例使新的、更轻的硬币和旧的更重的硬币具有同样的购买力。[33] 铸币的价值随其重量和质量的下降按比例减少。甚至价格管制规定也考虑到由于货币价值下降而减少的货币购买力。所以，西里西亚的希维德尼察的估价员过去要求把新铸的芬尼(pfennigs，德国硬币，为 1 马克的 1%)呈交给他们，由他们鉴定其价值，然后和市议会以及德高望重的年长者协商之后，相应地确定商品的价格。13 世纪由维也纳传入德国一种为购买某种商品而铸造的便士的新币时，实行每年由市民决定的制度；在 1460—1474 年之间，在发行新铸硬币时根据这个制度管理商品和服务的价格。在其他城市，在相同的情况下也采取了相同的措施。[34]

在铸币十分混乱的地区，以致金属上的官方印章在确定其实际含量上不再有任何作用，商业完全无法依靠官方的货币体系，从
66 而创造出度量贵重金属的自己的系统。在大宗交易中，使用金条和贸易辅币(trade tokens)。所以，德国商人带着纯度很高的金条去日内瓦参加交易会，用这些金条采购货物，采用在巴黎市场上使用的衡制，而不使用货币。这是 Markenskudo 或 scutus marcharum 的起源，这只不过是商人们对于 3.765 克精炼金的常用名称。在 15 世纪初期，日内瓦的贸易逐渐转移到里昂，金马克已经在商人们之间成为一种习常的记账单位，用金马克表示数额的汇票在市场上流通。古代威尼斯的 lire di grossi 也有相似的起源。[35] 在现代时期开始之时，在所有大型商业中心兴起的汇划银行(giro banks)中，我们看到为了使货币体系摆脱政府滥用铸币特权的进一步的努力。这些银行的票据交换所(clearing house)业务是以特定成色的金币或金条为基础。这种银行货币是最完美形式的商品货币。

唯名论者认为，至少在现代国家中，货币单位不是能够用适当的专有术语来确定的具体商品单位，除了认为它是由法律创造的之外，只能说它是价值的名义数量。我们无须讨论这个用语的模糊隐晦的性质，从价值理论的视角来看，它不值得人们对其进行些许的批评，让我们简单地提几个问题：在 1914 年以前，马克、法郎和英镑是什么呢？显而易见，它们仅仅是一定重量的黄金。如果说德国从未有过金本位，而是马克本位，那不啻是诡辩。根据法律的规定，德国实行的是金本位，马克仅仅是记账单位，1 马克被定为 1/2790 千克的纯金。这绝不受在私人交易中人们不得接受金条或国外金币的义务这一事实的影响，因为国家介入货币事务的全部目的仅仅是免除个体对其所收到的黄金进行重量和成色检测的必要，这一工作只能由专家来承担，并涉及非常复杂的预防措施。在铸币的时候，法律对钱币的重量和成色有一个可允许的很

小的变化范围；同时，流通中硬币磨损的容许损耗也有进一步的限 67
制，比起在商业交易中使用天平和硝酸，这些都是保障钱币完整性的更好的方法。此外，现代货币法律的基本原则之一，自由铸造的权利，也是一项反向的保护措施，旨在防止已铸造硬币的金属和未铸造硬币的金属之间出现价值上的差异。在大规模的国际贸易中，就单个硬币而言，价值差异是微不足道的，但就交易总额而言，却有累积的重要性，硬币是按其重量，而不是按其数量来计算的；也就是说，它们不被视作硬币，而是被视作金属块。在国内贸易中不出现这种情况，其原因是显而易见的。国内的大额支付从来不涉及相关货币的数量的实际转移，而只是债权的转让，这些债权最终指的是中央银行的贵金属存量。

金块在银行的黄金储备中所起的作用是证明货币本位是贵金属，而不是政府的公告。

甚至对于今天的硬币来说，只要它们不是货币代用品，信用货币或不兑现纸币，认为它们仅仅是金块，其重量和成色由官方保证，这种说法就是正确的。[36]在金属硬币没有铸造限制而被使用的那些现代国家中，其货币是商品货币，这与古代和中世纪的国家中的情况没有任何差别。

# 第四章　货币与国家

## 第一节　国家在市场中的地位

国家在市场中的地位和商业交易的其他任何当事人完全相 68
同。和商业交易中的其他这些参与者一样，国家按价格规律制约的条件交换商品和货币。国家对其人民行使无限的权力，向他们征收强制性的税赋；但是，在所有其他方面，它像任何人一样，要适应社会的商业结构。无论作为买方或卖方，国家必须服从市场的条件。如果它想改变在市场中已经建立起来的任何交换比率，它只能通过市场自身的机制来完成。一般情况下，它能够比其他任何人更有效地发挥作用，因为它能够支配市场之外的资源。因为它能够对供给和需求产生最有力的影响，所以市场的最明显的波动是由它造成的。但是，它还是要受市场规律的制约，不能违反定价过程的规律。在以生产资料私有制为基础的经济体制中，除非改变决定交换条件的因素，否则任何政府管制都不能改变交换的条件。

很多国王和共和国的领袖们曾经多次不愿意承认这一点。戴克里先(Diocletian)大帝有关销售商品的价格法令，中世纪的价格管制规定，法国大革命时期制定的最高限价，都是众所周知的政府干预市场失败的例证。这些干预的努力没有发挥作用，不是干预努力只在国内有效，而在其他地方干预不能发挥作用。认为即使在一个封闭的国家里，相似的管制会产生预期的效果，这是一个错误。是政府职能的局限性而不是地理上的限制因素导致这些干预措施失败。只有在社会主义国家，生产和分配由中央集中管理，干预才能实现其目标。在生产和分配由单独的企业自主管理的国家里，这样的方法必然没有效果。

69 货币是法律和国家的产物的观念是明显不成立的。市场上的任何一个现象都不能证明这一点。赋予国家支配交换规律的权力，就是不承认使用货币的社会的基本原理。



## 第二节　货币的法律概念

如果交易双方立即履行义务并用商品交换现金，一般来说，则国家没有司法干预的动机。但是，如果交易是用现在商品交换未来货物，可能会发生一方履行合同，而另一方不履行合同的情况。在这种情况下，则有可能诉诸法律。我们仅列举几个最重要的例子来看一下，如果是借贷或赊账购买，法庭则必须判决以货币缔结的债务如何清算。所以，法庭的任务就是根据合同双方的意图，决定商业交易中货币的意义是什么。从法律的视角来看，货币不是一般交换媒介，而是支付或债务清算的一般媒介。但是，货币首先是交换媒介，然后才成为支付的一般媒介。而且，仅仅因为货币是交换媒介，法律也使其成为履行那些并不是用货币缔结的义务的手段，由于种种原因，这些义务实际上不可能履行。

法律把货币视为仅仅是清偿未偿还债务的一种手段，这个事实对货币的法律定义具有重要的影响。法律对于货币的理解事实上不是一般交换媒介，而是支付的法定手段。定义货币的经济概念并不在立法者或法律专家们研究和解决的范围之内。

在决定货币债务应该如何被有效地偿付时，没有任何理由要面面俱到。在商业中提供和接受某些货币代用品而不是货币本身是符合习惯的。如果法律不认可商业惯例所沿袭的货币代用品的合法性，法律就只会为各种欺诈行为开启方便之门。这就会违反 70
诚实和遵守信用的原则。除此之外，由于技术上的原因，如果不使用辅币，小额支付则几乎不可能。只要商人视钞票为货币的等价物，即使把债务清算的权力赋予钞票也不会丝毫损害债权人和其他受款人的利益。

但是，国家也可以把清偿债务的权利赋予其他物品。法律可以宣告它认为合适的任何事物成为支付手段，这样的裁决对所有法庭和所有那些执行法庭判决的人都有约束力。但是，赋予某物法定货币的性质并不足以使其成为经济意义上的货币。只有通过参加商业交易者的实践，商品才能成为一般交换媒介；而且仅仅是这些商业交易者的估价行为才决定市场的交换比率。商业很有可能使用那些国家赋予支付权的事物；不过，它没有必要这样做，如果它愿意，它可以拒绝使用这些做法。

如果国家宣布一种物品作为履行未清偿债务的法律工具时，有可能出现三种情况。第一，支付的法律工具可能和缔结合同的当事人在订立合同时设想的交换媒介相同，或者，如果不同的话，在支付时和这个交换媒介也是等值的。例如，国家可以宣布黄金作为支付的合法工具，以清算用黄金表示的债务，或者，在黄金和白银的相对价值是1比15½时，国家可以宣布以黄金表示的债务可以以支付15½倍的白银清算。这样一个规定仅仅是对契约的可能意图的合法表达。它对双方的利益都没有损害。因此，从经济学角度上来看的话，这种法律是中立的。

如果国家宣布的作为支付媒介的某物比契约上规定的媒介的
71 价值更高或更低时，情形则并非如此了。第一种可能性可以置之不理；而第二种可能性却很重要，可以引证很多历史上的例子来加以说明。从法律的角度来看，其中的基本原则是保护既得权利，国家的这样一个办法一向都没有充分的理由，尽管它有时因社会的和财政上的理由而能获得支持。但是，这个办法一向意味着不是债务的履行，而是债务的全部或部分注销。从商业上来看，如果仅按面值的一半估价的钞票被宣布为法定货币时，这实际上等于给债务人从法律上解除了一半的债务。

国家对法定货币的宣布仅仅影响那些已经签订合同的货币债务。但是，贸易界可以自由选择保留原有的交换媒介，或者采纳一种新媒介，如果贸易界采纳了一种新媒介，在合同双方的法律权利范围内，贸易界也会力图使这种新媒介成为延期付款的标准，以此来使国家赋予债务清偿完全权力的标准，至少在将来，失去其效力。在19世纪的最后10年中，在德国，主张实行复本位制的一派获得了很大的权力，因而他们建议进行通货膨胀的试验得到了人们的重视，于是，黄金条款(gold clauses)开始在长期合同中出现。最近的通货贬值阶段有相似的影响。如果国家不想使一切信用交易无法进行的话，它就必须认可这些做法，并通知法院给予确认。同样，当国家自身从事普通商业交易时，无论是买入或卖出，担保贷款或借款，付款或收款，它必须把交易的一般商业媒介视为货币。这种法定标准，即被赋予无限法定货币性质的特定种类的事物，事实上只对现有债务清偿时才有效，除非商业惯例自身将其作为交易的一般媒介来使用。

## 第三节　国家对货币体系的影响

国家在货币范围内的活动起初局限于硬币的制造。提供在外表、重量和成色上最大程度上可能相似的铸锭，并在铸锭上铸以不容易模仿、却能够为人人所辨识的图案，作为国家铸币的标识，这在过去和现在都是国家在货币活动中的首要任务。至此开始，国 72
家在货币范围的影响力逐步扩大。

货币技术的发展一直很慢。最初，硬币上的图案只是其原料纯正度的证明，包括其成色的纯度，而重量却只能在每次支付时分别称量。（就目前的认识程度而言，这还不能武断地加以说明；在不同的情形中，各地硬币的发展不可能是同一种模式。）后来，不同种类的硬币有了区别，所有不同种类的硬币被视为可以相互交换。货币分类出现以后，接下来就是平行本位制的发展。这包括两种货币体系的共同发展，一种以黄金商品货币为基础，另一种以白银为基础。属于每一种不同制度中的硬币构成一个自足的类别。它们彼此之间在重量上有固定的关系，而国家由于认可逐步确立起来的商业实践，把相同金属铸成的不同硬币视为可以互相交换，并赋予这些硬币以相同比例的法律关系。无须国家的进一步影响，这一阶段就实现了。直到这时，国家在货币范围中所做的一切是提供硬币以供商业使用。作为铸币的管理者，国家以方便的形式提供具体重量和成色的金属币种，在上面铸上大家容易辨认的金属含量和铸造地点。国家以立法者的名义赋予这些硬币法定货币——刚才已经论述了这样做的意义——国家同时作为法官执行这项法律规定。但是，国家在这一方面的活动并没有至此结束。在最近大约200年以来，国家对货币体系的影响程度已经超过了上述范围。不过，我们必须明确一件事：即使在当代，国家仍然没有使任何事物直接成为货币的权力，也就是说，变成交易的一般媒介。即使在今天，只有参与商业实践的个人的行为才能使某个商品成为交易的媒介。但是，国家对商业惯例的潜在的和实际的影响力一直在增强。国家影响力的增强，首先是因为国家自身作为
73 经济人(economic agent)的重要性一直在增加；因为作为买方和卖方，作为工资支付者和征税者，国家比过去几个世纪的作用更重要了。在这个方面没有什么异常之处和需要特别强调的内容。很明显，经济人对货币商品选择的影响程度比它在市场中从事交易的份额的比例大；所以没有理由认为在一个具体的经济人——国家中，情况竟然会有任何不同。



但是，除此之外，国家对货币商品的选择还可以实行特殊的影响，这并不是由于国家的商业地位，也不是因为国家作为立法者和执法者的权力，而是因为国家作为铸币管理者的官方身份，以及国家具有改变流通中的货币代用品的性质的权力。

国家对货币体系的影响，一般被认为是其立法和司法权力。

从权力的角度来看，法律能够改变现有债务关系的进程，并能迫使新的债务合同向特定的方向发展，所以，有人认为法律能使国家在交易的商业媒介选择中发挥决定性的影响。

现在，这种论点的最极端的形式可以在纳普的《货币的国家理论》中找到；[37]但是，德国的作者们没有几个人能够完全摆脱这个论点的影响。赫尔弗里希（Helfferich）作为一个例子可以在这里提出来。就货币的起源来说，赫尔弗里希确实宣称，仅仅交易的一般媒介的功能是否不足以使一种事物成为货币，以及是否不足以使货币成为各种延期支付的标准，这都也许值得怀疑。不过，他经常毫不怀疑地认为，对于我们现在的经济结构来说，一些国家的货 74
币的某些种类和其他国家中的整个货币体系是货币，并且发挥着交易媒介的职能，仅仅是因为以货币缔结的强制性支付和债务必须或可以以这些具体的事物来履行或清偿。[38]



我们很难同意这个性质的观点。它们没有认识到国家在货币领域进行干预的意义。由于宣布一个物品在法律意义上适合于清偿以货币表示的债务，国家从而不能影响交换媒介的选择，这种选择属于从事商业活动的个人。历史事实表明，那些曾经想让人民接受一种新货币体系的国家不采取这种方法，而是选择其他的方法，以达到其目的。

在货币的替代种类制度下，为清偿债务规定一个法定比率，这只是次要的方法，这种方法只有在用其他方法达成的本位的变化方面才显得重要。赋税在未来以新货币支付的规定，以及其他以货币计算的债务只能以新货币来偿还的规定，都是过渡到新本位的结果。只有当新货币在商业中基本成为一般交换媒介时，它才被证明是有效的。仅仅通过立法的途径，并且通过债务合同内容和公共支出制度的法律定义的变化，货币政策一向不能贯彻；货币政策必须以国家作为铸币的管理者和货币债权的发行者的行政权力为基础，这个债权应该是见票即付，在商业中才能够代替货币。必要的措施绝不应该仅仅是被动地记录在立法机关的议案中或在政府的公报中，而常常是以大量的财政损失为代价，在实际中必须加以执行。

如果一个国家打算说服其人民从一种贵金属本位过渡到另一种贵金属本位的话，就不能只满足于用民法和财政法律的条款来表达这种愿望。它必须使新货币在商业上代替旧货币。从信用货币或不兑现纸币本位过渡到商品货币也完全是这样。任何政治家在面对这种转变时会毫不迟疑地这样做。不是执行法定比率，也不是赋税必须以新货币支付的命令才是决定性的措施，而重要的是必须提供必要数量的新货币，并收回旧货币。



历史上的几个例子可以证实这一点。首先，纯粹通过行使权
75 力来改变货币体系是不可能的，这可以以复本位立法的失败来加以说明。复本位一度被认为是以简单的方法解决了一个大问题。数千年来，黄金和白银作为商品货币同时流通；但是，如果这种做法持续下去，却会越来越不方便，因为平行本位，即同时使用两种商品作为通货，有许多缺点。因为不能从从事商业的人们当中得到自然产生的任何协助作用，所以国家决定进行干预，以解决这个复杂的问题。正如国家以前通过宣布以塔勒缔结的债务可以用两倍的半塔勒(half-thaler)或四倍的 1/4 塔勒(quarter-thaler)偿还一样，所以国家这次在两种不同的贵金属之间规定了一个固定的

比率。例如，以白银支付的债务可以用1比15½倍的黄金偿付。当时认为这个办法已经解决了这个问题，而实际上所涉及的困难甚至都没有被人们想到；这些都是后来事实所证明的。由格雷欣法则（Gresham's law）所产生的，由立法以使不等值的硬币等值的所有后果接踵而至。在所有债务清算以及相似的支付行为中，只有那些法定价格高于市场定价的货币被人们使用。当法定比率恰好与当时的市场比率相同时，这种影响就会有所延迟，出现在贵金属价格的下一轮波动中。一旦两种货币的法定比率和市场比率出现差额，一定会出现上述情况。所以，平行本位并没有按照立法者设想的那样变成复本位，反而变成了一个交替本位。

这种变化的主要结果至少在短期内是在两种贵金属之间的裁决。然而这不是国家所设想的那种决定。相反，至于决定哪种金属有利于使用，国家没有任何想法；国家原希望两种金属都能够流通。但是，官方的管制，即在宣布金币和银币可以互相代替时，高估了一种金属和另一种金属的市场比率，却致使两种作为货币的金属的效用有了差别。结果就是一种金属的使用率提高了，而另 76
一种金属却不再使用了。国家的立法和司法干预完全失败了。这一事实非常清楚地说明，仅仅国家不能把一种商品变成一般交换媒介，也就是说，不能变成货币，但是，只有通过所有从事商业的人们的共同行动，这一目标才能实现。

但是，如果国家不能用法律手段达到目的的话，那么，在一定程度上它可以利用铸币管理者的权力达到其目的。当不同的本位被永久的单一金属本位代替时，正是铸币管理者的权力使国家进行干预。这种干预有多种方式。当两种金属互相交替使用从而形成一段单一本位的阶段时，如果国家采取行动取消价值被暂时低估的金属的自由铸造权利，以防止该金属重新流通，这种过渡就非常简单容易了。在那些一种金属或另外一种金属流通量大的国家中，在国家还没有采取管制的现代形式的必要阶段之前，问题甚至更简单，法律需要做的一切只不过是认可已经既成的事实。

当国家力图说服商人放弃正在使用的金属，改用另一种金属时，情形就困难得多。在这种情况下，国家不得不生产足够数量的新金属来兑换旧通货，并将从流通中收回的金属重新铸成辅币，或者出售于非货币用途，或者出售到外国重新铸造货币。在 1871 年第二帝国建立之后，德国的货币体系改革可以看作是从一种金属商品本位过渡到另一种的完美例证。这次改革出现的困难，以及法国战争赔款有助于困难的克服，已经广为人知。这次改革需要完成两个任务——如何供给黄金和处理白银。当决定改变本位时，这就是必须解决的问题的本质。第二帝国用黄金和黄金债权来兑换公民拥有的白银货币及白银货币债权，从而完成了到金本位的过渡。法律上相应的修改仅仅是这次改革的完善行为。[39]

77 随后几年来，奥匈帝国、俄罗斯和其他国家先后实行货币体系改革，以同样的方法改革本位。在这些国家，问题也是提供必要数量的黄金，使其在商业中流通，代替以前使用的交换媒介。这些国家允许以前的不兑现纸币和信用货币的硬币全部或一部分继续流通，同时由于把它们变成一直可以随时兑换新货币的债权，从而从根本上改变了它们的经济性质，结果，这次改变本位的过程就容易得多了，更重要的是，大幅减少了所需要的黄金的数量。虽然这使交易的外在形式不一样，但在本质上却是一样的。那些实行这种货币政策的国家采取的步骤在本质上是供给金属的数量，很少有人对此表示怀疑。

夸大国家能够支配的立法权力在货币政策上的重要性，这仅仅是由于对商品货币转换成信用货币过程的肤浅观察的结果。这种过渡通常由国家以通告的形式宣布，不可兑换的货币债权和货币本身一样，是符合标准的支付工具。一般说来，这样一个通告的目的不是实现本位的转换，并用信用货币替代商品货币。在大多数情况下，国家采取这样的措施仅仅在于着眼于实现其一些财政目的。国家通过创建信用货币来达到增加自己的资源的目的。在实现像这样的一个计划的过程中，使货币购买力下降似乎难以令人满意。而且总是价值的这种下降，在格雷欣法则的作用下，引起了货币本位的改变。如果断言现金支付停止，即钞票的永久兑换被中止，其目的是实现信用本位的转换，这是不符合事实的。这个结果总是违反，而不是符合国家的意愿。



只有商业惯例能够把一种商品转变成一般交换媒介。不是国家，而是所有市场交易者的共同实践，才创造货币。由此可以得出
结论，把债务清算的一般权力赋予一个商品的国家管制措施本身 78
不能把商品变成货币。如果国家创建信用货币——而且不兑现纸币在更大程度上自然如此——国家把已经在流通的商品作为货币替代品（也就是说，作为绝对安全并且直接可兑换的货币债权），并使它们失去永久可兑换性的本质特征，从而把它们分离出来，用于估价的目的，这就可以了。商业一向会保护自己，反对政府用其他方法实行信用通货。除了以此类硬币或钞票作为货币替代品已经在流通的情况，使信用货币流通的任何尝试从来都没有成功过。[40]

这是国家对货币体系不断高估的影响力的限度。在某些情形下，国家能够采取的措施是，利用作为铸币管理者的地位，利用改变货币替代品的性质的权力，并且取消货币替代品作为见票即付的货币债权的地位，更重要的是，利用能够负担通货变化的成本的财政资源，来说服商业放弃一种货币而采纳另一种货币。国家所能做的就是这些。

# 第五章　作为经济商品的货币

## 第一节　货币既不是生产资料，也不是消费品

通常把经济商品分成两类，一类直接满足人类的需求，另一类 79
间接满足人类的需求，即消费品或初阶商品；生产资料或高阶商品。[41]试图把货币归入其中任何一类都会遇到不可克服的困难。没有必要论证货币不是消费品。把货币称为生产资料似乎同样不正确。

当然，如果我们认为把经济商品分成两部分已经很详细了，我们就必须满足于把货币归入这两类中的其中一类。这一直是大多数经济学家的观点；因为似乎根本不可能把货币称为消费品，因此，除了把货币称为生产资料之外，就没有别的选择了。

人们通常对这种明显武断的说法并没有进行深入的讨论。例如，罗雪尔(Roscher)认为货币是“每一次转移的主要工具”就足够了(vornehmstes Werkzeug jeden Verkehrs)。[42]

和罗雪尔相反，科尼斯(Knies)没有使用生产资料和消费品的两重分类，而使用了生产资料(production goods)、消费物品和交

换媒介的三重分类，从而使货币有了合适的位置。[43]他的这个观点的理由可惜很少，几乎没有得到人们认真的注意，而且还常常引起
80 误解。所以，赫尔弗里希（Helfferich）力图证明科尼斯的命题不正确，即买卖交易本身不是生产行为，而是（人与人之间的）转移行为，赫尔弗里希认为，同样的理由也适用于反对把运输手段列入生产工具中，因为运输本身不是生产行为，而是（地区间的）转移行为，运输不会改变商品的性质，就像所有权关系的改变同样不能改变商品的性质一样。[44]

很显然，这是德文单词 Verkehr 的歧义使与此有关的更深层次的问题没有得到明确的解释。一方面，Verkehr 的一个意义可以大致上译为“交易”（commerce），即个体之间商品和劳务的交换。但是，它也有“人、商品和信息的空间转移”的意义。德文单词 Verkehr 所指的这两组事物除了名称之外，没有任何相同之处。因此，“广义上的 Verkehr”指一个人拥有的商品转移到另一人手中，“狭义的 Verkehr”则指商品从一个地方转移到另外一个地方，这两个意义之间不可能有关系。[45]甚至常见的用法也认为这是两个不同的意义，而不是同一个意义的狭义和广义之分。



这种一个单词有两个意义，以及这两个意义的偶然混淆，完全是因为交换行为经常——但不是永远——与穿越空间的运输行为同时进行，反之亦然。[46]但是，科学明显没有理由应该对这两个在本质上完全不同的过程赋予一种内在的相似性。

人员、商品的运输和信息的传送，只要不构成消费行为，像观光旅游一样，就可以认为是生产的一部分，对此绝不应该有任何怀
81 疑。尽管如此，承认这一事实有两个困难。第一个困难是人们对

生产的性质存在广泛的误解。有些人对生产有一种肤浅的看法，认为生产就是制造以前不存在的物体，即把生产看作是真正的创造。从这一点来看，很容易在生产的创造性工作和仅仅只是货物的运输之间形成一个鲜明的对比。看待这个问题的这个方法是完全不对的。事实上，人类在生产中所发挥的作用一向是把个体的力量和自然的力量结合起来，从而使这种合力产生对材料的某种特别合乎需要的安排。人类的一切生产行为只不过是改变事物在空间的位置，其他的工作让自然去完成。[47]这样就可以解决把运输视为生产过程的反对意见之一。

第二个反对意见在于人们对商品的性质没有足够的认识。在商品的其他自然性质中，一个事物在空间上的位置对于满足人类需求的能力有重要的关系，人们经常忽视这一点。如果事物不是在同一个地方，而且如果供人们消费或进一步生产的准备程度也不相同的话，技术结构完全相同的事物仍然必须被视为是不同种类的商品。直到现在，商品在空间中的位置仅仅被视为是决定其经济或非经济性质的一个因素。尽管沙漠里的饮用水和水源充足的山区的饮用水的化学和物理性质是一样的，而且这两种水具有同样的解渴功能，但是，在满足人类的需求中却具有完全不同的意义，我们不可能忽略这个事实。能为沙漠中的旅行者止渴的水，只能是那些近在身边，随时可以饮用的水。

不过，在经济商品本身的范围中，一直仅限于某些种类的经济商品才考虑位置因素——那些位置已被人为或自然因素所固定的商品；甚至在这些经济商品中，除了最显著的例子——土地之外，很少有人关注这一因素。就以可以移动的经济商品来说，位置因素一直被视为微不足道。

这种态度和商业技术是一致的。对于存放在布拉格和伦敦的两批甜菜糖，显微镜没法区分其任何差异。但是，从经济学的观点
82 来看，最好把这两批甜菜糖视为不同种类的商品。严格地说，只有那些能立即被消费的商品应该被称为初阶商品。其他所有的经济商品，即使在技术意义上来说随时可以被消费，却因为需要和辅助性商品"运输工具"相结合，才能够转变成初阶商品，因此，应该被视为高阶商品。维塞尔说："生产就是在福利的鲜有关联的（remote）的许多条件中利用较好的条件。"[48]在这里没有什么妨碍我们这一次对"鲜有关联的"这个词的字面意义的理解，而不是仅仅在比喻意义上理解。

我们已经明白，空间的转移是一种生产；因此，运输工具，只要不是供娱乐的游艇等消费品，必须包括在生产资料中。这种解释对货币也适用吗？货币所提供的经济服务能和运输工具所提供的服务相提并论吗？绝对不行。没有货币，生产是完全可能的。无论在与世隔绝的家庭还是在社会化的（socialized）社区里都不需要货币。在任何地方我们都找不到一种初阶商品，其中可以认为使用货币是生产这种商品的必要条件。

确实大多数经济学家认为货币是生产资料。不过，权威人士的观点并不总是正确的；一个理论的证明是其依据的理由，而不是依据提出者的身份；尽管我们非常尊敬大师，但是，必须指出，在这个问题上他们没有充分说明他们的观点。庞巴维克（Böhm-Bawerk）在这个问题上表现得尤为突出。正如上文所述，科尼斯提出把经济商品分成消费品、生产资料和交换媒介三个范畴，以代

替消费品和生产资料的两个惯常范畴。一般来说，庞巴维克对科尼斯极其尊重，每当他认为不能同意科尼斯的观点时，他对科尼斯进行批评的观点都非常慎重。但在，在现在的这个例子中，他没有理会科尼斯的观点。他毫不犹豫地把货币包括在他的社会资本概念中，并顺便把货币阐述为一种产品，其目的在于促进再生产。他简单地提到“货币是一种交换工具而不是生产工具”的反对意见； 83
但是他没有回答这个观点，却开始进一步批评那些把生产商和中间商等手中的商品存量视为随时用于消费而不是中间产品的理论。

庞巴维克的观点令人信服地说明，只有把商品运输到需求它们的场所，生产才算完成，直到运输的最后过程完成，认为商品是随时可以消费的观点才是正确的。但是，这个观点对于我们目前的讨论没有任何用处；因为这一系列推理正好在关键的环节没有再进行下去。在证明农民赖以将其谷物和木材运回家的马和马车必须被视为生产资料和资本之后，庞巴维克说道：“从逻辑上来看，广义的经济意义上的‘运回家’的所有物品和工具，即那些必须运输的东西，以及道路、铁路、轮船和作为商业工具的货币，都必须包括在资本的概念中。”[49]

这和罗雪尔的观点一样，突然出现了不连贯的地方。庞巴维克忽视了运输和交换之间的差异因素，运输改变事物的效用，而交 84
换完全构成不同的经济范畴。把货币在生产中所起的作用与轮船、铁路所起的作用进行对比是不正确的。货币显然不是和账本、交换单据、证券交易所或者其他信用体系一样是一种“商业工具”。

庞巴维克的观点也不是一直没有人反驳。雅各比(Jacoby)提出的反对意见是，当庞巴维克认为货币以及生产商和中间商手中的商品存量都是社会资本时，他仍然坚持认为社会资本是一种纯粹的经济范畴，而且不受任何法律定义的限制，尽管货币和消费品的“商品”形态对于经济组织的“商业”类型是独特的。[50]

只要不同意把商品视为生产资料，上文所讨论的内容就隐含了雅各比的批评是不正确的观点。毫无疑问庞巴维克在这里是正确的，而其批评者则是错误的。第二点，即货币是否包括在内的问题，则正好相反。诚然，雅各比对资本概念的讨论并非无懈可击，而庞巴维克拒绝接受它可能是有道理的。[51]但是，这和我们目前所讨论的问题无关。我们只关心商品的概念问题。在这一点上，庞巴维克和雅各比的观点也不一致。在他的代表作《资本和利息》的第二卷的第三版中，他认为，如果没有无区别的，涉及等待分配的产品的，“像货币一样的”某种汇票和凭证，甚至复杂的社会主义的组织结构也无法运转。[52]他的这个特殊论点并不直接针对我们目前所讨论的问题。不过，仍然值得探讨这个概念所表达的观点是否包含对我们目前的讨论有用的一些东西。

每一种经济组织不仅需要一种生产机制，而且需要一种分配产品的机制。在个体消费者之间分配商品构成生产的一部分，因此，我们应该不仅把商业的有形工具，诸如证券交易所、会计账簿和文件等，包含在生产资料中，并且应该把用于维持商业基础的法律体系，诸如围墙、栅栏、墙壁、锁具、保险箱、法庭的各种用具、政府机关为保护财产使用的装备，也包括在生产资料中，这几乎没有人会怀疑。在社会主义国家，这个范畴也许包括庞巴维克的“无区别凭证”（不过，我们不容许以“像货币一样”的说法描述“无区别凭证”，因为货币不是一种凭证，说凭证像货币一样是不行的。货币一向是经济商品，而且说起债权，债权就是一种凭证，如果说债权像货币一样，就又回到把权利和商业关系视为商品的古老习惯。这里，我们能够用庞巴维克自身的权威来反对他自己）。[53] 85

不过，使我们不把货币视为“分配商品”，也不能视为生产资料（顺便说一下，同样的反对理由也适用于把货币视为消费品）是根据以下的考虑。消费品或生产资料的损失是人类满足感的损失；它使人类更贫穷。这样一种商品的获得提高人类的经济地位；它使人类更富裕。相同的说法不适用于货币的损失或增加。生产资料或消费品可用数量的变化，以及货币可用数量的变化，都涉及价值的变化；然而，生产资料和消费品价值的变化并不减轻损失或因商品数量的变化所产生的满足的增加，货币价值的变化和货币需求相适应，不管货币数量增加还是减少，人类的经济状况总是保持不变。货币量的增加不能提高社会成员的福利，货币量的减少也不会减少社会成员的福利。从这个观点来看，作为货币使用的那些商品的确是亚当·斯密所谓的商品，“……不能生产任何东西的死商品”。[54]

我们已经说明，在某些条件下，间接交换是市场的必然现象。在交换中需要并且获得的商品并不是为了这种商品本身，而只是为了进一步交换；这种情形永远不会从市场交易类型中消失，因为在绝大多数交换交易中，都存在着使其不可避免要产生的条件。现在，间接交换的经济发展导致使用一般交换媒介，使货币体系建立起来并日趋完善。货币事实上在我们的经济秩序中是不可缺少的。但是，作为一种经济商品，它并不像会计账簿、监狱或武器那样是社会分配工具的有形组成部分。尽管使用货币是经济秩序赖以建立的一个根本原则之一，但是，生产的所有结果中没有任何一部分依赖于和货币的合作。

生产资料从其产品的价值中获得价值。货币并非从其产品中
86 获得价值；因为社会成员福利的提高不能产生于货币的额外数量的增加。制约货币价值的规律不同于制约生产资料的规律，也不同于制约消费品的规律。所有这些的共同之处是它们内在的一般原理，即价值的基本经济规律。这是科尼斯提出的把经济商品应该分成生产资料、消费品和交换媒介的完整理由；因为，总而言之，经济术语的基本目的是为价值理论的研究提供便利。

## 第二节　作为私有资本一部分的货币



我们不只是为了术语的原因开始研究货币和生产资料之间的关系。术语本身的意义不在于我们得出的最终结论，而在于阐述区别货币和其他经济商品的，货币的那些独特性的观点。当我们致力于思考制约货币和货币变化的规律时，我们会更加密切地注意一般交换媒介的这些特殊特点。

但是，我们推论的结果，即货币不是生产资料的结论，也不是完全没有意义。它有助于我们回答货币是否是资本的问题。这个问题本身也不是目的，但是，它可以核实有关均衡利率和货币利率的关系这一更深层次问题的答案，这个问题将在本书的第三编加以研究。如果每一个结论都可以彼此证实，我们就可以在很大程度上放心地认为我们的论证没有出现错误。

在研究货币和资本的关系时，首先遇到的很大的困难在于大家对资本概念的定义有不同的看法。学者对资本定义的观点分歧很大，这一分歧超过经济学中对其他任何观点的分歧。在提出的很多定义中，没有一个定义能得到普遍认可；事实上，关于资本理论的争论今天比以往任何时候都更为激烈。如果要从大量彼此冲 87
突的概念中挑选，我们选择庞巴维克的概念来指导我们研究货币与资本的关系，我们仅能从这一事实来证明我们的方法是正确的，即庞巴维克的理论是研究利率问题的任何严肃的研究中最佳的指导理论，尽管这样的研究最终会导致与庞巴维克本人所得到的结论在很大程度上不一致（我们仍然不得不感激他在这个问题上付出的努力）。进一步来说，庞巴维克用以确立的他的概念，以及他用来反驳他的批评者的所有那些强有力的观点都支持这样一个选择。但是，除此之外，一个非常重要的理由是，资本的其他任何概念都不如庞巴维克所确立的概念那样明确。[55]最后这一点尤其重要。目前讨论的目标不是得到关于术语的任何一种结论，或者对概念提出任何批评，而只是对探讨均衡利率和货币利率之间的关系问题的重要性能够有一两点启发。因此，对我们来说，避免观念的性质上的含混不清比对事物进行正确分类更重要。货币是否应该包括在资本的概念中，对于这个问题有各种各样的观点。对这种性质的概念划分界限仅仅是采取何种方法的问题，关于这个问题很容易产生不同的观点。但是，货币的经济功能应该是一个可能得到完全一致的看法的问题。

在庞巴维克以传统的经济学术语区分的两个资本概念中，被称为私人资本或攫利资本（acquisitive capital）的概念历史更长久，使用更广泛。这是最初的基本概念，社会资本或生产资本的更狭义概念后来据此被分离开来。因此，以探讨私人资本和货币之间的关系开始我们的研究是符合逻辑的。

庞巴维克把私人资本定义为用于获得商品的工具的产品总和。[56]货币必须被包括在这个范畴内，对此从来没有人怀疑过。事
88 实上，资本的科学概念的发展始于能够产生利息的一定数额的货币的概念。资本的这个概念逐渐扩大，最后发展成现代科学讨论所采用的形式，总体上接近于通俗的用法。

资本概念的逐步演变同时表明人们不断地把货币的功能理解为资本。在早期的历史中，人们就能够解释货币在贷出时有利息这一事实——货币事实上能够“生产”。但是，像这样的一个解释不能长期满足科学的要求。所以，科学用货币本身不生产的事实反对这一看法。即使在古代，一般的看法和后来形成的货币不能产生货币(pecunia pecuniam parere non potest)的原则一定是一致的，这个原则后来成为几百年甚至几千年来利息问题的所有讨论的基础，而且亚里士多德毫无疑问在他的《政治学》里没有把它作为一种新的学说，而是作为公认的说法来论述。[57]尽管货币不生产是显而易见的，但是，对货币的实际不生产性质的这个理解是全面理解资本和利息问题的必要步骤。如果用于贷款的货币数额确实能够结出“果实”，而这种现象又不可能由货币的物质生产力来解释，那么，就必须寻求别的解释。

寻求解释的下一个步骤是进行观察，观察得到的事实是，贷款之后，借款人通常用货币交换其他经济商品，而且那些不愿意放贷却想从其货币中获得收益的货币所有者的做法也是一样的。这是

上文提到的资本概念发展的起点，也是货币的利率问题发展为“自然”利率问题的起点。

的确，几个世纪过去了，这些步骤才陆续完成。最初，资本理论的发展完全停止了。事实上人们不再需要进一步的发展；获得的知识已经足够完善；而那时科学的目的不是解释现实，而是支持 89
理想。而且公众舆论反对收取利息。甚至在后来，当希腊和罗马法律认可收取利息时，利息的收取仍然不受人们的尊重，而且古典时期的所有学者都争相谴责这种行为。当教堂批准禁止收取利息，并且引用《圣经》来支持其立场时，这便从根本上切断了不经官方授权而解决这一问题的所有努力。注意这个问题的每一个理论家已经深信收取利息有害、不合人情并发现他的主要任务是研究反对收取利息的新理由。他的任务不是要解释利息如何逐步出现，而是要维持收取利息是不应该的命题。在这种情形中，货币不生产的理论就很容易被学者不加分析而彼此采纳，作为反对支付利息的非常有力的论据，所以，不是因为这个理论的内容，而是因为它支持的结论，成为利息理论发展过程中的一个障碍。以前的经院派(canonist)利息理论衰微之后，资本的新理论便开始构建了，这时，这个理论对于利息理论的发展不再是个妨碍，反而成了一种帮助。它首先使资本概念的发展成为必要，然后利息问题的发展也有必要了。在流行用法和学者的术语中，资本不再是“贷款的货币数额”，而是“商品累积的存量”了。[58]

货币不具有生产性质的理论对于我们的问题有另外一个重要意义。在构成私人资本的各类事物之内，它启发我们理解货币的地位。为什么我们把货币包括在资本中？为什么对贷款的货币数 90

额要支付利息？甚至在不把货币贷给他人的情况下，怎样使用货币才有可能使货币产出收益？对于这些问题的答案不可能有任何疑问。只有当用货币交换其他某种经济商品时，货币才是一种攫利工具。在这个方面，货币可以和形成私人资本一部分的那些消费品相比较，仅仅是因为它们都不会被其拥有者自身所消费，而是用来以交换的方式获得其他商品和劳务。货币与这些消费品一样也不是攫利资本；真正的攫利资本是和货币或消费品交换的商品。"没有用途"的闲置货币，即没有用于交换其他商品的货币，不是资本的组成部分；它不产生结果。只有而且只要货币成为一个工具，人们使用该工具能够获得其他资本货物(capital goods)时，货币才是个人的私人资本的一部分。



## 第三节　货币不是社会资本的一部分

由于使用社会资本或生产资本，庞巴维克从而认为资本是准备用于再生产中的产品的集合。[59] 如果我们接受前文阐述的这个观点的话，依据该观点，货币不能包括在生产资料中，那么，它也不能包括在社会资本中。但实际上，和他之前的大多数经济学家一样，庞巴维克把货币包括在了社会资本中。如果把货币视为生产资料的话，这个观点是符合逻辑的；这是唯一能为庞巴维克辩解的理由。而且为了力图说明货币不是生产资料，我们已经暗示这样一个辩解理由是多么的毫无根据。

不管怎样，也许我们应该指出，把货币包括在生产资料(productive goods)以及随后包括在资本货物中的那些学者的观点前后不一致。在他们研究货币和资本概念的时候，通常把货币视为他们的那种体系分支中的社会资本的一部分，但是他们并没有由此得出某些明显的进一步的结论。相反，只要把货币的性质视为资本的理论在符合逻辑的情况下加以应用的话，这个理论似乎突然被人们忘记了。在研究利率的决定因素的时候，学者们反复强调，并不是货币的数量大小，而是其他经济商品的数量大小才是重要的。实在不可能把这个断言，这无疑是这个问题的一个正确的概括，和另一个断言，即货币是生产资料，相调和。

# 第六章　货币的反对者

## 第一节　社会主义社会的货币

上文已经说过，在某些条件下，由于劳动分工和需求多样化的
91 发展，这种情况更经常出现，间接交换就不可避免；而且间接交换的演变逐渐导致使用一些特殊商品，甚至使用仅仅一种商品，作为一般交换媒介。如果没有任何种类的交换，因此也没有间接交换，交换媒介的使用自然就不为人们所知了。当与世隔绝的家庭是基本经济单位时，其情形就是这样，根据社会主义者的理想，这种情形终有一天会在那种纯粹的社会主义秩序中再次出现，在这种社会主义秩序中，生产和分配将会由一个中央机构加以系统地管理。社会主义的预言者并没有详尽地描述未来社会主义体系的这个远景；事实上，他们都看到的并不是相同的远景。其中有一些预言者允许在一定范围内交换经济商品和劳务，如果是这种情况的话，货币的继续使用依旧是可能的。



另一方面，有组织的社会给其成员分配的票券（certificates or orders）不能视为货币。假如每位劳动者工作一小时可以得到一张票券，只要不用于满足集体的需求，并且只要不用于养活不能

工作的人士,社会收入按照每一个体拥有票券数量的比例来分配的话,那么,每一个票券体现对所要分配的商品总量的一部分的要求权。所以,作为满足个体需求工具的任何一张票券的重要性,或者说,票券的价值,会以总分配额的大小按比例变化。在劳动时间不变的情况下,如果某一年的社会所得仅仅是前一年的一半,那么,每一张票券的价值同样也是一半。 92

货币的情况就不一样了。实际社会收入减少50%,一定会引起货币购买力的下降。但是,货币价值的这种下降和收入额的减少之间没有必要有任何直接的关系。货币购买力也许偶然减少了一半;但是,也不一定是这样。这个差异非常重要。

事实上,货币交换价值的决定方式和票证(certificate)或凭证(warrant)的交换价值的决定方式完全不同。像票证或凭证这样的凭据根本不容易受到独立的价值评估过程的影响。如果大家确信票证或凭证一直可以随时兑现,那么其价值将与它所体现的商品等值。如果大家没有绝对的信心,票证或凭证的价值将相应地减少。

如果我们假设甚至在社会主义社会中可能发展了一种交换体系——不仅仅是劳动凭证的交换,而且是在个体之间交换消费品——那么,我们可以认为,甚至在这样一个社会框架内,货币的功能仍有一席之地。这个货币当然不可能会像在以生产资料私有制为基础的经济秩序中那样频繁地和多方面地加以使用,但是,这个货币的使用也受相同的基本原理支配。

如果要避免这两者之间的自相矛盾,任何建构一个想象的社会秩序的努力在确定如何对待货币的态度时,都必须思考这些因素。只要这一类计划完全排除商品和劳务的自由交换，那么，逻辑上的结论就是它根本不需要货币；但是，只要允许任何形式的交换，似乎用一般交换媒介来实现的间接交换也必定被允许存在。

## 第二节　货币的臆想者

对资本主义经济制度没有进行深入批评的人士习惯于主要针对货币进行批评。他们愿意允许生产资料私有制的持续存在，因
93 此，他们也允许，在目前劳动分工的情形中，商品的自由交换也存在，然而他们却希望不通过任何媒介，或至少不需要一个一般媒介，或货币，来完成这种交换。他们显然认为使用货币是有害的，并希望通过取消货币来消除所有的社会弊端。他们的理论来源于在货币的使用不断增长的时期在普通人士中特别流行的概念。



人类经济生活的所有过程似乎都掩盖在货币之下；那些不能透过事物表面看本质的人只看到货币现象，而看不到更深层次的关系。货币被视为盗窃、谋杀、欺骗和背叛的原因。娼妓出卖肉体，贪赃的法官枉法都归咎于货币。道德家反对泛滥的物质主义时便抨击货币。更意味深长的是，贪婪又称为爱恋金钱；因此，货币被认为是万恶之源。[60]

像这样的这类观念混乱并且模糊，这是显而易见的。人们是否认为重新回到直接交换就能够克服使用货币的所有不利因素，或者人们是否认为其他改革也是必要的，我们目前并不清楚。提出这些观念的造世者和改良者并不认为他们有任何责任坚定地追求他们的理想，以得出他们最后的结论。他们更愿意在一遇到困

难时便立刻停止。顺便说一下，这说明他们的学说能够长期流行的原因；只要他们的学说一直保持模糊不清的状态，他们的理论就不会让批评者抓到把柄。

甚至还有不值得我们认真注意的社会改革的那些计划。这些 94
计划并不反对在总体上使用货币，而反对使用黄金和白银。事实上，对贵重金属的这种敌意态度有一些非常幼稚的因素。例如，托马斯·莫尔在他的乌托邦理想中让罪犯戴上黄金镣铐，让普通公民使用用金、银制作的尿壶。[61]正是精神上的某些因素使古代人类把没有生命的形象和象征作为报复的对象。

简直不值得为这些荒诞的想法浪费些许时间，这些想法从来没有得到过认真的对待。对它们的必要的批评在很早之前就完成了。[62]不过，必须强调通常不引起人们注意的一点。

在货币的很多混杂的反对者之中，有一派使用其他的理论武器，和通常的反对者使用的理论武器不一样。这些货币的反对者从流行的银行理论中得到他们的论点，主张以“自动适应通货需求的弹性信用体系”来根治人类的所有罪恶。人们对于此类主张并没有给予本该给予的科学批评，而且实际上没有能力给予批评，这不会使熟悉银行理论的缺点的人感到惊讶。对诸如欧内斯特·索尔维的(Ernest Solvay)“社会会计制度”[63](social comptabilism)的这类计划的反对只能归因于讲究实际的人的怯懦，而不是出于严格地证明了这些计划有缺点的证据，实际上一直没有这样的证据。银行理论家的观点是以图克(Tooke)和富勒顿(Fullarton)的体系为根据的，他们(而且包括几乎所有当代的理论家)对于索尔维的理论和同类的其他理论都束手无策。他们只是谴责这些理论，因为他们自己的感觉和讲究实际的人的可靠的判断使他们不相信这类改革者不切实际的臆测；不过，对于这个归根结底只是一以贯之地运用了他们自己理论的理论体系，他们找不到任何可以反驳的理由。

本书第三编将集中讨论银行体系的问题。这一编将对信用弹性理论进行详细的讨论，其结果也许会使进一步讨论这类理论没有必要。

# 第二编

# 货币的价值

# 第一章　货币价值的概念

## 第一节　货币价值理论中的主观和客观因素

货币的经济问题的核心因素是货币的客观交换价值，一般称
为货币的购买力。这是所有讨论的必然起点；因为只有和货币的 97
客观交换价值相联系，区别货币和商品的那些特质才明显地表现出来。



这种说法绝不能理解为暗示货币理论中的主观价值比其他理论中的主观价值低。个体的主观估价是货币的经济估价的基础，这和其他商品的主观估价是一样的。货币的情形和其他经济商品的情形是一样的，这些主观估价最终来源于商品或商品组合的重要性，这是商品有效用的公认的必要条件，因为某一个体使用商品的最终目的就是商品的效用。[1]不过，虽然其他商品的效用取决于某些外部事实（商品的客观使用价值）和某些内部事实（人类需求的层次），换言之，取决于完全不属于经济范畴的一些条件，这些条件一部分属于技术范畴，一部分属于心理性质的范畴，但货币的主观价值却以其客观交换价值为条件，也就是说，是以属于经济学范畴中的特征为条件。

就货币来说，主观使用价值和主观交换价值是同一的。[2] 这两个价值都来自于客观交换价值，因为除了有可能以交换的方式获得其他经济商品外，货币没有任何效用。对于货币来说，不可能认
98 为货币的功能可以和其客观交换价值相分离。就商品的使用价值而言，商品是否也具有交换价值并不重要；但是，如果货币要具有使用价值，它就必须具有交换价值。

货币价值的这个特质也可以这样表达，就个人而言，货币根本没有任何使用价值，而只有主观交换价值。例如，劳（Rau）[3] 和庞巴维克[4]都持这种观点。不管我们使用哪一个术语，这个特点的科学研究都会得出相同的结论。没有理由对这一点进行讨论，尤其因为使用价值和交换价值之间的区别在价值理论中再也不像过去那样具有重要的地位。[5]我们所关注的全部问题是要表明，讨论货币的价值的经济学的任务比讨论商品的价值的任务更为繁杂。在解释商品的价值时，经济学家能够而且必须满足于视主观使用价值为必然，而把追溯其来源的任务留给心理学家；但是，货币价值的真正问题则正好从商品价值所停止的地方开始，也就是说，在追溯其主观价值的客观决定因素的地方开始，因为如果没有客观交换价值，则没有货币的任何主观价值。解释谷物为什么对人类有用，而且被人类所重视，这不是经济学家的任务，而是自然科学家的任务；但是，经济学家自身的任务是解释货币的效用。研究货币的主观价值而不研究其客观交换价值是不可能的。和商品相反，如果货币没有客观交换价值或购买力，货币就永远不会被人们所使用。货币的主观价值总是依赖于能够通过交换而得到的其他经济商品的主观价值。其主观价值事实上是个衍生概念。如果我们

要估计一笔具体数额的货币所具有的重要性，鉴于我们已经知道某种满足感取决于这一重要性，只能在假定货币具有某一特定的客观交换价值的前提下，我们才能估计其重要性。“货币的交换价值是能够用货币获得的事物的预期使用价值。”[6] 人们在任何时候 99
都重视货币，这是因为人们认为货币具有某种程度的购买力。

可能有人会提出以下几点反对意见，第一，货币仅具有不确定数量的客观交换价值还不足以保证有可能把货币作为交换媒介使用；第二，这种购买力，还必须以某种程度表现出来，既不太大，也不太小，而是正好能够使货币单位的价值和商品单位的价值之间的比例方便日常生活中的普通交换交易；第三，如果某国的货币单位的价值增加一倍，即使这个国家中的一半的货币确实能够和该国的整个货币存量一样履行相同的职能，但是，如果该国的货币价值增加 100 万倍或减少到 100 万分之一，和该国货币数量的变化逆对应，如果能从这个例子中得出相似的观点，这是令人怀疑的，因为这样一个通货几乎不能和实际使用的通货一样好地履行一般交换媒介的功能；第四，我们应该努力想象出一种商品货币，它的一吨，或其一毫克的仅千分之一的价值等于一元钱，试想想其中的不便之处，使用这样一个媒介事实上产生的不可克服的障碍不可避免地会妨碍商业的发展。

不管上述说法多么正确，货币和商品之间交换比率的实际高低，以及货币单位的大小问题都不是经济问题，而是讨论什么样的技术条件能使某种商品适合作为货币使用时涉及的问题。贵金属的相对稀少足以使它们具有高客观交换价值，但是其贵重程度却比不上宝石和镭，因此不足以使它们的交换价值太高，这些因素的

确必须加以考虑，还需要考虑诸如它们几乎无限度的可分割性、可锻造性和对外部破坏因素的抵抗力等其他特点，这些因素在使它
100 们被公认为是最容易销售的商品，并最后作为货币的使用中，都曾经是决定性的因素。但是，在现在，随着货币体系的发展，贵金属价值的特殊地位对它们作为货币的使用再也没有重要的影响了。清算体系(clearing system)的现代组织和信用媒介制度使商业不受货币材料的数量和重量的影响。

## 第二节　货币的客观交换价值

上文已经说明，如果不考虑货币的客观交换价值，就不能讨论货币的价值问题。在现代的条件下，客观交换价值，维塞尔也将其称为 Verkehrswert(商业交易中的价值)，是价值的最重要的一种，因为它不仅支配经济生活的个体方面，而且也支配经济生活的社会方面。除了解释价值理论的基本原理之外，经济学几乎完全以客观交换价值为其研究的对象。[7] 尽管这在某种程度上对所有商品都是适用的，包括那些除了具有交换价值之外自身还有用途的商品，但对货币更为适用。

"商品的客观交换价值是商品在交换中的客观重要性，换言之，是它们在特定情形下作为交换的等价物购买特定数量的其他商品的能力。"[8] 应该注意到，甚至客观交换价值其实也不是商品本身的属性，不是由自然赋予商品的，因为归根结底，这种价值也来源于人类对各种商品进行估价的过程。但是，在商业交易中不同商品之间所确立的交换比率，是由在市场上进行交易的所有人的

客观估价的集体影响所决定的，不同的个人把这种比率作为既成事实来接受，因为他们一般对于这种比率的决定几乎没有什么影响，在大多数情况下必须无条件地加以接受。因此，人们很容易从这种情况中得出错误的抽象概念，认为在市场上销售的每一个商品都有不受个人估价支配的特定数量的价值。[9] 如果按照这种观 101
点，商品则不是由人们彼此交换；它们仅是自身交换而已。

主观价值理论中表现的客观交换价值，和古典学派所发展的旧观念——商品本身内在的交换价值——相比，除了有相同的名称以外，没有其他相同之处。在亚当·斯密和李嘉图的价值理论中，以及在他们的后继者的理论中，作为交换的价值发挥着重要作用。这些理论从作为交换的价值开始，把作为交换的价值解释为劳动力价值或生产成本价值，力图解释价值的所有现象。对于现代价值理论来说，他们使用的术语只具有历史意义，因此，我们再也不必担心交换价值的两个概念有可能混淆。这就消除了最近人们反对继续使用“客观交换价值”的术语的意见。[10]



如果商品的客观交换价值是指其在交换中支配一定数量的其他商品的力量，那么它的价格就是其他商品的这个实际数量。由此得出结论，价格和客观交换价值的概念绝不相同。“但是，不过它们的确都遵守相同的规律。因为当价格规律表明商品实际上具有一个具体的价格，并解释它具有这种价格的理由时，它当然就表明商品能够具有这个价格，并解释其具有这个价格的理由。价格规律包含交换价值的规律。”[11]

按照“货币的客观交换价值”，我们能够相应地理解为一个可
能性，即用一定数量的货币交换一定数量的其他经济商品；按照 102

“货币的价格”，我们可以相应地理解其他商品的这个实际数量。把货币单位的交换价值用任何其他商品的单位来表示，并称为货币的商品价格，这是可能的；但是，在实际生活中，人们不知道这个术语和它所表达的概念。因为在当代，货币是价格的唯一表示物。

## 第三节　货币价值理论中的问题

货币理论必须考虑在制约货币价值的原则和制约商品价值的
103 原则之间的本质区别。在商品价值理论中，没有必要在最初注意其客观交换价值。在这个理论中，决定价值和价格的所有现象都可以把主观使用价值作为起点来解释。在货币的价值理论中不是这种情况；因为货币和其他商品正好相反，只能在它具有客观交换价值时才能履行其经济功能，对其主观价值的研究要求首先研究这个客观交换价值。换言之，货币的价值理论需要我们先研究主观交换价值，再研究客观交换价值。



在目前的经济体系中，这种体系建立在劳动分工和产品的自由交换上，生产者一般不是为自身的直接利益而劳动，劳动的目的在于向市场提供商品。因此，他们的经济估算不是由其产品的主观使用价值决定的，而是由其主观交换价值决定的。不注意产品的主观交换价值的估价，因此也不注意产品的客观交换价值的估价，而仅考虑其主观使用价值，这在今天是非常罕见的。它们通常局限于物品具有情感价值的那些情况。但是，如果我们不注意某些个人将象征性意义赋予某些物品，因为这些物品使他们想起他们希望记住的经历或人，但是在那些没有这种个人经历的人的眼中，这些物品的价值低得多或者甚至没有价值，不能否认，人类对商品的估价是以商品的交换价值为基础的。不是使用价值，而是交换价值，似乎支配着现代经济秩序。不过，如果我们追溯其最深的源头，首先是商品的主观交换价值，其次是商品的客观交换价值，我们发现最终仍然是物品的主观使用价值决定物品所具有的价值。因为，且不说在交换产品中获得的商品总是按照其主观使 104
用价值定价的，在决定价格和客观交换价值中最终起作用的唯一估价是以产品具有的主观使用价值为基础的，是那些通过商业渠道最终占有产品，并且为了其自身消费而购买产品的人的那些估价。

货币的情况则不同。货币的客观交换价值不能重新指向与这种客观交换价值的存在无关的任何种类的使用价值。在货币体系的起源中，货币仍然是一个商品，一旦到达最终购买者或消费者的手中，它就最终停止流通。[12]在货币史的早期阶段，甚至有货币商品，其天然性质却完全使它们不能长期作为货币使用。一头牛或一袋谷物不能永远流通；如果不依赖于作为货币使用的那部分价值不致因其质地的退化而减损的话，它早晚会退出市场而用于消费。另一方面，在发达的货币体系中，我们发现商品货币经常大量地流通，永远不会被消费或在工业中使用；信用货币，它的基础是付款的权利要求，永远不会被使用；可能甚至有不兑现纸币，除了作为货币使用外，再没有任何其他用途了。

很多非常著名的经济学家理所当然地认为，货币的价值和制作货币的材料的价值完全依赖于它在工业上的用途，而且他们还认为，如果作为有用金属的货币材料的性质由于某种偶然事件而丧失的话，当前金属货币的购买力，以及它作为货币继续使用的可能性会立刻消失。[13]现在，这个观点已经站不住脚了，不仅仅是因为有一整套它没有解释的现象，还主要是因为它也违反了经济价值理论的基本规律。认为货币的价值是基于其材料的非货币用途，则完全没有考虑真正的问题。[14]我们不但需要解释不兑现纸币的可能性，这类材料没有官方的印章比有官方的印章价值要低得多；我们还必须回答这个问题，商品货币材料的货币用途是否影响其效用，以至是否还影响其价值，如果影响的话，会影响到什么程度。信用货币也会产生同样的问题。

人类能够支配的黄金存量，一部分被用在货币的用途上，一部分被用在工业上。从一种用途改变到另一种用途总是可能的。金锭从银行的金库中转移到金匠和镀金匠的车间，金匠和镀金匠也直接回收流通中的现有金币并将其熔化。另一方面，由黄金制作的物品，甚至有很高价值的艺术品，当市场行情不景气时便会流向造币厂，便能得到比市场价格高的价格。同一块金属甚至能够同时达到两个目的，装饰品被当作货币使用，金币作为首饰佩戴，然后将其变卖，这都是我们会见到的例子。[15]



对货币的价值基础的研究，必须剔除把货币材料作为商品的特性而产生的那些决定因素，因为这些决定因素不能表现出把货币的价值和其他商品的价值区别开的任何特征。商品货币的价值对于货币理论的重要性，仅在于它依赖于货币的独特的经济地位，还依赖于它作为一般交换媒介的功能。作为商品的特征而产生的货币材料的价值上的变化，仅在这些变化可能使其适合于履行货
105 币功能的范围内，才会被人们加以考虑。除此之外，货币理论必须

把从其工业用途性质中产生的货币材料的价值视为已知。

不管商品货币作为货币或其他商品使用,其材料必须具有相同的价值。不管黄金价值上的变化源于黄金作为货币使用还是作为商品使用,在这两种情况下,整个存量的价值上的变化是一致的。[16]

信用货币和不兑现纸币的情况则不同。在这两种货币中,产生这种作用的材料在决定货币的价值时完全不重要。在某些情况下,它也许具有相对高的交换价值,可能占每枚硬币或钞票的总体交换价值的相当大的一部分。但是,这种价值不是以硬币或钞票的货币性质为基础的,当基于货币性质的价值消失时,也就是说,当参与商业交易的个体不再把该硬币或钞票作为一般交换媒介使用时,它才具有实际意义。如果不是这种情况,具有货币标识的硬币或钞票比用相同的材料制作的其他物品一定具有更高的交换价值,只要这些货币并不具有任何特殊的特征。

此外,在信用货币的情形中,作为货币使用的债权和不作为货币使用的相同种类的其他债权也同样具有不同的交换价值。在实行货币改革之前,在奥匈帝国作为货币流通的 100 盾(gulden)的钞票,比如说,比 100 盾的票面价值的政府债券的交换价值高,尽管后者有利息而前者没有。

在作为货币使用之前,黄金只是由于具有作为装饰的目的的可能性而被估价。如果黄金未曾作为货币使用,如果它不再作为货币使用,它目前的价值只能由它在工业中已知的用途大小来确定。但是,使用黄金的另外的机会给人类重视黄金的原来的理由之外增加了新的理由;黄金开始被人们重视,部分原因是黄金能被作为一般交换媒介使用。随后黄金的价值上升，或者由于其他原因有可能出现的黄金价值的下降至少能被抵消，这并不令人吃惊。
106 现代主要的货币材料，黄金现在的价值，以使用的可能性为基础，包括货币的用途和工业的用途。[17]

货币目前的价值在多大程度上取决于货币的使用，以及在多大程度上取决于工业的使用，这不可能说清楚。当货币体系最初建立时，贵金属价值的工业基础可能占优势；但是，随着经济生活的货币组织不断发展，货币用途则越来越重要。可以肯定地说，现在黄金的价值在很大程度上由其货币的用途来支持，而且如果不把黄金作为货币使用的话，则会在很大程度上影响其价格。[18] 1873 年以来白银价格的急剧下降被公认为在很大程度上是因为这种金属在大多数国家不再作为货币使用。而且在 1914 年和 1918 年之间，很多国家用钞票和中期国债（Treasury notes）代替黄金时，黄金流入仍然实行金本位的那些国家时，黄金的价值大幅下跌。



制造不兑现纸币和信用货币使用的材料的价值也受其作为货币的用途以及所有其他用途的影响。例如，辅币的生产现在是白银最重要的用途之一。另外，50 多年前开始用镍制造硬币时，镍的价格急剧上升，英国铸币局的局长在 1873 年说，如果继续用镍铸造硬币，仅镍的成本会超过硬币的票面价值。[19] 然而，如果我们把这种用途视为工业用途而不是货币的用途，那是因为辅币不是
107 货币，而是货币的代用品，因此，货币价值的变化和货币材料的价值的变化之间的独特的相互影响在这些情形中是不存在的。

货币价值理论的任务是阐述制约决定货币的客观交换价值的规律。货币价值理论并不研究是如何决定的，因为这种价值不依

赖于这种材料的货币用途，而是依赖于这种材料的其他用途。货币价值理论并不研究如何决定制造商品货币的材料的价值，也不研究用于制造不兑现纸币的具体体现物所使用的材料的价值是如何决定的。它只研究货币的客观交换价值，因为这依赖于其货币功能。

价值的其他形式对于货币的价值理论并不构成任何特殊的问题。关于货币的主观价值和经济学家所阐述的其他经济商品的主观价值的任何不同，在这里并没有必要说明。关于货币的客观使用价值，要知道的最重要的问题可以用一句话来总结——它依赖于货币的客观交换价值。

# 第二章　货币的客观交换价值或购买力的决定因素

## （Ⅰ）货币的客观交换价值中的连续性因素

### 第一节　货币的主观估价依赖于客观交换价值的存在



108　根据现代价值理论，价格是商品的主观估价和有价格的商品在市场上相互作用的产物。价格从开始到结束是主观估价的产物。商品是由交换它们的个人按照它们的主观使用价值估价的，它们的交换比率是供给和需求在数量上完全均衡的范围内决定的。门格尔和庞巴维克提出的价格原理给这些交换比率提供了完整和数字上准确的解释；其内容可以详尽地解释直接交换的所有现象。在双方竞争的情况下，市场价格是在一定范围之内决定的，这个范围的上限由实际购买者中的出价最低者的估价和已排除的出售者中索价最高者的估价所确定，其下限由实际销售者中的索价最低者和已排除的购买者中出价最高者的估价所确定的。

价格的这个原理对于直接交换和间接交换都有效。像其他价格一样，货币的价格最终是由购买者和销售者的主观估价决定的。但是，正如前面已经说过，货币的主观使用价值，正好和主观交换价值一致，只不过是用货币要购买的事物的预期使用价值。货币的主观价值必须由货币能够交换的商品的边际效用来度量。[20] 109

由此可见，只有假设货币具有某种客观交换价值的条件下，才有可能进行货币的估价。有必要有这样一个交点，才能够弥合满足与“无用的”货币之间的距离。因为在货币本身和人类的需求之间没有任何直接联系，个人通过假设一个确定的购买力，才能知道货币的效用，然后知道货币的价值。但是，我们能够容易地看出，这个假设只不过是当时在市场上货币和商品之间流行的交换比率的一种表现。[21]

一旦货币和商品之间的交换比率在市场上确立，这种比率在超过其实际存在的时间之外会继续发挥其影响；它是对货币进一步估价的基础。所以，货币过去的客观交换价值对其现在和未来的估价具有一些影响。今天的货币价格和昨天以及以前的货币价格有联系，并和明天以及以后的货币价格也有联系。

但是，仅仅这一点还不足以解释货币价值中的连续性因素问题；它只是延缓对这种因素的解释。把货币今天具有的价值追溯到昨天具有的价值，把货币昨天具有的价值追溯到前天具有的价值，并且继续追溯下去，则可以提出最初是什么因素决定货币的价值。研究货币用途的起源，以及研究取决于货币功能的价值的具体组成部分，可以对这个问题提供一个明显的答案。货币的最初价值显然是被用作货币的商品（由于它们适合于以其他方式满足

人类的需求)，当其最初作为一般交换媒介使用时所具有的价值。当个人不是因为消费，而是作为交换的媒介而获取商品时，他们依
110 照这类物品已经在市场上因其“工业上的”有用性而得到的客观交换价值来进行估价，至于把它们作为交换的媒介，则仅仅是额外的考虑因素。货币最早的价值和货币材料的商品价值相联系。但是自那时以来，货币的价值不但仅仅受依赖于“工业的”用途的因素影响，这种因素决定制造商品货币的材料的价值，而且还受被用作货币的结果的那些因素的影响。不但是工业用途的供给和需求，而且还作为交换媒介的用途的供给和需求，影响着自最初作为货币使用以来黄金的价值。[22]

## 第二节　某物需要有与货币功能无关的一种价值，它才能够充当货币



如果货币的客观交换价值必须总是与货币和其他经济商品之间已经存在的市场交换比率相联系的话(因为不然的话，人们不能估计货币的价值)，那么可以得出结论认为，除非某物作为货币的用途开始的时候，它已经具有以某种其他用途为基础的客观交换价值，否则它就不能作为货币使用。这种说法不但驳斥了所谓货币的来源是根据把假设的价值归于没有内在价值的事物的基本观点的那些理论，[23]而且也证实了门格尔关于货币用途的起源的假设。

和以前存在的交换价值的这个关系不但对于商品货币，而且同样对于信用货币和不兑现纸币都是必要的。[24]如果任何不兑现纸币不能满足这个条件，它就不能存在。让我们假设，在是否应该

被算作信用货币或不兑现纸币尚不明确的那些古代和现代的种种货币之中，实际上有纯粹的不兑现纸币。这样的货币肯定是以两
种方式中的其中一种方式出现。第一种方式是，因为货币替代品 111
已经在流通，换言之，用货币随时可支付的债权，丧失了作为债权的性质，但作为交换的媒介仍然在商业中使用。在这种情况下，其估价的起点在于它们在丧失债权的性质时所具有的客观交换价值。另外一种可能的情况是，曾经作为商品货币流通的硬币由于停止自由铸造而变成了不兑现纸币（或者因为完全不铸造了，或者因为只能在财政部的委托下才能铸造），任何人在法律上或事实上都不承担兑换的责任，而且任何人都没有根据希望由任何人承担这样一个责任。在这里，估价的起点在于自由铸造停止时硬币的客观交换价值。

在一个经济商品开始发挥货币功能之前，它必须已经具有交换价值，这种价值的基础是除了其货币功能的某种其他原因。但是，已经照这样发挥功能的货币，即使当其交换价值的最初来源已经丧失，它仍然具有价值。在这种情况下，它的价值的基础完全在于它作为一般交换媒介的功能。[25]

## 第三节　在决定市场交换比率中事先存在的价格的重要性

从上面讨论的内容中可以得出重要的结论：货币的客观交换价值中包含从历史上来看连续的因素。

货币的过去的价值被现在吸收，并转化成现在的价值；货币的

现在的价值进入未来，并随之发生变化。在这一点上，决定货币的交换价值和决定其他经济商品的交换价值之间形成一个对比。对于其他经济商品的相互交换比率的实际水平来说，所有事先存在的交换比率都完全没有关系。如果我们透过货币的表面来观察商品之间的实际交换比率，我们确实观察到某种连续性。一般来说，实际价格的变化是缓慢的。但是，价格的这种稳定性在于价格决定因素的稳定性，而不在于价格决定规律自身。价格变化缓慢，因为人类的主观估价变化缓慢。人类的需求，以及人类关于商品是
112 否满足这些需求的适宜性的看法，相对于可供消费的商品的存量，或者这些商品的社会分配方式来说，不太可能发生经常和突然的变化。今天的市场价格和昨天的市场价格没有太大的差异，这是因为决定昨天的价格的因素并没有在短时间内发生大幅度的变化，所以今天的价格是几乎相同因素作用的结果。如果市场上的价格经常发生剧烈和没有规律的变动，那么客观交换价值的概念就不会取得和消费者以及生产者实际上一致认可的重要性。



从这个意义上说，如果我们认为价格有惰性，这是不会引起争议的，尽管早先经济学家的错误应该使我们注意到，从力学上借来使用的术语可能会产生“力学式的”系统的真实危险，也就是说，从个人的主观估价中错误地推出抽象概念的危险。但是，任何认为在过去和现在的价格中有因果关系的观点，都必须予以断然地否决。

有遏制价格变化的制度性因素，这种因素能够抵消估价的变化所引起的价格的变化，当供给和需求中的变化所引起的价格的变化被延迟后，这种因素有一定的作用，而且当供给和需求之间的

关系上的微小或短暂的变化完全没有引起价格上的相关变化时，这种因素也有一定的作用，这是无可争议的。从这个意义上完全可以说价格具有惰性。甚至有一种说法，认为收市的价格是下次市场交易的起点[26]，如果按照上述意义理解的话，这也是可以接受的。如果决定昨天价格的一般因素只发生了一点儿变化，那么今天的价格应该和昨天的价格不应该有很大的差异，实际上，把昨天的价格作为出发点，似乎没有什么不对。不过，就经济商品(不包括货币)的相对交换率来说，在过去和现在的价格之间没有因果关系。昨天啤酒的价格高这一事实对今天的价格来说没有重要的意义——我们只需要想想禁酒运动的完全胜利对酒类饮料的价格的影响。任何关注市场活动的人士每天都会注意商品交换比率的变化，如果非常熟悉经济现象的任何人要接受寻求解释由价格的假定衡定性来解释价格变动的理论，这是完全不可能的。 113

顺便指出，要把价格的决定追溯到其假定的惰性，甚至茨维迪内克(Zwiedineck)为这个假设辩护时也不得不承认，在一开始时就不抱解释价格的最终原因的任何希望，并满足于次要原因的解释。[27]必须毫无保留地承认，解释能够表明曾经存在过的交换交易的最初形式——到目前为止经济历史学家对这个问题提供的答案很少——说明抵消价格上的突然变化的因素在过去比现在更强大。但是，我们必须断然否认在那些早期的价格和今天的价格之间有任何程度的联系的说法；换言之，是否真有人相信德国证券交易所现在流行的经济商品(非货币价格)的交换比率和赫尔曼或巴巴罗萨时代的交换比率有任何种类的因果关系的说法。如果把过去所有的交换比率从人类的记忆中抹去的话，市场价格决定的过程当然就变得更困难了，因为每个人都必须为他自己构建一个新的估价比率；但是这并不是不可能的事情。事实上，世界各地的人们每日每时都在从事着产生所有价格的活动：决定具体数量的商品在满足需求状况的相对重要性。

114 就商品的货币价格由货币性因素决定的程度而言，其中包括一个从历史上来看连续的因素，没有这个连续因素就不能解释它们的实际水平。这个因素也来源于可以完全用进行市场交易的个体的主观估价来解释的交换比率。尽管这些估价最初不是仅仅以这些商品的明确的货币效用为基础。市场对于货币的估价只能从货币在过去具有的价值开始，而且这个关系影响货币的客观交换价值的新水平。从历史上沿袭下来的价值被市场加以改变，却并不考虑什么变成了价值的历史内容。[28]但是，它不仅仅是货币的今天的客观交换价值的起点；它是决定价值的不可或缺的因素。个人必须考虑货币的客观交换价值，这是昨天在市场上决定的，然后他才能形成他今天需要的货币数量的估价。货币的供给和需求就这样由过去的货币的价值所影响；但是，它们反过来改变这个价值，直至产生新的平衡。



## 第四节　边际效用理论对货币的适用性

事实表明，寻求货币的客观交换价值的决定因素总是使我们回到一点，在这一点上，货币的价值根本不是由货币作为交换的媒介所决定的，而是完全由它的其他功能决定的，这就给主观价值理论及其边际效用的独特理论为基础的货币价值的完整理论的发展开辟了一条道路。

迄今主观学派对此毫无建树。事实上，在这一学派当中，为数不多的几个学者注意到这个问题，其中有一些学者力图说明这个问题无法解决。面对在此遇到的问题时，主观价值理论一直是束手无策的。

不管我们对它们有任何看法，我们必须承认，有两个货币理论 115
力图解决货币价值的整个问题。

价值的客观理论把货币的一个非常好的理论成功地引进了其体系，这个理论从货币的生产成本中推断出货币的价值。[29] 诚然，放弃这个货币理论，并不仅仅是因为一般价值客观理论被现代学派的理论所代替的那些缺点。除了这个根本缺陷之外，货币价值的生产成本理论表现出一个很容易成为批评的目标的特点。尽管它确实提出了一个商品货币的理论（即使仅在形式上是正确的），但是它不能解决信用货币和不兑现纸币的问题。不过，这是一个完整的货币理论，因为它确实至少力图对商品货币的价值进行完整的解释。

货币价值的另外一个类似的完整理论是和达万扎蒂（Davanzati）这个名字相联系的数量理论。[30] 根据这个理论，能够满足人类需求的所有事物从传统上来说等于所有的货币金属。从这一点上来看，由于整体真实也意味着部分真实，所以商品单位和货币单位之间的交换比率就能够推断出来。这里我们面临一个毫无事实支持的假设。今天如果再要证明它的观点不成立不啻是浪费时间。不过，达万扎蒂是第一个尝试把这个问题作为一个整体问题提出来的人，并提出了一个理论，这个理论不但解释在货币和其他经济商品之间存在的交换比率的变化，而且也解释了这种比率的来源，这一点不能忽视。

116 数量理论的其他形式不能与上面说明的数量理论形式等量齐观。这些理论都假定货币的某种价值为已知，并且断然拒绝对这个问题进行进一步的研究。它们忽视了这个事实，即我们所需要的是解释什么因素决定货币和商品之间的交换比率，而不仅仅是什么引起了这种比率的变化。在这个方面，数量理论和价值的各种一般理论相似（例如，供给和需求理论的很多形式），这些理论不努力去解释价格为什么会如此，但却满足于构建一个价格变化的规律。[31] 数量理论的这些形式事实上只不过是应用供求原理来解决货币价值的问题而已。它们把这个理论的所有优点都吸收到货币理论中；当然也包括了它的缺点。[32]

1870 年以来，经济学上的革命也没有圆满地解决这个问题。当然，这并不是说，经济学的进步对于一般的货币理论，特别是货币的价值理论，没有产生任何影响。它是价值主观理论的很多贡献之一，为更深入地理解货币的性质和价值开拓了一条道路。门格尔的研究使这一理论获得了新的基础。但是，直到现在，还有一个问题没有被大家所重视。门格尔和很多追随他的研究者甚至都没有能够解决货币价值的根本问题。一般说来，他们致力于修正和发展传统的观点，并在很多地方进行了正确和准确的阐述，但是，他们没有对这个问题提出答案：货币的客观交换价值的决定因素是什么？门格尔和杰文斯（Jevons）甚至根本就没有研究过这个问题。卡弗（Carver）[33] 和金利（Kinley）[34] 对这个问题的解决没有作出任何有实质意义的贡献。沃尔拉斯（Walras）[35] 和凯默勒

(Kemmerer)[36]假设货币的价值为已知,发展了仅仅是货币价值变化的理论。凯默勒的研究的确非常接近这个问题的答案,但却与其失之交臂。117

维塞尔明确提出过去对这个问题的研究不完整。在他对数量理论的批评中,他认为以前的形式的供求规律,把这个规律应用于货币问题构成了数量理论,其内容不完善,因为它根本没有解释真正决定价值的方法,也没有解释任何具体时间的价值水平,而只是局限于自身的范围之内,没有进行进一步的解释,仅仅说明了价值由于供求变化的变化方向;换言之,在前者当中与变化成相反的方向,而在后者当中与变化成一致的方向。他进一步认为,我们对于论述这个问题如此不够完善的货币经济价值的理论,实在不应该表示满意;他也认为,因为应用于商品上的供求的古老原理已被代替,这个规律最初是为这一用途而构建的,必须寻求应用在货币方面的一个更深入的规律。[37]但是,尽管维塞尔把解决这个问题视为其研究的目的,但是,他并没有解决这个问题,因为在他后来的论点中,他提出货币的供给和作为交换媒介的货币的需求对他的研究目的无用,同时他提出一个理论,旨在用在经济社会中存在的货币收入和实际收入之间的关系来解释货币的客观交换价值(objektive innere Tauschwert des Geldes)[38]的变化规律。因为尽管研究货币收入和实际收入之间的比率的确可以很好地解释货币的客观交换价值的变化规律,但是,维塞尔却完全没有致力于研究货币的一个完整理论——不可否认,如果不包括供求因素,这个研究注定会失败。他提出的反对以前的数量理论的观点,即它没有证实价值的实际决定因素,或者在任何时期必须建立的水平,也不得不提出来以反驳他自己的理论；而且令人印象更加深刻的是，正是维塞尔通过揭示货币的购买力的历史因素，从而奠定了货币主观价值理论的进一步发展的基础。

118 主观价值理论那不能令人满意的结果似乎证明下面这个观点是正确的，即这个理论，以及特别是其关于边际效用的意义的命题，作为处理货币问题的手段，一定存在不足之处。值得注意的是，维克塞尔（Wicksell），一个新学派的代表者，首先提出了这个观点。维克塞尔认为，作为所有价值理论现代研究基础的原则，即边际效用概念，可能很适用于解释一个商品和另一个商品之间交换比率的决定因素，但是，他还认为，这个理论在解释货币和其他经济商品之间的交换比率方面实际上根本没有任何意义，或者充其量只具有次要的意义。不过，在这个观点中，维克塞尔似乎没有看出反对边际效用的任何理由。根据他的观点，货币的客观交换价值根本不是由市场中货币和其他经济商品交换的过程决定的。如果一个商品或一组商品的货币价格在市场上被估价不当，那么随之产生的这个商品或这组商品的供给、需求、生产和消费的失调早晚会引起必要的调整。另一方面，如果所有的商品价格，或者平均价格水平，由于任何原因应该被提高或降低，在商品市场的环境中没有任何因素能够带来这种调整。因此，如果对过高或过低的估价有任何调整的话，这种调整一定是来自于商品市场以外的某种办法。在他后来的观点中，维克塞尔得出结论认为，应该在商品市场和货币市场（广义的货币市场）的关系中寻求货币价格的调整因素。影响原材料、劳动力、土地的使用和其他生产资料的需求的原因，以及间接决定商品价格上升或下降的原因，是货币的利率

(Darlehnszins)和"自然的"或均衡的利率(natürliche Kapitalzins)之间的比率,所谓均衡利率,我们的理解是,如果实际资本自身无须货币的中介被直接借出,利率则由供需所决定。[39]

维克塞尔认为,他的这个观点能够提供如何决定货币的客观 119
交换价值的理论。不过,事实上,他力图证明的是,在贷款市场起作用的因素对商品市场有影响,这种影响可以防止货币的客观交换价值上涨得太高或下降得太低。他从来没有断言贷款的利率以任何方式决定这个价值的实际水平;事实上,如果作这种断言则会显得不合理。但是,如果我们要说货币价格的某个水平"太高"或"太低",我们必须首先说明和实际水平比较的理想水平是如何确立的。如果不首先解释存在这个均衡态势,我们就绝对不足以说明在经过波动之后如何回归到均衡的态势。毫无疑问,这是主要的问题,这个问题的解决则直接导致其他问题的解决;如果不解决这一问题,进一步的研究一定不会产生任何结果。因为均衡状态只能由首先确立它,并继续重新确立它的那些因素来维持。如果贷款市场的情形不能解释在货币和其他经济商品之间存在的交换比率的来源,那么,任何一种情况都无助于解释这种比率为什么没有发生变化。货币的客观交换价值是在货币交换商品和商品交换货币的市场中决定的。要解释它是如何被决定的,这是货币的价值理论的任务。但是,维克塞尔认为"商品交换的规律本身没有包含能够决定货币价格的绝对水平的任何因素"。[40]这等于否定了在这个方面进行科学研究的所有可能性。



赫尔弗里希(Helfferich)也认为,如果要把边际效用理论应用在货币的问题上,那么则有不可克服的障碍;因为尽管边际效用理论尝试把商品对个人的效用大小作为商品的交换价值的基础，但是，货币对个人的效用的大小非常明显地依赖于它的交换价值，因为货币只有具有交换价值才具有效用，而且效用的大小受交换
120 价值水平所决定。货币的价值是按照它在交换中能够获得的消费品的数量而在主观上被估价而形成的，或者按照为了得到货币以进行付款需要出让多少其他商品而估价的。货币对于任何个人的边际效用，换言之，用特定数量的货币能够获得的商品所产生的边际效用，或者必须出让以获得所需要的货币的边际效用，预先决定货币的某种交换价值；所以后者不能从前者中产生。[41]

认识到历史上遗留下来的价值在决定货币的客观使用价值上具有重要性的那些人，会发现避免这种明显的循环论证并不太难。个人对货币单位的估价，只有假定在市场上在货币和其他经济商品之间已经存在交换比率时才是可能的，这是正确的。不过，如果从这个结论中进行推断，认为边际效用理论不能提供决定货币的客观交换比率的完整和满意的解释，这则是错误的。这个理论不能完全由其货币效用来解释货币的客观交换价值；正如我们能够表明，要使这个解释完整，我们必须回到根本不是以货币的功能为基础的，而是以被作为货币使用的物品的其他用途为基础的最初的交换价值上——这绝对不应该被视为是对该理论的怀疑，因为它完全符合在这里讨论的特殊的客观交换价值的性质和来源。如果要求货币的价值理论应该仅以货币功能来解释货币和商品之间的交换比率，而且如果没有货币价值中的历史连续性因素来支持的话，那么就完全违反了价值理论的性质和其自身的任务。

这样的货币价值理论能够把货币的客观交换价值追溯至它不

再是货币的价值，而仅仅成为商品的价值的那一点上。在这一点
上，这个理论必须把所有进一步的研究移交给价值的一般理论，而
价值的一般理论在解决这个问题时不会再有进一步的困难。货币
的主观估价的确预先假设有一个客观交换价值；但是需要预先假 121
设的这个价值和需要解释的价值是不相同的；需要预先假设的价
值是昨天的交换价值，在解释今天的交换价值时使用它是完全合
理的。支配今天的市场上的货币的客观交换价值，在经常光顾市
场的个人的主观估价的影响之下，来自于昨天的客观交换价值，就
像昨天的客观交换价值，在主观估价的影响下，来自于货币前天具
有的客观交换价值一样。

如果我们以这种方式一直向后追溯，我们最后一定到达一个点，在这个点上，货币的客观交换功能中的任何因素，都不再来自于把货币作为一般交换媒介的功能为基础的估价；在这个点上，货币的价值和作为货币之外还具有其他用途的事物的价值没有任何差别。但是，这个点并不仅仅是理论上的工具性概念；它是经济史上的一个实际现象，出现于间接交换开始的那一刻。

在人们通常在市场上获取商品，不是为了个人消费，而只是为了再次交换以得到他们真正需要的商品之前，每一个商品只能获得以其直接效用为基础的主观估价所赋予的价值。直到人们习惯于把获得的某些商品只作为交换的媒介使用时，人们才开始比以前更看重这些商品，因为人们有可能在间接交换中使用它们。人们之所以重视它们，首先是因为它们在普通意义上是有用的，其次是因为它们能够作为交换的媒介。这两种估价都受边际效用规律的制约。就像货币价值的最初起点只不过是主观估价的结果一

样,货币今天的价值也是主观估价的结果。

但是,赫尔弗里希提出另外一个观点,以说明边际效用理论不适合于货币。如果从整体上来研究经济制度,很明显边际效用的概念则以这个事实为基础,即如果有一定数量的商品,则仅仅只有一些需求能够得到满足,仅仅只能提供一些效用。如果有特定的需求和特定的工具,那么效用的边际程度也能够被决定下来。根据边际效用理论,这固定了这种商品和在交换中等值的其他商品
122 的价值,价值固定的方式是,用定量供给所不能满足的那一部分需求被排除在交易之外,因为它不能提供和所需商品的边际效用相一致的等价物。而赫尔弗里希反对说,除货币以外,任何商品的有限供给本身就足以说明,它们的效用也是有限度的,这对货币则不适用。特定数量的货币的效用直接取决于货币的交换价值,不但从个体的角度来看是这样,而且从社会的整体来看也是这样。货币单位的价值对其他商品的价值越高,则相同数额的货币能够用来支付其他商品的数量就越大。一般商品的价值来自于特定商品的供给能够提供的可能效用的限度,尽管因为供给有限度而被排除的效用通常比较高,然而这项供给本身的总效用,却不能随其价值的增加而增加;但就货币来说,其情形则不相同,定量货币供给的效用能够随着货币单位的价值增加而任意增加。[42]

这个论点的错误在于它从社会的角度而不是从个体的角度来看待货币的效用。每一个估价行为一定产生于能够交换被估价物品的人。只有能够在两个经济商品之间进行选择的那些人能够形成关于价值的判断,他们通过选择一个商品而放弃另一个商品形成这种判断。如果我们从整个社会的角度出发进行估价,我们假

定有一个社会化的交换组织，在这个组织中没有任何交换，唯一的估价是相关的官方机构的估价。在这样的社会中，估价的可能性产生于对生产和消费的管制，例如，如果生产资料要使用在不同的
方面，那就要决定某些生产资料如何使用的问题。但是，在这样的 123
社会中，货币没有任何地位。在这样的情形下，一般交换媒介没有任何效用，因此也没有任何价值。所以，在研究货币的价值问题时，采取整个社会的视角是错误的。对于货币价值的所有研究，显然要假定一个进行交换的社会状态，而且在这样的社会中，研究的起点必须是把个人作为独立的经济人，[43]换言之，是个体在进行商品的估价。

## 第五节　影响货币客观交换价值的“货币”和“非货币”因素

现在，货币价值问题的第一部分已经解决，我们终于有可能为进一步的问题提出一个方案。我们不再关注于解释货币的客观交换价值的起源；在以前的研究过程中，这个问题已经解决了。我们现在必须建立规范在货币和其他经济商品之间的现有交换比率的变化的规则。货币价值的这一部分问题从最早的时期以来就一直吸引着经济学家的注意力，尽管从逻辑上看应该首先研究其另一部分。由于这一原因和很多其他原因，对于这个问题的阐述一直不是很多。当然，这个问题的这一部分比第一部分也更为复杂。

在研究货币价值变化的性质时，常常要在联系货币和其他经济商品的交换比率的两种决定因素之间进行区别；一类是对交换

比率的货币方面产生影响的因素，另一类是对交换比率的商品方面产生影响的因素。这种区别非常有用；从实际情况来看，如果没有这种区别的话，解决这个问题的一切努力都没有任何希望。不过，我们实在不应该忽视其真正的意义。

商品之间的交换比率产生于影响交换比率的两个方面的决定因素，这对于商品和货币之间的交换比率自然也是同样适用的。但是，商品之间的现有交换比率，和由两种被交换商品中的仅仅一个相关的决定因素的变化而发生变化。尽管决定商品估价的所有因素和以前相同，如果决定这第二种商品估价的因素变化的话，那
124 么它和另外一种商品的交换比率也发生变化。如果在两个人中我更喜欢甲，如果我和乙发展了更密切的友谊，即使我对甲的友谊维持不变，这种偏爱关系也可以颠倒过来。商品和人之间的关系也是一样的。今天喜欢喝一杯茶而不喜欢喝一剂奎宁的人，即使他对茶的喜好没有减少，但是如果他夜里发烧，他明天可能就会作出一个相反的估价行为。然而，决定价格的因素总是影响被交换的两种商品。只改变现有价格的那些因素有时局限于仅仅一种商品。[44]



# （Ⅱ）货币供需比率的变化引起货币客观交换价值的波动

## 第六节　数量理论

从历史上相传下来的货币的客观交换价值(der geschichtlich

überkommene objektive Tauschwert des Geldes)不但受它的制造材料的工业用途的影响,而且也受其货币用途的影响,这是任何经济学家今天都不能否认的一个命题。直到今天,理论界之外的人士的看法的确完全被相反的观念所影响。对于一个没有理论知识的观察者来说,贵金属制造的货币是"良币",因为贵金属是有
"内在"价值的物质,而纸币是"劣币",因为它的价值仅仅是"人为 125
的"。但是,甚至持这种观点的理论界以外的人士在其商业交易过程中也接受货币,他们接受货币不是为了其工业使用价值,而是为了其客观交换价值,而客观交换价值在很大程度上取决于货币的使用。他重视金币,不仅是为了其工业使用价值,譬如可以把它作为装饰品使用,但是,主要是为了其货币效用。但是,做某件事情,并且对自己解释做什么事情以及为什么做这件事情,当然是完全不同的事情。[45]

如果要评判关于货币和其价值的常见观点的缺点,必须采取宽容的态度,因为甚至科学对这个问题的态度也并不总是没有错误。好在最近几年中,货币的常见理论有了逐渐并且明确的变化。现在一般都认为货币的价值在部分程度上依赖于其货币功能。这是因为自从本位制的大争论开始以来,人们对货币政策问题已经比以前关注了。以前的理论经证明不能令人满意;如果不援引货币的价值在部分程度上来源于其货币的功能的假设,那么要解释像奥地利或印度的货币体系这样的现象则是不可能的。很多著作在这个方面研究得不够深入,因而批评这个观点,而且这些著作完全不受价值理论的任何一种知识的制约,有时会导致经济学家认为它们并不重要;但是,它们至少有助于使人们摆脱根深蒂固的偏

见，并刺激人们对价格问题产生一般的兴趣。毫无疑问，人们对经济问题的兴趣不断增加，这是一个令人感到高兴的迹象；如果我们把这一点记在心中，那么我们就能够更加不怀偏见地对待很多有错误的货币理论。

诚然，一直并不缺少用其他方法来尝试解释当代货币体系的特殊现象。但是，这些努力都没有获得成功。尤其是劳克林的理论，由于没有说明尤其和货币功能有关的货币价值的特殊现象而最终失败。劳克林非常正确地把货币代用品能够经常并随时兑换
126 成货币视为货币代用品特有的特点。[46]不过，当他把1893—1899年的卢比和在暂时停止现金支付时的俄罗斯卢布和奥地利盾(gulden)等这样的货币称为辅币时，他似乎在一个基本问题上犯了错误。他认为一张不能立刻兑换成黄金的钞票能够具有价值，因为总有一天这张钞票可能会被兑换。他把不兑现纸币和暂时不支付红利的公司股票相比，公司股票仍然具有某些交换价值，因为它可能有将来的红利。而且他认为这类纸币的交换价值的波动因此是以其最终兑换的不同前景为基础的。[47]

这个结论中的错误可以用一个实例很简单地加以说明。为了说明这个问题，让我们选择奥地利的货币史，劳克林也使用了这个例子。1859年以来，奥地利国家银行不再承担将其钞票兑换成白银的义务，而且没有人知道1866年发行的国家纸币什么时候能够被兑换，或者究竟是否兑换。直到90年代后期，由于奥匈银行实际恢复现金的支付，转变到金属货币的过渡才得以完成。

现在，由于提出把钞票兑换成金属商品货币的未来前景，劳克林从而力图解释这一期间奥地利通货的价值。他发现奥地利钞票

的价值，最初是以兑换成白银的希望为基础，后来是以兑换成黄金的希望为基础，并根据最终兑换的不同可能性探讨了这个钞票的购买力的变化。[48]

我们能够用一种明显的方式来证明这个论点不符合实际。在1884年——这一年是随便选择的——年息5%的奥地利的政府公债，在维也纳股票交易所的平均利率是95.81，或者低于票面价值 127
4.19%。这个价格是以奥地利的纸币盾表示的。政府公债以5%的利息体现对奥地利国家的债权。因此，公债和钞票都是对相同债务人的债权。诚然，政府公债不能偿还，换言之，债权人不能要求偿还。不过，因为它们可以滋生利息，这并不影响和没有利息的钞票进行比较时的价值，钞票也是不能要求偿还的；公债的利息是以纸币支付的，如果政府偿还公债，也可以用纸币。事实上，这笔公债在1892年被自动偿还，远远早于把钞票兑换成黄金。于是出现了一个问题：具有5%利息的政府公债的估价怎么会低于没有利息的钞票呢？不可能把这件事视为人们先希望兑换黄金，然后再兑换公债。当时没有人表达过这种要求。另外的因素决定了这件事。

钞票是交易的一般媒介——它们就是货币——因此，除了具有对国家的债权的价值之外，它们也具有作为货币的价值。毫无疑问，仅仅作为债权的价值还不足以成为大部分实际交换价值的基础。这些钞票所体现的债权的偿还日期实际上很不确定，而且也很遥远。作为债权，其交换价值不可能超过当时预期的偿还价值。现在，在白银的自由铸造停止之后，纸币盾（以及白银盾）的兑换率很显然不能超过恢复兑换以前的那个时期的平均兑换率。总

之，在1892年8月2日通货管理法在法律上确定了兑换比率之后，钞票的兑换比率不会超过这一法定比率。然而，克朗（等于半
128 个盾）的黄金价值早在1892年的后半年已经围绕这个比率波动了，尽管人们还不知道当时的兑换日期，这是怎么一回事？通常，一笔固定金额的债权，在其偿还日期尚不确定的时候，其价值远远低于该笔金额的价值。劳克林的理论对于这个问题不能提供一个答案；只有当我们考虑货币的功能对于价值也有作用时，才有可能找到一个令人满意的解释。

在目前为止所进行的研究当中，决定影响货币和其他经济商品之间的交换比率的货币因素在数量上的重要性的研究都遵循数量理论。这并不是说，数量理论的所有支持者都认识到货币的价值不是仅仅由其非货币的工业用途决定的，也是由其货币的功能决定的，或者说甚至完全由其货币的功能决定的。在这一点上，很多数量派理论的研究者持不同的观点，他们认为货币的价值完全取决于货币材料的工业用途。大多数货币理论的研究者对于这个问题没有明确的看法；只有很少几个人的看法接近于真正的答案。常常很难决定这些理论家当中的一些人应该属于哪一类；他们的表达经常不清楚，而且他们的理论彼此矛盾。尽管如此，还是让我们假定所有的数量理论学者都认识到货币的功能在决定货币材料的价值上的重要性，并且从这个观点出发批评其理论的有用性。



当理论家们首先研究经济商品之间交换比率的决定因素的时候，在早期，他们注意了两个因素，这两个因素在定价过程中的重要性是不容否认的。不可能不注意到在商品数量的变动和价格的变化之间的非常明显的联系，而且很快就形成了一个命题，如果商

品的数量减少，其价格就上升。同样，大家也认识到了交易总量决定价格的重要性。所以，就出现了一个决定价格的机械理论——供给和需求的理论，直到最近这个理论在经济学中还占有如此重 129
要的地位。在解释价格的所有理论中，这个理论是最古老的。我们不能把这个理论视为错误而轻易放弃；能够反对这个理论的一个唯一正确的观点是，它没有追溯到价格的最终决定因素。这个理论是正确还是错误则取决于给需求和供给这两个词所赋予的内容。如果把激发人们进行买卖的动机的所有因素都考虑进去，这个理论是正确的。如果只仅仅从数量的意义上来解释和比较供给和需求，那么它就是错误的。[49]

这个理论本来是用于解释商品彼此的交换比率的，人们接受这个理论，并将其应用于解释商品和货币的相对价值的波动上，这是一个明显的步骤。一旦人们认识到货币价值波动的事实，并且放弃货币是不变的价值尺度的肤浅概念时，人们就开始用供给和需求的数量变化来解释这些变化。



事实是，通常对于数量理论的批评（这种批评常常是以一种愤恨的态度，而不是以科学研究的唯一鲜明标志——客观性相一致的态度表达的）是针对其更古老和不完整展开的，因此，对数量理论的批评就失之简单。如果要证明货币价值的变化和货币数量的变化必须有一定的比例，例如，货币数量增加一倍则导致价格也上升一倍，和事实不一致，而且不能以任何方式在理论上找到根据，其实并不困难。[50] 如果要证明视货币的总量（total quantity）和货币的总存量（total stock）为相等的观点是肤浅的，则更为简单。

但是，所有这些反对意见并没有触及这个理论的本质。对于数量理论的任何形式的驳斥或限制都没有从这个事实进行推论：
130 很多学者仅以其他条件都相同作为假设来宣称数量学说的正确性；尽管他们进一步认为，这个假设从来没有被满足过，而且永远不能被满足，[51]他们也没有从这个事实来进行推论。其他条件都相同的假设是每一个科学理论的不言自明的组成部分，任何经济法则都不能摆脱这个组成部分。

面对这种肤浅的批评，数量理论一直完全能够捍卫其自身的正确性，几百年来，一些人非难它，其他人则称赞它是无可辩驳的真理，它一直处于科学研究的核心。大量的文献致力于讨论这个理论，其数量之大远远超过一个人能够掌握的程度。诚然，这些著作的科学收获并不大。数量理论一直被裁定为"正确"或"错误"，而且统计数据(大部分不完整而且解释得不正确)被用来既"证明"又"驳斥"这一理论——虽然很少有人足够认真地剔除由于偶然因素而产生的变化。另一方面，很少有人尝试进行价值理论的基础研究。



如果我们要对数量理论进行合理的评价，我们就必须根据价值的当代理论来思考这个理论。数量理论的核心在于货币的供给和货币的需求都影响货币的价值这个命题。这个命题可能是解释价格大幅度变化的一个很好的假设；但是，这个命题还远远不是货币价值的完整理论。它说明了价格变化的一个原因；不过，它还不足以详尽地解释这个问题。就其本身而言，它并不构成货币价值的理论；它需要一般价值理论的基础。供求学说、生产成本理论和主观价值理论都先后为数量理论提供了基础。

如果我们在讨论中只利用数量理论的一个基本观点，即一方面在货币价值的变化之间有一种联系，另一方面在货币的供给和需求之间的关系的变化上也存在一种联系，我们的理由不是因为从历史的观点来看，这是数量理论内容的最正确的表达，而是因为它是数量理论真理的核心，甚至当代的研究者能够而且必须承认这个核心是有用的。尽管经济理论的历史学家也许认为这个表述不准确，并且引用其他的说法来驳斥它，不过，他必须承认它包含了数量理论中有价值的内容的正确表达，并且可以作为货币价值理论的基石。

除了这个命题之外，数量理论再也不能给我们提供任何有用的东西。它尤其不能解释货币价值变化的机制。一些研究数量理论的学者根本就没有研究这个问题；另外一些学者在研究这个问 131
题时采用了一个不充分的原理。观察使我们知道，在货币的存量和货币的需求之间表现出的那种关系事实上的确存在；问题在于如何从价值的基本规律中推断出这种关系，并且最终理解其真正的意义。



## 第七节　货币存量和货币需求

供给和需求互相适应，直到建立平衡状态的过程，以及供给和需求在数量和质量上达到暂时的一致，是市场上的讨价还价过程。但是，供给和需求只是一系列现象中的环节，其中一端在市场中表现出来，交易双方都能看得见，而另外一端则深藏于人的思想中。需求和供给表现的程度大小，以及随后供给和需求暂时取得一致的交换比率的水平，则取决于个人的主观估价。这不但对于货币之外的经济商品之间的直接交换比率，而且对于一方面是货币，另一方面是商品之间的交换比率，都是适用的。

长期以来，人们认为对货币的需求是由客观因素决定的一个数量，与主观因素无关。人们以前认为，在经济社会中对货币的需求一方面是由在一定时期要购买的商品总量决定的，另一方面是由货币流通的速度决定的。对货币需求的这种看法在其最初的起点就有错误，门格尔首先对这个错误进行了有效的批评。[52]从社会的货币需求开始是行不通的。就个人主义的(individualistic)经济社会这个概念而论，只有在这种社会中才有货币的需求，而个人主义的经济社会不是一个经济人。只有当其社会成员需要货币时，它才需要货币。经济社会的货币需求只不过是组成经济社会
132 的个体经济人的货币需求的总和。但是对于单个的经济人来说，则不能使用这个公式:交易总量÷流通速度。如果我们想说明一个人的货币需求，我们就必须从影响这样一个个人接受和支付货币的因素开始。



每一个经济人都必须持有一定存量的交易的一般媒介，以足以支付他的商业和个人需要。所需要的数量取决于个人的情况。它既受习俗和个人习惯的影响，也受生产和交换的整个社会机构的组织的影响。

但是，所有这些客观因素总是只作为个人动机影响这个问题。它们从来不能直接影响个人所需货币的实际数量。在这里，就像在经济生活的所有范围一样，正是不同的经济人的主观估价只起决定作用。即使两个经济人的客观经济情况完全相同，但是，如果不同的经济人对于保留货币的优点和缺点的认识不同的话，这两

个经济人保存的购买力可能完全不同。

一个人拥有的现金余额并不一定完全是货币。如果即期支付的货币的保证债权在商业上作为货币的代用品而使用,代替货币被接受或支付,那么一个人所持有的货币能够完全或部分地被相等数额的这些代用品所代替。事实上,由于技术上的原因,(例如,人们需要在手头上保留不同面额的货币)有时候这是人们不可避免要做的事情。因此,我们能够从广义和狭义上讨论货币的需求。广义上的货币需求指一个人对货币和货币代用品的全部需求,而狭义上的货币需求仅仅是指一个人对货币本身的需求。前者是由该经济人的意愿所决定的。如果我们不管前面提到的面额的问题的话,后者则基本上不受个人因素的影响。除此之外,一个人所拥有的现金余额的多少是货币代用品,只有在他有机会获得能够产生利息的货币代用品,例如有利息的钞票——一种不常见的情形——或银行存款,这才对他有意义。在其他所有的情形下,这个问题对他来说无关紧要。 133

个人对货币的需求和贮存是整个社会需求和贮存的基础。如果没有任何货币代用品的使用,货币的社会需求以及货币的社会贮存只不过是个人的需求和贮存各自的总和而已。但是,随着货币代用品的出现,情况则发生了变化。狭义上的货币的社会需求不再是狭义的货币的个人需求的总和,而广义上的货币的社会需求也绝不是广义上的货币的个体需求的总和。个人拥有的现金中作为货币使用的货币代用品中的一部分,在货币代用品能够兑现的场所,被作为"兑现基金"而持有的货币总额所"保证",货币代用品能够兑现的场所通常是发行机构,尽管不一定是发行机构。对于完全被货币的相应总额的储备所保证的那些货币代用品，我们将其称为货币凭证(money certificates)，对于那些不用这种方式保证的货币代用品，我们将其称为信用媒介。[53]这个术语是在针对本书第三编所探讨的问题时选定的，该术语的适当性将在第三编进行说明。我们不必从银行业务技术或法律意义上来理解它；它的目的只是用来进行经济论证。

只有在很少的情况下，任何一种特定的货币代用品才能被立刻指定到这一类或另外一类。只有当整个一类的货币代用品都有货币保证或者根本没有货币保证时，分类才有可能。在其他所有的货币代用品的情况中，那些其总量一部分有货币保证而另一部分没有货币保证，就只能对两类予以想象的整数划分。这并不涉及任何新的困难。例如，在流通的钞票中，有三分之一的数量有货
134 币保证，三分之二没有货币保证，那么可将每一个钞票视为三分之二的信用媒介，三分之一的货币凭证。所以，很明显，广义货币的社会需求不能是个人对货币和货币代用品的需求的总和，因为货币需求中同时包括对货币凭证的需求以及银行和其他地方作为保证的需求，这等于把同一数额计算了两遍。广义上的社会对货币的需求是个体经济人对货币本身的需求和对信用媒介的需求(包括对保证货币的需求)的总和。而狭义上的社会对货币的需求则是个体经济人对货币的需求和对货币凭证的需求(这次不包括对保证货币的需求)的总和。



在这一编中，我们将暂时不讨论信用媒介，并且假定个体经济人对货币的需求仅仅以货币和货币凭证就能满足，因此，整个经济社会的货币需求只能以货币本身来满足。[54]本书第三编将致力于

研究信用媒介的产生和流通所引起的重要而困难的问题。

货币需求以及货币需求与货币存量的关系是解释货币的客观交换价值变化的起点。如果不理解货币需求的本质，那么从一开始就不能解决货币价值变化的问题。如果我们首先用一个公式，来试图从社会的角度而不是从个体的角度解释货币的需求，我们就不能发现在货币的存量和个体的主观估价——所有经济活动的基础——之间的联系。但是，在另一方面，如果我们从个体经济人的角度来探讨这些现象，这个问题就会毫不费力地得到解决。

当个体的货币需求超过他的货币存量时，个体在市场上的表现方式无须在此加以解释。如果他手头上的货币多于他的需要，他将购买商品，以便处理手头没有用途的货币的多余存量。如果他是个企业家，他可能会扩大他的业务。如果他找不到货币的这种用途，他可能会购买产生利息的证券；或者他可能决定购买消费品。但是，无论如何，他会用适当的行为在市场上表达他认为他拥有过大的购买力这一事实。 135

有过大的购买力这一事实。

如果一个人的货币需求低于其货币存量，他的行为方式则完全相反。如果一个人的货币存量减少（他的财产或收入维持不变），那么他就会采取措施，在买卖交易中采取适当的行为，使贮存的购买力达到适当的水平。缺少货币则意味着难以用货币购买商品。需要以交换的方式来处理商品的人更愿意获得一些一般交换媒介，只有在获得一般交换媒介会有太大的牺牲时，他才会满足于获得一些其他经济商品，这种经济商品的确比其他他愿意处理的产品更易于销售，但是，其易销性低于一般交换媒介。在市场的当前组织下，货币和其他产品的易销性之间存在着很大的差距，只有货币能被视为交易的一般媒介。只有在例外的情况下，任何其他经济商品才能够成为交易的媒介。因此，在上文提到的情形中，每一个销售者都愿意接受比在其他情形中所要求的更少的货币，以避免再次交换他已经获得的商品所引起的新的损失，这个商品比货币更难处理，因为他实际获得的商品是用于消费的。

比较古老的理论从货币的社会需求的错误概念出发，永远不会对这个问题得出答案。它们的唯一贡献只限于对这个命题的解释，即社会可支配的货币存量增加，而货币需求不变，这便减少了货币的客观交换价值，而且如果货币需求增加，货币存量保持不变的话，则产生相反的影响等。由于具有非凡的才能，数量理论的创始人已经认识到这个原则。当我们仔细分析计算货币需求数量的公式（交易量÷流通速度），我们无论如何也不能将其称为进步，并
136 且在没有正确理解信用媒介和清算交易的性质的情况下，如果要努力给货币存量概念一个严谨而准确的定义，这也不是一个发展。如果理论学家不能说明货币存量和货币需求之间比率的变化是以何种方式影响主观估价的话，就没有办法对货币理论的这一部分的中心问题进行研究。但是，这些理论必然没有能力解决这个问题，它们在关键之处出了问题。[55]



最近，维塞尔提出反对把“货币需求的集合概念”（collective concept of the demand for money）作为货币客观交换价值波动理论的起点。他认为，在货币价值的研究中，我们并不关注货币的总需求。例如，我们不必考虑用货币支付税收的需求，因为这些支付行为并不影响货币的价值，而只是把购买力从纳税者手中转移到收税者手中。同理，贷款交易中的资本和利息的支付，以及赠予

和遗赠，只涉及购买力在人与人之间的转移，并不使购买力增加或减少。一个有作用的货币价值理论在说明其问题时，必须只注意决定货币价值的那些因素。货币的价值在交换过程中被决定。因此，货币价值理论必须包括那些仅仅进入交换过程的数量。[56]

但是，维塞尔的这些反对意见已被这些事实所否定：甚至用货币纳税，偿还资本和利息，进行馈赠和遗赠都属于交换的经济范畴。即使我们接受维塞尔提出的交换的狭义定义，我们必须仍然反对他的观点。货币的价值（维塞尔显然指的是货币的客观交换价值）决定于交换过程不是货币的特性；其他所有的经济商品也不具有这种特性。因此，对于所有的经济商品，我们这样说一定是正确的：价值理论必须研究某些数量，即研究那些涉及交换过程的数 137
量。但是，在经济学中，实在没有和交换过程无关的数量。从经济学的观点来看，除了对和交换的某个过程或其他过程相关的个体的估价产生某些影响之外，数量没有其他任何关系。



尽管我们承认，价值仅仅产生于维塞尔所谓的狭义上的交换，这也是正确的。但是，那些参与交换交易的人们，也就是那些想取得或者出售货币的人们，并不是仅仅在交换的其他行为中（按照维塞尔的狭义说法）重视货币单位的价值，而且还因为他们需要货币以便于纳税、转移借入资本、支付利息以及进行赠予。他们以必须拥有货币以便随时进行这些支付活动来考虑购买力的储备金的水平，而且他们对货币需求程度的判断是在他们进入市场时，什么因素决定货币的需求。

## 第八节 在货币需求保持不变或没有增加到相同程度时货币数量增加的影响

一个人对货币的需求和他的货币存量之间的比率的变化，如果产生于纯粹的个人原因，一般不会在市场上产生很大的数量上的影响。在大多数情况下，它们完全，或至少部分地，被市场上其他个人的相反变化所补偿。但是，货币客观交换价值的变化只有在某个因素在一个方向产生影响，而这个影响没有被相反方向的抵消力量所抵消时才发生。从个人的观点来看，如果改变货币存量和货币需求之间比率的原因仅仅来自于只和这个特定的个人有
138 关的偶然因素和个人因素，那么，根据大数法则，来自这种原因的各种因素在市场上在两个方向都产生影响，很可能会彼此抵消。市场上的经济人越多，越分散，抵消的概率就越大。



当整个社会出现那种改变个人的货币存量和他的货币需求比率的波动时，情况则不同。当然，这种波动除了改变个人的主观估价之外，再不会产生其他影响；它们是社会经济现象，从这个意义上来说，它们影响大多数个人的主观估价，即使不是同时或以相同的程度，至少是以相同的方向影响大多数个人的主观估价，所以对于货币的客观交换价值必然会产生某些影响。

在货币史上，由于货币存量增加而货币需求保持不变，或至少没有增加到相同程度，货币的客观交换价值的那些变化曾经发挥过非常重要的作用。事实上，这类变化是最早吸引经济学家的注意力的变化；正是为了解释这些变化，首先产生了货币的数量理

论。所有学者对这些变化都进行过非常深入的研究。所以，特别注意这些变化，并运用它们来阐述某些重要的理论要点是有道理的。

无论我们用什么方法来描述货币存量的增加，无论是来自增加的生产或者是来自制造商品货币的物质的输入，还是来自新发行的不兑现纸币或信用货币，新货币总是提高某些个别经济人能够支配的货币存量。社会货币存量的增加则意味着很多个人的货币收入的增加；但是，这却不一定意味着与此同时社会能够支配的商品数量的增加，换言之，它不一定意味着国民收入（national dividend）的增长。不兑现纸币或信用货币数量的增加，只有在满足那些须依赖商品货币给予满足的货币需求的情况下，才能被视为社会所支配的商品存量的增加，因为用于商品货币的材料必须通过在交换中的其他商品来购买，或者以牺牲其他某种经济商品
为代价来生产商品货币的材料。另一方面，如果没有增发不兑现 139
纸币或信用货币，就不会涉及商品货币数量的增加，那么，货币的增加就不能被视为社会收入或社会财富的增加。



社会货币存量的增加总是表明很多经济人所持有的货币数量的增加，不管这些经济人是不兑现纸币或信用货币的发行者还是商品货币材料的生产者。对于这些人来说，货币需求和货币存量之间的比率发生了变化；他们拥有相对过剩的货币和相对短缺的其他经济商品。这两种情形所产生的直接后果是，货币单位对他们的边际效用减少了。这必然影响他们在市场上的行为。作为购买者，他们处于更强大的地位。对于他们所需要的商品，现在他们在市场上会比以前表现出更强烈的需求；对于他们想购买的商品，

他们能够提供更多的货币。这种情况的明显结果是，相关的商品价格会上升，而货币的客观交换价值相比之下则会下降。

但是，价格的这种上升绝不局限于那些最初拥有新货币可以支配的人在市场上想购买的商品。另外，那些在市场上销售商品的人的收入和他们相应的货币存量增加了，反过来，他们能够更强烈地要求他们需要的商品，这些商品的价格也会上涨。所以，价格的上涨以递减型影响继续着，直到所有商品都受到影响，其中一些商品受到的影响程度大一些，一些商品受到的影响程度小一些。[57]

货币数量的增加并不意味着所有个人的收入都增加。相反，对于货币的额外数量最后到达的那些社会阶层的人士来说，他们的收入减少了，这是因为货币价值因其数量增加而下降；我们在下文再讨论这个问题。由于这些阶层的收入减少，所以现在形成一
140 种反倾向，这种反倾向和由于其他阶层的收入的增加而使货币价值下降的趋势形成对照，这种影响不可能完全消除。

持数量理论的自动观点的那些人士大都趋向于认为，货币数量的增加最终一定导致所有经济商品价格的一致上涨，但是，价格的上涨将以什么方式影响价格的决定，他们的概念则不太清楚。如果完整地理解货币数量影响商品价格的机制，那么他们的观点则完全站不住脚。因为增加的货币数量最初仅被有限的经济人所接受，而不是被所有的经济人所接受，因此，上涨的价格首先是这些经济人所需物品的价格；此外，它对这些物品的影响比以后对其他任何物品的影响大。当价格进一步上涨时，如果货币数量的增加仅是一次暂时的现象，那么则不可能完全维持这些商品的价格的差别性上涨；会出现某种程度的调整。但是，不会有所有价格以

相同比例上涨的完全的调整。价格上涨后各种商品的价格不会维持涨价开始之前相同的相互关系；对于不同的经济商品，货币的购买力下降的程度也不会相一致。

在此我们可以指出休谟（Hume）对这个问题提出的假设。休谟这样假设，每一个英国人在一夜之间神奇地得到五枚金币。[58]米尔（Mill）正确地认为，这不能使不同商品的需求以相同的程度增长；贫穷阶层的奢侈品的价格会比其他商品的价格上涨得多。尽管如此，他认为，如果“整个社会对消费的需求和倾向”维持不变的话，那么所有商品的价格均以相同程度上涨，而且商品价格的增长和货币数量的增加完全有可能成比例。像休谟一样武断，他假定“对于任何人具有的每一英镑、先令或便士，都突然增加了另一英镑、先令和便士。”[59]但是，米尔没有能够看到，即使在这种情况下，不可能出现价格的一致上涨，即使我们假设，社会中的每一个成员的货币存量和总财富之间的比例相同，所以，货币的新增数量不可 141
能改变个人的相对财富。因为，即使在这种完全不可能的情况下，货币数量的每一次增加都必然导致需求条件发生变化，而这种变化导致各种经济商品的价格上升的程度不同。并不是所有商品的需求都很强劲，而且需求更强劲的商品被影响的程度也不会相同。[60]

这个流行甚广的概念，即货币数量的变化一定会引起货币客观交换价值的反比例的变化，没有任何根据，例如，货币数量增加一倍一定会引起货币的购买力下降一半。

即使我们假定以某种方式或其他方式——大家都公认很难设想用什么方式——每一个个体的货币存量会增加，所以他和其他财产持有者的地位没有变化，我们仍然不难以证明货币客观交换价值随后的变化不会和货币数量的变化维持相同比例的关系。事实上，因为一个人对他能够支配的货币数量的变化的估价绝不直接依赖于这个变化的数量；但是，如果我们愿意得出结论认为，在货币的客观交换价值中有一个相同比例的变化，我们就应该作出这样的假设。假设某人原来有 a 单位的货币，现在又收到 b 单位的额外货币，那么认为这个人对于 a + b 总存量的估价和他以前对 a 存量的估价一样高，这种说法根本不正确。因为他现在对更大的存量有支配权，所以他对每个单位的估价会比以前低；但是，低到什么程度将取决于这个个人的整个一系列因素，还取决于对于每个个人来说都不相同的主观估价。如果两个同等富有的个人，他们每一个人都拥有 a 的货币存量，如果在他们每一个人的货币存量中增加 b 单位，他们绝不会对他们的货币的估价得出相同的变化。如果假定一个人所支配的货币数量增加一倍，一定会使他们对每单位货币估计的交换价值减少一半，这种看法确实荒谬。例如，让我们想象某个人习惯于拥有 100 个奥地利旧金币，我们再假定另外一个人又给予此人 100 个这种金币。仅仅考虑这一个例子就可以证明，所谓货币数量的变化对于货币购买力可以产生相同比例的影响的一切理论，是完全脱离现实的。因为无须对这个例子进行基本的修改就可以假定，社会的所有成员都能够立刻感受到货币数量的相似的增长。



那些假设货币数量的变化对于货币购买力可以产生反比例变
142 化的理论是错误的，这个错误在于其出发点不对。如果我们想要
得出正确的结论，我们必须从不同个人的估价开始；我们必须研究

货币数量的增加或减少影响个人的价值尺度的方式，因为商品的交换比率的变化仅仅以这些方式进行。主张货币数量的变化对于货币购买力会发生按比例影响的理论的学者，他们的论点的最初假设就是，如果货币单位的价值增加一倍，那么社会所能支配的货币的一半就可以产生和整个货币存量过去所产生的相等的效用。这个观点的正确性是无可辩驳的；但是，它没有证明它想要证明的观点。

首先，必须指出的是，就使用货币能够获得的效用来说，货币总存量和货币单位价值的水平没有任何关联。社会一直在享有从使用货币中所产生的最大效用。即使货币单位价值的变化与货币存量的变化的比例不均衡，社会所能支配的货币的一半仍然能够产生与货币总量相同的效用。但是，值得注意的是，我们不能因此就认为，货币数量增加一倍则等于货币交换价值减少一半。而应该表明，个体经济人的估价中的力量足以导致这种比例的变化。



这永远不能得到证明；事实上，也许其相反的方面可能会得到证 143
明。我们在上文已经说明，个体经济人拥有的货币数量的增加同时使他们的收入或财富也增加。但是，即使货币数量的增加不影响个别经济人的财富和收入，这种结果依然相同。

让我们假定，一个人收入的一半来自于产生利息的有价证券，另一半来自于货币；我们还假设他习惯于贮存 3/4 的收入，他的方法是保留证券，用另一半他得到的现金收入支付目前的消费，并用于购买更多的证券。现在，让我们假定他的收入结构发生变化，他收入的 3/4 来自现金，只有 1/4 来自证券。从现在开始，这个人用他的现金收入的 2/3 购买有利息的证券。如果证券价格上升，或者如果利息率下降，这是相同的，那么在这两种情况下，他就会不太愿意购买，并且减少用于购买有价证券的货币数额；他可能会发现适当增加的储备会超过购买有价证券所获得的收入。在第二种情形下，他无疑会比在第一种情形下支付更高的价格，或者更正确地说，以更高的价格购买更多的数量。但是，在第二种情形下，在购买一个单位的证券时，他肯定不会准备支付在第一种情形中超过一倍的价格。

就数量理论更早期的支持者来说，他们提出了货币数量的变化对于货币的购买力产生反比例影响的假设，这是可以原谅的。如果努力以交换价值来解释市场的货币现象，那么在这一点上则容易犯错误。但是，那些认为他们也采纳主观价值理论观点的理论家们犯相同的错误，这就难以解释了。这里的问题在于他们对于市场过程采取机械的概念。所以，即使费希尔和布朗关于数量



144 理论的概念也是机械性的，他们都力图用数学公式来解释决定货币价值的规律，所以自然会得出结论认为，货币需求和货币数量之间比率的变化会导致货币的客观交换价值按比例变化。[61] 这个结论是如何得出并通过什么方法得出的，他们的公式没有对此进行披露，因为他们的公式根本没有考虑对于造成交换比率变化起决定作用的唯一因素，即个体的主观估价的变化。

费希尔和布朗举了三个例子以证明他们的结论的正确性。在第一个例子中，他们首先假定政府改变货币的面额，结果，例如，以前是半元面额的货币，现在却成了一元面额的货币。他们认为，很明显，这会引起流通中的货币数量的增加，而且以新货币计算的价格是以前货币的两倍。费希尔和布朗到目前为止也许是对的，但

是，他们继续推导的结论就不正确了。他们的例子实际上探讨的不是货币数量的增加，而只是货币名称的变化。这个例子中提到的“货币”实际上是由什么构成的？它是制造货币的材料吗？是一元信用(a credit dollar)之后的债权吗？是作为货币使用的象征物吗？还是一元货币这个名词？

费希尔和布朗所举的第二个例子的解释也是不正确的。他们首先假设政府把每一个一元货币分成两部分，然后把每一部分铸成新的一元货币。这里，所有的变化也只是名称的变化。

在第三个例子中，他们至少确实探讨了货币数量的实际增加。但是，这个例子和休谟以及米尔提出的例子一样，也是武断和错误的，我们已经详细地讨论过这个问题了。他们假设政府给已经拥有一元货币的人民再额外给一元货币。我们已经说明，即使在这种情况下，货币的客观交换价值的按比例的变化也不能随之出现。



只有一件事能够解释费希尔如何能够维持他的机械数量理论。对费希尔来说，数量理论似乎是货币价值所独有的理论；事实上，他把数量理论直接和其他经济商品的价值原理进行对比。他认为，如果世界上糖的储量从价值 100 万镑增加到一亿镑，我们不能说
100 镑的价值是现在 1 镑的价值。按照费希尔的观点，货币在这 145
个方面仅仅是特殊的。但是，他没有给这个断言提供证据。就像费希尔和布朗对于货币的价值提出他们的机械性公式给予同样多的理由一样，可以给任何商品的价值提出相似的公式，并且根据这个公式推导出相似的结论。但是，没有人尝试做这件事，这可以仅仅以这个事实来解释，这样一个公式和我们对于大多数商品的需求曲线的经验是明显矛盾的，以至于它甚至不能维持哪怕是一分钟。

如果我们比较两个静态的经济系统，除了在一个系统当中货币是另一个的两倍之外，两者没有任何差别，看来好像一个系统中的货币单位的购买力必须等于另一个系统中的货币单位的购买力的一半。不过，我们不能就此推论，认为货币数量增加一倍，则一定导致货币单位的购买力降低一半；因为货币数量中的每一个变化都给静态经济系统注入一个动态因素。当变化产生的影响结束时，所建立的静态平衡的新态势和额外的货币数量进入之前存在的态势不可能相同。因此，假定货币单位的某个交换价值为已知，在平衡的新态势中，货币需求的条件也不同。如果货币数量增加一倍后，每单位货币的购买力减少一半，那么，在新的态势中，每单位货币对个人的重要性，和货币数量增加前的静态系统下的重要性不相同。那些认为货币数量变化对于货币价值会产生反比例影响的学者，他们把只适用于静态条件的分析方法用于动态条件之中了。



如果我们认为，数量理论此处所说明的决定价值的特点是货币所独有的，这也是完全错误的。数量理论的早期和后期的大多数支持者都犯了这个错误，如果我们了解了其支持者所犯的这个和其他类似的错误，那么似乎则更好地理解对数量理论的猛烈而且有失公平的批评了。

## 第九节　对反对数量理论的一些观点的批评

我们已经仔细分析了反对数量理论的其中一个理由：就是数

量理论只有在“其他条件不变”的情况下才能有效。还有一个没有 146
根据的观点反对我们的结论的确定性，即货币的新增加的数量被贮藏的可能性。这个观点在货币理论史中起着重要的作用；它是数量理论的反对者手中最锐利的武器之一。在通货理论的反对者的观点当中，它直接追随与支付的现金节约方法（cash-economizing methods）的弹性相关的命题，就其内容而言，它和这个命题也有密切的关系。我们在这里分别讨论这个问题；不过，关于这个问题，我们在这里所能说的一切都应该配合本书第三编的观点，第三编主要讨论信用媒介的理论。

在富勒顿看来，贮藏（hoards）常常具有意想不到的作用（deus ex machina）。贮藏吸收货币的过剩数量，并防止货币在不需要的时候进入流通。[62] 所以，它们构成一种贮藏库，根据货币需求的变化，调节市场上货币的增减。在贮藏中积累的货币闲置在那儿，等待商业需要它们用于维持货币的客观交换价值的稳定性的那一刻；而当货币需求下降时，威胁这种稳定性的所有这些货币又退出流通，进入贮藏状态，转入静静的休眠之中，在需要时再度进入市场流通。这个观点心照不宣地假定[63]数量理论的论点的基本正确性，但是这个观点却说明，在经济体系中固有一个原则，这个原则经常妨碍数量理论所描述的过程的实现。

但是，很可惜，富勒顿和其追随者没有指出货币需求的变化以什么方式使贮藏的机制发挥作用。显然他们假设贮藏机制发挥作用根本无须考虑交易双方的意愿，这样的观点更甚于货币理论的最肤浅的观点当中的市场交易的纯机械性概念。如果对货币需求的问题进行最基本的研究，就能够证明贮藏理论的错误之处。

首先，我们必须承认，从经济学的观点来看，根本没有货币闲
147 置不用这样的事情。所有货币，无论是充当储备金还是在流通当中(就是说，此刻正处于转手的过程中)，都以同样的方式履行货币的功能。[64]事实上，处于交易当中的货币，其所有权立刻从一方手中转移到另一方手中，我们发现它在任何时候都实际上处于运动过程当中，所有货币必须被视为是某个个体或另一个个体的静态的现金储备。社会的货币存量是个人货币存量的总和；根本没有像游资这样的货币，甚至在很短的时间内，货币也是某个人存量的一部分。也就是说，所有货币都是个人的存量，准备着最终被使用。货币的下一次需求多久出现并支付所需要的货币数量，这并不重要。在每一个家庭当中，如果每一个成员都相当富裕的话，就会有一个通过补充而经常维持的最低限度的现金储备水平。(我们已经提到过这个事实，除了客观条件之外，影响个体经济人的主观因素有助于决定个体的货币需求的数量。)有人认为贮存货币是使用财富的一种方式。由于未来的不确定性，使人们保留其财产的较大或较小的一部分，从而有助于使其财富的使用从一种方式转化到另一种方式，或者从一种物品的所有权转移到另一种物品的所有权，以在将来需要以交换方式取得某种物品时，便有可能毫不费力地满足紧急需求。只要市场还没有发展到所有，或者至少某些经济商品，能够在任何时候以不太差的条件出售(即转换成货
148 币)的阶段，那么只有通过持有适当数量的货币存量才能实现这个目标。市场活动越活跃，货币的这种存量就越少。目前，如果拥有具有很大市场的某些有价证券，这些证券能够立刻变成现金，而不会蒙受很大的损失，至少在正常情况下，这种情形就可以使拥有大

量的现金储备在某种程度上没有必要了。

以贮存为目的的货币需求和用于其他目的的货币需求是分不开的。和其他经济人在其他时间,或者在其他地点通常的行为相比,贮存货币只不过是拥有货币的更大存量的一种习惯而已。无论是从社会观点还是从个体观点来看,所贮存的货币金额都不会闲置不用。和其他任何货币一样,它们用于满足货币的一种需求。现在,银行学派的支持者似乎认为,以贮存为目的的需求具有弹性,并能以下面的方式和用于其他目的的货币需求的变化相一致,即货币的总需求,用于贮存和用于其他目的的全部需求,随着现有的货币存量来调整自身,而不会使货币单位的客观交换价值发生任何变化。这个观点是完全错误的。事实上,货币需求的条件,包括用于贮存目的在内的货币需求的条件,和货币供给的多少没有关系。相反的假设只能通过支持货币数量和利率之间的关系来支持,[65]即认为在货币需求和货币供给之间比率的变化引起的波动,对于初阶商品的价格和高阶商品的价格的影响程度不同,所以,这两类商品的价格之间的比例也随之发生变化。这种看法的基础是利率决定于货币数量的多少,它是否正确将在第三编再进行讨论。在第三编,我们也有机会说明,发行信用媒介的银行的现金储备,不能以这种办法像这些神秘贮存一样,起到更多的缓冲作用。没有货币的"储备库"这样的东西,商业界可以随时从中获得额外的资金融通,或者在其中可以贮存过剩的资金。

随着时间的推移,贮存对稳定货币的客观交换价值具有重要性的理论逐渐失去了支持者。现在,它的拥护者已经为数甚少了。甚至迪尔(Diehl)也只是表面上支持这个理论。他确实同意富勒 149

顿对通货理论的批评。另一方面，他承认富勒顿用惰性的（inert）、静止的（dormant）等字眼来说明货币的贮存是错误的；因为这些储备金不是闲置的，而只是用来实现和流通货币所实现的目的不同的目的；他也同意，在这种储备金中的货币和用于支付目的的货币并没有明显的区别，而且同一金额有时候用于这个目的，有时候用于其他目的。不过，尽管如此，他还是支持富勒顿而反对李嘉图。他认为，即使从储备金中取出的金额还必须从社会现有的货币存量中得到补充；但并不需要立刻进行补充；在有必要进行必要的补充时可能已经过去了很长的时间；因此，无论如何，由此可以得出结论，李嘉图的假设，流通中的货币数量和商品价格之间存在的机械性联系，甚至对于贮存而言，也是不能接受的。[66]迪尔并没有详细说明为什么从准备金中提取的金额必须经过很长时间才能获得补充。但是，他的确承认针对富勒顿的观点所进行的批评是正确的；如果我们把他所做的唯一保留解释为，货币数量的变化以货币的客观交换价值变化的方式在市场上充分表现之前，可能而且一定要经过一段相当长的时间的话，我们也许能够同意他的观点。因为额外货币数量的注入所造成的个人货币存量的增加，一定会引起个人主观评价的变化，而且这种变化会立刻出现，并且开始立刻对市场产生影响，几乎没有人能够否认这种现象。另一方面，如果个人的货币存量不变，而个人对货币的需求增加，或者如果个人的货币存量减少而个人对货币的需求不变，则一定会立刻带来主观估价的变化，这种估价，以增加货币的客观交换价值的方式，即使不会立刻在市场上表现出来，但一定会在市场上表现出来。必须承认，货币数量的每一次变化都会使个人检查他对货币

需求程度的判断，这种判断的结果可能是，如果货币存量减少，个人便降低他对货币的需求，而如果货币存量增加，个人便可能提高
他对货币的需求，但是，这种需求的降低或提高一定会产生仅仅是 150
一种假设，并没有理论上的基础，至于这种降低或提高的程度一定足以维持货币的客观交换价值的稳定性的假设，则更没有理论上的基础了。

否认数量理论的实际重要性，有一个更有分量的反对意见，这个反对意见暗含于这样的看法中：货币、支付和信用体系的目前的组织具有抵消货币数量变化的趋势，并使这些变化没有作用。据说货币流通的波动速度，和由信用体系和银行组织与技术的不断发展所导致的支付方法的弹性，即支付方法的便捷性，能够随着扩大或缩小的商业调整，从而使物价的变化尽可能地不依赖于货币数量的变化，尤其因为在货币和其代用品之间，换言之，在货币存量和交易与支付的数量之间，没有数量上的关系。有人认为，在这种情况下，如果我们仍然希望维持数量理论，我们不能仅仅以当前货币为基础，而应该“将其范围扩大到所有种类的货币，不但包括能够流通的所有有形的货币代用品，而且还包括银行系统的每一笔交易，或契约双方所签订的可以代替货币支付的协议”。必须承认，如果这样的话，这就使这个理论在实际上完全没有用处了，但是，却保证了其理论的普遍性。而且不容否认，这便提出了一个几乎无法解决的问题——在什么条件下产生信用，以及信用以什么方式影响价值和价格的决定。[67]

这个问题的答案在本书的第三编，在这一编中讨论了所谓的 151
信用弹性问题。[68]

## 第十节 数量理论的更多应用场合

一般来说，数量理论并不用来研究当货币需求减少而货币存量保持不变时所产生的结果。没有进行这项研究的历史上的动机。这个问题一直不是一个重要的问题；因为从来都没有任何理由以尝试解决这个问题的方式来解决经济政策的有争议的问题。经济史表明货币需求是持续增长的。货币需求发展的特质是货币需求的不断增长；劳动分工的发展以及随之而来的交换交易的不断扩大，这二者不断地越来越间接，并且越来越依赖于货币的使用，这都有助于货币需求的增加，并有助于人口的增加和经济的繁荣。导致货币需求增长的趋势在第一次世界大战以前的几年中非常明显，以至于即使货币存量的增加比实际需求大得多，而货币的客观交换价值一定会增加。只有在货币需求增长的同时也出现信用的大幅度扩张，信用的扩张一定超过了广义上的货币需求的增加，只有这个事实才能用来解释在这一阶段货币的客观交换价值不但没有增加，反而实际上下降了的事实。（与这个问题相关的另一个因素将在本章的下文进行讨论。）



如果我们把数量理论的机械形式应用于货币需求减少而货币存量维持不变的情形中，我们应该能够得出结论认为，所有商品价格都会产生相同程度的增长，这种增长和货币存量与货币需求之间的比率的变化，在数学意义上是成比例的。如果货币存量增长而货币需求保持不变，我们可以期望产生相同的结果。但是，数量理论的机械形式，其基础实际上是从静态规律错误地转移到动态范围，和其他形式一样，不足以解释这个情形。它不能满足我们的需要，因为它不能解释我们需要解释的内容。我们必须建构一个理论，这个理论应该向我们表明，货币需求减少而货币存量维持不 152
变如何以影响个别经济人的货币主观估价从而来影响价格的。如果货币需求减少而货币存量保持不变，首先会使很多人发现，他们的现金储备相对于需求而言会超过很多。因此他们携带过剩的现金作为购买者进入市场。物价便由此普遍上涨，货币的交换价值便下降。以后会发生什么现象，在这里没有更详细解释的必要了。

和这个情形密切相关是另外一个其实际意义更大的情形。即使我们认为货币需求的趋势是不断增长的，但是，如果某些特殊种类的货币需求以一般交换媒介的特点为基础，这种需求可能减少，或甚至完全消失，这是我们在这里要研究的问题。如果任何特定种类的货币丧失了其货币的特点，那么它也就自然地丧失了它依赖于作为一般交换媒介所使用的特殊价值，而仅保留它依赖于其他用途的价值。在历史进程中，当一个物品被排除在不断缩小的一般交换媒介的范围之外时，这种情况总是出现。一般来说，我们对于这个过程了解得不多，在很大程度上这个过程发生在资料很缺乏的时代。但是，在近代却出现了一个非常重要的例子：白银几乎完全丧失了货币的价值。白银在以前被广泛地作为货币来使用，现在几乎完全被迫丧失了这个地位，毫无疑问，在不远的将来，也许甚至就在几年之后，它可能完全不再作为货币使用了。白银不再作为货币使用的结果，便是其客观交换价值的萎缩。伦敦的白银价格从 1870 年的平均 $60\frac{9}{10}$ 便士下降到 1909 年的平均 $23\frac{12}{16}$ 便士。由于使用的范围已经萎缩，其价格注定要下跌。我们从信用

153 货币的历史中也能找到相同的例子。例如，在美国内战期间，在北方各州节节胜利的过程中，南方各州的钞票就逐步丧失了它作为货币的价值以及作为债权的价值。[69]

货币需求不断下降，而货币存量保持不变，这个关系的实际意义并不大。和这个问题相比，数量理论的支持者更关心的是货币存量减少，而需求保持不变，以及货币需求增加而存量保持不变这个更深入的问题。一般认为，这两个问题的完整答案可以根据数量理论的机械形式容易地得出，如果我们应用其一般公式的话，这个公式似乎包括这两个问题的本质。这两种情形都被视为和货币数量增加而货币需求保持不变的情形相反；因此，也可据此得出相应的结论。就像试图以货币数量的大幅增加来解释信用货币的贬值一样，人们也试图以货币需求增加而货币数量没有大幅增加来解释 19 世纪 70 年代和 80 年代的经济衰退。这个观点成为 19 世纪大多数货币政策措施的基础。其目的在于利用货币数量的增加或减少来管理货币的价值。这些措施的效果似乎对数量理论的这个肤浅版本的正确性提供了一个具体的证明，因此恰好隐藏了其理论的弱点。仅仅这个观点就能够解释为什么人们没有努力去证明货币流通量的减少导致货币价值上升的机制。这里再一次说明原来的理论需要加以补充，就像我们在上文讨论的情况一样。

通常，货币需求增长缓慢，所以要发现货币需求对货币和商品之间的交换比率的影响并不太容易。不过，在有些情况下，狭义的
154 货币需求有时突然以不同寻常的速度增长，以致商品价格突然下降。在危机时期，当公众对信用媒介的发行者丧失信心的时候，就会出现这样的情况，而信用媒介就再也不能流通了。历史上有过

很多这样的例子，(其中一个是1907年深秋在美国出现的一个例子，)很可能将来也出现这样的情形。

## (Ⅲ)间接交换的特性引起的货币的客观交换价值变化的特殊原因

### 第十一节　“生活的昂贵”

上文讨论的货币的客观交换价值的那些决定因素，并没有表现出任何特殊的特点。就这些因素来说，货币交换价值的决定和其他经济商品交换价值的决定并没有任何不同之处。但是，货币客观交换价值的变化有一些其他决定因素，这些因素遵循一个特殊的规律。

人们抱怨最多的是“生活的昂贵”。每一代人都抱怨他们生活在“昂贵的时代”。但是，“所有物品”越来越贵的事实仅仅说明货币的客观交换价值在下降。如果要在历史和统计上检验这样的断言，如果可能的话，也是非常困难的。我们在这个方面的知识的限度，将在货币价值变化的可检验度问题的章节中进行讨论。在这里，我们必须满足于本章的结论，并且我们需要说明，我们不能指望从价格历史的研究或者从这样的研究所使用的方法中获得任何支持。普通人的说法，即使很容易发现具有自我欺骗的性质，即使在很大程度上常常很容易被他个人的主观估价的变化所左右，但
是，对于货币客观交换价值不断下降的事实，这种看法可以提供比 155
丰富的统计出版物的所有内容更好的具体证明。只有证明存在因

果关系链，才能得出肯定的结论，因果关系链能够引起货币的客观交换价值的这种变化，而且如果不被某种反作用力所抵消的话，会出现导致这类变化的因果关系链。仅这一个途径就能够产生希望达到的目标，很多学者已经沿着这个途径进行研究——我们将在下文探讨他们取得的成就。

## 第十二节　瓦格纳的理论：供给方对价格决定的影响永远超过需求方

瓦格纳认同普通人的一般看法，并且和很多其他人一样，认为货币客观交换价值的降低是一种趋势，这种趋势具有一定的支配作用。他认为这个现象可以用这个事实来解释，即供给方几乎永远是更强的一方，最能追求其本身要获得的利益。即使且不说实际存在的卡特尔、集团和联合等组织形式，甚至也不管个体销售者之间的竞争，他认为供给方比相对的需求方能够更加团结一致。他进一步认为，从事零售业的商人希望价格上升，而顾客则希望继续保持原来的价格或价格下降；因为商人收入的多少，以及由此而决定的他们的整个经济地位和社会地位，在很大程度上取决于他们所得到的价格，对于顾客来说，一般仅仅涉及他们特殊的，相对来说不重要的利益。因此，供给方产生一种维持和提高价格的趋势，这种趋势对于物价上升产生一种永久的压力，它比需求方面的相反趋势更加强大和普遍。为了达到维持、扩大销售额并提高利润总额的目标，价格在零售业中当然会得到抑制，并且可能下降，竞争可以使物价下降，而且常常使物价的下降成为必要。但是，根

据瓦格纳的观点，从长远来看，这两个影响并没有像重视并且努力 156
争取更高的价格那样产生普遍和明显的效果，更高的价格实际上能够和价格的阻力竞争并克服这种阻力。在这种供给永远支配需求的优势中，瓦格纳看到了价格普遍上升的其中一个原因。[70]

也就是说，瓦格纳把货币客观交换价值逐渐下降的原因归结于对批发价格的决定没有任何影响，而只对零售价格的决定有影响的一系列因素上。消费品的零售价格受很多因素的影响，这些因素使零售价格不能迅速并且完全赶上批发价格的变化，这现在已经是一个众所周知的现象。而且在零售价格的特殊决定因素中，往往使其高于相应的批发价格的那些价格处于支配地位。例如，众所周知，零售价格适应批发价格的下降比适应批发价格的上升要慢得多。但是，必须看到，这种调整最终一定会发生，而且还必须看到，消费品的零售价格经常追随生产资料的价格的变化，虽然这种追随的速度常常是滞后的；最后也要看到，批发业的仅仅微小和短暂性的价格变化不会对零售业的价格产生任何影响。

即使我们乐于承认供给永远支配着需求，但是我们是否能够由此推断出物价具有普遍上涨的趋势，这还是一个仍然值得怀疑的问题。如果没有更多的原因来解释批发价格的上涨——而且瓦格纳根本没有尝试解释这个现象——只有当我们假定在零售价格和批发价格变化的时间差继续扩大的情况下，我们才能够认为零售价格在逐渐上涨。但是，瓦格纳没有提出这样一个假设；而且如果他提出的话，也很难得到支持。事实上，可以认为现代商业的发展产生了使零售价格向批发价格和出厂价格更加快速调整的趋势。连锁店和合作社跟随批发价格变化的速度比零售商和小商店要快得多。

我们完全不能理解，为什么瓦格纳竟然把由供给支配需求的157 原理所产生的物价一般上升的这个趋势和自由竞争或贸易自由的个人主义制度联系起来，并且认为这种趋势在这样一个系统中最明显、最有力而且最容易发挥作用。瓦格纳没有给这个断言提供任何证据，这可能是瓦格纳反感经济自由主义的一个结果；事实上也不容易找到证据。自由贸易越发达，批发价格的变化就越容易并且越快地在零售价格中反映出来，尤其是价格下降的变化。一旦贸易自由的立法和其他方面的限制使小生产者和零售商处于有利的地位，这种调整就更加缓慢，而且有时候甚至就完全停顿了。

关于这一点，有一个突出的例子来证明，奥地利在大约 15 年前努力使手工艺人和小店主在和工厂及大型商店的竞争中处于有利地位，因而引起 1890—1914 年之间物价的大幅上升。并不是在自由竞争的条件之下瓦格纳所谓的供给永远支配需求的证据最明显，而是在自由竞争的发展遭遇最严重的障碍的情况下，这种证据才最明显。



## 第十三节　维塞尔的理论：自然经济和货币经济之间关系的变化对货币价值产生的影响

维塞尔试图[71]解释商品的货币价格的上升并不引起以其他商品计算的货币价值的大幅度变化，也不能完全令人满意。他认为，实际上发生的货币价值的大部分变化应当归咎于“自然经济”

(Naturalwirtschaft)和“货币经济”(Geldwirtschaft)之间的关系的变化。当货币经济繁荣时,货币的价值下降;而当货币经济衰退时,货币价值又上升。在货币经济的早期阶段,人类的大多数需求仍然靠自然经济的方法来满足。家庭自给自足;家庭成员居住在自己建造的房屋里,而且家庭生产大部分它所需要的物品;产品的销售只构成收入的补充来源。因此,生产者的生活成本,或者换一 158
个意义相同的说法,生产者的劳动价值,没有完全包括在,或者说根本没有包括在所出售的产品的成本中;所有包括在内的是所使用的原材料的成本和那些工具的损耗,以及需要特别制造的其他工具的损耗,这些成本和损耗在粗放型生产条件下无论如何都不会占很大的比例。对于购买者来说也是这种情况;他通过购买所满足的需求不在他更重要的需求之列,而且他对于所购买物品的使用价值的估计也不是太高。



然而,所有这一切逐渐发生了变化。货币经济范围的扩大引入了成本计算的因素,以前并不包括这些因素,而是根据“自然经济”原则进行处理。用货币方式计算的成本项目日渐增多,而且成本计算中的每一个新因素都和已经用货币表示的因素进行比较来估算,并增加在成本中,这样便导致物价上升。所以,物价普遍上升,但是这不能解释为供给条件变化的结果,而应该解释为货币价值下降的结果。

根据维塞尔的观点,如果不可能把商品价格的不断上升解释为仅仅来自于货币因素(即来自于货币供给和货币需求之间的关系的变化),那么我们必须寻求价格一般水平的这些变化的另外一个原因。现在,我们找不出理由认为,商品价值的这类波动是由价格比率的商品方面的因素造成的；因为今天商品供给的情形不会比我们祖先的时代差。但是，根据维塞尔的观点，如果说货币购买力的下降是由于货币经济规模的扩大，货币经济和货币购买力在历史上同时出现，这个解释实在是再自然不过了。事实上，对于维塞尔来说，在新进步产生的每一个阶段，正是价格的这种惰性才有助于产生货币价值的变化；当新因素被增加到受货币经济支配的生产过程中时，一定是价格的这种惰性使原来的价格被相关的额外价值数量所抬高。但是，商品的货币价格上升得越高，比较之下，货币价值一定下降得越低。所以，生活成本越来越昂贵似乎是不断扩大的货币经济发展的不可避免的表现。

159 不可否认，维塞尔的这个观点揭示了和市场以及价格决定相关的几个重要方面，如果继续发展维塞尔的这个观点，则对货币以外不同经济商品之间的交换比率的决定具有重要的影响。不过，就维塞尔得出的和货币价格决定相关的结论来看，则有严重的缺陷。不管怎样，必须证明，这里所涉及的不是货币方面的因素，而只是商品方面的因素，我们才能接受他的观点是正确的。不是货币的估价，而只是商品的估价，才能够说明应该在交换比率的变化中表现出来的变化。



但是，必须否定这个作为整体的系列推论。使交换便利的各项措施的发展，表明经济的新参与者提高了他们希望交换的那些商品的主观估价。以前只作为个人使用的事物而进行估价的商品，因为具有和其他商品进行交换的性质，现在从而具有额外的价值。在那些拥有这些商品并用它们进行交换的那些人看来，这必然提高这些商品的主观估价。准备以交换的方式销售的商品，现在不再以它们对其拥有者所消费时具有的使用价值来估价，而是按照它们在交换中能够获得的使用价值来估价。后者的价值一向比前者的价值高，因为当商品对交换的双方有益时，才可能出现交换。

但是，另一方面——维塞尔似乎没有想到这一点——以交换的方式取得的商品的主观价值下降。得到这些商品的个人，不再给予这些商品在价值的主观尺度（subjective scale of values（Wertskala）或效用上（Nutzenskala）相应等级上的重要性，一般认为它们只具有更小的重要性，这种重要性属于交换它们的其他商品。

让我们假设，拥有一个苹果、一个梨子和一杯柠檬水的人所具 160
有的价值尺度如下：

1.一个苹果

2.一块饼

3.一杯柠檬水

4.一个梨

如果假设这个人有机会用他的梨子交换一块饼，这个机会就会增加他给予梨子的重要性。现在他对梨子的估价就会比柠檬水高。如果他有机会选择放弃梨子或柠檬水，他将视柠檬水的损失为较小的损失。但是，这项损失可以以他对一块饼的降低的估价所补偿。让我们假设这个人拥有一块饼、一个梨子、一个苹果和一杯柠檬水。现在如果有人问他，丧失饼或柠檬水的损失哪个可以忍受，无论如何他都愿意失去饼，因为他可以用出让梨子来弥补这个损失，因为梨子在他的价值尺度中低于柠檬水的价值。交换的可能性使每个个体在经济决策中都要考虑商品的客观交换价值；最初的首要的使用价值尺度被衍生的次要的交换价值尺度和使用价值所代替，在这些价值当中，经济商品的重要性不但以其使用价值来排序，而且也根据它们在交换中能够获得的商品的价值来排序。商品的重要性次序一直在变化中；商品的重要性的顺序发生了变化。但是，如果一个商品的顺序较前的话，那么——毫无疑问——其他某些商品则一定排在较后的顺序中。这纯粹是因为价值尺度的性质所致，这只不过是按照被估价商品的重要性顺序对主观估价的安排而已。

交换范围的扩大对客观交换价值的影响和对主观价值的影响是一样的。就客观交换价值来说，一方价值的增加一定引起另一方价值的下降。事实上，两种商品之间的交换比率以这样的方式发生变化，致使两者比过去更昂贵，这是难以想象的。而且货币的介入也无法避免这种情形。当有人主张货币的客观交换价值经历
161 变化时，除了交易的范围扩大这个纯粹事实之外，还必须表现出产生这种现象的某种特殊原因。但是，从来没有人提出过这个特殊原因。



维塞尔以经济历史学家的方式，首先从自然经济和货币经济的对比开始。这两个术语对于所有理论研究所必不可少的基础还不能提供那种科学的抽象概念。维塞尔是否想把没有交换的状态和以交换为基础的社会秩序进行对比，或者把直接交换的情形和以货币使用为基础的间接交换进行对比，我们目前无法明确。维塞尔似乎很可能打算对没有交换的状态和利用货币进行交换的状态进行对比。这当然是经济历史学家所使用的自然经济和社会经

济这两个术语的意义;而这个定义也和货币体系充分发展之后的经济史的实际发展方向相一致。现在,当把新的地理区域或新的消费范围放在交换范围中,那么无交换的状态则直接过渡到货币经济的状态;但是,这种情况并非一向是这样。但是,经济学家无论如何必须给以清楚的区别。

维塞尔提到,有一个习惯于夏天在乡下度假的城里人,他总是发现乡下的物价更便宜。有一年,当这个城里人去度假时,他发现到处的物价都突然上涨了;农村同时被带进了货币经济的范围。现在农民将其牛奶、鸡蛋和鸡鸭等卖到城里,并向夏季度假者收取他们能够在市场上收取的价格。但是,维塞尔在此所描述的只是这一过程的一半。另一半发生在城市中,来自农村这一新供给来源的牛奶、鸡蛋和鸡鸭到达城市的市场之后,表现出一种降低物价的趋势。因此,过去一直属于自然经济范畴的生产一旦被纳入交换制度的范畴之后,那就不是价格的单方面上涨,而是各地的价格趋于一致。交换制度范畴的萎缩则产生相反的影响;这具有使价格之间的差异扩大的内在趋势。因此,我们不应该像维塞尔那样,使用这个现象来证实关于货币的客观交换价值的变化的命题。



## 第十四节 市场机制是影响货币客观交换价值的一个因素

然而,价格的逐步上涨和同时产生的现象,货币价值的下降, 162
用货币的性质和货币交易这两个货币方面的因素,却能够得到很好的解释。

现代价格理论的所有命题都以直接交换为基础。甚至在的确将间接交换包括在其考虑范围之内的地方，现代价格理论也没有充分地考虑这种交换的特质，而这种特质取决于一般交换媒介，或货币的作用。这当然并不是反对现代价格理论的理由。适用于直接交换的价格决定规律对于间接交换来说也是正确的，而且交换的性质也不因货币的使用而改变。不过，货币理论家必须对一般价格理论进行重要的补充。

如果买方认为卖方要求的价格太高，因为卖方要求的价格和买方对该物品的主观估价不一致，除非卖方降低他的价格，否则就不可能出现直接交换。但是在间接交换的情况下，因为货币进入了交换，即使卖方不降价，这个交易仍然有可能成交。在某些情况下，如果买方也希望能够获得比他自己亲自处理这些物品和服务所计算的价格更高的价格，他也许决定支付卖方所要求的更高的价格。事实上，这经常是买方从这笔交易中获得最大利益的最佳方法。当然，就像在股票交易所的交易一样，或者在个人面对面的议价行为中一样，这种办法并不适用，在这两种情况下，交易双方在价格的决定中能够立刻合作，然后能够直接表达他们对商品和交换媒介的主观估价。但是，有价格似乎由卖方单方面决定的情况，而且当价格要求太高时，买方只能放弃购买。在这种情况下，买方放弃购买则向卖方表明他的要价太高，卖方可能会再次降低价格（当然他在降价时可能会大幅度降低价格，也许可能降得不够
163 低）。但是，在某些条件下，一种不同的方法可能会用来代替讨价还价的过程。买方可能会同意所要求的价格，并且力图提高他自己所要出售的商品的价格，以便在其他地方获得补偿。所以食品

价格的上涨可能导致工人要求更高的工资。如果企业主同意工人的要求，那么他们反过来会提高产品的价格，那么食品生产者把制成品价格的这种上升视为食品价格再次涨价的理由。所以，价格的上涨是在一个循环不断的链条上彼此联系的过程，没有人能够说明哪里是起点，哪里是终点，或者哪一个是原因，哪一个是结果。

在现代销售政策中，“固定价格”起着重要作用。卡特尔、托拉斯和事实上的所有垄断者，包括国家，都习惯于独立制订其产品的价格，而不咨询买方的意见；他们似乎在向买方规定价格。在零售业中经常也是这种情况。现在，这种现象不是偶然的。它是无组织市场不可避免的现象。在无组织的市场中，卖方不是和所有的买方接触，而只和单个的买方或一群买方接触。和这些少数人讨价还价没有用处，因为不是仅仅这些人的估价，而是该商品的所有购买者的估价，对于价格的决定起着决定性的作用。因此，卖方制订一个他认为和实际价格大体一致的价格（在这种行为中，他可能盯着高价而不是低价来定价是可以理解的），并且等待买方的反应。在他单独制订价格的所有这些情形中，他对买方估价的准确信息缺乏了解。他对这些信息能够进行大致正确的假设，对市场 164
和买方的心理进行密切观察的商人能够进行非常准确的定价；但是仍然不可能有百分之百的把握。事实上，还需要估计不确定的和未来的过程的影响。卖方能够可靠地了解消费者估价的唯一办法是试错。因此，他们提高价格，如果买方没有购买行为，这就表明他们的定价太高。但是，即使价格似乎太高，如果买方希望他能够以同样的方式提高他“制订”的价格，并且认为和暂不购买相比，这样能够更快地达到他的目的，那么，在货币的当前价格确定的情况下，他也许仍然支付该高价，这可能不会具有长期和全面的影响，而且对他来说也有很多不便之处。在这样的情况下，卖方则丧失了对他所要求的价格的合理性进行唯一的可靠核实的权利。他看到有人支付了这些价格，认为他的商业利润在按比例增长，但是他却逐渐发现，货币购买力的下降使他不能得到他应该获得的利益当中的一部分。那些仔细研究过价格史的人一定会承认，这种现象在历史上出现过很多次。不能否认物价的这种不断上涨的确降低了货币的价值，但是，这种上涨并没有按照所预期的程度改变在其他经济商品之间的交换比率。

为了避免任何可能的误解，我们应该清楚地说明，没有任何理由根据上面的说法得出结论认为，价格的所有增长都能够以这种方式递增下去，而且因此也许可以假定，在不同的经济商品和人类的劳动之间有一个固定的交换比率。为了一致起见，我们应该把商品的货币价格的上涨归因于人类的贪婪所导致的没有意义的劳动。商品的货币价格的上涨通常确实改变该商品和其他商品的交换比率，尽管这种改变的程度并不一定总是和该商品对货币的交换比率的变化程度相一致。



数量理论的机械学说的支持者也许承认这个观点的基本正确性，但是，对于不是来自于货币的供给和需求之间的关系的变化所引起的货币的客观交换价值的每一次变化，一定具有自动地自我调节的功能，他们仍然持反对意见。如果货币的客观交换价值下降，那么货币的需求则必然上升，因为为了进行大量的交易，一定
165 需要更大数额的货币。如果允许把一个社会的货币需求视为是用交易数量除以流通速度所得到的商，那么这个反对意见可能是正

确的。但是,这其中的错误已经暴露出来了。货币需求对客观条件的依赖,例如需要处理的付款数量和金额,仅仅是对以个人的主观估价为媒介的一种间接依赖。如果商品的货币价格已经上升,而且现在每一笔购买行为都需要比以前付出更多的货币,这势必没有必要使个人增加其货币存量。尽管价格上升,个人并不打算增加其货币贮存,他们也不愿意增加对货币的需求,这是完全可能的。他们可能致力于增加其货币收入;事实上,这是价格的普遍上涨表现其自身的方式之一。但是,货币收入的增加和货币储备的增加不一样。个人的货币需求当然可能随着价格的上升而增加;但是根本没有理由假定这种情况一定会发生,而且尤其没有理由假定这种增加的程度会完全抵消货币购买力减少的影响。同理,相反的假设也可能是有害的,即物价上升迫使个人避免不必要的支出,会导致人们修改关于现金储备的必要水平的观点,而且由此产生的决定当然不是手中持有的货币数量的增加,反而甚至可能是减少。

但是,在此还必须指出,这是由动态因素引起的变化。对于静态而言,数量理论的机械学说的主张者为此而提出的论点是有效的,即个体商品之间的交换比率必然发生变化,从而引起静态发生变化。在某些条件下,市场上的技术可能也具有扩大这种变化到货币和其他经济商品之间的交换比率的影响。[72]

# （Ⅳ）附记

## 第十五节　货币单位和其面额的大小对货币客观交换价值的影响

166 经常有人认为，货币单位的大小对决定货币和其他经济商品的交换比率具有一定影响。在这个方面，有人认为，大的货币单位往往提高商品的货币价格，而小的货币单位则有可能提高货币的购买力。在1892年奥地利制定通货管理法律的时候，这种看法起了重要作用，并且在使克朗（krone）或半个盾（half-gulden）取代以前的更大的货币单位盾（gulden）时，发挥了决定性的作用。但是，就货币单位的大小与批发价格的决定而言，实在难以看出两者之间的联系。不过，在零售业中，大家公认货币单位的大小具有某种重要性，但是，不应该对这种重要性估计过高。[73]



货币不能无限地分割。即使借助于货币代用品来表示，但是，由于技术原因，也不能方便地用实际货币材料[在当代金属辅币铸造（token coinage）体系中这个方法已经趋于完善]表示小的金额，如果要以一种适应于商业的快速安全交易的形式，对商业界提供货币单位的令人满意的每一种数量，这似乎完全不可能。在零售业中，必然会使用四舍五入的办法。价值较低的商品的零售价格——其中包括日常使用的最重要的物品的价格，以及诸如邮寄信件、火车和电车等一些服务用品的价格——必须以某种方式调整到能够使用铸币的程度。在其性质能够被分割到任何所需要的程度的商品的情形中，铸币才能够弃之不用。在商品不能如此分割的情形中，单独销售的最小数量的商品价格，必须和一个或者更多的可使用的硬币的价值相一致。但是，在这两类商品的情形中，因为小的价值不能以可用的铸币来表示，所以零售数量的不断分割因而受到限制。如果价值最小的可用硬币(fractional coin)的价格太大，不能准确表示某种商品的价格，那么则可采取以商品的几个单位来交换一枚或几枚硬币的方法进行调整。在水果、蔬菜、鸡蛋和其他类似商品的零售市场中，诸如两个鸡蛋支付三个海勒［发行到 1925 年的奥地利的青铜币；等于 1/100 克朗（krone）］，五个苹果支付八个海勒，以及诸如此类的价格，都是每天能够看到的现象。但是，尽管如此，还有大量无法表达的细微的价值差别。德国通货的十个铜币(pfennigs)(等于 1/27900 公斤的黄金)，不能以奥地利的克朗通货的硬币来表示；11 个海勒(等于 11/328000 公斤的黄金)的价值太低，而 12 个海勒(等于 3/82000公斤的黄金)的价值又太高。结果，在两国之间本来应该相等的价格，却不得不有细小的差异。[74] 167

由于非常普通的商品和服务的价格，不但常常能够以硬币表示的货币单位的这种小数额来表示，而且能够以几乎尽可能接近于铸币面额的相应数量来表示，这种趋势从而得到加强。每个人都熟悉在零售交易中出现的“四舍五入”的趋势，而且这几乎完全是以货币和货币代用品的面额为基础的。有些商品的价格习惯上规定以“整数”支付，所以铸币的面额仍然具有更大的重要性。这种情况的典型例子有小费、服务费等。

## 第十六节　方法论上的说明

在对本书第一版所做的一篇评论中，[75]沃尔特·洛茨（Walter Lotz）教授讨论了我对劳克林关于 1879 年至 1892 年奥地利银盾（silver gulden）的价值的解释的批评意见。[76]他的观点尤其值得注意，因为在阐述存在于以主观价值理论为基础的现代经济理论的概念和问题的解决办法，以及在注重历史、社会和政治的施莫勒（Schmoller）和布伦塔诺（Brentano）学派的经验和现实（empirico-realistic）处理方法之间所存在的差异上，洛茨教授的观点提供了一个很好的机会。



根据洛茨教授的观点，我的论点是否“能被认为具有任何价值”是一个“趣味问题”。他没有“发现它们如何令人难忘”。他说他自己起初不同意劳克林的观点，直到“劳克林说明其资料来源，这使得他的论点至少是非常可能的”。事实上，劳克林告诉他说：“他于 19 世纪 80 年代从维也纳巨额融资（high finance）机构的主要营业所得到信息，人们认为纸币盾（paper gulden）最终会以某
168 种比率兑现。”洛茨教授对此补充说：“纸币盾和银盾的流通在数量上非常小，而且这些支付工具被国家银行以其票面价值所接受。但是，维也纳巨额融资机构的主要营业所有理由培育对未来的期待，这不可能不会对奥地利的纸币盾的国际估价产生一些影响。因此，无论米塞斯的看法是什么，这个信息对劳克林的观点有一些影响，这应该是合乎情理的。”

“维也纳巨额融资机构的主要营业所”给劳克林提供的这个神

秘的消息，并且由劳克林转告给洛茨教授，其实是一个公开的秘密(secret de Polichinelle)。19 世纪 80 年代在奥地利和匈牙利出版的大量研究本位问题的论文，尤其是刊登在《新自由》杂志(*The Neue Freie Presse*)上的论文，总是假设奥匈帝国将过渡到金本位。早在 1879 年停止的白银自由铸造就是为这一步骤进行的准备。尽管如此，没有人否认这个事实的证据(或者说至少我没有否认)并没有解决我们正在讨论的这一问题，洛茨教授也明显认为是这样。这只是说明我们需要解决这个问题而已。盾“最终”“按照某种比率”兑换成黄金，但是，这个事实并没有解释盾在当时是如何按照某一数量估价，而且不高也不低。如果盾要兑换成黄金，而国债凭证(national debt certificates)被兑换成盾，那么，有利息的国债债券(national debt bonds)怎样才能比没有利息的盾钞票和硬币低？这是我们必须要解释的问题。很明显，在这一点上，我们的问题才刚刚开始，而对于洛茨教授来说，这个问题在这一点上已经被澄清了。

洛茨教授的确愿意承认，钞票盾和白银盾的流通量“从数量上来说非常适度”也“很重要”；而且他还指出，第三个解释也正确，即财政部按照其面值接受这个支付工具。但是，这些解释彼此的关系仍不清楚。也许洛茨教授并没有意识到，第一个解释和第二个解释难以调和。因为，如果盾只按照最终兑换成黄金的价值估价，只要兑换的资金限定在一定的数量以内，那么就能够认为，不管流通的盾的数量是多少，都不会有任何差异。至于第三个解释，则完全没有根据，因为盾的“面值”只是盾的本身，而且问题的核心是说明盾的购买力的大小。

洛茨教授在这里所采用的解决经济科学问题的这种程序，最终势必失败。收集商人的意见——即使这些商人是“领导”人物或属于“重要”机构——并且把他们的一些意见以这样或那样的方法
169 加以文饰，然后对社会宣布同意其观点，这是不够的。收集“事实”根本不科学。我们没有任何根据认为商人的观点具有权威性；对于经济学来说，商人的看法只是材料，需要研究和评估。如果商人力图解释某个现象，他就和其他人一样，也成了一个“理论家”；因此，没有理由优先相信有实际经验的商人或农夫的理论。例如，我们不可能引用商人以生产成本的变化来“解释”物价变化的多得数不清的说法，来证明以前的学派关于生产成本的理论。

现在，有很多人忙于积累没有用途的材料，以至于在说明和解决问题时，他们不能理解具体问题的经济意义。是记住这一点的时候了：经济学的工作和记者的工作完全不同，记者的工作是询问某个银行家或商业巨擘对经济形势的看法。

# 第三章　货币的客观交换价值中存在的地区之间的差异的问题

## 第一节　各地区之间的价格关系



我们首先不考虑同时使用各种货币的可能性，并且假设在某个地区只用一种货币作为一般交换媒介。不同种类的货币的相互 170
交换比率将是下一章讨论的主题。不过，在本章，让我们假设一个不管其规模大小的独立的地理区域，其居民用一种商品作为一般交换媒介，彼此进行贸易。不管我们认为这个区域是由几个国家组成或者是一个大国的一部分，或者是一个具体的国家，这在目前所讨论的问题中都没有什么区别。在我们讨论的后半部分，才有必要提到，由于不同国家的货币的法定概念有区别，因而有必要对一般概念进行某些次要的修改。

我们在上文已经提到，如果两种经济商品不在同一个地方消费，即使它们在其他所有方面都相同，也不能把它们视为同一类型的商品。因为多方面的原因，似乎把它们视为更高阶或更低阶的，彼此相关的不同类型的商品就更方便。[77]只有在货币的情形中，在某些情况下，不考虑货币的空间位置因素是可以容许的。和其他经济商品相比，货币的效用在某种程度上不受地理距离的局限。支票和清算体系，以及类似的系统，具有使货币的用途或多或少不受运输困难和运输成本影响的趋势。例如，它们具有可以使贮存
171 在英格兰银行金库的黄金作为世界各地一般交换媒介来使用的影响。我们能够容易地想象，一个专门使用钞票和票据交换的方法的金融机构，能够借助于永不改变其空间位置的货币金额来进行所有资金的划拨。如果我们进一步设想，每笔交易的成本不受合同双方之间距离的影响，而且不受交易双方和货币所在地的距离的影响（众所周知，这个条件已经在某些情况下实现了；例如，在邮政业务和邮政汇票业务中的费用），那么，则有足够的理由忽略货币的地理位置的差异。但是，其他经济商品中的这种相应的分离是不可能的。没有任何机构能够使巴西的咖啡在欧洲消费。这种生产资料必须首先和补充性资料"运输工具"结合起来，"欧洲咖啡"这个消费品才能从"巴西咖啡"这个生产资料中制造出来。

如果以这种方式忽略货币的地理位置所引起的差异，在货币和其他经济商品之间的交换比率中，我们则能够得到以下规律：随时可以消费（以这个术语通常在技术和商业上所使用的意义而言）的每一种经济商品，在其所在地具有消费品的主观使用价值，还具有作为生产资料被运来消费的那些地点的主观使用价值。这两种估价的来源彼此无关；但是，对于货币和商品之间的交换比率的决定来说，这两者是同等重要的。假设交换完全不受任何限制，并且假设不考虑在运输途中花费的时间上的差异，任何地方的任何商品的货币价格，和其他任何地方的价格一定是相同的，但是要加上或减去运输的货币成本。

把货币的运输成本，或者银行家和外汇经纪人所重视的另外一个因素，即重新铸造硬币有可能产生的成本，包括在上文提到的公式中，现在已没有任何更多的困难了。所有这些因素，没有必要进行详细的列举，对外汇汇率（电汇汇率等）具有组合影响，其结果 172
作为正量或负量必须包括在我们的计算中。为了防止任何可能的误解，应该再一次明确地说明，我们在这里所讨论的仅仅是同一种货币在不同地方之间所使用的汇率，尽管相同的硬币在两个地方是否是法定货币无关紧要。不同种类的货币之间的交换比率在本质上不同的问题，将在下一章进行讨论。

## 第二节　货币购买力的所谓地域性差异



如果和刚刚解释过的地区间的价格关系的规律相对比，则是普遍流行的对货币购买力的地区间差异的看法。常常有人说，货币的购买力在同一时期在不同的市场可能不同，而且统计数据经常被拿出来支持这种看法。没有几个经济学观点能够像这种看法一样深深地根植于普通人的思想中。旅行者常常习惯于把这个观点作为他们亲身观察所获得的一个知识带回家乡。20 世纪初访问奥地利的为数不多的德国人，认为德国的货币价值高于奥地利。
黄金，最典型的（κατ ἐξοχὴν）的商品货币，其客观交换价值在世界 173
不同地区有不同的水平，这甚至在经济学文献中被作为公认的事实。[78]

我们已经说明在这种现象中存在的谬误，因此没有重复的必要。正是疏于考虑经济商品的性质中的位置因素，这是经济问题的一个最初的实利主义概念的残存部分，致使概念的这种混淆。货币购买力的所有所谓的地区性差异，都可以很容易地以这种方式来解释。我们不能根据小麦的价格在德国和俄国不同的事实，就推断出德国和俄国的货币购买力不同，因为德国的小麦和俄国的小麦是两种不同种类的商品。如果我们把放在海关保税仓库的商品和在技术上相同类别的已经完税的商品，视为在经济意义上相同类型的商品，那么我们还有什么荒谬的结论得不出呢？如果按照这种看法，我们应该明显地认为，货币的购买力在一个城市中的一栋大楼和另一栋大楼之间，在一个区和另一个区之间，都不相同。当然，如果有更愿意保留商业上的术语的人，而且他们认为仅仅以商品的外在特点来区别商品的种类会更好的话，我们不能认为他们不应该这样做。辩论术语问题是没有价值的一件事情。我们关注的不是词汇，而是事实。但是，在我们看来，如果不合适的这种表达形式被使用的话，那么就必须以某种方式，仔细并且全面地考虑基于商品准备消费的地点的不同的区别。只考虑运输、关税和间接税的成本还不够。例如，直接税的负担在很大程度上是可以转嫁的，其影响必须包括在计算范围之内。



使用上文提出的术语似乎更好，这个术语更清楚地强调了货币的购买力表现出在全世界逐渐趋于相同水平的趋势，而且还表现出，所谓的地区差异几乎完全可以用供给和需求的商品的品质上的差异来解释；所以，尚且存在的只有微小和几乎微不足道的差异，而且这种差异是由于供给和需求的货币的品质上的差异造成的。

几乎没有人怀疑这种趋势本身的存在。但是，它所产生的影响，以及其意义重要与否，仍然有各种各样的看法，而且一个古老的经典命题，即像每一种其他商品一样，货币总是寻求能够使其发挥最高价值的市场，据说是错误的。在这个方面，维塞尔认为交换中所涉及的货币交易是在商品交易中产生的；他还认为它们是一项辅助活动，其作用只在于有必要使主要活动完成。但是，维塞尔认为，即使在今天，商品的国际流动明显比国内贸易的流动规模小。对于其价格是世界性价格的相对少的商品来说，价格的国内的连续性平衡被打破。结果，货币的延续性价值在很大程度上仍 174
然像过去一样重要。如果建立一个完整的世界组织，以代替今天仍然普遍存在的生产和劳动力的国家组织的话，情形将会有所变化；但是，实现这个目标需要很长的时间。目前，在世界各地，生产和劳动力的主要要素仍然被限制在国家之内；在技术和组织上吸收外国进步成果的国家，只能在本国的特点所能容许的程度下进行，而且，一般来说，企业家和工人不能很容易地拥有在国外工作的机会，而在国内，在相当大的程度上，企业家和工人能够流动。因此，各地的工资保持在这种由历史水平所决定的国内水平上，所以，最重要的成本因素仍然维持在由历史水平所决定的这个国内水平上；对于其他大多数成本因素来说，其情形也是如此。总体说来，货币的延续性价值是成本和价值的进一步社会计算的基础。同时，国际交往尚不足以把各国的生产方法提高到单一的世界水平的程度，也不足以消除货币延续下来的国家之间的交换价值的差异。[79]

我们难以同意这些观点，它们似乎过于重视价值的生产成本理论，因此，当然和主观理论的原理不一致。没有人愿意质疑生产成本在不同地区之间彼此有很大程度的差异这一事实。但是，必须否认这种差异会对商品的价格和货币的购买力产生影响。价格理论的原则和市场中每天表现出来的现象都说明这些观点不正确，以致不需要额外的任何特殊证据来加以证明。寻求最廉价的
175 供给的消费者和寻求最昂贵的销售价格的生产者，都同时在力求使价格摆脱地方性市场的限制。如果外国的价格更低，有购买意向的人不会过于考虑生产的国内成本。（而且因为正是这个情况，生产成本更高的生产者需要保护性关税。）不同国家劳动力工资的差异不能影响商品的价格水平，这可以最好地表明，甚至具有高工资水平的国家，能够对低工资水平的国家的市场提供商品。商品价格的地区性差异，如果其性质在技术上相同的话，一方面可以用准备使其消费的成本（运输费用和零售成本等）的差异来解释，另一方面可以用限制商品和人员流动的有形障碍和法律障碍来解释。



## 第三节　生活成本的所谓地区性差异

在货币购买力的地区差异和普遍认为的生活成本的地区差异之间有一定的联系。认为某些地方的“生活”比其他地方更便宜是可能的。可以认为这两个说法是同一回事，而且也可以认为，1913年奥地利的克朗硬币的“价值”低于相当于其黄金价值的85的德国铜币（pfennigs），或者也可以认为，奥地利的“生活”比德国昂贵，这些说法没有什么不同。但是，这些说法是不正确的。这两个说法并不相同。认为一个地方的生活比另外一个地方昂贵的观点，绝不表明货币的购买力不同。即使货币和其他经济商品之间

的交换比率完全相等，但是，个人在不同地方得到相同程度的满足所花费的成本是不相同的。如果生活在某地的人有某种需求，而生活在其他地方的相同的个人还没有意识到这种需求，则很可能出现这种情况。这样的需求在性质上可以表现为社会的需求或物质的需求。所以，富裕阶层的英国人在欧洲大陆能够以更低廉的生活费过日子，因为在本国他必须履行一系列的社交义务，对他来说，在外国则没有这些社交义务。还有，如果仅仅因为城镇生活有很多享受的机会，这些机会刺激欲望，并且引起生活在乡村的人所不知道的需求，那么生活在大城市比生活在乡村费用更高。那些 176
经常去看戏、听音乐会、参观艺术展览，以及到其他类似的娱乐场所的人，比那些在相同的地方生活，但却放弃这些享受的人，自然要花费更多的货币。上述情形也适用于人类的物质需求。在热带地区，欧洲人需要采取保护健康的一系列预防措施，而在温带地区却没有这种必要。所有这些源于依赖地区性环境的需求，要求有一定的商品存量来满足，不然的话，这些商品可以满足其他的需求，结果，这些需求降低了特定商品存量能够提供的满足的程度。



因此，不同地区生活成本不同的说法，只表明相同的个体在不同的地方不能从相同的商品存量中得到相同程度的满足。对于这个现象，我们已经提出了一个理由。但是，除此之外，有人提出货币购买力的地区差异也支持生活成本的地区差异的观点。我们可以证明这种观点不正确。认为德国和奥地利的货币购买力存在差异，和认为在阿尔卑斯山山顶和山下旅馆所收取的费用的价格不同，从而得出结论认为，这两个地方的货币的客观交换价值彼此不同，并得出某种货币购买力与海平面的高度呈相反的变化的这样的规律一样，是不合理的。货币的购买力在任何地方都是相同的；仅仅是所提供的商品不同。它们的不同之处在于从经济意义上来看重要的品质——可以立刻消费的商品在空间上的位置。

但是，尽管在使用同一种货币的单一市场区域的所有地方，货币和结构完全相同的各种经济商品的交换比率，在任何时候彼此是相等的，而且所有明显的例外，都是因为商品的空间品质不同，
177 但是，尽管如此，商品位置（而且由此产生的经济品质）不同而引起价格差异，在某些情况下，这是生活成本有差异的说法的一个主观理由。因为健康原因而自愿去卡尔斯巴德（捷克西部的一个城市，以其硫黄泉而著名）度假的人，以卡尔斯巴德的住宿和食品的价格高而推理出，在卡尔斯巴德用特定数量的货币得不到在其他地方能够等到的相同程度的享受，因此得出结论认为，卡尔斯巴德的生活成本高，这是不对的。这个结论没有考虑对其价格进行比较的商品的品质上的差异。正是因为品质上的这个差异，而且这个品质上的差异对他有某些价值，才使他来到卡尔斯巴德。如果他在卡尔斯巴德必须付出更多的费用以取得相同数量的满足，这是由于他在支付能够得到这些满足的费用的同时，他也在支付在具有治疗作用的温泉附近能够享受这种满足的价格。对于商人、工人和官员来说，仅仅因为工作原因而滞留卡尔斯巴德，这种情况则不同。接近温泉对于满足他们的需求并没有任何意义，而且因为温泉的原因，他们不得不支付额外的价格，以购买他们所需要的每一种商品和劳力，但是，这些商品和劳务不能使他们获得任何额外的满足，所以，对于他们来说，这似乎减少了他们有可能在其他地方能够得到的享受的可能性。如果他们把其生活标准和在相邻的城

市以同样的支出能够得到的标准相对比，他们会得出结论认为，在温泉的生活费用确实比其他地方昂贵。如果他们认为，他们在温泉能够得到足够高的货币收入，从而使他们能够得到和在其他地方的生活标准相同的标准，那么，他们才会把其活动转移到生活更昂贵的温泉附近。但是，在比较能够得到的满足的标准时，他们会略而不计在温泉中能够满足他们的需求的好处，因为在他们看来，这种好处对他们没有价值。因此，假设完全自由流动，温泉附近的每一种工资都会高于其他更廉价的地方。众所周知，这完全适用于合同工资；但是，这也适用于官员的工资。对于那些必须在生活费用“昂贵”的地区履行其职责的雇员，政府支付特殊的津贴，以使他们和那些在费用较低的地区能够生活的官员的收入水平一致。对于生活成本更高的工人，也必须用更高的工资来补偿其生活成本。



这也可以对“奥地利的生活比德国贵”这句话的理解提供一个线索，即使这两个国家的货币的购买力之间没有任何区别，这句话仍然有某种意义。这两个国家的价格有差异，这是因为商品的性质不同；原来我们认为相同的商品，在一个基本点上其实是不相同
的；它们在不同的地方供人们消费。物理因素和社会因素使这种 178
区别在价格的决定中起着重要的作用。作为奥地利人，如果他们珍视和本国同胞共同在奥地利拥有的工作机会，而且他们在奥地利长大，在奥地利工作和赚钱，因为语言障碍、民族习惯、经济条件和其他因素，所以，他们不能在其他地方谋生，如果他们比较国内和国外商品的价格，从而得出在奥地利生活费用更昂贵，这无论如何是错误的。他绝不能忘记，他所支付的每一个价格的一部分，都

是为了能够满足他在奥地利的需求的特权。一个能够自由选择住所的独立食租者能够决定,他是否喜欢生活在自己的国家,和他自己的亲友在一起,过一种很有限的满足的生活,还是生活在外国,和陌生人在一起,过一种很富足的生活。但是,即使竭尽全力,大多数人也无法进行这种选择;对于大多数人来说,生活在国内是必然的,移民是不可能的。

让我们简单总结一下上文提出的观点:商品和货币之间的交换比率在各地都是相同的。但是,人类和他们的需求在各地却不相同,商品也如此。只有当不考虑这些区别的时候,才有可能认为货币的购买力有地区差异,或者说,生活成本在一个地方比另一个地方贵。

# 第四章 不同种类货币之间的交换比率

## 第一节 不同种类货币的共存具有的两种可能性

两种货币之间具有交换比率，这是因为相同的经济人同时把这两种货币作为一般交换媒介。我们也许能够想象，两个没有任 179
何其他联系的经济区域，仅仅由于以下事实而被联系在一起，即每一个区域以其作为货币使用的商品，向对方交换它作为货币使用的商品，以便于将其取得的货币性商品作为货币以外的商品使用。但是，这种情况并不是不同货币单纯用于货币用途而形成的交换比率。如果我们希望成功地进行货币理论的研究的话，那么，在本章我们就必须对制造商品货币的材料的非货币用途忽略不计；或者，仅仅在有必要全面阐明和我们的问题相关的所有过程时，才考虑它们。有人认为，除了货币材料的工业用途的影响之外，只有当这两者都同时一起作为货币使用时，两种货币之间的交换比率才能够建立，这不是一个常见的看法。也就是说，当前流行的观点区别了两种情况：一种情况是，两种或两种以上的本国货币以平行本位同时存在，另一种情况是，在国内专用的货币和在国外使用的货币是不同种类的货币。这两种情况要分开进行讨论，尽管就决定两种货币的交换比率而言，两种情况在理论上并没有任何差异。

如果一个实行金本位的国家和一个实行银本位的国家彼此有贸易关系，并对某些经济商品而言，这两个国家形成一个单一市场，那么，认为由黄金所构成的一般交换媒介只能供实行金本位的国家的人民使用，白银仅仅供实行银本位的国家的人民使用，这明显是错误的。相反，从经济观点来看，这两种金属货币必须被视为每一个地区的货币。直到 1873 年，德国人购买英国商品时把黄金
180 视为交换媒介，而英国人在购买德国商品时把白银视为交换媒介。希望以谷物交换英国钢铁制品的德国农民，如果不以黄金和白银作为工具，则无法进行交易。可能会有例外的情况，例如，德国人在英国销售换取黄金，再用黄金在英国采购，或者，例如，英国人在德国销售货物换取白银，然后用白银采购；但是这只不过更清楚地表明，对于这两个地区的居民来说，这两种金属都具有货币的特点。不管以货币为工具的这项交易是使用一次货币，还是不止一次使用货币，唯一重要的一点是，只要两国保持国际贸易关系，每一个有关国家的货币就成为其他所有有关国家的货币。



确实，在这两种货币之间存在着重要的差异：一种货币在国内贸易中占有重要的地位，是大多数交易的工具，它在消费者和消费品的出售者的交易中，以及在贷款交易中，它是主要工具，而且法律将其作为法定货币，另一种货币使用在相对少的交易中，消费者在其购买行为中很少使用它，它在贷款活动中不能作为工具使用，

从而不是法定货币。按照常见的看法，前者只是本国的货币，后者是外国的货币。如果我们不想关闭理解这一问题的途径的话，尽管我们不能接受这个观点，但是，我们必须强调，这个划分在其他方面具有重要的意义。在讨论货币的客观交换价值的变化的社会影响的那一章中，我们再回来讨论这个问题。

## 第二节　不同种类货币之间的静态或自然交换比率

对于两种或两种以上的货币的交换比率，不管这些货币是共同在同一个国家使用（平行本位），还是构成一般所谓的外国货币和本国货币，起决定作用的都是单个的经济商品和单个的货币之间的交换比率。不同货币的交换，其比率是每一种货币和其他经 181
济商品之间的交换比率。如果一公斤黄金可交换 m 公斤的某种特殊商品，一公斤白银可以交换 m/15.5 公斤的相同商品，那么黄金和白银之间的交换比率是 1∶15.5。我们把这项比率称为静态的或自然的比率，如果某种干扰使两种货币之间的这种比率发生变化，那么自动力量会发生作用重建这种比率。[80]

让我们考虑这个情形，两个国家的国内贸易仅仅用一种货币来进行。一个国家使用的货币和另外一个国家使用的货币不一样。如果使用不同货币的两国人民，他们在过去直接交换商品，而不是以货币为媒介，现在，他们在商业交易中开始使用货币，他们将以每一种货币对商品的交换比率，作为确立两种货币的交换比率的基础。假设一个实行金本位的国家和一个实行银本位的国家，曾经直接进行棉布和小麦的交换，交换条件是1米布料换1蒲式耳小麦。假设布料在其产地国的价格是每米1克黄金；小麦的价格是每蒲式耳15克白银。如果国际贸易现在以货币来进行，而且黄金和白银的价格必须确定为15。如果价格定得更高，譬如说16，从小麦拥有者的角度来看，以货币为工具的间接交换和直接交换相比较，结果对小麦拥有者不利；在间接交换中，1蒲式耳小麦只能交换15/16米的布料，而在直接交换中，则能交换整整1米布料。如果黄金的价格定得更低，譬如说1克黄金等于14克白银，则布料的拥有者则要承受同样的损失。当然，这并不是暗示不同货币之间的交换比率实际上是按这种方式发展的。我们应该将之
182 视为一种逻辑上的解释，而不是历史上的解释。就黄金和白银这两种贵金属来说，尤其需要说明的是，它们彼此之间的交换比率，是在它们作为货币地位的发展中缓慢形成的。



在两个地区的居民之间，如果除了易货贸易之外再没有其他关系，那么就不能出现利于一方或另一方的收支差额。合同双方的任何一方提供的商品和服务的数量的客观交换价值一定相等，不管是现在商品还是未来商品。每一方的价格就是对方的价格。如果交换不再以易货贸易的方式进行，而是借助于交换的一种或更多的一般媒介进行间接交换，这个事实不管怎样都不会发生变化。不是由于货物和服务的销售，而是由于货币的转移而清算的国际收支顺差长期以来只被视为国际贸易状态的结果。古典政治经济学的最大成就之一，就是揭示了这个观点中的根本错误。它指出，货币的国际流动不是贸易的结果；货币的国际流动不是贸易顺差或逆差的结果而是原因。贵金属根据人们需要货币的程度和

多少被分配在个人以至国家之间。任何个人和任何国家在任何时间都不必担心货币的供给少于需求。政府采取措施管理货币的国际流动，以保证该国拥有它所需要的货币数量，这和实行干预以保证拥有足够的谷物、钢铁或其他商品一样，不但没有必要，而且也不合适。这个观点给重商主义理论以致命的打击。[81]

尽管如此，对于货币的国际分配问题，政治家们仍然感到很伤脑筋。几百年来，由重商主义者系统化的弥达斯（Midas，希腊神话中具有点物成金法术的人物）理论，一直是政府制定商业政策措施时遵循的规律。尽管休谟、亚当·斯密和李嘉图反对这种观点，这个观点仍然支配着人们的思想，这种情况耐人寻味。像凤凰这种长生鸟一样，这个理论从其本身的灰烬中不断重生。而且的确不可能用主观理论来战胜这个观点；因为这个理论的大部分追随者是受教育程度不高的人士，他们不愿意接受任何理论，不管理论多么简单，如果这个理论有可能使他们放弃他们认为弥足珍贵，而 183
不愿意放弃的长期珍视的幻想的话。我们仅仅感到遗憾的是，这些外行的观点不仅支配着立法者，新闻媒介——甚至专业杂志——和商人对经济政策的讨论，而且还在科学文献中占据着重要的地位。这种情况的症结必须再次归咎于对信用媒介的性质和有关价格决定的重要性的概念，解释得并不清楚。首先在英国，其次在其他所有国家，现代学者一直没有理解支持限制信用钞票发行的理由，他们只是从第二手或第三手资料中理解这些理由的。他们一致要求保留这项限制，或者仅仅要求在不触及这个原则的基础上进行改革，这仅仅说明他们不愿意替换一个机制，这个机制毫无疑问被一个体系所证明，而他们不能预测这个体系的影响，因为对于他们来说，市场现象完全是一个无法理解的谜。当这些学者寻求当今银行政策的动机时，除了“保护贵金属的国家存量”这个口号所表现的特点之外，他们什么都找不到。我们在这里先忽略这些较为次要的观点，因为在第三编中，我们将进一步讨论限制钞票发行的银行法律的真正意义。

货币不会流动到利率最高的地方；最富裕的国家能够吸引货币，这个说法也不正确。这个命题适用于货币，正如它适用于其他各种经济商品一样，货币在个体经济人中的分配取决于其边际效用。首先让我们完全抛开所有像国家和政府这样的地理和政治概念，并且想象货币和商品在一个单一的市场区域完全自由流动的情况。让我们进一步设想，除了那些彼此抵消的债权和债务之外，一切支付行为都以货币的转移，而不是以信用媒介的让与来进行；换言之，无担保的票据(uncovered notes)和存款尚未被人们所认识。这个命题还和英国通货学派的“纯金属通货”的命题相似，因为我们对信用媒介已有明确的概念，所以我们能够避免这个观点的模糊之处和缺点。在符合我们的这些命题的情况中，所有的经济商品，当然包括货币，其分配方式常常能够达到个人之间的均衡态势，此时，任何个人所进行的更多的交易行为，都不会给他带来任何收益，也不会给他带来任何主观价值的增加。在这样一个均衡态势中，货币的总存量，就像商品的总存量一样，按照他们能够在市场上表达对货币需求的程度大小，在个人当中进行分配。影响货币和其他经济商品之间交换比率的各种因素的每一个变化，在这种分配中会生产相应的变化，直至形成新的平衡态势。这种情况对个人是这样，而且对于一个特定地区所有的个人来说也是这样。因为一个国家所拥有的商品和所需求的商品仅仅是所有经济人，无论是构成国家的个人还是政府，所拥有的商品和所需求的商品的总和，其中国家，作为一个组成部分，不可否认占有重要地位，但远远不是支配地位。

贸易差额(trade balances)不是货币流动的原因，而只是和货币流动同时产生的现象。因为如果我们透过货币交易形式的表面现象来揭示商品交易的本质的话，那么则非常清楚，即使在国际贸易中，商品通过货币这一工具来交换商品。就像单一的个人一样，经济社会中的所有个人，归根到底，希望获得的都不是货币，而是
其他经济商品。如果国际收支的形势要求货币从一个国家流动到 184
另一个国家，并且不受这两个国家的人民对货币估价的任何已发生的变化的影响，那么则会引起交易行为，这些交易行为会重建均衡趋势。那些货币收入比货币需求多的人，会急于尽可能快地花完他们的货币盈余，不管是购买生产资料还是消费品。而那些货币存量不能满足需求的人，将被迫增加其货币存量，他们所使用的方法，如果不是限制自己购买商品，就是出卖他所拥有的商品。由于这些原因，便出现了相关国家市场上的价格变化，而这些变化便产生了一定总是重新建立国际收支均衡的交易。国际收支的顺差和逆差，如果不依赖于货币需求条件的变化，则只能是暂时的。[82]

所以，只要货币的国际流动的性质不是暂时的，而且随后很快被相反方向的流动所抵消的话，那么，货币的国际流动总是由货币需求的变化所引起。从这个现象来看，完全可以认为，没有使用信用媒介的国家，绝不会存在把货币存量遗失在其他国家的危险。对于个人和国家来说，货币的短缺和货币的过剩都不是永久的现

象。它们最终将完全分布在把同一经济商品作为交易的一般媒介使用的所有经济人当中，而且由于它们对货币的客观交换价值具有的影响，这自然产生了货币存量和货币需求之间的调整，这对于所有的经济人最终都是一样的。旨在增加在一个国家流通的货币数量的经济政策措施，只要货币在其他国家也流通，而且只有当它们能够产生货币的相对需求的变化，那么，就能够成功。在所有这一切之中，使用信用媒介不会产生任何本质的变化。尽管使用信用媒介，只要在狭义上对货币有需求，它就会以相同的方式表现出来。



国际贸易的古典理论，有很多需要增补的空白。这个理论创建的时代，是国际交换关系的大部分只限于现在商品（present goods）交换的时代。这就难怪它的主要内容是现在商品，没有说明服务产品的国际交换的可能性，也没有讨论用现在商品交换未来商品的可能性。这有待于未来的学者对其进行必要的扩充和修
185 正，这是一个很容易的工作，因为需要做的一切，就是把相同的理论进行一致的扩充，以包括这些现象而已。古典理论进一步将其自身局限于国际金属货币所涉及的那部分问题上。这个理论对信用货币的讨论不能令人满意，而且这个缺点还没有完全得到纠正。这个问题被过多地从货币体系的技术角度加以考虑，而从商品交换的理论角度考虑得太少。如果从后一个角度来考虑的话，用这个命题开始研究则不可避免，即使用不同通货的两个地区的贸易差额，一定总是处于均衡状态，而不会出现以运输货币来纠正的差额。[83]如果我们以一个采纳金本位的国家和一个采纳银本位的国家作为例子，那么，一个国家的货币在另一个国家作为非货币使用

则仍然有可能。这样一个可能性当然必须被排除在研究之外。使用不兑现纸币的两个国家之间的关系可能是最佳的例子；如果我们假设只使用金属货币，从而使我们的例证更具有广泛性的话，那么，必须考虑的仅仅是金属货币的货币用途。这时就非常明显，商 186
品和服务就只能用其他商品和服务来支付了；而且最终就不可能具有货币的支付问题了。

# 第五章　货币客观交换价值和其变化的度量问题

## 第一节　问题的历史

187 190 货币的客观交换价值和其变化的度量问题被人们注意的程度远远超过它的重要性。如果为解决这个问题所准备的数据、表格和曲线有可能解决问题的话，那么，我们当然必须同意，在这个问题上投入的巨大的劳动力支出，应该不会没有效果。事实上，人们只希望能够解决和货币客观交换价值问题相关的棘手问题。但是，大家都知道，自从这些方法被人们运用以来，这些方法在这个问题上都用不上。

尽管如此，人们仍以很大的热情致力于改进计算指数的方法，而且这些方法甚至能够获得一定程度的流行，这种流行程度是经济学研究所不能取得的，这着实令人困惑。如果我们考虑人类心灵的某些特点，这个困惑就可以解释了。就像吕克特（Rückert）的《婆罗门祭师嘉言录》（*Weisheit des Brahmanen*）中的国王一样，普通人往往总是寻求简便方式，想用几句话就概括科学研究的结果。但是，对于这种概括来说，最简单、意义最丰富的表达是用

数字来表示。即使在不适合用数字来表示的情况下，人们也寻求
用简单的数字来说明。大众常常对社会科学研究的最重要的结果 188
无动于衷，但是，任何一组数字都会激起大众的兴趣。社会科学的历史变成了一系列日期，经济学变成了统计数据的集合。普通人经常提出的反对意见，就是认为经济学没有任何经济规律；如果要尝试反驳这个意见，那么，反对方几乎常常要求，应该命名和解释这样一个规律的例子——似乎外行在几分钟之内，就应该理解专家经过多年的思考所建立的一部分理论体系。经济学家在面对这类问题时，只有提出一些统计数据，才能维护其声誉。

经济学史上的很多著名人物，都研究过指数的各种方法。的确，最聪明的人很容易被这个非常困难的问题所吸引，这再自然不过了。但是，结果却是徒劳的。更深入的研究使我们知道，各种指数方法的发明者把他们努力的成果看得是多么的微小，以及他们对指数的重要性估计的是多么的正确。那些不辞辛苦想证明指数对于货币理论和货币政策的具体工作没有任何作用的人们，能够从发明指数方法的学者的著作中选择大部分武器。



## 第二节 问题的性质

货币单位的客观交换价值能够用任何一种商品的单位来表示。就像我们习惯于谈起其他可交换商品的货币价格一样，反过来我们也可以讨论货币的商品价格，那么，我们则有货币的客观交换价值的非常多的表达方式，因为有能够交换货币的商品。但是，这些表达方式说明不了什么问题；它们不能回答我们想要解决的

问题。货币客观交换价值的衡量问题有两个方面。首先，我们必
189 须具有货币客观交换价值变化的数据说明；其次，我们必须决定是否有可能对具体价格变化的原因在数量上进行研究，尤其要注意是否有可能从货币比率方面对货币购买力的这些变化提供证据。[84]

就第一个问题来说，要解决这个问题，就必须假定存在一个或数个具有不变的客观交换价值的商品，这是显而易见的。这种商品不可能存在，这无须进一步解释。因为只有当所有商品之间的所有交换比率完全没有变化，才可能有这类商品。由于市场的交换比率最终建立在不断变化的基础上，所以在一个以商品的自由交换为基础的社会秩序中，这个假设永远都不可能正确。[85]

度量就是决定一个数量对另一个不变数量或假定不变数量的比率。被度量的事物具有不变性，或者假定这种不变性至少是合理的，是一切度量的必要条件。只有在这个假设能被接受的情况下，才有可能决定被度量物的变化。那么，如果度量的标准和被度量物之间的比率发生变化，这只能寻找直接影响后者的原因。所以，度量货币客观交换价值两种变化的问题是联系在一起的。如果证明一个问题能够解决，那么另外一个问题也是能够解决的；如果证明一个问题不能解决，也就是证明另一个问题也不能解决。



## 第三节　计算指数的方法

到目前为止，解决度量货币客观交换价值问题的几乎所有的努力成果都是从这个观点出发：如果大量商品的价格变化用计算的特殊方法结合起来的话，那么，在商品方面决定价格变化的那些

因素的影响在很大程度上将彼此抵消，结果，这些计算方法则有可能计算出在货币方面决定价格变化的那些因素的方向和影响的程度。如果其他经济商品之间的交换比率在它们之间固定不变的话，那么这个假设则被证明是正确的，而且借助于这个假设的研究能够取得预计的结果。既然这个假设不能成立，那么则必须采取
各种人为的假设，以便于所取得的结果至少能够具有某种重要意 190
义。但是，这样做则等于放弃了统计的可靠根据，而进入了一个新的领域，在这个领域中由于缺少任何可靠的指南（只有对于制约货币价值的所有规律具有充分的理解才能提出这个指南），否则我们必然会走向错误的方向。只要货币客观交换价值的决定因素不能以某种其他方法得到满意的解释，那么就缺乏理清杂乱的统计数据的唯一可靠的指南。但是，即使我们研究价格和其变化的决定因素，并且把这些决定因素分离成单一的因素，如果这些研究能够进行得非常准确，而价格的统计研究仍然会将其自身的资源放在它最需要支持的那一点上。换言之，和其他每一个经济学理论的分支研究一样，货币理论永远不可能决定不同的因素在数量上的重要性。研究价格的不同决定因素所产生的影响，永远都不能达到在不同因素之间进行数据计算的阶段。价格的所有决定因素，只有通过个人主观估价的媒介产生其影响；而且任何特定因素影响这些主观估价的程度，永远都不可能被预测出来。因此，对价格的统计研究结果的评估，即使这些评估能够得到公认的理论上的结论的支持，却仍然在很大程度上取决于研究者的基本估计，这种情况往往使其研究价值大幅下降。在某些情况下，指数对于价格的历史和统计的研究可能具有很大的帮助；不过，对于货币的性质

和价值理论的发展，指数理论可惜并不特别重要。

## 第四节　维塞尔对编制指数方法的改进

最近，维塞尔提出了一个新方法，这是对编制指数的预算方法
191 的一个改进，福克纳（Falkner）尤其使用过这个方法。[86] 这个方法基于的观点是，当名义工资发生变化，却继续代表相同的实际工资时，货币的价值继之发生变化，因为货币的价值体现的相同实际数量已经和过去不同，或者货币单位对实际价值单位的比率已经发生变化。另一方面，当名义工资上升或下降时，货币的价值被视为没有变化，但是，实际工资和名义工资表现出完全平行的变化。如果我们以货币收入和实际收入之间的对比来代替名义工资和实际工资之间的对比，并以社会中个体的总和来代替一个单一的个体，于是就可以认为，货币收入总额的这种变化会产生实际收入总额的相应变化，这并不表明货币的价值有变化，即使同时商品价格根据供给的已经变化的条件发生变化。只有当相同的实际收入用不同的货币收入表示时，货币的具体价值才发生变化。所以，要度量货币的价值，应该选择很多典型种类的收入，并确定每一种收入相对应的实际支出，也就是说，各项收入所购买的每一类商品的数量。把和这个实际支出相对应的货币支出也视为已知，都以具体的基年（base year）为准；这样，就可估算每一年的货币总额，以当时的价格为基础，就可以说明实际价值的相同数量。有人认为，根据这个结果有可能算出一个平均数，这个平均数就是作为基础的全国实际收入的货币数量，每年都由市场来决定。这样就会发现

一个不变的实际价值是否每年具有不变的、更高的或者更低的货币数量，并因此能够对货币价值的变化得到一个度量的尺度。[87] 192

在编制指数的所有方法中，这个方法最趋于完善，同时考虑得也最为深入，但是，使用这个方法的技术难度是明显难以克服的。不过，即使有可能克服这些困难，这个方法也不能实现它要实现的目的。只有在证明所有其他方法都合理的相同假设的条件之下，它才能够实现其目的；即假设除货币以外的不同经济商品之间的交换比率保持不变，而且假设仅仅在货币和其他每一种经济商品的交换比率有可能波动。在这个假设中，所有的社会制度、人口、财富和收入的分配，以及个人的主观估价，自然具有惰性。一旦一切都处于变化之中，这个假设也就完全没有作用了。



维塞尔不可能注意不到这一点，他坚持认为应当考虑收入的类型和社会阶层的划分会逐渐变化的事实，还应该考虑随着时间的推移，某些种类的消费会停止，新的消费类型会开始的事实。就短期来说，维塞尔认为这并不涉及任何具体的困难；他还认为，如果排除尚未列入双方预算的支出，对总额进行比较是容易的。就长期来说，他建议采纳马歇尔的连锁方法，这个方法无一例外地包括足够数量的过渡类型，并且把比较范围局限于任何特定的类型，以及在其前或其后的类型。这种处理办法几乎不能克服上面提到的困难。我们越追溯历史，我们越应该进行排除；最后，似乎只有那些实际收入部分才能够用来满足生存的最基本的需求。甚至在这个有限的范围内，譬如说在 20 世纪的服装和 10 世纪的服装之间进行比较，也是不可能的。如果要追溯历史上的典型收入则可能性更小，这必然要考虑到当时社会的阶级划分。社会分化的发

展常常增加收入类型的数量。而且这绝不仅仅是因为一个单一类型的分化；这个过程复杂得多。一个集团的成员分化，融入其他集
193 团或成为其他集团的一部分，这是个非常复杂的问题。例如，要和现代工厂的工人进行比较，过去的哪一类收入类型才可以呢？

但是，即使我们不考虑所有这些因素，也会出现其他的困难。对实际收入相同部分的主观估价，随着时间的推移会发生变化，这是完全可能的，甚至是非常可能的。生活方式、爱好、对个别经济商品的客观使用价值的看法，这些方面的变化，即使在很短的时间内，也会在这一点上引起特别巨大的变化。我们在估计收入的这些部分的货币价值的变化时，如果不考虑这个因素，那么就会出现新的错误来源，有可能严重影响我们的结果。另一方面，根本没有任何基础来考虑这些因素。

所有指数方法，如果不仅仅是玩弄数字游戏，而是要对货币理论有更大的作用，其基础是度量货币某一数量的效用的观念。[88]其目标在于确定今天的 1 克黄金和过去某一时间相比，其效用是更大还是更小。就客观使用价值而言，这样一个研究也许会产生结果。如果我们愿意的话，我们可以假定，就客观意义来说，一块面包总是具有相同的效用，总是包括相同的食用价值。我们根本没有必要讨论这是否有必要承认的问题。因为这不是指数的目的；指数的目的是确定某一货币数量的主观价值。对于这个目的来说，我们必须借助于人类是永恒的，其估价是恒久不变的这个模糊并且没有规则的假设。从维塞尔提出的需要追溯几百年历史的典型收入中，我们能够看到改进这个假设，并且消除其局限性的努力成果。但是，即使这个努力也不能把不可能的事情变为可能，因

此，最终必然失败。它体现了指数方法的最完善的发展，但是，这个方法仍然不能产生任何实际作用，则说明整个指数制度不适宜于人类使用。当然，这一点不可能不会引起维塞尔的注意。如果
他没有特别强调这一点的话，这可能只是因为，他的注意力并不特 194
别在于要说明解决这个不可能解决的问题的一个方法，而在于他要从常用的方法中获得能够得到的所有结论。

## 第五节　指数的实用价值

如果我们只想使用指数方法以解决经济政策的实际问题，那么，用来度量货币价值变化的这些方法不能被人们接受，这还不至于彻底否定指数的价值。即使指数不能满足货币理论的需要，尽管它们有一些根本的缺点，以及实际确定指数的方法缺乏准确性，但是，它们仍然能够为政客们处理日常事务提供有用的服务。

如果我们除了对彼此接近的时间点进行比较，再没有其他目的的话，那么，编制指数的每一个方法中涉及的错误，到目前为止完全可以忽略，从而使我们能够从这些指数方法中得出一些概括性的结论。例如，在货币价值变化期间，对于证券交易所价格的变化和用商品价格表示的购买力的变化之间的时间上的距离，在某种程度上有可能用指数方法联系起来。[89]

按照同样的方式，我们能够从统计角度上逐月跟踪购买力的变化。对于某些目的而言，所有这些计算方法具有实用价值，这是毫无疑问的；在近年来发生的事件中，已经证明这些方法有价值。但是，我们应该注意，我们只能在它们能够有作用的范围内使用它们。

# 第六章　货币客观交换价值变化的社会影响

## 第一节　现在商品和将来商品的交换

195 货币客观交换价值的变化引起收入和财产分配的转移，一方面，因为个体往往忽视货币价值容易变化的性质，另一方面，因为货币价值的变化对于所有经济商品和服务产生的影响不是整齐划一和同时发生的。

几百年，甚至几千年以来，人们完全没有发现货币因素能够引起货币客观交换价值的变化。人们只试图从商品方面解释价格的所有变化。首先对这种假设发起批评的人是博丁(Bodin)，这是他的伟大贡献，然后，这个假设很快就从科学文献中消失了。这个假设长期以来继续支配着普通人的观点，但是，现在看来，甚至在普通人当中，这个观点也极大地被削弱了。不过，当个人用现在商品交换未来商品的时候，他们在其估价中，并不考虑货币客观交换价值的变化。贷款者和借款者都不习惯于考虑货币的客观交换价值在未来可能出现的波动。

如果未来的债务不是用货币，而是用其他商品来偿还的话，也会产生用现在商品交换未来商品的交易。当双方订立的合同在一个稍晚的时间点履行时，则会更经常出现这种交易。所有这些交易都有危险，合同的所有当事人都熟知这个危险。当任何人购买（或销售）谷物、棉花或食糖的期货时，或者当任何人签订长期合同供应煤炭、生铁或木材时，他完全意识到在交易中存在的危险。他会仔细地分析价格在未来变化的可能性，并经常采取措施，用在现代交易中发展出来的技巧，诸如保险或套期保值交易，以减少交易中的偶然因素。

当签订与货币有关的长期合同时，签约各方一般不会意识到，他们在参与一个投机性交易。个人在交易中受货币价值稳定、货 196
币的客观交换价值，至少就货币的决定因素而言，不可能变化的信念所支配。在法律体系关于货币的客观交换价值的问题所采取的立场上，这表现得很明显。



在法律中，货币的客观交换价值是稳定的。人们有时认为，法律体系采纳货币的交换价值稳定不变的假设；但是，这是不对的。在使用假设时，法律要求我们考虑一个实际情况，并想象它和真实情况不一样，或者要思考把不存在的因素增加进去，或者要思考把已经存在的因素剔除，以便于使法律原则的应用只适合于如此变化的情形。这样做的目的是，当直接裁决不适用时，则有可能依据类推法来裁决案件。法律假设的整个性质都决定于这个目的，而且只有当需要时才正当有效。立法者和法官一向知道，假设的情况和现实不一致。所以，在法学中使用所谓武断的假设，即把法律事实系统分类并且彼此相关，也是针对这种情况的。这里又一次说明，这种情形被视为已经存在，而不是假定存在。[90]

法律对于货币的态度则完全不同。法官全然不熟悉货币的价值问题；他完全不懂交换价值的变化情况。货币价值稳定的流行的天真看法，包括其所有的模糊意义，已被法律所承认，而且，货币价值发生巨大和突然变化的任何主要的历史原因，从来都没有使人仔细研究法律对这一问题的态度。当博丁首先致力于把货币购买力的变化追溯到货币的影响而造成的原因时，民法体系已经完
197 全建立起来了。在这个问题上，更现代的经济学家的研究成果在法律上没有留下任何影响。对于法律来说，货币价值的不变性不是一个假设，而是一个事实。

不过，法律确实注意到货币价值的一些次要问题。当一个国家的一种通货向另一种通货过渡时，法律详尽地解决了这种过渡影响现有法律义务和债务应该如何计算的问题。以前，法律体系曾经注意过皇家降低铸币价值的问题，正如它后来也注意过国家首先在选择信用货币和金属货币，后来在选择黄金和白银之间的政策的不断变化所引起的问题一样。不过，法学家对这些问题的处理，并没有使人们承认货币价值是不断变化的这个事实。事实上，这个问题的性质，以及处理这个问题的方式，从一开始就否定了货币价值变化的可能性。它没有被作为法律针对货币价值变化的态度问题来处理，而是作为国王或国家独断地改变现有的债务，从而破坏现存权利的权利问题来处理的。有一个时期，这引起了货币的法律有效性是由国家统治者的印信所决定，还是由硬币的金属含量所决定的问题；后来，又引起了这个问题：是否法定货币应该由法律的力量所赋予，还是由商业界的自由使用所决定。以私有财产和保护获授权利的原则为基础的公众舆论，对于这两个

问题都给予相同的答案:“解除合同应该依据合同的规定。既然我们在合同中规定了实际条件,那么我们应该依据这个实际条件来处理。就像我们彼此借贷时,过后应根据双方的差额,由一方偿还另一方在这里所涉及的附带条件。”[91] 在这一点上的附带条件,除了在交易达成之时被视为货币的事物之外,其他什么都不能被视为货币,而且债务必须不仅以金属货币偿还,还必须以合同所规定的通货来偿还,根据常见的看法,不但被社会各阶层,而且尤其被 198
商人,视为唯一正确的观点是,硬币的本质是其金属含量,印信除了作为重量和成色的官方证明之外,没有其他任何意义。没有人会区别对待商业交易中的硬币和重量与成色相同的其他金属块。事实上,人们现在已不怀疑本位就是金属本位。

在履行以货币计算的债务时,应该考虑的只是货币的金属含量,这个观点比铸币当局提出的唯名主义理论更为流行。这在采取法律措施以稳定铸币的金属含量方面表现得很清楚,而且自从17 世纪末以来,当通货发展成系统的货币本位后,对于决定相同金属(当同时或相继流通)铸造的不同货币的比率时,以及对于把两种贵金属结合成一个单一的货币体系的努力,这种努力虽然没有成功,这个观点提供了一个标准。

甚至出现信用货币,以及信用货币引起的诸多问题,都不能使法学体系注意货币价值的问题。只有当纸币和它起初等值的金属货币一直等值,并且当它被代替时,或者当债权的金属含量或金属价值在债务合同中起决定作用时,纸币制度才被视为符合法律的精神。但是,甚至金属货币的交换价值常常变化,这个事实还没有被法律和公众舆论所明确承认,至少黄金的情况是这样(今天没有必要考虑其他的金属）；没有一个法律的基本原理考虑过这个问题，尽管经济学家已经熟悉这个现象达300年之久了。

在货币价值稳定的幼稚看法中，法律和公共舆论完全一致。当法律和公共舆论产生任何分歧时，必然会产生某种反应；对于大家认为不公平的那一部分法律，会有人站出来反对。在这样的冲
199 突中，一直常常是公众舆论战胜法律；最后，统治阶级的观点则体现于法律中。在货币价值的这个问题上，现在到处都找不到对法律态度的反对意见的蛛丝马迹，这清楚地表明公众舆论并不反对和这个问题相关的法律条款。这就是说，不但法律，而且公众舆论，从来丝毫没有怀疑过货币价值的稳定性；事实上，货币价值的稳定性从来没有受到过人们的怀疑，以致在一段很长的阶段，货币被视为价值的尺度。所以，当任何人签订一个用货币履行的信用交易时，他从来没有想到要考虑货币购买力未来的变化。



货币和其他经济商品交换比率的每一次变化，都改变以货币表示的信用交易的各方最初的状态。货币购买力的上升对债务人不利，但却对债权人有利；货币购买力的下降具有相反的作用。当合同双方用现在的商品交换未来的商品时，如果他们考虑到货币价值有可能发生变化，则不可能出现这些结果。（但是，这些变化的方向和程度的确不能预测。）

如果同时存在两种或更多货币，它们的交换比率有可能发生大幅波动时，人们才考虑货币购买力的变化问题。众所周知，在各种信用交易中，要充分考虑外汇汇率未来的可能变化。在用不止一种货币进行交易的国家中，以及用不同货币在国家之间进行的交易中，大家已经熟知这种考虑的重要性。但是，在这样的情形

中，考虑货币价值变化的方式，仍然和货币价值稳定的假设不能并存。一种货币价值的波动，用一个单位这种货币等于若干单位的另外一种货币来度量，但是，这另外一种货币的价值，就其本身而言，被视为稳定不变。其稳定性尚不确定的通货的变化，则以黄金来度量；但是，黄金通货也有可能变化，人们却没有考虑这一事实。在交易中，只要能够意识到这种变化，交易的个人会考虑货币客观交换价值的变化；但是，人们仅对于一些货币有这样的意识，而不 200
是对于所有的货币都有这种意识。作为当今交换的主要常用媒介，黄金被视为在价值上是稳定的。[92]

就货币客观交换价值的变化能被预测而言，它们对信用交易的条件会产生影响。如果必须计算货币单位购买力未来的下降程度，贷款人必须准备接受这个事实：在交易结束之时，债务人偿还的货币数额，比最初贷出的数额的购买力要小。事实上，贷款人最好不要贷出货币，而是用其货币购买其他商品。相反的情形适用于债务人。如果他们用借贷的货币购买商品，并在一段时间之后再将商品售出，在偿还借贷数额之外，他们会得到一笔盈余。这笔信用交易的结果，使他们获得了一笔利润。因此，不难理解，如果认为货币价值继续下降，贷款人会要求更高的利率，而债务人也愿意支付更高的利率。另一方面，如果预期货币价值可能上升，那么，利率则比货币价值下降的情形低。[93]



所以，如果可以预测货币交换价值变化的方向和程度的话，它们不能影响债务人和贷款人的关系；随之而来的购买力的变化，在信用交易的最初条件中会得到充分地考虑。[94]但是，甚至如果就信用货币或不兑现纸币相对于黄金货币的变化来看，因为这个假设

永远不能成立，即使成立也极不完善，对于货币价值未来变化的考虑，在债务合同中必然不够充分；而且，即使在今天，自从第一次世
201 界大战爆发以来，当黄金价值发生大幅而且频繁的变化之后，关心经济生活的绝大多数人（事实上，也许可以说所有的人，除了那些熟悉理论经济学的少数人之外），完全不了解黄金价值会发生变化这个事实。大家仍然把黄金通货的价值视为固定不变。

那些认识到即使最好的货币的价值也具有可变性的经济学家曾经建议，在制定信用交易的条件时，换言之，即用现在商品交换未来商品的条件时，不应该像今天通常所做的那样，交换媒介不应该只是一种商品，而应该是“一组”商品；如果在实际中不可能的话，那么从理论上说，在这一组商品中应该包括所有的经济商品。如果我们采纳这个建议，货币仍可以作为现在商品交换的媒介使用；但是，在信用交易中，未偿还的债务，则不是支付在合同中规定的名义货币金额来偿还，而是支付在合同订立时原来的金额所具有的购买力的货币金额。所以，在合同的有效期中，如果货币的客观交换价值上升，则应该支付相应的更少的货币数额；如果货币的客观交换价值下降，则应该支付相应更多的货币数额。



上面关于度量货币价值变化问题的讨论表现出这些建议的基本缺陷。如果各种经济商品的价格，在平价系数的决定中被赋予相同的比重，而不考虑其相对数量的话，那么我们希望解决的困难，其难度可能反而更大了。如果对小麦、黑麦、棉花、煤炭和铁这样的商品价格的变化所赋予的重要性，等于胡椒、鸦片、钻石或镍等这样的商品的价格变化的重要性，那么物价指数本位制（tabular standard）的建立，会产生使长期合同的内容比现在甚至更不

稳定的结果。如果采用所谓的加权平均值的话，其中个体商品依
其重要性的比例而具有影响，[95]那么，一旦生产和消费条件发生变 202
化，则仍然会产生相同的结果。因为人类给不同的经济商品所给予的主观价值，和生产条件一样，可能经常发生变化；但是，在决定平价系数时，却不可能考虑这个事实，因为平价系数必须保持不变才能够和过去联系起来。

现在，如果要直接联系货币价值变化的影响和现有债务的关系，那么则很有可能是通货膨胀的可怕实验的结果，这些结果是欧洲近代史的特征。在欧洲近代史的后期，在所有国家，法律学者全面讨论了是否有可能，或者甚至仍然有可能，利用现有法律，或者制定新法律，来弥补对债权人造成的损失。在这些讨论中，关于货币贬值所带来的债务合同的内容的变化常常被忽略，这是因为法律本身对这个问题所采取的态度造成的。好像不该援引法律制度来解决与它无关的问题似的。其实正是法律制度本身的态度导致了这个问题——政府造成贬值的情形。因为所依据的法律原则是，不可兑换的钞票和第一次世界大战爆发之前流通的金币都是法定货币，两者除以马克命名之外再没有任何相同之处，这是允许国家运用其权力发行新货币作为收入来源的整个法律制度的一部分。这个原则不能脱离这个法律体系，就像取消银行兑换其钞票的责任，并强制它们以发行新钞票的方法对政府贷款的法律一样。

当法律学者和商人声称，货币贬值对各种债务关系有很大的影响，贬值使各种交易更加困难，或者甚至使交易无法进行，贬值常常产生任何人都不愿意看到的结果，而且每个人都感到不公平

时，我们当然同意他们的看法。在一个完全以货币的使用为基础的社会秩序中，其中所有的会计结算都以货币为内容，对货币体系的破坏简直就是对所有交易基础的破坏。不过，这种破坏作用不能以制定临时性法律，消解个体、个体的集团或一些社会阶层的贬值损失，结果却使其他人遭受更大的损失来进行。如果我们不愿意看到贬值的有害结果，那么我们必须下定决心反对造成货币贬值的通货膨胀政策。

有人曾经提出，货币债务应该用黄金，而不应该根据其面额来清算。如果采纳这个建议的话，对于借到的每 1 马克，其偿还的数额，在偿还时必须能够购买在订立债务合同时 1 马克能够购买的相同数量的黄金。[96]这样的建议，现在被提出来并且得到认同的事实表明，国家主义（etatism）已经在货币体系中失去了支配地位，
203 还表明通货膨胀政策不可避免地走到了尽头。[97]甚至就在几年前，这样一个建议不是受到嘲笑就是被冠以叛国的罪名。（顺便提一下，实行纸币的法定货币资格应该局限于其市场价值的观点，其第一步已经毫无例外地朝着有利于国库的方向发展，这是一个特征。）



如果要想消除无限制的通货膨胀政策的后果，只要做一件事——放弃所有的通货膨胀措施。主张指数本位者寻求以“商品通货”补充金属通货来解决的问题，以及欧文·费希尔寻求以稳定货币的购买力的建议所要解决的问题，是不同的问题——这个问题是处理黄金价值变化的问题。

## 第二节　经济计算和会计

货币价值稳定，或者货币是价值尺度的肤浅概念，和以货币为单位所进行的经济计算也有关系。

甚至在其他方面，会计学也不是完善的。会计报表的准确性仅仅是一种错觉。会计对商品和权利的估价一向以估计作为基
础，这种估计在某种程度上依赖于不确定和不熟悉的因素。如果 204
这种不确定性产生于商品的估价的话，那么，法律所认可的商业惯例，则尝试以最可能谨慎的态度来解决这个困难。有了这一目的，商人对资产从严估计，对债务从宽估计，以便对其事业的成功保持清醒的认识，不至于自己欺骗自己，同时使他的债权人也受到保护。

但是，在会计方面也有缺陷，这些缺陷出现的原因是，货币本身价值的变化，可能导致估价的不确定性。商人、会计和商业法庭对此都没有注意。他们认为货币是价格和价值的尺度，他们随意把货币单位视为和长度、面积、容积和重量相同的单位。如果经济学家碰巧指出这个方法的可疑性质，他们甚至不能理解经济学家所指出的要点。[98]

在经济计算中，如果不注意到货币价值的变化，从而会歪曲损益账的真实性。如果货币价值下降，因为不考虑货币贬值，所以普通簿记(bookkeeping)表现出明显的盈余，因为它以销售所得的货币金额平衡以更高价值的货币所计算的生产成本，还因为它把
最初根据更高价值货币估计的账面价值，用更低的价值货币的项 205

目来冲销。所以，这样被不恰当地视为利润而不是视为资本的部分，则被企业家所消费，或者以不可能实现的减价形式转嫁给消费者，或者以更高工资的形式转嫁给工人，而且政府照样将其作为收入或利润进行征税。在任何情况下，由于货币贬值而产生的对资本的消耗使资本会计不真实。在某些条件下，这样形成的资本损失和消耗增加，在部分程度上会被贬值也产生真正利润的事实所抵消，例如，没有被消费而被存入储备金的利润。但是，这绝不能完全抵消由于货币贬值所引起的资本的损失。[99]

由于贬值引起的错误的计算，导致商品出售过于廉价，商品的消费者不一定是使用国家通货的贬值货币区域的居民。通货贬值引起的价格下降，刺激货币向根本没有贬值或至少贬值不太快的国家输出。那些用价值稳定的通货计算商品价格的企业家，不能和把其资本的一部分作为赠品准备送给消费者的企业家竞争。在1920年和1921年，出口商品到奥地利的荷兰商人，过一段时间就能够以比最初出口价格低得多的价格重新买回这些商品，因为奥地利的商人完全没有看出来他们的销售价格比进口成本低。



如果这种现象的实际状况还没有被人们看出来，人们习惯于以肤浅的重商主义态度，对出口的增加兴奋不已，并把货币贬值看作是一种可喜的“出口溢价”（export premium）。但是，一旦发现
206 这种溢价的来源是社会资本时，那么这种“廉价销售”方法常常被视为不像从前那样有利。同样，在进口国家，公众的态度在激烈反对“倾销”和在满足于购买的有利条件之间动摇不定。

如果通货贬值是以政府发行钞票而带来的通货膨胀的结果，那么用价值稳定的货币作为所有记账的标准，则有可能避免对经

济计算产生不利的影响。但是，如果贬值是世界性货币，黄金的贬值，那么就没有这么容易的办法来解决经济计算的问题了。[100]

## 第三节　当仅使用一种货币时，货币价值变化的社会影响

如果我们不管现在商品和未来商品的交换，并将我们的考虑暂时局限于仅以现在商品和现在货币进行交换的那些情形中，我们立刻就可以观察到，仅仅从商品方面反映出的单一商品价格的孤立变化的影响，和货币与其他一般经济商品之间的交换比率在货币方面变化的影响之间，有一个重要的区别。单一商品价格的变化影响商品在个体之间的分配，如果该商品在交换交易中具有一定作用的话，主要是因为不是按照个人对该商品的需要比例在个体之间进行分配。有从事这种商品生产的经济人（指该词最广泛的意义，以便包括交易者）和销售者，还有仅仅购买并且消费这种商品的经济人。这个特殊商品和其他经济商品（包括货币）之间的交换比率的变化，会产生什么影响便很清楚了；什么人会从中受益，什么人会受到损害，也是清楚的。

就货币来说，影响则不同。对于货币来说，所有经济人在某种程度上都是交易者。[101]每个单独的经济人都维持一定存量的货币，
这种货币存量对应于他能够在市场上表达其货币需求的程度和数 207
量。如果世界上所有货币存量的客观交换价值能够同时并且以相同比例增加或减少的话，如果所有商品和服务的货币价格同时一致地上升或下降的话，个体经济人的相对财富则不会受到影响。

随后的货币计算要么是更大的数字，或者是更小的数字；货币价值的变化则仅此而已。货币价值的变化就像日历或度量衡的变化一样，便没有其他任何意义了。

作为货币价值变化的结果而产生的社会变化，完全是由于这个假设从来都不适用。在论述货币的客观交换价值决定因素的那一章中，我们已经指出，货币价值的变化总是从一个特定的点开始，然后从这个点逐渐扩大到整个社会。这种变化对收入的社会分配产生影响，仅仅就是因为这个原因。

的确，来自商品方面的市场交换比率的变化，一般也不是一下子完成的；这些变化也是从某一个具体点出发，然后或快或慢地扩大。因为这样的变化方式，这种价格变化也不是立刻出现的，而是仅仅逐步变化的结果。只有少数经济人才会明显地遭遇这些结果，作为交易者或生产者，这些人是该商品的销售者。此外，这不是商品的客观交换价值变化的所有结果。例如，因为生产扩大而需求保持不变时，煤炭的价格下降，那些以较高价格从批发交易商手中采购煤炭，而现在只能以新的和更低的价格销售的那些零售商一定会受到影响。但是，仅仅这一个影响还不能说明由于煤炭的生产扩大所产生的所有社会变化。煤炭供应的增加会改善社会的经济形势。煤炭价格的下降不但可以重新配置生产者和消费者之间的收入和财产；还表现为国家红利（national dividend）和国民财富的增加。很多人都有收益，却没有人有损失。货币的情形则不同。

我们必须考虑的货币价值下降的最重要的原因，是货币存量增加而货币需求保持不变，或者货币需求不断减少，或者，如果货币需求增长的话，其增长速度低于货币存量的增长速度。我们已经知道，货币存量的这种增长，从货币新增数量的最初所有者那里开始，然后转移到和这些人进行交易的那些人手中，再不断地转移。于是，货币更低的主观估价从一个人传递到另一个人，因为那些拥有额外数量货币的人，很有可能愿意支付比以前更高的价格。高物价引起生产扩大，并使工资不断增长，而且因为所有这一切往往被视为经济繁荣的迹象，货币价值的下降被视为，而且一直被视 208
为增加经济福利的一个非常有效的手段。[102]这是一个错误的观点，因为货币数量的增长，并没有使人们能够支配的消费品存量增长。其影响很可能是在人们之间的经济商品的分配发生变化，但是，除了在本书第二编第二章第八节所说明的偶然因素之外，在任何情况下，都不能直接增加人类所拥有的商品总量，或人类的福利。这个结果的确可能会间接出现，就像分配上的任何变化也可能影响生产一样；也就是说，那些在再分配中受益的阶层，使用他们能够控制的额外货币来积累比那些失去货币的人们所能够积累的更多的资本。但是，这种现象和我们这里所讨论的问题无关。我们所关心的是，货币价值的变化除了对分配有影响之外，是否还具有任何其他的经济意义。如果没有任何其他经济意义，那么更加繁荣只能是表面现象；因为它只能使社会中的一部分人受益，并使另一部分人蒙受相应的损失。而且，实际上情况就是这样。货币价值下降最后波及的那些阶层或国家肯定负担这个代价。

例如，让我们假设在一个与外界隔绝的国家开挖了一个新金矿。从这个金矿中源源不断流出的黄金的新增数量进入商业用途，首先被金矿的主人拥有，然后交替转移到和金矿主人进行交易 209

的那些人手中。如果我们有计划地把整个这个群体划分成四个团体，他们是矿主、奢侈品生产者、其他生产者和农业生产者，前两个团体的成员能够享受货币价格下降所带来的好处，矿主得到的利益比奢侈品生产者多。但是，甚至一旦当我们研究第三个团体的时候，情况就发生了变化。由于前两个团体增加的需求，第三个团体获得的利益在某种程度上已经被奢侈品价格的上升所抵消，当货币价值贬值开始影响其他商品时，奢侈品的价格将会受到货币价值贬值的全部影响。最后，对于第四个团体来说，这整个过程只能带来损失。农民不得不支付所有工业产品的更高昂的价格，然后他们才能得到农产品增加的价格的补偿。诚然，当农产品价格最终确实上升时，农民的经济困难时期结束了；但是，他们却不可能得到补偿因为蒙受损失而应得到的利润。也就是说，他们不能用他们增加的收入，按照和货币价值的原有水平相应的价格去购买商品；因为价格的上升已经扩大到整个社会中了。因此，农民按照原来的低价销售其产品时蒙受损失，但是却必须以新的和更高的价格支付其他人的产品，这种损失一直没有得到补偿。正是货币价值变化最后影响到的团体的这些损失，才最终是矿主和与矿主联系最密切的团体的利润来源。



货币客观交换价值的变化不会同时并且以相同的程度影响不同的货物和服务，这种变化对收入和财富的分配所产生的影响之
210 间没有任何差异，不管使用的是金属货币，不兑现纸币还是信用货币。如果货币的增加是以发行通货券(currency notes)、不可兑换的钞票(inconvertible banknotes)，起初仅有某些经济人受益，货币的新增数量只逐渐扩大到整个社会中。例如，如果在战争时期

发行纸币，新发行的钞票最初将流进战争承包商的口袋中。“结果，这些人对某些物品的需求会增加，这些物品的价格和销售额也会上升，对于奢侈品而言尤其如此。所以，这类物品的生产者的情形会得到改善，他们对其他商品的需求也会增加，所以，价格和销售量会不断增加，并将其扩大到不断增加的物品数量当中，直到最后扩大到所有的物品之中。”[103]和以前一样，在这种情形中，有些人由于通货膨胀受益，而有些人则由于通货膨胀而蒙受损失。不管任何人，如果他能够越快地把其货币收入调整到新的价值，这个过程对他来说就越有利。哪些个人、团体和阶层能够在这个过程中表现得更好，哪些个人、团体和阶层会表现得更差，则取决于每一个个体案例的实际资料，如果不了解这些实际资料，我们就不能进行判断。

现在，让我们不要再讨论这个与外界隔绝的国家的例子，而把我们的注意力转移到由于货币数量增加，货币价值下降而引起的国际流动上。在这个例子中，过程和上面的过程相同。能够消费的商品存量没有任何增加；只有其分配发生了变化。当货币已经在国内贬值时，新矿所在的国家，以及和这个国家直接交易的其他国家，仍然能够以比原来更低的价格，从其他国家购买商品，因此，它们的地位得到了改善。新增货币最后到达的那些国家，是那些最终一定承受其他国家增加的福利的代价的国家。所以，当美国、澳大利亚和南非新发现的金矿在这些国家产生了巨大的繁荣时，欧洲则受到不利的影响。几年前仅仅是原始森林和蛮荒的地方，一夜之间豪华住宅拔地而起，草原上建起了纵横交错的铁路；不久之前，还是裸体游牧部落居住的地方，以及在过去甚至连生活必需品都几乎没有的人们，瞬间让旧世界生产的奢侈品找到了市场。所有这些财富都是由新殖民者，幸福的追求者们，从原来的工业国家进口的，用轻松得到的黄金心甘情愿地支付而获得的。诚然，他
211 们支付这些商品的价格，比以前货币的购买力相对应的价格高；不过，它们还没有高到能够完全影响整个变化的情形的程度。欧洲出口轮船和铁路，金属制品和纺织品，家具和机器，交换其没有多少需求或根本不需要的黄金，因为它拥有的黄金已经足够满足其所有的货币交易。

由其他任何原因引起的货币价值的减少具有完全相同的影响。因为货币价值变化的经济后果不是由其原因决定的，而是由其从个体到个体之间、从阶层到阶层之间，以及从国家到国家之间的缓慢发展的性质决定的。如果我们特别考虑卖方提高价格的行为引起的货币价值的那些变化，这是在这一编的第二章论述的，我们会发现，货币价值的逐渐降低是那些明显决定提高价格的集团的动机之一。当其他集团最终也提高价格时，首先提价的集团却转而处于不利的地位；但是首先提价的集团，在他们所购买的商品仍然处于更低的水平时，已经得到了更高的价格。这对他们来说是一项永久的利益。它被最后提高其产品和服务价格的那些集团的损失所抵消；因为这些集团在出售其商品和服务时，仍然在只能接受更低的价格的时候，却已经不得不支付更高的价格。而当他们最终也提高价格时，但由于他们是最后提高价格，他们却再也不能以牺牲社会其他阶层的利益来补偿他们以前的损失。工人过去就是处于这种情况，因为劳动力的价格一般不能参与到早期的价格上升过程中。因此，企业家得到的利益就是工人蒙受的损失。

长期以来，公务员也处于同样的情形。他们有大量的怨言，在很大程度上是因为他们的货币收入不能够容易地增加，但是，在很大程度上，他们却要承担价格持续上升的成本。最近，由于公务员组成了工会式的组织，这使他们要求增加工资的呼声能够得到更快的答复，这种形势有所改变。

货币贬值的相反情形，却正好适应于货币价值的增加。像货币贬值一样，货币升值也不是突然发生，并且整齐划一地影响整个 212
社会，而是一般从某一个阶层开始，逐渐向其他阶层扩大。如果不是这种情况的话，而且如果货币的价值几乎同时在整个社会增加，那么，就不可能在这里出现对我们有意义的，这种特殊形式的经济影响。例如，让我们假定某个国家的信用发行机构破产引起恐慌，每个人都准备以任何价格出售商品，从而能够拥有现金，而另一方面，除非大幅度降低价格，否则就无法找到买方。可以想象得到，这种恐慌所导致的货币价值的上升会同时并且整齐划一地影响所有的个人和社会。不过，一般来说，货币价值的上升只是逐渐地发展。那些最先被迫用比以前低的价格出售其商品，而却仍然不得不用更高的价格购买商品的人，正是货币价值上升的受害者。但是，最后不得不降低其商品销售价格，并同时能够利用其他商品价格下降的机会的那些人，才是货币价值变化的受益者。

## 第四节　两种货币之间交换比率变化的影响

在货币价值变化的结果当中，两种不同种类的货币之间交换比率的那些变化的后果，是经济学一直注意的内容。这种注意是由货币历史中的事件引起的。在19世纪，国际贸易以人们意想不到的方式发展，各国之间的经济联系非常密切。就在商业关系开始以更活跃的速度发展的这个时候，各个国家的货币本位也开始变得更加复杂。很多国家或短期或长期地过渡到信用货币，而部分采用金本位和部分采用银本位的其他国家却很快陷入了困境，因为这两个贵金属的价值之间的比率，在几百年中只是缓慢地发
213 生着变化，却突然开始表现出剧烈的变化。而且，在近年来，在第一次世界大战和战后时期，货币事件仍然使这一问题具有更重要的实际意义。



让我们假设，1公斤白银在过去能够交换1000公斤小麦，由于发现了新的和高产的银矿，白银的客观交换价值下降了一半，1公斤白银只能购买5蒲式耳小麦。根据以前所讨论的不同种类货币的自然交换比率可以推知，以其他货币种类所计算的白银的客观交换价值也必须减少一半。如果以前有可能用15公斤白银购买1公斤黄金，而现在则需要30公斤白银才能购买相同数量的黄金；因为黄金对商品的客观交换价值一直没有变化，而白银的客观交换价值却减少了一半。因为白银对商品的这种购买力的变化不是突然发生的，而是逐渐变化的。我们已经详尽地说明了这种变化从某一点开始逐渐扩大的情形，我们也说明了这个过程的结果。到现在为止，我们只研究了这些变化在一个统一的货币本位区域产生的这些结果；但是，现在我们必须进一步研究这个区域和使用其他种类货币的区域发生商业关系所产生的更多的结果。我们发现适用于前一种情况的一个事实也能够适用于这个情况：如果货

币客观交换价值在整个社会整齐划一并且同时发生变化，那么，这样的社会影响则根本不会出现。而事实是这些变化一向是相继出现的，这是其明显的经济影响的唯一原因。

某一种货币的客观交换价值的变化，只有在开始影响或者已经是两个区域之间的贸易关系的对象的商品，或者在价格发生一些变化后，至少能够成为贸易关系的对象时，才影响这种货币和其 214
他种类的货币之间的交换比率的确定。这种情形产生的时间决定货币客观交换价值的变化对两个区域之间的贸易关系的影响。这些影响将视加入国际贸易中的相关商品，是早于还是晚于其他商品向货币的新价值调整其价格而发生变化。在货币体系的现代组织中，这个调整一般首先发生在股票交易所。当货币价值的变化在整个社会尚未完成其进程的时候，也许是在刚刚开始的时候，外汇市场和证券市场上的投机，预测不同种类货币之间的交换比率可能出现的波动，但是，在任何情况下，都是在变化尚未波及在对外贸易中发挥重要作用的商品之前。没有及时掌握变化过程并采取相应行动的人是一个拙劣的投机者。但是，一旦汇率产生波动，它则以一种奇特的方式对对外贸易产生影响，一直到所有商品和服务的价格调整到货币的新的客观交换价值。在这一期间，不同价格和工资之间的差额是有人必须接受而有人必须放弃的资金。一言以蔽之，我们又一次遇到了再分配的问题，这个问题值得注意，因为其影响超出了一个范畴，在这个范畴中，其客观交换价值正在发生变化的商品作为国内货币在使用。显然，这是货币价值的变化所带来的唯一结果。商品的社会存量根本没有增加；能够分配的总量仍然保持和以前相同的水平。

任何特定种类的货币的客观交换价值，其尚未完成的波动一旦在外汇汇率中表现出来，根据货币购买力的下降或上升，对于出口商和进口商来说，则开启了新一轮牟利的机会。让我们用前一种情况，即以货币价值的下降为例来进行说明。根据我们的假设，因为国内价格的变化尚未结束，出口商所销售的产品已经按照新
215 的更高的价格来计算了，而他们自身需要的商品和劳务，以及尤其重要的是，他们所使用的原材料和劳动力因素，仍然是以原来的更低的价格获得的，因此，出口商获得利益。取得这种利益的“出口商”是什么人，不管是生产者还是交易者，都和我们目前的研究无关；而我们需要知道的是，在这种特定的情形下，交易结果会使一些人获得利润，却使一些人蒙受损失。

在任何情况下，出口商和其外国的进口商以及外国的消费者分享了出口商品的利润。而且甚至有可能——根据出口贸易的组织形式——出口商所获得的利润只是表面的利润，而不是真实的利润。

所以，结果总是这样，外国购买者获得的利益，在某些情况下，是和国内的出口商共同分享的，并且被国内完全承担的损失所抵消。显然，前面论述的用货币会计（monetary accounting）的不准确数据来刺激出口的行为，也适用于因为货币价值的下降而产生的“出口溢价”（export premium）。

# 第七章　货币政策

## 第一节　货币政策的定义[104]

货币客观交换价值变化的经济后果对社会生活和个人具有非常重要的影响，因此，一旦国家不再为财政目的，而在货币事务方面运用其权力时，一旦现代经济社会的大规模发展使国家能够对市场所选择的那种货币发挥决定性的影响时，国家显然就会想到用系统的方法影响这些结果，以达到某些社会政治目标。现代通货政策是全新的事物；它和国家早期在货币领域的活动完全不同。以前，在货币事务方面的好政府——从公民的角度看——在于它经营铸币事务，以便能够为商业社会提供每个人能以其面值接受的铸币；而在货币事务方面的坏政府——还是从公民的角度看——是国家破坏了人民对货币的一般信心。但是，当国家确实降低铸币的价值时，它一向是出于纯粹的财政目的。政府需要财政的帮助，这就是全部理由；和通货政策问题无关。 216



通货政策问题就是货币的客观交换价值问题。货币体系的性质对于通货政策的影响，只在于它涉及货币价值的这些特殊问题；而所涉及的这些特殊问题，仅仅限于它们和货币的法律和技术特

点有关的那些问题。只有在对货币的客观交换价值有可能产生影响时，人们才能理解货币政策措施。因此，它们和旨在改变一种商
217 品或多种商品的货币政策的经济政策行为形成对比。

并不是和货币客观交换价值相关的每一个价值问题都是通货政策问题。在和通货政策相冲突的问题中也涉及种种利益，这些利益和货币价值自身的变化不太相关。在使白银脱离货币用途的激烈斗争中，以及后来在确立黄金和白银两个贵金属的相对交换比率的变化过程中，银矿矿主，双本位或银本位的其他支持者的动机都不同。后者希望货币价值发生变化，以使商品价格普遍上涨，而前者只希望通过保证，或者更准确地说，重新获得一个广泛的市场，从而提高白银作为商品的价格。他们的利益，和铁或石油的生产者努力扩大铁和石油的市场以提高其企业的利润率没有任何区别。这的确是个价值问题，但却是一个商品价值问题——提高白银的交换价值的问题——而不是一个货币价值问题。[105]



但是，尽管这个动机在货币争议中具有一定的分量，但是，它仅发挥着非常次要的作用。甚至在最重要的白银生产区域——美国，其影响仅仅表现在白银巨擘是金银复本位的实力最大的支持者。但是，白银集团的大部分成员，并不是被银矿价值升值的前景所吸引，这个前景对他们来说并不重要，但是，他们被货币购买力下降的前景所吸引，他们希望从中获得能创造奇迹的结果。如果
218 能够以其他办法，而不是以扩大白银的货币用途使白银价格上升，譬如，对白银形成一种工业用途，那么，银矿的矿主也同样会感到满意；但是，主张把白银作为货币的农民和实业家，则无论如何不能从中获得利益。那么，毫无疑问，他们会转而支持其他的货币政

策。所以,在很多国家,人们支持纸币的通货膨胀政策,使其成为复本位制的先行者,并且也使其和复本位相结合。

尽管通货政策问题一向不仅仅是货币价值的问题,但是,它们有时被掩盖起来,所以普通人不了解其真正的性质。在货币的性质和价值问题上,公共舆论充斥着大量错误的观点,而且曲解的口号代替着清楚简洁的观点。货币和信用体系细致和复杂的机制变得模糊不清,证券交易所的程序令人琢磨不透,银行的功能和意义不能得到清楚地说明。所以,在不同利益的冲突当中提出的各种观点常常完全不得要领,这并不奇怪。晦涩难懂,甚至连表达者都可能不理解其意义的语句,使商谈的内容模糊并且难以确定。美国人在谈论"我们先辈的美元",奥地利人在谈论"我们宝贵的古老的盾(gulden)钞票";白银——普通人的货币,被用来反对贵族阶级的货币——黄金。支持人民要求的很多政治家,以热情洋溢的演说,盛赞埋藏在地下深处的白银,等待它应该重见天日的那一天,以救赎在贫穷中煎熬的可怜的人类。尽管一些人把黄金视为完全是一切罪恶来源的象征,而另外一些人则更加热情地赞扬这种闪闪发光的黄色金属,认为只有它值得作为富裕和强大国家的货币。似乎人们不是在讨论经济商品的分配,反而好像这两种贵重金属在互相竞争,以排除钞票,从而赢得市场的支配地位。尽管如此,很难认为这些激烈的争斗并不是由改变货币购买力的问题所引起的。

## 第二节　货币政策的工具

国家能够自由使用的货币政策的主要工具，是对货币种类的
219 选择发挥影响作用。上文已经说明，国家作为铸币管理者和货币代用品发行者的地位，使国家为人民选择交换的普通媒介，在现代具有非常重要的影响。如果国家系统地使用这种权力，迫使社会接受它认为合乎货币政策目的的某一种具体货币，那么，政府实际上是在推行一种货币政策措施。几十年前完成向金本位过渡的国家，就是出于货币政策的动机。他们放弃银本位或信用货币本位，因为他们认为白银或信用货币的性质不适合于他们所奉行的经济政策。他们采用金本位，因为他们认为黄金价值的性质相对而言最适合于推行他们的货币政策。



如果一个国家已经采纳金属本位，那么，它能够实行的货币政策的唯一措施就是过渡到另外一种货币。对于信用货币和不兑现纸币来说，则不是这种情形。在信用货币和不兑现纸币的情形中，由于增加或减少货币的数量，国家从而能够影响货币客观交换价值的变化。这种方法的确非常简单，而且它的影响程度一向无法预测。但是，这个方法简便易行，而且因其效果明显而受到欢迎。

## 第三节　通货膨胀政策

通货膨胀政策（inflationism）就是寻求增加货币数量的货币政策。

简单的通货膨胀政策要求增加货币的数量，如果不增加货币的数量，就会使货币的购买力下降。这项政策需要更多的货币，因为根据这项政策，只有充足的货币数量是财富。不兑现纸币！让 220
国家"创造"货币，使穷人富裕，并使穷人摆脱资本家的枷锁！如果放弃政府的创造货币的权力所赋予的，可使每个人富裕和快乐的机会，是多么愚蠢啊！如果仅仅因为这和富人的利益相冲突而放弃的话，该是何等的错误啊！那些认为国家没有权力用印钞机来创造财富的经济学家，是何等的邪恶啊！——你们政治家想要建造铁路，却抱怨国家没有足够的财力？好吧，那么不要从资本家那里乞求贷款，并且急于计算铁路是否能够获得足够的收益，以支付利息和分期支付债务。创造货币，这样就能帮助你自己。[106]

其他通货膨胀政策的支持者非常清楚地认识到，货币数量的增加降低货币单位的购买力。但是，他们仍然致力于追求通货膨胀，因为通货膨胀对货币的价值有影响；他们需要货币贬值，因为他们希望牺牲债权人的利益以使对债务人有利，还因为他们需要刺激出口而打击进口。还有一些人希望货币贬值，是因为他们认为贬值具有所谓的刺激生产和鼓励创业精神的作用。

只有在无法预测贬值的情况下，货币贬值能有利于债务人。如果大家预计到会有通货膨胀措施和货币价值的下降，那么那些放贷者会要求更高的利息，以补偿其资本可能蒙受的损失，而且那些寻求贷款的人则打算支付更高的利息，因为他们预计他们会在资本账户上有收益。如前所述，因为永远不可能预测货币贬值的程度，尽管已经实行了更高的利息，不同贷款情形中的债权人可能蒙受损失，而债务人会获得利益。不过，一般来说，除非通货膨胀政策能够突然并且意想不到地被加以实施，否则，任何通货膨胀政策都不可能以增加货币数量的办法来改变债权人和债务人之间的关系从而有利于后者。[107]为了避免蒙受损失，贷款者将被迫在两种可能性中进行选择，要么将其贷款用比本国通货价值更为稳定的一种通货贷出，要么在其要求的利率中包括一项额外的溢价，这个溢价高于他们计算的货币贬值的可能的补偿和预期的损失，以应
221 对不太可能进一步贬值的风险。如果贷款者可能拒绝支付这个额外的补偿，那么，贷款市场上供给萎缩，会迫使他们接受这种额外的补偿。在第一次世界大战之后的通货膨胀期间，我们看到因为储蓄银行不愿意调整存款利率，以适应货币购买力的变化和已经变化了的形势，从而使储蓄存款减少了。



从前一章的说明可以看出，认为货币贬值刺激生产是个错误。如果贬值的特定案例的具体情况是把财富从穷人手中转移到富人手中，那么，普通承认的情况是，储蓄（以及随后的资本积累）会得到支持，生产因此会受到刺激，于是，后代的福利会增加。在早期的经济史中，温和的通货膨胀可能有时具有这种效果。但是，由于资本主义的不断发展，使货币贷款（银行和储蓄银行的存款和债券，尤其是不记名债券和抵押债券）成为储蓄的最重要的工具，货币贬值以减少存款动机的方式，必然不断危及资本的积累。货币贬值如何以歪曲的经济计算导致资本消费，贬值所创造的经济繁荣何以是一种幻觉，而且货币的贬值怎样对对外贸易真正产生影响，我们已经在前一章中进行了相似的解释。

第三类通货膨胀政策的支持者并不否认通货膨胀有严重的缺陷。不过，他们认为，除了一个健全的货币体系以外，经济政策还

有更高和更重要的目标。他们认为，尽管通货膨胀可能是个很大的祸害，但还不是最大的祸害，他们还认为，在某种情况下，政府可以利用危害较少的通货膨胀，来很好地处理危害更大的祸害。因此，有人说，如果为了抵御侵犯国家的敌人，或者为了拯救忍饥挨 222
饿的人们，应该不惜任何代价，甚至让通货崩溃。

有时，这个有条件的通货膨胀得到一个观点的支持，这个观点是，通货膨胀是一种税收，在某些情况下可以实行。根据这个观点，在某些条件下，新发行钞票比增加税收负担，或者比借贷，能更好地解决公共支出问题。在第一次世界大战期间，为了解决陆军和海军的经费，有人提出了这个观点；在第一次世界大战之后，在德国和奥地利，因为要对一部分人供给廉价的食物，为了解决铁路运营和其他公共事业的亏损，还为了支付战争的赔款，有人又提出了这个观点。每当政府不愿意提高税收，或者筹措不到贷款时，它们就使用通货膨胀来解决出现的问题；这就是问题的实质。我们下一步要研究，政府筹款以解决公共问题的两个常用办法，为什么不能使用或不会被使用。



如果承受税收负担的人同意税收支出的用途，才有可能征收高额税收。在这里，我们必须指出，税收总额的负担越重，如果不可能把整个税收的负担加在社会的少部分富裕阶级身上，就越难蒙蔽公共舆论。对富人或财产征税影响整个社会，而征税对贫穷阶层的最终影响往往比对整个社会征税更为严重。当税赋低的时候，这些影响也许更难以发现；但是，当税赋高的时候，这些影响就不可能不被人们注意到。再者，毫无疑问，几乎不可能把主要依赖于“对所有权征税”的制度，推行得比正在执行通货膨胀政策的国家更为深入，而且，进一步征税的影响范围，也不可能掩盖在有必要保证人民继续支持的方式之中。

如果欧洲各国政府，当时把其战争支出的账单清楚而坦诚地
223 放在各国人民的面前，欧洲好战的民族会更快地厌恶战争，有人会怀疑此事吗？欧洲参战的任何一个国家，都不敢以相当高的税率对人民征税以支付战争费用。甚至在一直坚持“健全货币”的英国，印钞机也开动起来了。通货膨胀的一大优点，就在于它能够形成表面上的经济繁荣、财富增长、产生货币总额的虚假计算，因此也掩盖了资本的消费。通货膨胀对企业家和资本家形成虚假的利润，这些虚假的利润被当作收入，被课以很高的税赋，而普通大众——或者常常连实际纳税人自己——都不能发现，部分资本就这样作为税赋被征收了。通货膨胀有可能把人们的愤怒情绪转移到“投机者”和“暴利者”身上。所以，通货膨胀已经证明，它本身是破坏性和毁灭性战争政策的最好的心理来源。



战争引起通货膨胀，革命使通货膨胀继续存在。社会主义或准社会主义国家需要货币，以经营没有收益的企业，以养活失业者，并给人民提供廉价的食物。它也不能以税赋的方式得到必要的资源。它不敢告诉人民真相。如果它要提议，譬如，征收一项特别赋税，以支付其运营铁路的损失，那么，把经营铁路作为国家机构的国家社会主义原则，则很快丧失人民的支持。如果德国人民和奥地利人民自身需要以交纳面包税的方式来提供资金，他们会更快地知道，使面包便宜的资金来自什么资源。同样，不顾大多数德国人民的反对，决定实行“满足政策”（policy of fulfillment）的德国政府，除了印刷钞票之外，也不能给自身提供必要的财源。而

当卢尔区的消极抵抗引起大量货币需求的时候，还是由于政治上的原因，这些需求也是以印刷钞票的形式解决的。

当政府不能筹措贷款，而且也不敢征税时，它一向不得不采取通货膨胀措施，因为它有理由担心，如果将其推行的政策的金融后果和一般经济后果披露太早的话，它的政策会失去人民的支持。224
因此，通货膨胀就成为必须隐瞒其结果的经济政策的最重要的心理资源；所以，从这个方面来看，我们能够将其称为不受欢迎的，即反民主的，政策工具，由于误导公众舆论，它能够使一个政府体系继续存在，如果实际结果明确地呈现在公众面前的话，它没有任何希望获得人民的支持。这是通货膨胀的政治功能。它解释了通货膨胀为什么一直是战争和革命的政策的重要来源，以及为什么社会主义仍然在使用这一工具。当政府认为它没有必要采取量入为出的政策，并且滥用权力发行钞票以弥补赤字，它们的意识形态仅仅是一个伪装的专制主义。

通货膨胀政策的支持者追求的各种目标要求通货膨胀措施应该以各种不同的特殊方法来实行。如果需要货币贬值以使债务人获得利益而牺牲债权人的利益，那么，就要对债权人的利益实施意想不到的打击。如前所述，在能够预测的程度之内，一个预期的货币贬值措施不能改变债权人和债务人之间的关系。目的在于逐步降低货币价值的政策不能使债务人获得利益。

另一方面，如果希望货币贬值以达到“刺激生产”的目的，还要达到使对其他国家的出口相对容易而进口相对困难的目标，那么则必须记住，货币价值的绝对水平——以商品和劳务计算的货币的购买力，以及该货币对其他种类货币的交换比率——对对外（以及对内)贸易没有影响;货币客观交换价值的变化只有在其不断变化的过程中才能对贸易有影响。货币贬值对贸易的“有利影响”(beneficial effects),只有在其贬值还没有影响到所有的商品和服务时才会持续产生。一旦这种调整完成,那么,这些“有利影响”就不存在了。如果希望长期保持这种有利影响,则必须持续采取措施使货币的购买力出现新的下降。仅仅用一套措施不足以使货币的购买力下降,而很多通货膨胀政策的研究者都错误地认为,一套措施即可达到使货币的购买力下降的目的;只有货币价值的逐步下降才能够长期实现打算实现的目标。[108] 但是,达到符合这些要求的货币体系实际上永远难以实现。

当然,真正的困难并不在于货币价值的逐渐下降必须很快达
225 到的数量太小,以致不能满足贸易的要求。因为今天大多数货币体系都习惯于用十进位制计算,当采用更高单位的体系时,甚至最笨的人,也不会觉得新的计算方法有困难。我们能够很容易地想象出一个货币体系,其中货币的价值以相同比例的比率不断下降。让我们假设这种货币的购买力,按照其货币方面的决定因素的变化,在一年当中下降其年初数量的 1%。在每一个新年度,其货币价值水平形成一个不断递减的几何系列。如果我们把第一年年初的货币价值视为等于 100,于是,下降率等于 0.99,那么,在第 n 年末的货币价值则等于 $100 \times 0.99^{n-1}$。这种收敛的几何级数则形成一个无穷级数,其中任何一个数字对下一个数字总是 100 : 99。我们能够很容易地想象出基于此项原则的货币体系;如果我们把这个比率,比如说增加到 0.995 或者甚至 0.9975,则更加容易想象。

但是，不管我们能够多么正确地想象出这样一个货币体系，当然，我们实际上还是没有能力建立类似的一个体系。我们了解货币价值的决定因素，或者我们认为我们了解。但是，我们不能使货币价值的决定因素屈服于我们的意志。因为我们没有这样做的最重要的先决条件；对于货币数量变化的数量上的重要性，我们所知不多。我们不能计算货币供给和货币需求比率的一定数量的变化对个人的主观评价影响的程度，以及通过这些变化对市场的间接影响程度。这仍然是一个有很大的不确定性的问题。在使用任何工具来影响货币价值的时候，我们都有不能准确把握程度的风险。因为事实上我们甚至不能度量货币购买力的变化，因此，这就更加重要了。所以，尽管我们能够大概指出我们应该前进的方向，以便于取得我们希望的变化，我们仍然不能知道我们应该前进多远，而
且我们永远都不能找到我们已经到了什么地方，我们的干预产生 226
了什么效果，或者这些影响和我们打算取得的影响是个怎样的比例关系。

现在，危险在于过度使用任意的影响——一种政治影响；即人类组织有意识地干预而产生的影响——对货币价值的这种任意的影响，在任何情况下都不能低估，特别是在降低货币价值的情况下。货币价值的大幅变化导致商业具有将其自身从受政府影响的货币中摆脱出来，而选择它们自己的特殊货币的风险。但是，如果形势还没有发展到这种程度，如果参与经济行动的个体明确地认识到货币购买力不断在下降，并且采取相应的行动，则仍有可能消除货币价值变化的一切后果。在所有商业交易中，如果他们考虑货币的客观交换价值将来会发生多大程度的变化，那么所有对信

用和商业的影响都不会产生。当德国人开始按比例以黄金计算时，那么，更大程度的贬值即不能改变债权人和债务人的关系，也甚至不能影响贸易。由于过渡到以黄金计算，人民从而摆脱了通货膨胀政策的羁绊，最后，甚至政府也被迫认可把黄金作为计算的基础。

在推行通货膨胀政策的所有措施中，必然有过度通货膨胀的危险。一旦大家认可，采取措施使货币的价值“不断下降”是可能的、容许的和有利的原则，那么，这个原则应该推行到何种程度，则立刻会引起最激烈的和使人难以接受的争论。利益相关方不但在还应该采取什么措施上有不同的观点，而且还对已经采取的步骤的结果，也有不同的看法。任何通货膨胀政策的推行都不可能没有激烈的争论。实际上不可能考虑温和的建议。甚至在努力取得通货膨胀政策的支持者称之为单一并且孤立的货币贬值的有利影响的情形中，也会出现这些困难。例如，在严重的危机之后，由于实施货币价值的一次贬值，从而以支持“生产”或帮助债务人，甚至
227 还有待于解决同样的问题。对于旨在降低货币价值的每一项政策，它们都是必须考虑的困难。



始终如一并且毫不间断地推行通货膨胀政策，最终一定导致崩溃。货币购买力一降再降，其价值最终将完全消失。诚然，我们完全能够想象出一个永无止境的贬值过程。我们能够想象出，货币的购买力越降越低，但还不会完全消失，而物价越涨越高，但却不可能用钞票买不到商品。最后，这会导致出现甚至零售交易会以百万和十亿数字计算的情形；但是，货币体系本身却仍然存在。

但是，这种想象的形势实际上难以出现。从长期来看，价值不

断下降的货币没有任何商业效用。它不可能被用于延期付款的标准。因为在商品或服务都不能被交换成现金的所有交易中，则必须寻求另外一种媒介。事实上，不断贬值的货币，甚至对于现金交易来说，也是无用的。每个人都在努力将其现金储备减少到最低程度，因为这是不断损失的来源。收入的货币被大家尽快地花掉，而且，在为了得到价值稳定的商品以取代不断贬值的货币的采购中，人们甚至愿意付出比当时的市场价格更高的价格。当人们购买根本不需要或至少目前不需要的物品，以避免拥有钞票时，那么，就已经开始了排除把这种钞票作为一般交换媒介使用的过程。这是钞票的“去货币化”过程的开始。由于具有使人民恐慌的性质，这个过程会越来越快。公众的恐慌可能会一次、两次，也许甚至三次或四次被缓和下来；但是，这个过程最后一定会按其方向发展，如果是这种情形的话，就再也没有任何挽回的余地了。一旦货币的贬值速度非常快，即使卖方尽快买回也会遭受巨大损失的话，那么这个通货的地位就没有任何希望了。



在通货膨胀已经迅速蔓延的所有国家，人们已经观察到，货币价值的下降比货币数量的增长快。如果以 m 表示一个国家在通货膨胀开始前的货币的面额，以 P 表示当时以黄金计算的货币单位的价值，以 M 表示在通货膨胀期间时间的一个具体点的货币的面额，再以 p 表示在时间的这一点上货币单位的黄金价值，那么，228
正如简单统计研究经常所表示的这样，$mP > Mp$。一直有人想用这一个公式来证明货币贬值“太快”，并且证明兑换率的水平是不“合适”的。很多人从这个公式中得出结论认为数量理论显然不对，他们还认为货币贬值不能是货币数量增加的结果。另外一些人认为数量理论的原始形式正确，但是却认为，应该允许，或者甚至有必要，继续增加该国的货币数量，直到把黄金的总价值恢复到通货膨胀开始之前的水平，也就是增加到 Mp = mP 的水平。

我们并不难于发现在所有这些观点当中隐藏的错误。我们可以完全忽略已经提到的事实，即兑换率[包括金银的比率（bullion rate）]，其变化先于以商品价格表示的货币单位的购买力，所以黄金价值不能作为运用的基础，但是，应该使用以商品计算的购买力，这种购买力一般不会下降到和黄金价值相同的程度。因为，计算的这种形式，其中 P 和 p 并不表示以黄金计算的价值，而表示以商品计算的购买力，一般仍然会得出 mP ＞ Mp 的结果。但是，必须指出，当货币正在贬值时，货币的需求（即对该种货币的需求）逐渐开始下降。当财富的损失和拥有货币的时间长短成比例时，大家都会尽可能地减少拥有现金的数量。现在，即使情形没有发生其他的变化，如果每一个人都不愿意拥有和通货膨胀发生之前相同数量的现金，那么整个社会对货币的需求，这个需求只能是个体需求的总和，也会下降。也有另外一种情况，即当商人逐步开始使用外国货币，并且用黄金代替钞票时，个人就开始把他们拥有的部分准备金改为拥有外国货币和黄金，而不再拥有钞票。



货币价值的预期下降引起投机，所以货币的现在价值比符合
229 当时货币供给和需求关系的水平低。要价与出价和流通中的货币的目前数量没有关系，和货币的目前需求也没有关系，却和将来的形势有关系。当商店挤满急于选购他们能够购买的商品的顾客时，他们在支付恐慌价格（panic prices），而且当外国通货和不代表固定数额货币债权的证券的价格急剧上升时，恐慌汇率（panic

rates)已经波及交易所，事态的发展则可以预见了，采取相应的措施势在必行。但是，没有足够的货币以支付符合预期的将来货币供给和货币需求的价格。在这种情况下，商业社会遭受缺少钞票的痛苦，而且人们手中没有足够的钞票以履行他们签订的合同的责任。就货币和其他经济商品之间的交换比率来说，以改变交换比率来调整彼此的总供给和总需求的市场机制不再发挥作用了。由于缺少钞票，商业遭受巨大的损失。这种恶劣形势一旦发展到这种地步，就再也没有任何办法可以挽回了。如果再进一步发行钞票(正如很多人所建议的)只能使形势更加恶化。因为这不但会加剧恐慌，而且会加剧贬值和流通之间的失调。商业交易中缺乏钞票，这是通货膨胀发展到严重阶段的一个征兆；这是恐慌购买和恐慌价格的相反的方面，是社会的“繁荣景象”(bullishness)的回光返照，最终将导致崩溃。

商业社会摆脱以这种方式证明越来越没有用处的一种货币的方式，就是开始不再贮存这种货币了。人们首先开始贮存其他货币，以便拥有容易出售的商品，以满足无法预测的未来需求——贮存的对象也许是贵金属货币和外国钞票，有时也许是贮存因政府不能再增加其发行量而具有更高价值的其他种类的国内钞票，(例
如，俄罗斯的罗曼诺夫卢尔，或者匈牙利共产党的“蓝”币)；然后就 230
是金、银铸锭，宝石和珍珠；甚至书画、其他艺术品和邮票。再发展下去，就是在信用交易中使用外国货币或金属货币(即就一切实际目的来说，采用黄金)。最后，如果在零售交易中不再使用国内货币，工资的支付也必须使用纸币以外的其他方式，因为这时纸币已经没有任何用途了。

推行到极端的通货膨胀政策的崩溃——就像 1781 年美国和 1796 年法国的情形——并不破坏货币体系,而只破坏高估其自身政策有效性的信用货币和不兑现纸币。这种崩溃使商业社会摆脱了国家主义,并重建金属货币。

科学的工作不是批评通货膨胀政策的政治目标。是否应该牺牲债权人的利益而有利于债务人,是否应该促进出口而打击进口,是否应该把财富和收入转移给企业家以刺激生产,所有这些措施是否可取,都不是经济学能够回答的问题。如果只用货币理论的工具来阐述这些问题,还不如用经济学的其他工具阐述得更加深入。不过,从我们对通货膨胀政策的各种可能性所作的仔细分析中,可以得出三个结论。

首先,通货膨胀政策的所有目标,经济事务中其他种类的干预措施都能够达到,而且效果会更好,还不会产生意外的不良效果。如果要减轻债务人的困难,可以实行延期偿付的方法,或者完全取消偿还货款的义务;如果希望鼓励出口,可以给予出口补贴(export premiums);如果想使进口更加困难,可以简单地实行禁止进口的方法,或者征收进口税。所有这些措施,在人民的阶层之间、生产部门之间和地区之间,可以实行差别待遇,而通货膨胀政策不可能做到这一点。通货膨胀使所有的债务人受益,包括富人,并且损害所有债权人的利益,包括穷人;用特殊立法来调整债务负担,就会有差别。通货膨胀刺激所有商品的出口,打击所有的商品进口;可以有区别地使用补贴、关税和禁令。

其次,任何通货膨胀政策的影响程度都无法预测。

最后,持续通货膨胀一定导致崩溃。

由此可见，如果纯粹作为政策工具来考虑，通货膨胀政策是不完善的。从技术角度来看，这是一项有害的政策，因为它不能完全实现其目标，还因为它所造成的结果不是，或者至少不能一直是， 231
它的目标的一部分。有人喜欢推行通货膨胀政策，完全是因为它的目标和意图能够长期欺骗公共舆论。事实上，这项政策流行的根源在于公众很难充分了解其影响。

## 第四节　限制政策或通货紧缩政策

凡是旨在提高货币的客观交换价值的政策，以这种政策能够使用的最重要的工具来说，我们将其称为限制政策或者通货紧缩政策(deflationism)。这个术语实际上不包括以增加货币价值为目的的所有政策。限制政策的目的，在货币需求增加的情况下，也能够以不增加货币数量的方式，或者以增加比例不足的方式来实现。在面对贬值的信用货币本位的问题时，这个方法作为增加货币价值的方法经常被采用；已停止进一步增加货币数量，而且这项政策是等待货币不断增长的需求对货币价值产生影响。在下文的讨论中，按照一般的习惯，我们将使用限制政策和通货紧缩政策这两个术语，来指旨在以提高货币价值为导向的所有政策。通货膨胀政策之所以存在和流行，乃是因为它开辟公共收入的新来源。政府已经在很长时间内满足于财政动机，而其他人还不能从货币政策的观点来判断其政策是否正确。通货膨胀政策的观点一向得到有力的支持，这在于通货膨胀的政策措施不但没有给国库增加任何负担，而且实际上给国库带来了财源。从财政角度来看，通货膨胀政策不但是最廉价的经济政策，它同时还是公共财政不足的特别好的补救办法。然而，当采取从流通中收回钞票(例如通过发行附息债券或通过税收)，并且通过取消的方式来实行限制政策
232 时，限制政策则要求国库承担一定的牺牲；当货币需求增加的时候，却以禁止发行货币的方式，至少要求国库放弃潜在的收益。就这一点则足以说明限制政策为什么一向不能和通货膨胀政策竞争。

不过，限制政策不受欢迎也有其他原因。就曾经出现的情况来看，提高货币客观交换价值的措施大都局限于单一的国家或者几个国家，在全世界同时实现的前景充其量很小。现在，一旦一个国家或者几个国家过渡到购买力不断上升的货币，而其他国家维持交换价值下降或不变的货币，或者维持价值虽然在上升，但是不是上升到相同程度的货币，那么，正如上文已经指出的情况，国际贸易的条件就发生了变化。在货币价值上升的国家，出口更加困难，而进口则更加容易。但是，出口增加了困难，而进口越发容易，简而言之，即贸易平衡的恶化通常被认为是一种不利的形势，而应该予以避免。用来提高货币购买力的措施之所以不受欢迎，仅这一点就可以提供一个充分的解释。

此外，且不考虑国际贸易的情况，货币价值的提高对于统治阶级一直都是不利的。那些从货币价值的增加中获得直接利益的人，都是有权收受固定货币金额的人。债权人获得利益，但却以牺牲债务人的利益为代价。的确，随着货币价值的增加，赋税越来越重；但是，这种利益的绝大部分不是由国家获得，而是由债权人获得了。现在，有利于债权人而牺牲债务人的政策一直都得不到支

持。在任何时候，所有人都憎恨贷款人。[109]

一般而论，在任何国家的任何时候，收入全部或大部分来自于对其他人贷款而收取利息的人不是很多，其影响也不是很大。资本贷放总收入的很大一部分是由其收入主要来自于其他来源的人得到的，在他们的收入中利息收入仅占次要部分。例如，这种情况不但适用于工人、农民、小型实业家和公务员，他们拥有储蓄存款 233
和债券等储蓄，而且还适用于大量的大工业家、批发商或者股东，他们也拥有大量的债券。作为贷款者的所有这些人的利益，其重要性次于他们作为地主、商人、制造商或雇员所得到的利益。他们对于提高利息水平不是非常热心，这就不足为怪了。[110]

除了在货币贬值的一段时间之后，当有必要决定什么政策应该取代已放弃的通货膨胀政策之外，限制政策的观点一直没有获得任何程度的普遍支持。除了作为部分替代政策之外，限制政策的种种观点一直没有得到过认真的注意："按照目前的价值稳定货币，或者按照通货膨胀之前的水平重新对货币进行估价。"

当问题以这种形式出现的时候，人们以这个假说开始，提出恢复旧金属平价的理由：钞票在本质上是支付特定数量的金属货币的承诺。信用货币一向来源于停止把中期国债或钞票不再兑换成现金，(有时这种停止兑现的范围甚至被扩大到辅币或银行存款)在以前，中期国债和钞票可由持票人在任何时候兑换成现金，或者已经在流通之中。现在，不管立刻兑现的原来义务由法律明确规定，还是仅仅以习惯为基础，停止兑现总是表现为好像是一项违法行为，人们能够原谅这种行为，但却不能认为这种行为是合理的；因为停止现金支付而成为信用货币的硬币或钞票，除非作为货币代用品，作为对见票即付的商品货币金额的可靠债权永远不能进入流通。结果，立即兑现的停止一直在法律上被认为仅仅是一个临时措施，而且在将来有可能被取消。但是，如果把信用货币视为仅仅是支付的承诺，“贬值”根本不能被视为违反法律，也不能被理解为国家信用的破产。

但是，信用货币不仅仅是确认债务和支付承诺。作为货币，它
234 在市场的交易中具有不同的地位。诚然，除非是一项债权，否则它不能成为货币代用品。不过，当它成为实际货币——信用货币——(即使以违法的方式)时，它就不再以其将来完全兑现的不确定前景来估价，而开始以其履行的货币功能来估价。如果考虑把它作为一般交换媒介的更高价值的话，那么，它作为将来现金支付的不确定债权的低得多的价值，便没有任何意义了。

因此，把货币贬值解释为国家信用的破产，完全与这个问题没有关系。即使仅仅从它对现有债务关系的影响的角度来看，把货币价值稳定在目前的——更低的——水平，也与这个问题无关；和国家信用的破产相比，它既过之又有不足。过之，则是因为它不但影响国债，还影响所有私人债务；不足，则是因为一方面它也影响以信用货币计算的国家债务，却不影响以现金(金属货币)或外国货币计算的这类债权，另一方面，对于合同双方在通货位于低水平时，所订立的以信用货币计算的任何债务合同的各方之间的关系，都没有任何变化，合同双方无须计算货币价值的增加。当货币价值上升时，当时拥有信用货币，或以信用货币作为债权的那些人，就更富有了。他们的富有一定是由债务人贡献的，在债务人中有国家(即纳税人)。不过，由于货币价值的增长而致富的那些人，不

是在通货膨胀过程中由于货币的贬值而受到伤害的那些人；而且必须承受提高货币价值政策的代价的那些人，不是由于货币贬值而受益的那些人。推行通货膨胀政策并不是消除通货膨胀的后果。我们不能以新的违法行为来弥补过去的违法行为。就债务人来说，通货限制就是一个违法行为。

如果想弥补债权人在通货膨胀期间遭受的损失，这当然不能由限制政策来实现。在尚未充分发育的信用体系的更简单的情形中，有人试图把在通货膨胀之前和通货膨胀期间缔结的债务进行转换，以期找到办法克服这个困难，即按照在债务形成那一天的，以金属货币计算的信用货币的价值，重新计算已贬值货币的每一
笔债务。例如，假设金属货币贬值到以前价值的五分之一，在通货 235
膨胀之前借到100盾的一个借款者，在币值稳定之后偿还的不只是100盾，而是500盾，再加上500盾的利息；而当信用货币已经下降到其面值的一半时，另一个借款人借到100盾，加上利息，他必须偿还250盾。[111]不过，这仅仅适用于尚未偿还的债务；已经用贬值货币偿还的债务不会受到影响。没有人注意到以货币的固定数额买卖的债券和其他债权；而且，在不记名债券流行的时代，这尤其是一个非常严重的缺陷。最后，这种管制不适用于往来账户的交易。

我们在这里的任务，不是要讨论是否能想到比这个方法更好的方法。事实上，如果有可能以任何方式弥补债权人遭受的损失的话，那么这种方法显然一定是某种重新计算的方法。但是，无论如何，提高货币的购买力不是解决这个问题的合适方法。

也有人提出考虑信用政策因素，以有利于把货币价值提高到

通货膨胀初期之前的金属平价。有人认为，由于通货膨胀引起货币贬值，从而损害了其债权人利益的国家，除非能够恢复到以前的价格水平，否则就不能恢复对其信用的备受打击的信心。只有在这种方式下，如果国家想从这些人手里重新获得贷款，这些人才能对他们的债权在将来能够得到保障而感到满意；债券持有者能够
236 认为任何可能的再一次通货膨胀最终都不会减少他们的债权，因为在通货膨胀结束之后，政府可能会恢复原来的金属平价。这个观点在英国具有尤其重要的意义[112]，在英国最重要的收入来源当中，是伦敦作为世界金融中心的地位。据说，为了使英国金融界的业务不会因为大家对英国货币的未来失去信任而减少，因此，使用英国金融体系的人都应该对他们在英国的存款的未来安全获得满意的保证。一向和与此类似的信用政策的考虑因素一样，这个观点中假设了大量的怀疑的心理。和对受损害的债权人根本没有利益的措施相比——那些债权人已经处理了他们的债权——可能有恢复未来信心的更有效的办法，而对很多没有遭受任何损害的债权人，则具有利益——在贬值开始之后，那些人得到了他们的债权。



因此，一般来说，不可能把有利于货币的价值恢复到通货膨胀政策开始之前的水平的理由，视为决定性的理由，特别是在考虑货币价值的上升影响贸易时，则有必要采取谨慎的态度。只有在商品价格由于货币数量增加而产生的货币存量和货币需求的关系尚未完全适应时，才有可能继续进行恢复旧平价的工作，而不至于遭受过于激烈的反对。

## 第五节 把货币客观交换价值的稳定性作为货币政策的目的

所以，增加或减少货币客观交换价值的努力措施被证明是不切实际的。货币价值的上升一般会导致产生似乎是社会少数人希望得到的结果；具有这种目的的政策从长期来看不符合一些利益，而这些利益过于强大，以至于这种政策本身不能和其对抗。旨在减少货币价值的种种干预措施似乎能获得更多的支持；但是，这些措施的目标能够用其他方法得到更容易和更满意地实现，而推行这些政策则会遇到特别难以解决的困难。



因此，只有不考虑货币客观交换价值的增加或减少，没有任何选择的余地。就货币对其价值的影响来说，这使人们想到一种具有不变的交换价值的理想货币。但是，这是政客和经济学家的理想货币，而不是大多数人的理想货币。大多数人的思想方式过于杂乱，不能理解这里涉及的问题。（必须承认这些问题是经济学中 237
最复杂的问题。）对于大多数人来说（只要他们不倾向于通货膨胀的政策观点），其客观交换价值根本不发生任何变化的货币似乎是最好的货币，不管其变化来自于货币方面还是商品方面。

货币交换价值不因货币供给和需求的比率变化而变化的理想——即具有不变的内在的客观交换价值（innere objektive Tauschwert）[113]——要求监管当局干预货币价值的决定；并且要求监管当局不断地进行干预。但是，我们在前面已经提到，一旦进行干预，人们就会深深地怀疑：我们对于将要影响货币价值的具体措施在数量上的重要性，完全没有有用的知识。更严重的是，且不论货币价值的这种变化是否受到货币因素的影响，我们尚不能准确地决定，到底什么原因导致货币交换价值发生变化，而且，如果发生变化的话，变化发展到什么程度。不过，从这个意义上讲，稳定货币交换价值的努力一开始就遇到了挫折，这是因为稳定货币交换价值的目标和途径目前还没有被人类所掌握，人类知识永远都不能深入到这个方面。是否有必要进行干预以维持货币交换价值的稳定性，而且这种干预应该进行到什么必要的程度，都存在着不确定性，这都不可避免地会再次引起通货膨胀政策的支持者和限制政策的支持者的利益上的冲突。一旦承认了国家可以而且应该影响货币的价值的原则，即使仅仅在于保证货币价值的稳定性，立刻又会出现错误和过分的危险。



这些可能性，以及我们还能记得的，在公共财政和通货膨胀方面的最近的试验，使对需求的交换价值不变的货币的无法实现的
238 理想居于次要地位，而国家至少应当避免对货币价值实行任何形式的影响。可用金属数量的增加或减少不受人类有计划干预的影响，这就使得金属货币逐渐成为现代货币的理想对象。

坚持金属货币体系的重要性，在于货币的价值以这样一个系统所保证，从而能够摆脱国家的影响。毫无疑问，不但在货币供给和需求之间的比率的变化，而且金属生产条件的变化和工业对金属需求的变化所涉及的大量不利因素，对货币价值的确定都有影响。对黄金来说（而且甚至对白银来说），这些影响的确都是非常大的，而且这是现代需要考虑的仅仅两种金属货币。但是，即使其影响很大，这样一种货币仍然比国家干预的货币更值得我们拥有，

因为国家干预的那种货币，其价值会发生更大的波动。

## 第六节　货币政策的限度

我们对货币政策的发展和意义的研究结果不应该使我们感到吃惊。国家在使用它今天拥有的权力，在一段时间内，在某种程度上影响货币客观交换价值的决定，以影响收入的分配之后，应该不再继续推行这一政策，对于国家在以生产资料的私有财产为基础的社会秩序中所承担的经济功能有正确认识的那些人来说，这并不奇怪。国家并不管理市场；在产品进行交换的市场中，政府也许是力量很强大的一方，但是，政府只是很多方面的一个方面，仅此而已。在改变由市场所决定的经济商品之间的交换比率时，国家的所有努力措施只能用市场的工具来进行。国家永远不能准确地预测任何具体干预政策的结果。政府不能使其预期的结果正好符合它希望达到的程度，因为它所能支配的影响供给和需求的工具，只能以个体的主观估价的媒介来影响定价的过程；国家不能判断
这些估价所导致的变化的程度大小，除非干预的范围小，干预也只 239
限于不太重要的一类或几类商品，而且即使在这种情况下，所进行的判断也是一个大概的判断。一切货币政策都会遇到这个困难，即为了影响货币的客观交换价值的变化而采取的任何措施的效果都不能提前预测，而且甚至在结果出现之后，也不能决定其性质和规模。



现在，由于保留金属商品通货所涉及的货币政策因素从而放弃干预，这件事还没有完成。在监管信用媒介发行的过程中，尚有

影响货币客观交换价值的另外一种可能性。对于这种可能性引起的问题，我们必须（在第三编）进行研究，然后我们才能够讨论最近提出的建立一个货币体系的某些计划，在这个体系中，货币的价值比黄金通货的价值更稳定。

## 第七节　附录：通货膨胀和通货紧缩的概念

善于观察的读者也许会注意到，本书没有给通货膨胀和通货紧缩（或限制或收缩）提出任何准确的定义；而且，事实上几乎都没有使用这两个词，即使在使用时，也仅使用在不特别注重其准确性的地方。我们只提到通货膨胀政策和通货紧缩政策（或者限制政策），并对这些名词的含义给出了准确的定义。[114] 显然，这种处理方法有特殊的理由。



我决不同意那些提出来反对使用通货膨胀一词的特别有影响的观点。[115] 但是，我确实认为，这是一个有可能不予以使用的词，而且我还认为，因为这个词的意义在货币和银行的纯经济理论中
240 和它在通货政策的日常讨论中的差别非常大，如果在需要使用这个词的非常准确的科学意义时，则有很大的危险。

在理论研究中，通货膨胀仅有一个合理的意义：货币数量的增加（该词的广义，也包括信用媒介）未被货币需求（也指该词的广义）的相应的增加所抵消，所以一定会引起货币客观交换价值的下降。同理，通货紧缩（限制或收缩）指货币数量的减少（广义地说）未被货币需求的相应减少所抵消，所以一定引起货币客观交换价值的上升。如果我们这样定义这两个概念，则可以看出，通货膨胀

和通货紧缩是经常发生的现象，因为不可能长期存在货币的客观交换价值不发生变化的情形。我们的定义的理论价值，绝对不会因为我们不能度量货币的客观交换价值的变化，或者甚至因为在变化幅度很大时，我们才能发现货币客观交换价值的变化，而有所下降。

如果由于这些原因引起的货币客观交换价值的变化非常大，以至于这些变化不可能不引起人们的注意，那么，在经济政策的讨论中，常常会说到通货膨胀和通货紧缩（或者限制或者收缩）。现在，在这些讨论中，其实际意义非常重大，使用这些只具有严格科学标准的准确概念，对于政策的目的没有太大的作用。如果对在1914 年以来奥地利和其他国家是否发生通货膨胀的争议，以这种方式提出一个经济学家的观点："请原谅，自 1896 年以来世界各地可能存在通货膨胀，尽管程度不大"，则就显得迂腐并且可笑了。在政治中，程度问题有时是问题的全部核心，而不是像在理论中，则是一个原则问题。



但是，一旦经济学家承认，使用通货膨胀和通货紧缩这两个词来表示由货币数量的这样的变化所引起的货币的客观交换价值的大幅度变化，不是完全没有意义的话，他在纯理论上就不能使用这两个名词。因为交换比率的变化值得称为是巨大的变化的时间点，是个政治判断问题，而不是科学研究的问题。

不容否认，当概念和通货膨胀与通货紧缩这两个术语的通俗用法联系在一起，并且不知不觉地进入经济学研究中时，这是完全
不合适的，一定要反对。在日常用法中，这两个词的基础是货币价 241
值稳定性的完全不成立的概念，这两个词也常常以一个货币体系

中的概念为基础，在这个货币体系概念中，货币数量的增加和减少随商品数量的增加和减少有比例地增减，其本质在于维持货币价值的稳定。不过，不管这个错误应该多么值得加以批评，却不能否认，那些希望批驳物价最近大幅波动的原因的常见错误的人们，他们首先关心的，应该不是通常关于货币性质问题的正确观点的传播，而应该是这类基本错误的矛盾，如果继续有人相信这些基本错误的话，一定会导致严重的后果。在1914年到1924年，为了反对继续推行通货膨胀政策，而在德国批评国际收支理论的那些人们，如果不是因为他们总是很严格地以科学的方式使用通货膨胀一词的话，他们就可以指责其同代人和后继者滥用名词。事实上，正是因为在讨论货币问题的小册子和文章中这样滥用名词，才迫使我们在科学讨论中避免使用这些容易产生错误的名词。

# 第八章　国家主义的货币政策

## 第一节　国家主义的货币理论

作为一种理论，国家主义（Etatism）就是国家万能的理论，作为一种政策，就是试图以当局的命令和禁令管理一切世俗事务。242 国家主义的理想社会是一种特殊类型的社会主义社会；在涉及这种理想社会的讨论中提到国家社会主义（state socialism），或者在某些方面，提到基督教社会主义（Christian socialism），则是常见的。从表面上来看，国家主义的理想社会和资本主义的社会组织所采取的外部形式，没有太大的区别。国家主义的目标，绝对不是完全推翻已确立的法律体系，把生产资料的全部所有权正式转变成国家所有权（state ownership）。只有最大的工业、矿山和交通企业，要国有化；在农业中，以及在中小企业中，私有财产在名义上可以继续存在。不过，事实上，所有企业都要变成国家企业。所有者诚然会被保留所有人的名义和尊严，并且"依其地位"有权利得到"合理的"收入；但是，实际上，每一个企业都会变成一个政府机构，每一种生计都会变成一种政府的行业。在国家社会主义的任何一种形式中，根本没有独立企业存在的余地。价格由政府管制；

政府决定应该生产什么产品，以及如何生产，并且生产多少数量。没有任何投机，没有“过度的”利润，也没有亏损。除非当局有规定，否则就没有任何创新。政府官员指挥并监督一切事务。[116]

国家主义的特点之一是，它不能想象人类能够不按照自己特殊的社会主义理想，而共同生活在社会上。在其理想和模式的社会主义国家，和以生产资料的私人财产为基础的社会秩序之间存在着表面上的相似性，使其没有注意到区别这二者的基本差别。凡是与这两种社会秩序相似的假设相矛盾的一切事物，都被国家社会主义者视为暂时的例外现象，并且是对权威法令的违反，应该受到惩罚，是国家放松了政府的管理权力的证据，因此，只需要国家更加严格的管理，以使一切都能够再次井然有序。人类的社会生活必须服从明确的限制措施；人类的社会生活要受和自然界的
243 法则相似的一系列法律的支配；这些是国家社会主义者不知道的概念。对于国家社会主义者，一切都是权力(Macht)问题——权力、力量和威力——的问题。而且他的权力概念是完全唯物主义的概念。



国家主义思想的每一个字，都与社会学和经济学的理论相矛盾。这就是国家主义者努力证明这些科学不存在的原因。在他们看来，社会事务由国家决定。对于法律来说，一切事情都是可能的；在任何领域，国家干预都是万能的。

长期以来，在将其原则明确地应用于货币理论方面，现代国家主义者表现出退缩的倾向。确实有一些人，尤其是阿道夫·瓦格纳(Adolf Wagner)和莱克斯(Lexis)，对货币的对内价值和对外价值，以及国际收支对兑换情况的影响，都发表了观点，这些观点

包括了货币的国家主义理论的全部要素；但是他们一直采取谨慎和保留的态度。第一个尝试把国家主义原则明确应用在货币理论领域的人是纳普(Knapp)。

在第一次世界大战期间，国家主义政策曾经风靡一时，第一次世界大战本身就是国家主义意识形态占支配地位的必然结果。在"战争经济"中，国家主义的假设得以实现。[117] 战争经济和过渡经济表明了国家主义的价值所在和国家主义政策能够取得的成就。

对国家主义货币理论和货币政策的研究所具有的意义并不局限于思想史。因为它取得了成功，尽管这种成功具有所有的缺点，
国家主义仍然是一个居支配地位的理论，至少在欧洲大陆是这样。244
无论如何，它是统治者的理论；它的思想在货币政策中流行。不管我们多么确信它在科学上毫无价值可言，但是，今天我们还是无法忽视它。[118]



## 第二节　国威和汇率

对于国家主义者来说，货币是国家的创造物，货币所具有的荣誉，是国家所享有的尊重和威望在经济上的表现。国家越强大越富裕，它的货币就越好。所以，在战争期间，有人主张"胜利者的货币本位"最终将是最好的货币。然而，战场上的胜负只能给货币的价值带来间接的影响。一般说来，战胜国更有可能比战败国能够放弃印钞机的帮助，因为一方面它可能更容易地限制其支出，另一方面它能够更容易地获得信用。但是，相同的因素也表明，越来越明显的和平前景，会使人们甚至对战败国的通货也会有更加有利

的估价。在 1918 年 10 月，马克和克朗(krone)升值了；有人认为，甚至在德国和奥地利，通货膨胀的停止也是指日可待的事情——后来公认这个希望没有实现。

历史同样表明，有时“胜利者的货币本位”能被证明非常有害。华盛顿领导的美国叛军对抗英国军队，最后获得辉煌的胜利。但
245 是美国的“大陆”美元并没有从中受益。星条旗飘扬得越高，美国人越自豪，美元的汇率下降得越低，到叛乱者的胜利到来的时刻，美元跌到一文不值的程度。此后不久，法国的形势发展也无二致。尽管革命军队获得胜利，但是黄金溢价(metal premium)持续上升，最终，直到 1796 年，货币价值跌到零点。在这两个案例中，战胜国将通货膨胀推行到极端的程度。

国家的财富对于货币的估价也没有关系。人们普遍把货币本位视为具有国家或社会的股票的性质，这是一个非常错误的观点。当德国马克在苏黎世跌到瑞士货币的 10 个生丁时，银行家就说：“现在是买进马克的时候了。德国现在比战前更穷了，所以马克的低估值是有道理的。不过，德国的财富当然并没有减少到战前的十二分之一；所以马克一定会升值。”而当波兰马克在苏黎世跌到 5 生丁时，另外的银行家说：“这种低水平是无法解释的。波兰是个富国；它的农业很发达，它有木材、煤炭和石油；因此它的汇率应该会高得多。”[119]这些观察者没有认识到，货币单位的估价依赖的不是国家的财富，而是货币数量和货币需求之间的比率，所以，即使最富裕的国家也可能有劣质的通货，最贫穷的国家也会有优质的通货。

## 第三节　以行政法令管制物价

国家主义货币政策最古老最常用的工具，是政府制订最高价格。国家主义者认为，高物价不是货币数量增加的结果，而是“投机者”和“暴利者”的活动的结果，这些活动应该受到谴责；为了使物价不再上涨，限制他们的投机活动就够了。所以，他们把要求“过高的”价格，或者甚至支付“过高的”价格，都视为是可以惩罚的罪过。

和大多数其他国家一样，在一战期间，奥地利政府在开始以这种刑法和提高物价的行为斗争的同一天，开动了其印钞机，以服务
于国家财政。让我们假设，奥地利执行刑法抑制物价起初是成功 246
的。让我们完全忽略战争也减少商品供给这一事实，并且假设没有任何商品因素发挥作用以改变商品和货币之间的交换比率。我们必须进一步忽略战争以增加运输货币的必要时间以限制清算中心的行动，而且可能以其他方式来增加个体经济人对货币的需求这个事实。让我们仅仅讨论这个问题，在其他条件都相同的情况下，如果货币数量不断增加，而物价被限制在政府强迫维持的以前的水平上，最后必然会产生什么结果？



货币数量的增加导致市场上出现购买的新意愿，这种新意愿是以前不存在的；按照通常的说法，就是创造了“新购买力”。如果新购买者和已经进入市场中的购买者进行竞争，那么，如果不允许提高价格的话，只有总购买力的一部分能够发挥作用。这说明，有些有采购意愿的购买者（would-be purchasers），虽然已经同意所

要求的价格，但是没有采取具体的购买行为，却离开了市场，有采购意愿的购买者却将准备购买商品的货币带回了家。准备按照官方规定的价格付款的购买者是否能够买到他想购买的商品，则取决于很多情况，从市场的角度来看，这些情况都是完全可有可无的；例如，当时他是否恰好在场，他是否和销售者有个人联系，或者其他类似的情况。市场机制不能区分在有购买意愿的采购者当中，哪些人仍然能够采购，哪些人不能采购；市场机制不能通过价格的变化，使供给和需求同时发挥作用。供给滞后于需求。市场的作用失去了意义；其他因素取代了市场的作用。



但是，把新创造的钞票投入流通的政府这样做，因为它希望使商品和服务脱离原来的途径，以引导它们进入其他所需要的某种用途。它希望购买这些商品和服务；但却不是强迫征用，这也是一个可以想象得到的方法。因此，它一定希望，一切都应该用货币取得，并且只能用货币取得。如果市场上万一出现一些购买者没有达到其目标而退出市场的现象，这对政府不利。政府愿意加入到
247 购买当中；它希望利用市场，而不希望干扰市场的秩序。但是，政府的定价确实干扰以货币进行商品和劳务买卖的市场。商业社会在它力所能及的范围内以其他方法寻求摆脱这些干扰。它重新建立直接交换体系，在这个体系中，商品和服务无须货币工具即可进行交换。那些被迫以固定价格出售商品和劳务的人，不是出售商品和劳务给每个人，而是仅仅出售给他们愿意给予好处的那些人。有购买意愿的采购者排着长队等待，以便于抢购因为太晚而抢不上的商品；他们吃力地从一个商店跑到另一个商店，希望找到一家其商品尚未销售完的商店。

因为一旦市场上的商品按照低于市场水平的官方固定价格售完，那么商店腾空的货架就得不到补充。要价高于某一价格水平被禁止，但是，生产和销售却不是强制的。因此就不再有任何销售者。市场停止发挥功能。这说明以劳动分工为基础的经济组织不可能继续了。如果不推翻社会的劳动分工体系，货币价格的水平就不能固定下来。

所以，目的在于把物价和工资一般建立在自由市场上能够获得的水平之下的政府固定价格，是完全不切实际的。如果个别种类的商品和劳务价格须以这样的措施来限制的话，则会产生混乱，这种混乱被以私有财产为基础的经济秩序具有的调整能力再一次调整过来，从而足以使这一制度继续存在。如果这样的制度被普遍化，而且真正付诸实施，那么它们和以私有财产为基础的社会秩序无法共存，这是很明显的。那么，就不得不放弃把物价管制在一定限度的努力。着手取消市场价格的政府不可避免地会废除私有财产；它不得不认识到，在生产资料私有财产和自由契约的制度与生产资料的共同所有权制，或社会主义之间，没有任何中间道路可走。它将逐渐被迫走向强迫生产，普遍劳动义务，消费配给，最后发展到对所有生产和消费都实行政府管制。 248



这是第一次世界大战期间经济政策走过的道路。当国家主义者得意地宣布国家有能力做它想做的一切时，却发现经济学家原来是正确的，他们还发现，仅仅靠价格管制不可能进行管理。因为他们想消除市场的作用，他们被迫采取比起初设想的措施还严厉的措施。他们采取的第一个步骤，是对最重要的必需品进行配给；不久被迫实行强制劳动，最后，把整个生产和消费置于国家的管理之下。私有财产仅在名义上存在；事实上，私有财产已经被废除了。

军国主义的崩溃也是战时社会主义的结束。但是，革命政权对经济问题的理解还不如旧政权。所有过去的问题都重新出现了。

借助警察和刑法干预物价上涨的努力措施，并没有以失败告终，因为官员执行的力度不够，或者因为人民找到了规避管制的方法。它们没有遭受彻底的失败，因为企业家不像社会主义和国家主义传说中的那样具有公益精神。它们注定要失败，因为以劳动分工和以生产资料的私有财产为基础的经济组织，只有在价格由市场自由决定的条件下，才能发挥功能。如果价格管制原来一直成功的话，它就会使整个经济组织瘫痪。唯一可能使社会生产机构继续发挥职能的事情，是没有彻底执行管制措施，原因在于应该执行这些措施的人却没有能力执行。



几千年以来，在有人类居住的任何地方，为了实现公正而合理的价格，人们做出了无数的牺牲。那些违反价格管制规律的人受
249 到了严厉的惩罚；他们的财产被没收，他们自身被囚禁、折磨，并被处死。国家主义的推行者当然并不缺乏热情和力量。但是，尽管如此，经济事务不能由法官和警察来推动。

## 第四节　作为通货政策基础的国际收支理论

根据目前的观点，维持健全货币只有在“国际收支出现顺差”

的条件才有可能。一个出现“国际收支逆差”的国家，应该不能永远稳定其货币的价值；通货的贬值应该有一个结构基础，除非消除其结构上的缺陷，否则难以挽回。

对此和对相关反对意见的驳斥，在数量理论和格雷欣法则（Gresham’s law）中已有含蓄的说明。数量理论表明，在一个只使用金属货币（通货主义的“纯金属通货”）的国家，其货币不会永远流向国外。部分货币存量的流出，引起国内市场银根紧缩，使商品价格下降，于是限制进口而刺激出口，直到国内重新拥有足够的货币。履行货币职能的贵金属，根据个人和国家对其需求的程度和范围，在个人之间，然后在不同国家之间，进行分配。国家由于管制贵金属的国际流动，从而保证自己的国家得到所需数量的货币，这是一种多余的干预行为。国家出现它所不愿意看到的货币外流的现象，乃是国家干预，赋予不同价值的货币以相同的法定货币资格的结果。为了使货币体系不受干扰，国家需要做的一切，而且能够做的一切，就是不要进行这种干扰。这是古典经济学家和其当前的继承者——通货学派——的货币理论的本质。我们可以借助于现代主观理论对这个理论进行改进和扩充；但是，我们不可能推翻这个理论，而且也不可能用其他理论代替这个理论。能够忘记这个理论的那些人，只能说明他们不能像经济学家一样思考。



当一个国家以信用货币或不兑现纸币代替金属货币的时候，
因为过度发行的纸币和金属货币具有相同的法律地位，引起格雷 250
欣法则所说的机制发生变化，于是，经常就有人认为，国际收支决定汇率。但是，这也是一个很不充分的解释。汇率由每一种货币的一个单位所拥有的购买力所决定；它必须在这样一个水平上决定，就是不管用一种货币直接购买商品，还是用另一种货币间接购买商品，其实都没有区别。如果汇率离开了由购买力平价所决定的水平，我们将其称为自然汇率或均衡汇率，那么，一些种类的交易就有利可图了。如果和其购买力所决定的比率比较的话，我们用其价值被汇率所低估的货币购买商品，然后和购买力相比较，把这些商品卖为其价值被汇率所高估的货币，就会赚到利润。因为有这样的盈利机会，外汇市场上会出现价值被交易所低估的货币的需求，这会使汇率上升，直至汇率达到其平衡位置。因为货币数量变化，而且商品价格也在变化，所以汇率也发生变化。前面已经说过，完全是由于市场技术才使这种基础关系在汇率事件（events）的时间程序（temporal sequence）中没有在实际中表现出来。事实上，在投机活动的影响之下，外汇汇率的决定已经预先包括了商品价格的预期变化。



国际收支理论没有注意到对外贸易的数量完全取决于价格的事实；它也没有注意到，如果没有任何价格差异使贸易有利可图的话，就不可能有进口和出口。国际收支理论只注意到它所论述的这些现象的表面事实。毫无疑问，如果我们只观察交易所的每天或每小时的变化，我们只能发现，任何时候的国际收支状况确实决定外汇市场的供给和需求。但是，这只是对汇率的决定因素的正确研究的第一步。下一个问题是，什么因素决定任何时候的国际收支状况？这个问题只能有一个答案，这个答案是，决定国际收支的价格水平和价格差额所引起的购买和销售活动。在汇率上升的
251 时候，不管价格有多高，只要在能够找到买主的前提下，就可以进口外国商品。

国际收支的其中一个理论尝试在进口必需品和非必需品之间进行区别。有人认为无论价格是多少，必需品必须进口，原因仅在于这些物品是非进口不可的东西。因此，国家的通货必须不断贬值，才能从外国进口必需品，也才能够出口相对的非必需品。如果这样认为的话，那就是没有注意到，个别商品的必需性或不必要性的程度大小，是完全由市场对其需求的程度和范围表现出来的，这种程度大小，还表现在支付这些商品所用的货币金额方面。不管奥地利人多么喜欢外国面包、肉、煤炭或者食糖，如果他们能够支付这些物品的价格，他们才能够获得这些物品。如果他们希望进口更多的必需品，他们就必须出口更多的非必需品；如果他们不能出口制成品和半制成品，那么他们就必须输出股票、债券和各种有价证券。如果进口物品的需求上升，进口物品的价格则上涨，而钞票的流通量不能增加的话，那么出口商品的价格势必下降。不然的话，必需品价格的上扬，必然相对应的是非必需品价格的下跌，而非必需品的购买受到限制，以便于可以购买必需品。所以，不可能出现价格普遍上升的问题。由于证券或同类其他证券的输出，或者由于非必需品出口的增加，国际收支也会得到平衡。只有在上述假设不适用的情况下，而且只有在流通中的钞票数量增加的情况下，尽管外汇上升，仍然能够进口相同数量的外国商品；仅仅因为这个假设不成立，所以外汇的上升并不妨碍进口，并且刺激出口，直到再次出现国际收支顺差。



因此，古代重商主义者的错误涉及一个我们没有必要感到害怕的恐惧现象。任何一个国家，甚至最贫穷的国家，都没有必要放
弃健全通货状态的希望。不是个人和社会的贫穷，不是对外国的 252

负债，也不是生产条件的不利因素，迫使汇率上升，而是通货膨胀才迫使汇率上升。

由此可以得出结论，用来阻止汇率上升的所有手段，都是不能奏效的。如果通货膨胀政策持续的话，这些手段没有任何效果；如果根本不实施通货膨胀政策的话，那么，这些手段则是多余的。这些方法中的最重要的方法，是禁止或限制被视为非必需品，或者至少没有其他商品重要的某些商品的进口。这使本来用于购买这些商品的一部分国内货币，却用于购买其他商品，而这里所涉及的唯一商品，自然是那些否则会在国外出售的商品。这些商品现在却在国内购买，因为这些商品的价格比国外商品的价格高。所以，进口减少和对外汇的需求的减少，被出口和外汇供给相同程度的减少所平衡。进口事实上是由出口而不是由货币支付的，这是新重商主义者不进行深入研究而仍然继续相信的理论。如果真正需要抑制外汇需求的话，那么，用于停止进口所用的货币金额，必须——比如说以赋税的方式——从国内使用的货币金额中剥离，而且使其完全不进入流通；即不能用于国家的目的上，而必须加以销毁。也就是说，随后必须推行通货紧缩政策。即在限制进口巧克力、酒和柠檬的同时，还必须使社会成员没有能够在这些商品上花费的货币。那么，他们就必须限制在这些商品或其他商品上的消费了。就前者来说，外汇的需求减少了，就后者来说，外汇的供给比以前增加了。

## 第五节　制止投机

要想确定仍然有人坚持相信货币的贬值应当追溯到投机者的活动的理论，不是一件容易的事情。这个理论是煽动的最低形式的不可或缺的工具；它是政府寻找替罪羊的来源。今天几乎没有替它辩护的独立学者；支持这个理论的人都是受雇而为之。不过，我们必须对这个理论进行说明，因为今天的货币政策在很大程度 253
上以此理论为基础。

投机不决定价格；投机必须接受市场所决定的价格。投机的努力在于正确估计未来的价格形式，并相应地采取行动。投机的影响不能改变特定时间内价格的平均水平；投机所能做的事情，是减少最高价格和最低价格之间的差距。投机可以减少价格的波动，而不像有人认为地那样会加剧价格的波动。

诚然，投机者对未来价格的估计有时也会出错。在考虑出错的可能性时常常忽略的问题是，在特定条件下，大多数人没有能力非常正确地预测未来。如果不是这样的话，买方或卖方的敌对集团会在市场上取得优势地位。市场所接受的观点后来被证明是错误的时候，真正感到惋惜的是持有相同观点的投机者们。他们不会有计划地犯错误；毕竟他们的目标是赢利，而不是亏损。

即使在投机的影响下确定的价格，也是看涨者(bulls)和看跌者(bears)双方合作的结果。双方的一方在实力和在致力于投机的程度上总是和另一方相等。每一方在决定价格的过程中都有相同的责任。没有一个人从一开始，并且在所有时间，都是看涨者或者看跌者；只有在综合考虑市场形势的基础上，或者更正确地说，在这样的综合考虑之后的交易的基础上，交易者才成为看涨者或者看跌者。任何人在任何时候都会改变自己的角色。价格是双方在彼此平衡的水平上决定的。外汇汇率的波动并不是仅仅由看跌者的卖出，或者同样由看涨者的买进，而决定的。

国家主义的观点，则把外汇价格的上涨归咎于国家在国内外的敌人的阴谋。这种观点认为，这些敌人以投机目的卖出国家货币，也以投机目的买进外国货币。我们可以想象出两种情况。要么这些敌人在交易中以希望获得利润作为动机，这一点和所有投机者的目的相同。要么他们是国家的敌人，因此他们压低通货的价值，从而希望破坏国家的声誉，即使为了达到这个目的，他们自己受到伤害也在所不惜。如果我们思考这些行为的可能性，就等于我们没有注意到这些行为一点也不符合实际。如果看跌者的卖出行为违反市场的看法，这些行为立刻就会引起相反的活动；他们
254 卖出的数量会被看涨者买进，他们预期到即将来临的反应，而不会对汇率产生值得提及的任何影响。



事实上，这些不为牟取利润，而为破坏国家信誉的自我牺牲的卖出行为，实属无稽之谈。诚然，外汇市场上的活动，固然有不以牟取利润，而以形成并维持不符合市场情况的汇率为目的。但是，这种干预行为一向是政府所为，因为政府认为它们对通货负有责任，并一直着眼于建立并维持高于平衡汇率的汇率。这些是人为买进而不是卖出的活动。当然，就长期而言，这些干预活动一定没有效果。事实上，要想防止货币价值不断下降，唯一的方法——不再在流通中增加钞票；而且只有一个方法来增加货币的价值——

减少钞票的流通。像1923年德国国家银行一样，该行以出售外国汇票的方式，只收回了不断增加的钞票发行的一部分，任何干预措施一定会失败。

在反对投机的想法支配下，推行通货膨胀政策的政府推行的
一些措施，其意义不能为大家所理解。所以，它们在一段时间禁止
输入钞票，然后又禁止输出钞票，再后来又禁止钞票的输入和输
出。政府禁止出口商出售货币以收回本国货币，也禁止进口商用
本国货币购买商品。用外国货币和贵金属计算的所有贸易，都被
宣布为国家垄断的范围。禁止公布本国交易所的外币行情，交易
所以外决定的汇率和私人议定的汇率信息的传播，都受到严厉的
惩罚。所有这些措施被证明是无用的，如果不是因为还有一些有 255
利于保留这类措施的重要因素，这些措施在实际废除之前早就被
置之一边了。除了前面提到的政治意义，即把维持货币价值的下
降归罪于邪恶的投机者的观点之外，我们还必须记住，对贸易的限
制措施创造了既得利益，利益集团从此以后就反对取消这类限制
措施。



有时，为了表明针对投机的措施是必要的，有人提出在外汇市场上有时没有人抵制看跌者，所以他们自己就能够决定汇率。这当然不对。但是，必须看到，对一种通货来说，如果逐渐贬值是一个预期行为，但又不可能预测这种贬值将于何时停止，如果最终能停止的话，投机则有特殊的效果。一般情况下，投机减少最高价格和最低价格之间的差额，而不会改变平均价格水平，在这一点上，如果价格水平的变化可能以相同的方向继续发展，这就自然不是这种情况。在这种情况下，投机的效果在于使波动断断续续地继

续下去,中间可能会出现平稳的发展阶段,不然的话,波动可能是更加和缓的。如果外汇汇率开始上升,除了那些按照自己对外汇行情的判断而买入的投机者之外,大量还没有入市的投机者进场了。这些投机追随者加强了由少数人按照其个人观点所启动的行情,和专业的职业投机者本身的影响所能启动的行情相比,使行情更为高涨。因为市场的反应不能像平常一样快速和有效地出现。当然,大家的看法是,货币贬值会进一步持续下去。但是,外国货币的出售者最终一定会出现,然后外汇上涨的行情就会停止;在一
256 段时间之内,甚至会出现下降的行情。最后,在一段时间的"稳定货币"之后,整个行情又开始了。

不可否认,相反的反应开始得晚,但是,一旦汇率的上涨远远超过商品价格,市场的反应就一定会开始。如果平衡汇率和市场汇率之间的差额足够大,从而能够进行有利可图的商品交易,那么就会出现对国内纸币的投机需求。由于商品价格上升,这类交易的范围再度萎缩,外汇价格的新一轮上涨行情即在酝酿之中。

国家主义最终逐步认为,拥有外国货币、外国货币存款和外国票据,其自身就是应受谴责的行为。从这个观点来看,公民的责任——在大量的文字中并没有人主张这个概念,但是在所有的正式公告中就是这种语气——就是应该忍受货币贬值对他们的私人财产带来的恶果,而且公民不应该进行任何努力获得还没有被货币贬值所吞噬的财产,从而规避这样的恶果。他们认为,从个人的角度来看,卖出马克,他可以赚到利润,使他不再贫穷,但是,从社会的角度来看,这是有害的,应该受到法律的制裁。对于享受通货膨胀的利益,而让其他人把他们的财富作为国家破坏性政策的牺

牲品的那些人来说，这确实是一个厚颜无耻的要求。在这种情况下，就像在提出相似要求的所有其他情况中一样，认为在个人利益和社会利益之间存在冲突，实在是一个不正确的观点。国家资本由国家的个体成员的资本构成，当后者被消费殆尽时，前者也一无所有了。如果个人采取措施以这样的方式投资其财产，从而使他的财产不被货币贬值所吞噬，他并没有损害社会；相反，在采取措施保全他的私有财产不被吞噬之时，他也在保存社会的一部分财产免受破坏。如果他不反对通货膨胀的有害效果，而献出所有的财产，他所做的一切就是使国家的部分财产遭到进一步的破坏，并且增加了靠通货膨胀政策而获取利益的那些人的财富。

诚然，德国人民当中最优秀的阶层的为数不少的人都相信了通货膨胀政策的支持者和其媒体言之凿凿的观点。当他们没有出售其马克和克朗(krone)，以及其马克和克朗的有价证券，反而继 257
续持有时，他们认为他们在做着一个爱国主义的行为。他们这样做，并没有满足国家的需要。而结果是他们和他们的家庭陷入贫困之中，这仅仅说明，当这个国家的文化重建被寄予这些阶层中的一部分德国人民时，他们已经堕落为既不能帮助自己，也不能有益于社会的境地。

# 第 三 编

# 货币和银行业务

# 第一章　银行业务

## 第一节　银行业务活动的类型

银行业务分为两个不同的部门：一是把他人的货币贷出，使信用流通，二是通过发行信用媒介，就是没有货币担保的钞票和银行 261
存款，来提供信用。这两个业务部门一向有密切的关系。它们是在相同的历史环境中发展起来的，现在仍然继续由同一个公司经营。这种联系的形成，不能仅仅归因于外部和偶然的因素；而是以信用媒介的特殊性质为基础的，也是建立在银行业务的历史发展基础之上的。不过，这两种活动在经济理论中必须进行严格的区分；因为只有单独研究每一个活动，才有可能理解其性质和功能。以前对银行理论的研究结果不能令人满意，主要是因为对它们之间的基本差异研究得不够。



除了其银行业务本身之外，现代银行还经营其他各种各样或多或少密切相关的业务分支。例如，兑换货币业务，中世纪银行系统的发端即以此为基础，而且银行活动最重要的工具之一，汇票，也来源于此。银行现在仍然经营这个业务，外汇管理局(exchange bureaus)也从事这个工作，但是它不履行任何银行职能；它也从事诸如买卖有价证券这样的业务。

银行也行使着和其顾客财产的普通管理相关的很多职能。它们接受顾客的有价证券，并以“公开”存款（“open” deposits）的方式加以经营，到期时把利息和股息息票（dividend coupons）分开，并代收相关款项。它们管理股票的分配，负责息票单的更新，而且经营其他相关的业务。它们代理客户进行证券交易所的交易，并且买卖没有上市的有价证券。它们出租保险箱，以使顾客存放他们封存的贵重物品。所有这些活动，就其每项业务而言，不管它们和整个银行的赢利能力有多大的关系，也不管它们对整个社会具有多大的经济上的意义，都和我们上文所定义的银行业务本身没有内在的联系。

银行本身的业务和投机以及股票发行的联系同样是宽松和表面的。这是银行业务的一个分支，今天银行的一般经济上的重要性依赖这一分支，在欧洲大陆和美国，它们利用这一业务来控制生产，其重要性并不亚于提供信用。银行与工商业的关系的变化，对经济生活的组织产生的影响并不容易高估；把这种变化称为现代经济史上最重要的事件，也许不是夸张。但是，就银行业务（banking）对货币和其他经济商品之间的交换比率（本书关注的仅仅是这种交换比率）的影响来看，它根本没有任何重要性。



## 第二节　作为信用融通者的银行

作为信用融通者，银行活动的特点是借出他人的货币，即借入的货币。银行为了贷出货币而借入货币；银行收取的利息和银行支付的利息之间的差额，减去其经营成本，就是它们这种交易的利润。银行业务就是在信用的出让者和信用的受让者之间的融通。只有那些把他人的货币借出去的人才是银行家；那些只把他们自己的资本借出去的人是资本家，而不是银行家。[1]我们使用古典学 262
派的这个定义，不应该成为术语争议的任何理由。银行业务这个词汇的内容，可以根据一个人的喜好扩大或者缩小，尽管似乎没有多少理由违背自亚当·斯密和李嘉图以来已经司空见惯的术语。但是，一个方面是不可或缺的：银行的业务活动是借出他人的货币，这必须严格区分于银行业务的其他所有分支，并进行单独研究。

对于银行作为信用融通者的活动来说，必须遵循一个重要原则，在信用交易和借记交易之间必须形成一种有机联系。银行出让的信用在数量和质量上必须与它受让的信用相符合。如果更准确地表达的话，则是“银行负债的到期日不得先于其相应的债权到期日”。[2]只有这样，才能避免无力偿付债务的风险。确实有风险存在。轻率地出让信用，就像可以使一个商人破产一样，也一定能够使一家银行破产。这是由于银行业务的法律结构所致；在银行信用交易和银行借记交易之间没有任何法律上的联系，偿还所借货币的责任不受投资能否收回的影响；即使证明投资已经完全亏损，其还款责任仍然存在。但是，就是因为有这种风险，才使银行值得在信用出让者和信用受让者之间发挥中介的作用。正是因为接受了这个风险，银行能够获取利润，但是，也可能招致亏损。

关于银行业务的这个分支，需要在此说明的就这么多。因为就货币和货币理论来说，甚至银行作为信用融通者的职能，也仅在于它在能够影响信用媒介的发行方面才具有重要性，这一问题只在这一编的其余章节讨论。

## 第三节　作为信用媒介发行者的银行

如果要理解信用媒介的重要性，就有必要研究信用交易的性质。

不管是直接或者间接交易行为，交易双方既可以在同一时间
263 履行其义务，也可以在不同时间履行其义务。我们称前一方式为现金交易，而称后一种方式为信用交易。信用交易是用现在商品交换未来商品。



信用交易分两类，这种区别一定是每一个信用理论的出发点，尤其是货币和信用之间的关系的每一项研究，以及信用对商品的货币价格的影响的研究的出发点。一方面，这些信用交易的特点是，先于对方履行其交易条件的一方，要负担一项牺牲——放弃对所交换的商品立刻处理的权力，或者，如果更喜欢这种交易方式的话，则要放弃处理已出让商品的权力，直到收到所交换的商品。这种牺牲被契约另一方的一项相应的收益所平衡——能够更早的支配在交换中得到的商品，或者，换言之，即无须立刻履行交易的责任的好处。在交易双方各自的估价中，他们都考虑到了必须履行交易义务的时间之间的差异所产生的有利因素和不利因素。契约中包含的交换比率就是有关各方对时间价值的看法的表达。

第二类信用交易的特点是，先收货后付款的一方在交易中的收益并没有被另一方的任何牺牲所平衡。所以，这种交易在本质

上和其他交易是一样的，双方履行契约义务的时间差异只对一方的估价有影响，而另一方可以将这种时间差异视为无关紧要。这个事实起初似乎令人难以理解，甚至难以解释，所以它是很多经济理论最终不能成立的难题。不过，如果我们考虑交易中所涉及的商品的特点，要找到答案也不难。在第一种信用交易中，被交易物是货币或者商品，能否对其进行支配是满意之源，是否放弃是不满意之源。在第二类信用交易中，信用的出让者暂时放弃了对一笔货币的所有权，但是，这种放弃（在某些假设中，这种放弃是有价值的）使他不会减少任何满足感。如果债权人以要求见票即付的债 264
权的方式而出让一笔贷款，那么这笔信用的出让对他没有任何经济上的牺牲。如果我们不考虑发行这种钞票可能涉及的技术成本和其他成本，他能够免费以这种形式出让信用。他是否能够立刻得到支付的货币，或者最初只取得债权，这项债权以后才到期，对他来说都无关紧要。[3]

为了避免在概念上可能产生混淆，对这两类信用交易选择特别的名称似乎很有必要。对于第一类交易，我们建议使用商品信用（Sachkredit）的名称，对于第二类交易，我们建议使用流通信用（Zirkulationskredit）的名称。必须承认，这两个名称没有完全表达这种划分所要概括的本质。不过，这个反对意见，在某种程度上可用来批评一切专业术语，并不特别重要。对这个问题的充分回答是，现在还没有人使用更好和更恰当的名称来表示这种区别的意义，总的说来，大家还没有充分思考这个区别。无论如何，流通信用的说法比发行信用（emission credit）一词出现错误的场合更少，而且流通信用有时被用在钞票发行方面，而且仅仅被选来专指钞票的发行。此外，适用于所有这些不同意见的观点，对于这个具体术语的争议，也是适用的——使用的文字并不重要，重要的是文字所要表达的意义。

当然，流通信用的特点也不是没有引起经济学家的注意。在那些认真考虑货币价值和信用的基本问题的理论家中，我们几乎难以找到没有提到过钞票和支票使用的特殊情况问题的理论家。对某些种类的信用交易的个别特点的这种承认，并没有导致在商品信用和流通信用之间进行区别，这也许是经济学的历史当中的某些偶然事件所导致的。世纪对银行和信用理论的大多数研究的
265 本质，是对通货理论（currency principle）的孤立的、教条的以及政治经济方面的错误的批评，这从而使人们特别重视能够用来表示钞票和银行信用的其他媒介的基本相同点的所有因素，却使人们忽略了具有上述特点的两类信用之间存在的重要区别，这些重要区别的发现是古典学派及其后继者，通货理论家的一个永久的贡献。

流通信用表示的债权，在任何情况下都可以代替货币使用，这可以用来解释个人对于流通信用交易的特殊态度。需要货币以用于贷款、购物、清偿债务或纳税的个人，首先不用把货币债权（钞票或银行存款）兑换成货币；他也能够直接使用债权本身作为支付工具。因此，对于每一个个人来说，它们是真正的货币代用品；它们和货币一样履行货币的职能；对个人来说，它们是"随时可用的钱"，也就是说，这些是现在的钱，而不是将来的钱。商人把他拥有的钞票和辅币包括在他的现金之中，并且也把他用支票或其他方式经常直接支取的银行存款，也包括在他的现金之中，他的这种做

法，和立法者赋予这些信用媒介以清偿用货币计算的所有的契约义务的法定权力一样，都是正确的——在这样做时，商人只是确认商业社会所建立的一个惯例。

在所有这一切当中，货币没有任何特殊之处。一个绝对安全和到期的债权的客观交换价值，代表接受一个确定的个体物品或一定数量的可替代物品的权力，和这个债权所代表的事物或事物的数量的客观交换价值完全没有区别。对于我们来说，重要的问题在于，对于货币的这类债权，如果对其安全性和流动性没有任何怀疑的话，仅仅是因为其客观交换价值等于它们所代表的货币数额，从商业角度来看，完全能够代替货币的地位。希望得到面包的任何人，如果他首先得到面包的到期的和可靠的债权，就能够得到面包。如果他只希望获得面包，以便于再用面包交换其他物品，他 266
可以放弃这个债权，并且不必清偿这个债权。但是，如果他希望消费这个面包，那么他就别无选择，只能通过清偿债权而得到面包。除了货币之外，进入交换过程的所有经济商品，必然落入希望消费这些商品的个体手中；不过，代表接受这样的商品的权力的所有债权，早晚都有被清偿的一天。如果一个人负有见票即付一个具体的单个商品，或者一笔具体数量的可互换商品（货币除外）的责任的话，他必须想到他会被要求履行付款的事实，并且也许在很短的时间内。因此，他不敢承诺多于他随时准备支付的能力。一个有1000个面包准备出售的人，不敢发出1000张以上的面包券，每一张都赋予持有者随时要求在任何时候交付一块面包的权力。货币的情况不是这样。因为除了用于交换之外，没有人需要货币，因为假如不再作为一般交换媒介的话，货币绝对没有消费者。所以，债权完全有可能作为货币的替代品，代表可以随时得到一定数量的货币的权力，而且其基本的可兑换性，以及是否能够按持有人的要求真正兑换，都是确凿无疑的；这些债权可以易手流通，而不会努力执行它们所体现的权力。债权人能够认为这些债权会一直流通，因为只要债权的持有者对债权的随时可兑换性没有失去信心，或者债权没有转移到没有这种信心的人手中。因此，他能够承担大于他的履行能力的债务；只要他采取充分的预防措施，以保证他有能力立刻满足实际上要求他履行的那一部分债权，这就够了。

仅仅货币所特有的事实，不是货币的到期并且安全的债权在商业上和这类债权所体现的货币的数额具有同样高的价值，事实反而是，这类债权是货币的完全替代品，作为货币的替代品，这些
267 债权，在其偿还期和安全性的本质特点被认可的市场，能够履行货币的所有职能。正是这个特点，才使发行人有可能发行超过其兑换能力的这种替代品。所以，除了货币凭证（money certificate）之外，信用媒介也产生了。



信用媒介增加广义货币的供给；所以它们能够影响货币的客观交换价值。以下各节研究这个影响因素。

## 第四节　作为流通信用来源的存款

信用媒介在存款制度的基础上发展而来；存款一直是发行钞
268 票和开立能够用支票取款的账户的基础。除此之外，起初的小型硬币，然后是中型硬币，也发展成为信用媒介。一般把能够随时用钞票或用支票提取的存款的承兑视为一类信用交易，从法律角度

来看，这个观点当然是正确的；但是从经济学的观点来看，这个交易不是信用交易的类型。如果经济学意义上的信用的含义，是用现在的商品或现在的服务交换未来的商品或未来的服务的话，那么就不可能把该交易包括在信用的概念中。把一笔货币存入银行，以交换的形式取得一项随时可以兑换货币的债权的人，这个债权对他来说完全能够起到和等同数额货币相同的作用，但是，他却没有用现在的商品交换未来的商品。他以其存款得到的债权，对他来说也是一项现在的商品。他把货币存入银行，绝不意味着他放弃了随时支配货币具有的效用。

因此，他以一笔货币交换而得到的债权，无论他早晚将其兑换成钞票，或者甚至根本不兑换，对他来说具有同样的价值；因为这个原因，他能够以一笔存款来获得这样的债权，而不要求由于支付和偿还之间的时间差而引起的价值上的任何差异的补偿，而且还不会损害他自己的经济利益。当然，这样的情况事实上并不存在。
这个情况屡次被忽视是由于人们长期并且普遍认为，信用的本质 269
是贷款者对借款者的信赖。任何把货币存入银行以交换一个见票即付的债权的人，自然说明他对银行随时准备付款具有信心。但是，这不是一个信用交易，因为缺少一个根本因素，即用现在商品交换未来商品。还有，促使形成这个错误观点的另外一个因素是，银行经营用货币交换见票即付的货币债权的业务，这种债权可以代替货币进行转让，和其信用业务的另外一个具体分支，有非常密切的关系，这个分支对货币数量有很大的影响，并且完全改变了今天的整个货币体系，即流通信用的提供。我们所关注的只是这种银行业务，即钞票的发行和没有用货币保证的账户开立业务。因为只有这类业务对货币的职能和价值具有意义；除了这些业务之外，货币数量不受其他任何信用交易的影响。

尽管其他所有的信用交易可以单独进行，并且由不经常参与这类交易的人们在双方的活动中进行，但是，以发行信用媒介的形式而提供的信用，只有在把信用交易作为经常业务来办理的机构
270 才有可能进行。必须大规模地接受存款和发放贷款，才能具有发行信用媒介的必要条件。如果公众不知道并且不信任钞票的发行者，钞票就不能流通。再者，以转账的方式支付，从一个账户转移到另一个账户，其先决条件是，要么同一个银行有大量的不同行业的顾客，要么几个银行机构联合起来，在这一联合机构中参加者的总人数非常庞大。因此，只有银行和银行家能够发行信用媒介；但是，这并不是银行和银行家能够经营的唯一业务。



银行业务的一个分支值得特别加以说明，因为，尽管这个分支和我们要讨论的各项银行业务有密切的联系，但是，它对货币数量完全没有影响。这就是存款业务，银行并不将其作为发行信用媒介的基础。银行在这方面的活动，仅仅是一个中介性的活动，关于这一点，英国人把银行家视为贷放他人货币的人，是一个非常适当的定义。在这个业务分支中，顾客存入银行的货币金额，不是他们的准备金的一部分，而是不一定用于日常交易的货币的投资。一般说来，这两类存款甚至在银行技术形式上也有区别。活期账户可以随时支取，也就是说，不用事先通知。银行经常对活期账户不支付利息，但是，当支付利息的话，利息低于投资存款账户。另一方面，投资存款账户一向产生利息，并且仅在事先通知之后才能支取。在长期的发展过程中，这两类存款之间的银行技术差别，在很

大程度上已经不复存在了。储蓄存款制度的发展，使银行有可能在没有通知的前提下，承担随时支付储蓄账户上的小额金额的义务。在投资存款业务中，银行吸纳的数额越大，根据大数原理，银行每天吸纳的金额就越有可能支付当日要求偿付的金额，而且保证银行不致破坏其任何承诺的准备金的数额就越小。只要银行把这一准备金和活期账户的准备金合起来使用，这样一个准备金就非常容易维持。小型企业主和不太富裕的个人，他们的货币事务不多，没有必要全部转移到银行，现在可以利用这一发展成果，把其部分准备金以储蓄存款的形式存入银行。另一方面，银行之间的竞争逐渐提高了活期存款的利率，从而使一些不需要的货币金额也可以用于投资，于是作为临时投资被存入活期账户。不过，这些做法并没有改变存款的原理；不是交易的正式技术方面，而是其经济性质，决定它对我们的重要性。

从银行的角度来看，如果将这两种储备金集中起来，所需维持的储备金的水平，可能会低于这两个储备金完全独立时所需维持的水平的金额的话，那么这两种存款业务之间确实有联系。从银 271
行技术的角度来看，这非常重要，并在某种程度上解释了存款银行对储蓄银行的优势，因为存款银行经营这两种业务，而储蓄银行只接受储蓄存款(储蓄银行因此也被迫经营活期存款业务)。就银行体系的组织来说，这个情况具有重要意义；就这类问题的理论研究来说，其价值并不大。

和货币数量相关的，需要单独研究的银行业务的这个分支，非常重要的问题是这样的：由于上面提到的理由，经营顾客的活期存款业务的银行，能够将其顾客存入的货币数额的一部分，作为贷款进行贷放。至于具体如何办理则无关紧要，要么将其吸纳的存款真正贷出一部分，要么对需要信用的人发行钞票，要么为他们开立一个活期账户。在这里非常重要的唯一问题是，贷款是从在贷款之前尚不存在的资金中贷出的。在其他所有的情况中，如果有贷款，那么，贷款是从已有的并且能够支配的资金中贷出的。一个既没有发行钞票的权利，又不能经营其顾客的活期存款业务的银行，它能够贷款的数量，永远不会超过它本身的资金来源和他人委托其经营的资金来源的总和。对于那些发行钞票，或者经营活期账户存款的银行，情况则不同。除了它们自己的资金，和属于他人但是可以由它们支配的资金之外，它们还有一笔可以贷款的资金。

## 第五节　流通信用的提供



根据目前流行的观点，用它自己的钞票提供贷款的银行所担任的角色，是在借款者和在任何时候的钞票持有者之间的信用融通者。所以，从根源上看，银行信用不是由银行提供的，而是由钞票的持有者提供的。有人认为银行参与其中的唯一目的，是以其众所周知的和不容置疑的信用来代替那个不为人知的，而且也许是不能十分信任的债务人的信用，所以能使借款人更容易地得到由“公众”承贷的一笔贷款。例如，有人认为，如果银行贴现汇票
272 (bill)，所贴现的相同金额由钞票支付，这些钞票只代替汇票流通，如果不经过这个程序，则汇票会代替现金在社会上直接流通。有人认为，此事也能够在历史事件中得到证实，就是指的这个事实：在发行银行体系发展之前，尤其在英国，汇票流通的程度远远比后

来大；例如，在兰开夏郡，当英国银行在曼彻斯特成立分行之前，支付总额的十分之九是用汇票支付的，仅十分之一是用货币或钞票进行的。[4] 现在，这个观点再也不能说明这个问题的本质了。承兑并持有钞票的人并没有提供任何信用；他没有用任何现在的商品交换未来的商品。具有偿付能力的银行的随时能够兑现的钞票，作为代替货币的信用媒介，在商业交易中能够到处使用，没有人在货币和他作为现金所持有的钞票之间进行区分。和货币一样，钞票是一种现在的商品。

银行可以用两种形式来发行钞票。一种方式是用钞票来交换货币。根据会计原理，银行达成了一笔信用交易和一笔借记交易；这笔交易实际上无关紧要，因为新债务被完全对应的资产抵消。银行不能从这样一笔交易中赚到利润。事实上，这样一笔交易使银行遭受损失，因为它没有获得任何收入，以抵消印制钞票和贮存货币存量的费用。所以，只有和发行信用媒介相配合，银行才能够发行有充分保证的钞票。这是发行钞票的第二种办法，把钞票作为贷款发行给寻求信用的人。根据银行制度，和其他情形一样，这只是一笔贷方交易和一笔借方交易。[5] 诚然，这笔交易并没有在银行的资产负债表中表现出来。在资产负债表的资产账上记入了贷出的贷款和出纳的情况，在负债账上记入了钞票的发行。如果我们以损益表来看，我们就可以对整个过程的真正性质有更好的理解。在损益表上有利润的记录，利润的来源具有提示作用——“贷款利润”。银行贷出其自身的资金和他人的货币时，这个利润的一部分来自于它支付给存款者的利率和它向借款者收取的利率的差额。另外一部分利润来自于出让的流通信用。银行，而不是钞票 272

的持有者，赚取了这个利润。银行有可能完全持有这笔利润；但是，有时候，银行和他人分配了这笔利润，参与分配者可以是钞票的持有者，更有可能是存款人。但是，在这两种情形当中的任何一种情形中，银行都有利润可赚。[6]

让我们假设，一个国家的货币流通量是 1 亿达克特(ducats，以前在一些欧洲国家使用的各类金币的总称)。这个国家有发行银行。为了简单起见，让我们假定，该行的自有资本作为储备金被投资到银行业务以外的业务中了，我们再假设，该银行就这笔资本每年向政府支付利息，以换取发行钞票的特许权——这个假设确实非常符合一些发行银行的实际情况。现在让这家银行收入5000万达克特，并用这笔资金发行价值 5000 万达克特的面值为 1 达克特的钞票。但是，我们必须假设，该银行不会把这 5000 万达克特存放在它的金库中；它把 4000 万达克特借给外国商人以收取利息。这些贷款的利息是该银行的毛利润，只需扣除钞票印制费用、管理费用和其他费用。在这个案例中，有没有可能认为，钞票的持有者把信用出让给了银行的外国债务人，还是把信用出让给了银行本身？



让我们对这个例子做一些不太重要的修改。让这家银行把这 4000 万达克特不要借给外国人，而借给本国人。在这些本国人中，甲对乙负有一定数额的债务，比如说，是甲从乙处购买货物的货款。甲没有能够支付货款的货币，但是，他却能够向乙转让一笔三个月到期的债权，这是甲对丁的债权。乙能同意这个安排吗？显然，只要他本人在接下来的三个月内不需要他现在立刻要求的
273 金额，或者如果他有可能找到一个在三个月内不需要同等金额，而

愿意接受对丁的债权的人,乙就能同意这个安排。或者出现了一个情况,乙希望从丁处购买物品,而丁希望把货款的支付延长到三个月之后。在这种情况下,如果乙确实同意延迟付款,这只能是乙同意延期三个月,而不立刻收款的三个理由之一。实际上,所有这些都是真正的信用交易的例子,是以现在商品交换未来商品。这些交易的数量和范围,取决于现在能够得到的商品的数量;有可能贷款的总额,受货币的总额和用于这一目的的其他商品的总额的限制。只有可支配货币的那些人,或在一定时间内不需要其他经济商品的那些人,才能够贷款。现在,当银行把这 4000 万达克特投向贷款市场时,可用于贷款用途的资金也增加了完全相同的金额;这对利率一定会产生什么直接影响,应该不需要进一步解释了。那么,如果说,当银行贴现汇票时,它只是用一种方便的钞票通货(note currency)代替一种不方便的汇票通货(bill currency),这种说法正确吗?[7] 钞票的确只是一种更方便的汇票吗?绝不是。代表有付款能力的银行对持票人在任何时候以见票即付的形式支付一笔金额的承诺,换言之,如果需要时立刻支付的钞票,和在一段时间之后支付一定金额的承诺的汇票,具有一个重要的不同之处。众所周知,即期汇票在信用体系中没有任何作用,和钞票相似;但是,远期汇票和钞票不同,它是汇票经常采用的形式,在信用交易中经常使用。用货币、钞票或者用见票即付的方式转让其他任何债权来购买商品的人,都是在进行现金交易;而以承兑三个月汇票的方式支付采购货款的人,是在进行一项信用交易。[8]

让我们把这个例子再做一些不太重要的变化,也许有助于使这个问题更清楚。让我们假设银行最初发行价值 5000 万达克特

274 的钞票，从而收入价值 5000 万达克特的货币；现在再让我们假定，这家银行在贷款市场上又增加了 4000 万达克特的它自己的钞票。这个案例和上面讨论过的两个案例完全相同。

发行钞票的活动，无论如何都不能被视为像汇票数量的增加那样，能够增加信用的需求。正好相反，发行银行并不需要信用；它出让信用。当额外数量的汇票进入市场时，这增加了信用的需求，因此提高了利率。把更多的钞票投入贷款市场起初产生相反的效果；它使信用供给量增加，因此具有降低利率的直接趋势。[9]

钞票和汇票之间的这个根本区别没有引起注意，这是政治经济学历史上最值得注意的现象之一。它对经济理论史的研究者们提出了一个重要的问题。在解决这一问题的过程中，它们的重要工作就在于要表明，这种实际情况最初被承认，甚至在古典学派的著作中都可以找到，通货学派对其做过进一步的发展，但是，后来的研究者为什么没有继续发展而将其推翻了呢？[10]



## 第六节　信用媒介和间接交换的性质

从上面的讨论应该很清楚地看出，研究这个问题的传统方法不符合信用媒介的特点。不论它们是否以货币为保证金，如果把钞票和活期存款视为同一现象，那就不能对这些特点的性质形成一个正确的概念。如果把钞票的持有者和活期存款的储户视为信用的出让者，则没有认识信用交易的意义。如果把钞票和一般汇

275 票(即不仅仅是即期汇票)都视为“信用工具”，则等于放弃了理解这个问题的核心的所有希望。

另一方面，如果认为使用信用媒介能够改变交易行为的本质，也是大错特错。不但以有货币保证的钞票和活期存款来进行的那些交易，而且以使用信用媒介来进行的那些交易，都属于涉及使用货币的间接交易。交易行为产生的债务，不管是利用货币的实际转移来支付，还是以出让立即兑现货币的债权，即以出让货币代用品来支付，这件事尽管从法律的角度看很重要，但是它对交易行为的经济性质还是没有任何影响。例如，如果有人认为，当使用支票付款时，商品其实是和商品在进行交换，只是没有了原始的易物交换的天然笨拙性而已，这种说法是不正确的。[11]就像在其他每一个用货币进行的间接交换中一样，这和直接交换不同的是，货币在商品和商品之间发挥了中介的作用。但是，货币是一种经济商品，其价值也会发生变化。获得货币或者货币代用品的人，都会受到货币的客观交换价值的所有变化的影响。这不但适用于以钞票或支票付款，也适用于以实际转让货币的付款行为。但是，这是唯一重要的一点，而且这不是货币是否实际"进入"整个交换的偶然情况。出售商品并且接受支票付款，然后立刻使用支票本身，或者以他能够支配的存款余额，来支付他在另外一个交易中所购商品的价款的任何人，都不是以商品直接交换商品。他进行了两种不同的交换行为，这两种交换行为和任何其他两种购买行为都没有更密切的关系。

我们提出的术语可能不是能够找到的最合适的术语。必须毫不客气地承认这一点。但是，至少我们可以认为，和以前使用的那些术语相比，这里所使用的术语可以使我们更好地理解这些现象的本质。如果认为过去关于银行理论的研究结果常常不能令人满

276 意，主要原因是所使用的术语不够准确，有些肤浅，这种说法不一定准确，但是，这类研究没有成功，术语的使用仍然有很大的原因。

经济理论把法律和银行技术问题放在次要地位，而且经济理论划分的界限和法理学以及工商管理划分的界限不一样，这是，或者应该是，不证自明的事情。因此，如果把上面的理论和特殊程序的技术或法律性质之间的差异作为反对上述理论的理由，则没有关联性，这种不相关性就像用经济理论解决有争议的法律问题一样。

# 第二章　信用媒介的演变

## 第一节　发行信用媒介的两种方法

所以，信用媒介是支付特定金额的见票即付的债权，它不以大
量的货币作为保证，它的法律和技术特点使它履行以货币计算的 278
义务时，适合于代替货币用于付款和承兑。上文已经说明，重要的不是严格的法律条文，而是实际的商业惯例，所以，虽然有些做法从法律的角度来看不能被视为支付货币的承诺，但是，却作为信用媒介在发挥作用，因为实际上仍然有人把它们视为信用媒介来承兑。我们能够证明，从它们不是货币凭证(money certificates)这个角度来看，甚至现代的辅币，以及诸如金本位建立一直到废除期间德国的塔勒这样的货币，都是信用媒介，而不是货币。



信用媒介可以用两种方法来发行：由银行发行，或由其他机构发行。银行信用媒介的特点是，它被视为发行机构的一项债务。它们被记为负债，而且发行机构不将发行的金额视为收入或资本的增加，而将其视为账面借方的增加，如果不把整个交易记为亏损的话，必须在贷方增加相等的数字来平衡。处理信用媒介的这种方法，使发行机构有必要把它们视为交易资本的一部分，永远不能

使用在消费中，而应该一直投资在业务上。这些投资不一定一直是贷款；发行者可以用发行信用媒介收入的流动资金来经营生产性企业。众所周知，一些存款银行有时开立没有货币保证的存款账户，其目的不但在于出让贷款，并且也用于直接采购它们自身生产所需的资源。不止一家现代信用和商业银行都将其部分资本以这种方式投资，至于货币代用品的持有人，以及对其负有保护责任
279 的国家立法机关，在这件事情上的正确态度的问题，仍然还没有得以解决。在早期，发行钞票的银行也遇到了相同的问题，[12]后来银行惯例，或者法律，规定短期贷款为“担保品”(cover)。

不过，信用媒介的发行者可以把进入流通的信用媒介的价值，视为他的收入或资本的增加。如果他这样做的话，他就不会不厌其烦地从他的资本中拨出一笔特定的信用资金，以作为其因为这笔发行而增加的负债的保证。他会把发行的利润据为己有，这在辅币的情形中被称为铸造利差(seigniorage)，像收取其他种类的收入一样理所当然。

使信用媒介进入流通的两个方法之间的唯一差别是发行者的态度。当然，这对信用媒介价值的决定没有任何作用。发行方法之间的差异是历史因素造成的。信用媒介起源于两个方面：一是来自于存款银行和转账银行的活动。二是来自于铸币的国家特权。前者是钞票和活期账户的来源；后者是可兑换的中期国债(Treasury notes)、辅币和那些铸造受到限制的当前货币，但是它们不能被视为信用货币或不兑现纸币，因为其全额实际上能以见票即付的形式兑换为货币。现在，发行信用货币的两种方法之间的差别正在逐渐消失，国家在发行信用货币方面更是在致力于采

取和银行相同的方法。有些国家已经习惯于把其铸币的利润用于特别的用途，并不再把它们视为财富的增加。[13]

在银行发行的两类货币代用品中，活期存款历史更悠久。钞票实际上只是活期账户的一个发展结果而已。在法律和银行家看来，两者确实有区别，但是，在经济学家看来，这两者毫无不同。两 280
者之间的唯一区别，是钞票在法律上、银行业务上和商业上的那些特点，从而使钞票具有特殊的流通能力。它容易转让，其转让方式和货币非常相似。因此，钞票能够超越更古老的货币代用品和活期账户，并且迅速渗透到商业社会。对于中等和小额支付来说，它们提供的巨大优势使活期存款实在难以维持其地位。直到 19 世纪后半期，活期账户又一次重要起来，并和钞票并驾齐驱。在大宗交易中，支票和结算付款常常比钞票更有优势。但是，活期存款何以在部分程度上排除钞票，其主要原因绝不能从商业的内在要求中去寻找。有时，一些人为了赶时尚，没有任何理由或证据就断言，和钞票相比，活期存款不是一个“更高”形式的货币代用品。在很多国家，活期存款取代了钞票，因为钞票的发展受到了人为的阻碍，而活期存款则得到了人为的鼓励，其原因在于，在接受通货学派的理论之后，大家看到货币对其他经济商品之间的交换比率能否保持稳定的危险，只在于过度发行钞票，而不在于银行存款的过度增加。

如果从经济学角度来研究信用体系，钞票和存款的对比只具有次要意义。就付款来说，一种形式或另一种形式则更为合适而已，对于有些付款形式来说，两种方式都合适。如果这两种付款方式任由其按照自己的方式发展，这个事实毫无疑问比现在更明显，现在，有人企图在技术上似乎不太合适的场合，利用人为手段操纵使用一种信用媒介或另一种信用媒介。

## 第二节　信用媒介和清算体系

银行学派的理论家和其追随者，银行理论问题的现代作家，其
281 著作的主要特点，是对信用媒介的性质没有进行明确的说明，这导致在货币代用品和在减少狭义货币需求的一系列制度之间造成长期的混乱现象，而且还致使人们没有充分地注意到，在货币代用品的自身范围内，货币凭证和信用媒介之间的区别。

借助于一定数量的可替换物进行的交换，如果几个人必须同时进行交易的话，有时能够以较为间接的方式进行，虽然这些方式在形式上具有更复杂的法律结构，但却能够从根本上简化严格法律意义上的交易，而且在特定情况下不用提供具体的交易媒介。甲给乙一块布，从乙处接受一只羊作为交换，如果甲同时必须给丙一只羊，从丙处换来一匹马，如果乙代表甲给丙一只羊，便解除了他自己给甲交付一只羊换一匹布的义务，同时也解除了甲对丙交付一只羊交换一匹马的义务，这两笔交易也得以完成。由此可见，如果直接进行的话，这两项交易需要进行四次转让，而这个方法只需要经过三次转让。

由于把某些商品作为一般交换媒介的习惯不断发展，从而便增加了以这种方式使交换大为方便的可能性。因为一个人对某一可替换物同时拥有债权和债务的次数，和相同的可替换物——一般交换媒介——成为单独交易中交换对象的次数而增加。货币使

用的充分发展，首先把间接交换分离成两个行为，即使这类交易在任何情况下都能以直接交换来进行。肉商和面包商也能够直接交换其产品，但是，他们常常更愿意把他们的相互关系发展成借助于货币来进行的交换关系，他们在其他交易中也采用这种方式。肉商把肉卖给面包商以换取货币，面包商把面包卖给肉商以换取货币。这便产生了彼此的货币债权和货币债务。但是，很明显，这里双方的债权和债务的清偿，不但能够以一方实际上把货币交给另一方来完成，而且也能够以互相抵消的方式来完成，在互相抵消的方法中，只有余额用支付货币的方式来清偿。在这个方法中，债权和债务关系全部或部分抵消，交易即告完成，这和直接交换相比有重要的优势：一切和使用货币相关的自由，都和技术的简单性相结 282
合，而技术的简单性是直接交换交易的特点。

当在交易中使用货币的时候，由于信用交易，或者以现在商品交换未来商品，逐渐成为人们的习惯，不断被大家使用，从而促使债权或债务互相抵消的间接交换的这个方法，便大行其道。当所有交易都必须用现金清偿时，利用互相抵消进行间接交换的可能性只有局限于以肉商和面包商为例的情形中，并且我们只能假设，当然这个假设只能偶尔有效，双方同时具有需求。充其量我们有可能想象，其他几个人可以加入进来，形成一个小团体，在这一团体中，能够使用汇票(draft)来清偿交易，而无须实际使用货币。但是，甚至在这个情形中，大家同时具有需求仍然是必要的，而且，因为涉及多人，现金清偿仍然很少能够实现。

如果信用的使用把商业活动从依赖于同时产生供给和需求的束缚中解脱出来，这些困难才能够得以克服。事实上，这就是信用对于货币体系的重要性。但是，只要一切交换仍然是直接交换，而且只要货币还未被确立为一般交换媒介，这还不能充分发挥其影响。对于清偿债务来说，信用的工具性（instrumentality）有可能使两人之间的交易被视为同时产生，即使交易实际上发生在不同的时间。如果面包商在一年四季每天都给鞋匠出售面包，而只购买一次鞋匠的一双鞋，譬如，在年底，如果信用没有提供一个工具，首先延迟一方的债务，然后再用互相抵消的方式，而不用现金付款来进行清偿的话，那么，面包商的付款，自然还有鞋匠的付款，必须使用现金不可。

如果债权在一个团体内转让，债权和债务最终会出现在相同的人之间，于是债权和债务就可以互相抵消，或者直到债务人自身得到债权，债权和债务关系消失，因此，借助于货币进行的交易，也
283 可以用对销方式得到部分清偿。地区之间或国际间的汇票（bills）交易，近年来由于使用支票和基本上没有改变其性质的其他方式而得到发展，相同种类的交易方式也在大规模地发展。在这一方面，信用极大地增加了适合对销方式的交易数量。[14]在所有这些交易中，我们借助于货币进行交易，不过，实际上，在交易中并没有使用货币或货币代用品，仅仅是交易各方之间对销的过程而已。在这些交易中，货币仍然是交易的媒介，但其作为交易媒介的资格，并不取决于是否真正具有货币。货币得到使用，但不是具体使用实际存在的货币或货币代用品。没有出现的货币履行了一个经济职能；它具有影响，仅仅是因为它具有能够出现的可能性。



利用对销过程来清偿借助于货币所进行的交易，使广义货币需求减少，而没有影响把货币作为交换媒介所履行的功能，这种减

少的基础是彼此兑销货币债权。没有使用货币，因为货币债权在彼此转让，从而代替了货币的实际使用。这个过程一直继续，直到债权和债务集中起来，债权人和债务人成了一个人。这时货币债权不复存在，因为任何人都不可能是他自己的债权人或债务人。[15]以彼此抵消的方式，在更早的阶段可以产生相同的结果，即用对销的过程来清偿彼此的债权。[16]在任何一种情况下，货币债权都不复存在，于是，在这个时候，而且一直到这个时候，产生此项债权的交 284
易行为最终完成。

债权的任何转让，如果不能以对销的方式使其更加接近于被清偿，就不能减少对货币的需求。事实上，如果债权的转让不能代替货币的支付，则正好相反，它就是货币需求的新来源。以债权的转让代替货币的支付，除了使用货币代用品之外，从来没有在商业上取得过重要的地位。对于已经到期的债权来说，持有者一般更愿意收回货币的票面余额，因为他一定会发现，用货币或货币代用品购买（并且在市场上进行其他交易）比用信用还没有完全建立起来的债权进行购买会更容易。但是，在特殊情况下，如果持有者在支付时确实把这类债权转让给他人，那么新持有者将处于相同的地位。用尚未到期的货币债权的转让来代替货币支付的更大障碍是，只有同意延期支付的那些人，才能够接受这类债权；当能够立刻得到付款，却愿意接受尚未到期的债权，这就是出让信用。



商业需求以前在某种程度上利用对汇票的法律条文，使汇票能够和信用媒介以非常类似的方式流通。在 18 世纪末和 19 世纪初，经过商人背书的汇票，曾经代替货币支付，在欧洲的商业中心流通。[17]因为以这种方式支付在当时是一种常见的习惯，任何人都能够接受一张尚未到期的汇票，即使他需要立刻得到现金；因为他非常肯定的知道，他应该对其支付货币的人们，也接受代替现金的尚未到期的汇票。我们也许没有必要认为，在所有这些交易中，当然应该考虑时间因素，因此，贴现是允许的。这确实可能增加处理这类流通工具的技术上的困难，由于其他原因，例如，汇票的不同面额问题，这些技术困难已经不容易处理。另一方面，对于任何持有者来说，不立刻出让汇票，而是持有一段时间，即使很短的时间，这个汇票在他的投资组合中都会产生利润。如果这样使用的话，汇票能够在某种程度上补偿信用媒介的匮乏。尽管汇票还需很长
285 的时间才到期，持有者能够视其具有流动性，因为他在任何时候都可以将其出让。

尽管如此，这种类型的汇票不是钞票或存款意义上的信用媒介。它们缺乏使信用媒介，银行的任意发行活动的无限增加的产品，成为用于商业目的的货币完全代用品的特点和性质。即使仅仅技术困难就足以使汇票在商业上不能使用到和货币代用品相同的程度，而发行者和承兑者的合作，由于汇票交易机构和经常的延期，确实能使汇票的流通具有无限的增加和无限期的延长的可能性。但是，流通中的汇票数量的每一次增加，都使每一个汇票的转让更加困难。它减少了市场的资源。事实上，汇票的持有者是一个债权人，他和钞票以及活期存款的持有者不同。接受汇票者必须检查前面的背书人的信用，还必须检查发行者和对汇票负有付款责任的其他人的信用，尤其需要检查主要承兑者的信用。任何转让汇票的人，在背书时就承担了对汇票金额付款的责任。汇票的背书事实上不是最后的付款；背书仅在有限的程度上解除了债

务人的责任。如果汇票没有按期支付，那么他重新承担的债务比以前更大。但是，法律对于汇票的履行和签字者的责任的严格规定是不能取消的，因为只有这些特点使汇票成为出让未到期债权，以代替货币付款的一个合适工具，对于这一类债权，判例法关于债务的规定不适用。不管以发行或背书汇票代替货币付款的习惯已经发展到什么程度，以这种方式支付的每一笔款项还是保留了信用交易的特点。在每一个支付情形中，交易双方有必要为在将来到期支付的债权的现在价格首先达成特别的协议；如果流通汇票的金额大幅增加，或者如果怀疑任何签字者的信用是否可靠，那 286
么，即使能够以比较好的条件，也很难出让汇票了。于是，发行者和承兑者就必须为汇票到期前的保证事项进行额外的安排，甚至于仅仅是转让一个延期汇票。在信用媒介中没有任何这样的情况，它们像货币一样转手流通，而不会出现任何问题。

支付体系的现代机制利用各种机构，以对销过程系统处理债权清偿。早在中世纪，这种做法就已经开始了，但是，票据交换所的大规模发展是在 19 世纪。在票据交换所，会员之间出现的债权继续彼此扣减，只有余额以货币或货币代用品的转移而清偿。清算体系是减少广义货币需求最重要的机构。

在银行体系的文献中，对于因为票据交换所的活动所产生的广义货币需求的减少，以及因为信用媒介的进一步使用而导致的狭义货币需求的减少，对这二者之间的区别，在习惯上一般都不进行足够清楚的划分。这是造成概念模糊的原因。

## 第三节　国内贸易中的信用媒介

在文明程度非常高的国家的国内贸易中，借助于货币来进行的交易，货币的实际使用在很大程度上被货币代用品的使用所代替。而且，在货币代用品中，信用媒介使用得越来越多。与此同时，用债权债务彼此清偿，借助于货币的交易数量，也在增加。在有些国家，几乎其全部没有经过清算过程清偿的国内付款，并不使
287 用货币来进行，而仅仅借助于没有用货币保证的钞票和存款，也借助于严格意义上的辅币，还借助于一经请求便可兑换成货币的硬币来进行。在另外一些国家，信用媒介并没有发展到类似的程度；在这些国家，法律保障不够充分，以致人们不能相信发行者的偿付能力，而发行者的偿付能力是货币代用品流通的必要条件，如果我们忽略这些国家，那么，我们会发现在世界上的任何地方，都不实际转移货币，大部分国内支付只以使用信用媒介来进行。只在中等规模的交易中，仍然实际转移货币。第一次世界大战之前，在德国和英国，常常是 20 马克到 100 马克，以及 1 英镑和 5 英镑的付款，才通过转移金币来进行。更小金额和更大金额的付款，几乎一律是只有部分货币保证的辅币、钞票或存款的转让。在其他国家，也是相同的情形。



在一些国家，例如德国和英国，货币继续在实际流通，并未完全被信用媒介和货币凭证所取代，这完全是因为有法律的干预。因为和钞票的性质有关的某些看法的原因，有人认为，应该反对小面额钞票的流通。[18]英国反对 1 英镑钞票的斗争，以金镑（sovereign)的完全胜利而告终,这个胜利对英国以外的国家也有影响,因为几十年来欧洲大陆不愿意使用小额钞票,便是以英国的看法为基础的。可以肯定,在法律管理健全,银行体系发达的那些国家,发行相应数量的小额钞票,可以毫不费力地代替在商业中使用实际货币。

在货币的实际转让已经完全被信用媒介和货币凭证所代替的 288
一些国家中,人们在系统地寻求实现这一目的,而且是以一种特殊的方式,并且在非常特殊的条件下,实现的。推行银本位的国家——主要是印度,但在亚洲的其他国家也有相似的情形——对本位制度经过激烈的争论之后,决定采纳单一金属本位,之后又被迫接受世界性的金本位。但是,在模仿英国或德国的制度过渡到货币体系时,在这些国家出现了极大的困难。为了使金货币(gold money)在这些国家流通,则有必要向它们运送大量的黄金,如果不这样做的话,则可能在欧洲货币市场引起严重的干扰并造成重大的牺牲。不过,这些国家的政府必须不惜一切代价,一方面不提高黄金的价值(以致不干扰欧洲市场),另一方面,如果不是有必要的话,不再降低白银的价值。印度的英国政府不敢采取有可能对伦敦的货币市场有不利影响的任何措施;但是,考虑到印度和其他亚洲国家的竞争,这些国家可能继续维持银本位,它也不敢采取加速银价下跌的任何措施,因此,即使仅仅在表面上,暂时削弱印度和中国、日本、海峡殖民地和其他实行银本位国家的竞争能力。因此,它的任务就是推进印度向金本位过渡,但是,却不大量购买黄金,也不出售白银。

这个问题不是不可能解决的。在一些限制之下,就像19世纪

70 年代末期停止白银的自由铸造的那些复本位国家的情况一样。此外，如果对这个问题进行认真的科学研究之后，我们可以看出，没有黄金通货，也有可能建立一个金本位；为了使一个国家建立金本位，这个金本位和英国的差别，仅仅在于黄金储量较低一些，只
289 需停止白银的自由铸造，宣布白银以固定比率和黄金兑换，建立一个合适的兑换基金以使此项兑换有效，就足够了。如果我们仅仅有必要去阅读李嘉图的著作，我们就可以发现，这样一个通货体系的计划，已经详细地拟定出来了。林塞（Lindsay）[19]和普罗宾（Probyn）[20]沿着这个方向研究，在李嘉图研究的基础上，制订了这种通货管制的计划。他们两人都想取消白银的自由铸造，并使卢比以固定比率兑换黄金。将来，只有卢比是法定货币。这两个计划在一些次要方面有所不同，其中最重要的不同之处是，尽管普罗宾认为，在印度本国卢比兑换黄金是必要的，而林塞却认为，在伦敦建立一个黄金储备，使卢比在伦敦兑现就够了。这两个建议都没有被印度政府和指定研究印度货币体系的委员会所接受。最后的意见是，正常的金本位需要有实际黄金通货，而且，如果没有这样一个通货，则会引起不信任。[21]

当时最杰出的专家，都在该委员会 1898 年的报告上签了字；对于普罗宾和林塞的计划的推荐意见，大英帝国的最重要的银行家的意见，都支持该计划的最重要的一点。不过，事件的发展过程证明，这两个理论家是正确的，而以感兴趣的，仅表示支持态度来对待这两个计划的政治家和大金融家，则是不正确的。最终在印度所执行的政策，大体上基本符合普罗宾和林塞的计划，尽管在细节上有一些变化。以前采纳银本位的其他国家的货币体系，也都

以非常相似的方式得以建立。印度、海峡殖民地、菲律宾和效仿这种做法的其他亚洲国家的现在的通货体系，其表面特点是，在国内贸易中完全不再使用货币，即黄金，来支付，或者如果使用的话，至少比欧洲和美国实行金本位的国家少得多，而且，甚至在这种情况下，黄金的实际流通和所有借助于货币进行的支付总量相比小得多。在印度的货币体系中，支付主要以银币进行，同时还有钞票、支票和直接转账(giro transfers)的方式，银币一方面是银本位时 290
代的遗留物，另一方面是政府为国家铸造，利益属于英国财政部，英国财政部从铸造银币中获得了巨大的利益。由政府建立并管理的兑换基金，以固定比率使这些银币兑换黄金、见票即付的黄金证券或者其他货币债权，而另一方面，它也发行这类银币，按照相同的比率不限数量地兑换黄金，只需扣除仓储和运输等费用。这个办法的次要细节在不同国家有所不同；但就其性质而言，它的法律或银行技术上的差异则并不重要。例如，银币的兑换是否以法律义务为基础，则没有更重要的意义。所有重要的问题是，兑换是否在实际上是见票即付的。[22]

在这些亚洲和美洲国家的通货体系，以及实行金本位的欧洲国家曾经实行的通货体系之间，根本没有任何本质的差别。在这两种通货体系下，付款无须货币的实际转让，而只是借助于信用媒介的提交。事实上，在英国和德国，货币的实际转让在中等规模的付款中也发挥着一定的作用，而在印度和菲律宾，货币的实际转让数量少得不值一提，或者，在前一类国家中，没有货币保证的流通比例比后一类国家少，这不是本质上的差别；这只是数量上的差别，而不是性质上的差别。在一些国家，信用媒介主要是钞票和支票，而在另外一些国家，信用媒介则主要是银币，这两种情况没有太重要的关联性。白银卢比实际上只是一种金属钞票，它能否兑换由其发行者——国家——来负责。[23]

如果我们按照李嘉图的思路，他在一百多年前首先提出了这种货币体系的计划，[24]我们习惯于将其称为金汇兑本位(the gold-
291 exchange standard)。如果我们的目的是强调这个制度所具有的特点的银行和货币技术的独特之处，就只能承认这个名称是合适的。但是，如果我们的目的在于说明，这个制度和英国以及德国过去使用的金本位类型有根本的区别，那么我们就不能使用这一名称。如果认为在这些国家中，黄金只起了价格尺度的作用，而银币被用于一般交换媒介，这是不对的。我们知道，货币作为价格尺度的功能基本上没有根据。从李嘉图的观点来看，我们可以说价值的度量和价值的尺度；但是，从主观价值理论来看，这些概念和相似的概念都是不正确的。在印度、奥匈帝国和具有类似通货和银行体系的所有其他国家，黄金现在和过去都是一般交换媒介，这和第一次世界大战前英国和德国的情况完全一样；这两个体系之间的差异仅仅是程度问题，而不是种类问题。



## 第四节　国际贸易中的信用媒介

以债权的彼此抵消进行支付的做法，并不局限于国家的界限。事实上，在不同地区的贸易中，人们最早感到有彼此抵消的需求，而且这种需求是很强的。货币的运输一向涉及很大的费用，利息的损失和风险。如果在各种交易中产生的债权，不是由货币的实际转让来清偿，而是以债权来彼此抵消时，那么，就能够避免所有这些成本和风险。这就是发展这项在长距离之间进行支付的方法，而不使用货币的转移的一个非常有效的动机。最初，我们发现在地区之间支付，人们使用汇票；另外，我们后来又发现，人们使用支票、普通汇票和电汇，所有这些支付形式都构成地区之间清算体系的基础，而这种清算体系，并不借助于特殊的票据交换所，而是在市场正常自由的机制下发挥其功能。在一个特定的地区内部进行支付时，利用清算过程，而无须使用现金来清偿交易的方法，对于个人来说，其优点没有在地区之间进行支付的那些方法的优点 292
多，因此，随着票据交换所的建立，在彼此抵消的体系充分发挥作用前，那是一段更长的时间。

如果清算体系毫不费力地打破了政治界限，并且在国际汇票和支票体系中为它自己建立了一个世界性的组织的话，信用媒介的有效性，像所有货币代用品的有效性一样，则就局限于国家之内了。没有一种货币代用品，也没有任何信用媒介，能够在国际上得到承认，并因此在国际贸易中代替货币，用于清偿在清算过程之后剩余的金额。这个问题在国际支付体系现在的地位和其未来发展的可能性的讨论中常常被忽略。事实上，在彼此抵消体系和信用媒介的流通之间，还会出现混淆，对于这一点，我们在上文已经提出过严厉的批评。在国际直接转账交易的常见论点中，这一点表现得很清楚。在国内直接转账交易中，支付是以货币代用品的转让来进行的，货币代用品常常是信用媒介，也就是转账银行的会员的存款余额。在国际交易中，没有货币代用品，而且各界所建议的国际清算体系，也不打算创建货币代用品。而且，还应该指出的是，这个所谓的国际转账体系——该体系在第一次世界大战期间又一次由于通货膨胀而被破坏殆尽——尽管它也许改变了清算国际货币债权的传统方式的外部形式，但是，它却没有改变其性质。当不同国家的银行同意给它们的客户提供一项权利，让它们的客户能够把其存款余额直接转移到外国银行的客户的余额中，这很可能是国际结算账户的一个新方法。想给柏林的某个人支付一笔货币金额的维也纳人，在以前，他可以用两种方式把这笔款项交给他的债权人：他可以使用一张国际汇票，或者到交易所购买一张到柏林付款的汇票并寄出。一般情况下，他会利用银行的中介服务，
293 就银行来说，它以购买一张外国汇票或支票从而来履行这笔交易。后来，如果他是奥地利邮政储蓄银行的支票体系的会员，而他的债权人是德国邮政储蓄银行的支票体系的会员的话，他就可以从奥地利的邮政储蓄银行维也纳分行寄一张合适的汇款单，从而使这笔支付更简单。和曾经一度使用的唯一方法相比，这很可能更方便更好地适合了商业的需求；但是，无论是多么好的方法，它都不是国际货币交换的新方法。因为这个国际直接转账体系的余额，如果不能用汇票支付的话，则必须以货币的实际转移来支付。如果说国际直接转账体系减少了货币的国际运输，这是不正确的。即使在采纳这项体系之前，维也纳的一个人想给柏林的一个人付款的话，他也不会购买 20 马克的硬币，并用邮包寄到柏林。

如果要创建国际货币代用品以及此后的国际信用媒介，唯一要做的工作是建立国际转账银行或发行银行。当有可能使用世界银行发行的钞票，并在世界银行开立账户，以清偿各种货币债权时，就再没有必要以运输货币的方式来清偿国家收支的余额了。

货币的实际转让就能用世界银行发行的钞票，或者用能够有权处理发行者在世界银行的账户的支票的转让来代替，或者甚至仅仅用世界银行账册上的划拨来代替。国际“票据交换所”，现在已经有这类交换所，尽管它并未集中在任何一个地方，并且也没有国内票据交换所的严格组织，就能够以目前国内票据交换所清偿的相同方式来支付余额。

不断有人提出建议，希望以建立一个国家之间的银行（interstate bank）的方式，从而来创建国际信用媒介。诚然，我们不能把这种建议视为包括扩大国际直接转账体系，以这个词常用的意义来说的每一个计划。尽管如此，在要求建立世界银行，或者至少建立一个国家间的银行的某些著作中，就已经有人提出了国际信用媒介的观点。[25]建立这样一个国际机构可能出现的组织问题，能够 294
用各种方式来解决。把世界银行建立成一个特殊的组织形式，并且建立成一个独立的法人机构，可能是这个新机构的最简单的形式。不过，除此之外，也有可能建立一个特殊的中央机构，以管理和使用开户时存入的货币数额，并且用于发行货币代用品。应该尝试一个办法以避免各国由于虚荣心作祟，从而把世界转账银行的权力机构和世界发行银行的权力机构的储备金保存在不同的国家银行，而反对把这个银行的业务集中在一处的可能性。在每一个中央银行的储备金中，必须在两类金额之间进行区别：一类是必须作为支付体系的世界组织的基础，只有这个世界组织才有权利支配这一金额；另一类则继续对国家货币体系服务。甚至还有可能更进一步，把国际钞票和其他货币代用品的发行交给各国银行，各国银行必须只遵循世界银行权力机构的指令来发行国际钞票和其他货币代用品。研究在这些不同的可能性中那一个可能性最实用，这不是我们的任务；我们感兴趣的只是它的性质，而不是它可能采取的实际形式。

不过，我们必须特别注意一点。如果世界银行账册中的余额只能于缴纳全额现金之后才能取得的话，或者从其他账户以缴纳全额现金之后的转账而取得的话，而且如果世界银行仅以交换货币来发行钞票，那么，这个银行的成立，当然使运输一定数量的货币就没有必要了（这在今天的国际支付体系中仍然发挥着重要作用），但是它却没有起到有效利用货币支付的作用。它确实能够减
295 少对货币的需求，因为转让的完成也许能够更快并且更顺利。但是，和从前一样，通过这个银行进行的支付也涉及实际使用货币。当然，这笔货币会继续保存在世界银行的金库，转让的只是要求支付这笔货币的权利。但是，支付的金额受到这家银行的货币存款的数量的限制。转让货币金额的可能性，和货币的这些金额具有的实际货币形态有密切的关系。为了使国际货币体系摆脱这些束缚，必须赋予国际银行发行作为贷款的钞票的权利和开立信用账户的权利；换言之，赋予其贷出部分货币储备金的权利。那时，只有在那时，才能给予国家之间的支付体系以信用媒介，像国内的体系已经拥有的信用媒介一样；它将独立于现有的货币数量。

如果要实现以这种方式建立的世界银行的计划，却面临很多障碍，在最近的将来似乎不可能克服这些障碍。其中最小的一个障碍，是各个国家所使用的不同种类的货币。不过，尽管世界大战及其后果引起了通货膨胀，我们正在日益临近于拥有一个以金属货币黄金为基础的世界货币单位的情形。更为重要的问题是由于

政治因素而引起的困难。世界银行的建立，由于它在国际法中的地位不确定而可能会最终失败。没有任何一个国家愿意招致其公民的账户在战时被世界银行冻结的危险。这涉及非常重要的问题，因此，国际法的规定，无论其预防措施多么周密，就克服每个国家的反对意见，而加入这样一个组织而言，都无法使每个国家满意。[26]

不过，在发行国际信用工具方面，最大的困难在于，在发行信 296
用工具时，加入世界银行体系的国家对于世界银行应该遵循的政策，几乎不可能达成一致的意见。甚至在决定发行信用工具的数量问题上，也会暴露出难以调和的矛盾。因此，在目前的情况下，建立一个有权发行信用媒介的世界银行的建议，很难吸引到任何方面的注意力。[27]

# 第三章　信用媒介与货币需求

## 第一节　信用媒介对狭义货币需求的影响

297 清算体系的发展，尤其是票据交换所自身的发展减少了广义货币的需求：借助于货币的部分交换，能够不需要货币或货币代用品的实际流通来进行。所以，出现了降低货币的客观交换价值的趋势，这种趋势抵消了由于交换经济不断发展，货币需求大幅增加，而一定产生的货币价值上升的趋势。信用媒介的发展具有相同类型的影响；作为货币代用品，信用媒介在商业中可以代替货币，减少狭义货币的需求。这是信用媒介的重要意义，信用媒介对货币和其他经济商品之间的交换比率的影响即来源于此。



信用媒介是减少狭义货币需求的最重要的制度，它的发展和减少广义货币需求的最重要的制度，与票据交换所的建立和发展一样，都不仅仅是经济因素自由发挥作用的结果。商人、制造商、王室成员和国家对信用的需求，以及银行家追逐利润的行为，都不是影响信用媒介发展的唯一因素。政府的干预旨在推动并加速这一过程。当人们不再天真地相信大量的贵金属有用，并且认真地考虑货币问题的时候，人们便愈加相信，减少国民对于狭义货币的需求可以带来明显的经济利益。亚当·斯密认为,以纸张,即钞票,代替黄金和白银,是以更便宜的交换工具代替昂贵的交换工具,而更便宜的交换工具可以履行相同的职能。他把一个国家流通的黄金和白银,比作是把所有谷物运往市场的道路,不过,在这个道路上什么也不生长。他说,发行钞票就像从空中修建一条道路,并且有可能把很大一部分道路变成良田和草地,以这种方式, 298
就能够大量提高土地和劳动力的年产量。[28] 李嘉图也有同样的观点。他也看到了使用钞票能够减少流通工具的社会成本这一最根本的利益。他的理想的货币体系,是能够保证社会以最低成本使用价值不变的货币。从这个观点出发,他提出了他的建议,其目标就是将由贵金属构成的货币驱逐出国内实际流通领域。

关于减少货币需求的各种支付方法的性质的观点,是由古典学派经济学家发展而来的,这些观点在 18 世纪就已经得到公认。古典学派在他们的著作中接受了这些观点,并用杰出的方法对这些观点进行阐述,从而使这些观点在 19 和 20 世纪得到了广泛的承认。这些观点偶然引起的反对意见,现在也听不见了。在所有国家,银行政策的目的,是保证最大可能的扩大节约货币的支付工具。



如果采用金属货币的话,那么,由于扩大这类其他支付工具,从而形成的减少货币需求的好处是明显的。事实上,清算体系和信用媒介的发展,至少和货币经济的发展所带来的货币需求的潜在增加是齐头并进的,所以,货币交换价值的大幅增长,不然的话,这种增长就是货币使用发展的结果和这种大幅增长所产生的不利后果,会完全得以避免。如果不是因为这一点,那么货币交换价值 299
的增长,以及货币金属的价值的增长,会对金属的生产产生更大的刺激。资本和劳动力会从生产的其他部门转移到货币金属的生产上。这毫无疑问意味着增加了一些个别企业的收益；但是，整个社会的福利却受到损害。用于货币目的的贵金属存量的增加不会改善社会上个体成员的地位，不会增加他们需求的满足，因为货币功能也能够用更少的贵金属存量来履行。另一方面，如果一部分本来用于生产经济商品的资本和劳动力，被转移到贵金属的采矿和冶炼上的话，那么，用于直接满足人类需求的经济商品的数量就更少了。即使不说生产的转移，由于货币使用的目的导致贵金属价值上升，工业使用的贵金属的存量会减少，因为某些贵金属会由后一种用途转移到前一种用途，这必然减少经济的繁荣。如果我们想象一个自身不生产而必须进口贵金属的经济社会，所有这一切都昭然若揭了。就这种情况来看，它们的成本以必须向外国提供的商品的数量来表示，才能取得交换中的货币金属的补充数量。在一个自身生产贵金属的国家，其情形在原则上是一样的；所不同的是牺牲其他生产部门而优先进行贵金属采冶的福利的损失的计算方法；这种损失也许更不容易察觉，但是，在理论上却是同样容易理解的。把金属转用到货币用途上的额外损失的程度，一向是用退出其他用途，而优先用于货币用途的金属数量来计算的。



如果使用不兑现纸币或信用货币，就不会出现支持扩大支付的清算方法和扩大使用信用媒介的这些理由。对它们唯一有利的是，它们可以避免货币价值的上升；虽然这个因素具有决定性的作用。如果使用不兑现纸币或信用货币，建立国家货币工具的原则，并以最低的成本使这一原则正常发挥作用，则必须用另外的方法
300 来实现。例如，政策的目标一定是以最低生产成本印制纸币。显

而易见，这一问题所产生的数量上的影响和降低贵金属的货币需求的影响不一样。在印制钞票时无论多么小心，其生产成本永远不可能大到生产贵金属的成本的程度。如果我们进一步考虑到钞票的艺术设计也是防止伪造的预防措施，那么，就仅仅从这个原因来看，在这个方面的节约就是一种不值得考虑的做法，由此可见，在使用不兑现纸币或信用货币时，降低流通工具成本的问题和当使用商品货币时所出现的成本问题是完全不同的性质。

## 第二节　货币需求的变化

为了能够准确地估计支付的清算方法和信用媒介对于货币需求发展的影响，则有必要明确货币需求变化的性质。



货币需求的变化，就其发展的客观条件而言，在所有社会都受到同一法则的制约。以货币为媒介的交换方法的发展，能够增加货币的需求；间接交换的减少，即回到自然交换的状态，则降低货币的需求。但是，即使姑且不论现在已不重要的间接交换的程度的变化，总体经济发展因素所决定的货币需求也会发生很大的变化。人口的增加，劳动分工的发展，以及和劳动分工密切联系的交换的发展，都增加个人的货币需求，因此也增加社会的货币需求，社会的货币需求只是个人货币需求的总和。人口减少和交换经济的退化则使货币需求收缩。这些是货币需求出现巨大变化的决定 301
因素。在这些巨大的变化当中，有可能观察到更小的周期性的变化。这些变化首先产生于工商业的变化，其次产生于现代经济生活所特有的繁荣和萧条的更替，最后产生于商业的好坏。[30]变化的高峰和低谷总是要持续几年的时间。但是,货币需求的水平在几年、几个季度、几个月、几个星期、甚至几天之内,也会出现很大的变化。使用货币的交易集中在特定的时间段内;即使不是集中在特定的时间段内,货币需求也常常因为购买者在特定时间清偿其交易份额的做法而有差异。在每天的市场中,货币需求在市场的营业时间也许很少会大于营业时间之前或之后的时间。货币需求的周期性上升和下降,在集中于每周、每月或每年的市场的交易中,可以更明显地观察出来。同样的影响在工资不按日而按周、按月或按季度发放的习惯中表现出来。租金、利息和分期付款,一般都是在特定的日期支付的。裁缝、鞋匠、肉商、面包商、书商、医生和其他个体职业的账款也不是按天,而是按周期清偿的。商业惯例把某些日期作为清偿日或发薪日,使所有这些做法的发展趋势得到极大的加强。在这个方面,每月的中间几天或最后几天就具有了特殊的意义,在每月的最后几天,尤其在每个季度的最后几天,则更是如此。尤其是在一个社会当中,一年当中的支付都集中在秋季,主要事实是,由于自然原因,农业的主要商业周期在秋季。所有这些事实都有多次和详尽的统计数据作为证明;今天,它们是银行和货币的性质的所有讨论的共同主题。



## 第三节 相互抵消制度的弹性

我们通常认为,由于信用体系和银行组织与技术的持续发展,从而形成支付体系的弹性。这种弹性是,在任何时间,在不影响货币和其他经济商品之间的交换比率的前提下,把货币的现有存量

调整到货币需求水平的能力。在信用货币的数量和能够代替货币 302
转让的银行交易或者私人交易的数量和货币数量之间，据说没有前者严格依赖于后者的任何固定关系。在货币和其代用品之间，即在货币存量和在各种交换和支付交易之间，没有固定的数量关系，有人认为，银行机构和信用体系的组织，使商业活动完全不依赖于可用货币的数量。还有人认为，今天的货币、结算和信用体系的组织，具有抵消货币数量变化的趋势，并使它们不能发挥作用，从而使价格尽可能地不依赖于货币的存量。[32] 其他人认为，只有信用媒介、无保证的钞票（uncovered banknotes）[33] 和无支持的存款（unbacked deposits）[34] 才具有这种调整能力。

我们必须理解由于清算体系的影响和信用媒介发行的影响之间的混淆而引起的模糊之处，然后才能检验这些说法的正确性。这两者必须分别进行研究。



利用债权和债务彼此抵消来进行清偿的做法，引起广义货币需求减少，首先受到相同日期到期的债权和债务的数量和金额的限制。双方之间的债权能够彼此抵消的金额，不会大于当时存在的双方的债权金额。如果不用货币支付，而转让对第三方的债权，由受让人和债务人转让后者对前者的债权，从而抵消第三方的债权，那么，抵消过程的范围则随之扩大。目前，在所有重要的商业
中心的票据交换所，都能够避免这类转让所遇到的技术和法律上 303
的困难，因此，对于彼此抵消体系的发展发挥了非常好的作用。尽管如此，清算体系仍然还有改进的余地。很多能够用抵消方法清偿的支付仍然在用货币的实际转让进行着。

如果我们假设清算体系已经得到充分地发展，因此，所有的支

付首先能够用抵消的方法来加以清偿，甚至包括在日常零售交易中的那些清偿（由于实际原因，这种交易似乎不容易用清偿的方法来完成），那么，我们面临发展清偿体系的第二个限制因素，尽管这个限制因素和第一个限制因素不同，却难以加以克服。即使社会稳定，个体的相对收入和财富以及他们的储备金的多少都没有任何变化，只有当个人收到货币后，立即再度支出，并且没有人保留一定数量的货币储存，以预防无法预料的和不确定的支出时，对于特定时间必须进行的货币转让的彼此完全抵消是可能的。但是，因为作为一般交换媒介，只要货币有需求的话，这些假设就不成立，实际上永远不可能成立，由此可以得出结论，通过清算体系来清偿的交易有严格的最大限度。一个社会对于广义货币的需求，即使在彼此抵消制度已经充分发展的情况下，也不能被迫下降到根据具体情况所决定的最低数量以下。



由此可以看出，在当时环境所许可的限度内，清算体系的实际发展并不依赖于货币的需求与货币的存量之间的比率。一方或另一方的相对下降对清算体系的发展没有任何直接或间接的影响。这种发展总是由于特殊原因造成的。与其说在清算原则下，清偿的逐渐发展对于货币需求的减少完全等于商业的不断发展所引起的货币需求的增加，还不如说清算体系的发展从来没有超过货币需求的增加。在一定程度上，实际情况中这两个方面的发展是彼
304 此完全不相关的。只有当在物价不断上升的时期以更积极的手段使清算体系更好地发展，由于减少货币需求，从而达到有意识地抵消货币交换价值的增长的程度时，在这两者之间才有一种联系；当然，这要假设通货政策的目标就是防止货币购买力的上升。但是，

这不再是自动调整影响货币的客观交换价值发挥作用的各种因素的一个情形，而是一种影响货币的客观交换价值的各种因素的政治实验，而且这些措施在多大程度上能够成功还有待于证实。

所以，能够容易地看出，在不影响货币的客观交换价值的情况下，没有什么理由能够赋予清算体系纠正在货币存量和货币需求之间产生的差别的能力，这种差别只能通过在货币和其他经济商品之间交换比率的适当的自动变化来加以消除。清算体系的发展并不依赖于决定货币供给和货币需求之间的比率的其他因素。彼此抵消体系的发展或萎缩对于货币需求的影响是一个独立现象，这种现象有可能加强，也有可能削弱，这是由于其他原因在市场上形成影响货币和商品的交换比例的各种趋势。支付次数和数量的增加不可能是货币需求的唯一决定因素，这似乎是不证自明的。新支付的部分将由清算体系来清偿；如果其他条件都相同的话，这 305
种体系也会不断发展，从此以后能够履行和以前一样的所有支付的相同比例的清偿。如果清算体系超常规发展，剩余的支付只能以清算过程来清偿；但是，这样的发展从来都不可能因为货币需求的增长而自动产生。



## 第四节　基于汇票，特别是商品汇票(commodity bills)的信用流通而产生的弹性

信用媒介的弹性理论，或者更正确地说，信用媒介在任何特定时期自动调整广义货币需求的理论，是银行理论当代研究的中心。

我们必须说明这个理论和事实不一致,或者我们至少要说明它所基本阐述和理解的形式不符合事实;而且我们对这个问题所提出的证明,同时也可以用来驳斥数量理论的反对者的最重要的观点之一。[35]

图克(Tooke)、富勒顿(Fullarton)、威尔逊(Wilson)和他们更早的英国和德国的追随者提出,发行银行没有权力增加或减少其钞票流通。他们认为流通中的钞票数量由社会对支付媒介的需求所决定。他们还认为,如果支付次数与数量增加,支付媒介的次数和数量也必须增加;如果支付的数量和次数下降,他们则认为支付媒介的次数和数量也必须下降。有人认为流通中的钞票数量的增加和减少一向不是商业生活的变化的原因,而总是商业活动变化的结果。因此,可以得出结论认为,银行行为只是被动的;它们不影响决定总流通量的客观条件,而是受到这些条件的影响。增加发行钞票的每一次尝试,如果超过生产与价格的一般条件所决定的界限,则立刻受到过剩钞票回流的影响,因为并不需要它们来进行支付。相反,有人认为银行任意减少钞票流通的唯一结果,就是竞争银行会立刻填补这种差额;或者,如果不可能出现这种情况的
306 话,例如法律对发行钞票有限制的话,那么商业社会能为自身创造其他的流通媒介,例如,汇票,来代替钞票的地位。[36]



如果把银行学派理论家所阐述的关于存款和钞票的本质相似性的观点,也应用于他们关于钞票和存款的这一点上,这两个观点是彼此一致的。今天人们对信用媒介弹性理论的一般理解,就是体现在这个意义上,[37]正是仅仅因为这个意义才有可能来为此辩护。按照一般所认可的事实,我们可以进一步假设,信用媒介流回银行,不管其流回形式是用钞票兑换现金,还是要求提取存款,并

不是因为人民对发行银行失去信心。这个假设也和图克及其追随者的理论相一致。

银行学派的根本错误，在于它没有理解信用媒介发行的本质。当银行贴现汇票或以其他方式发放贷款时，它是用现在商品交换未来商品。因为发行者几乎是无中生有地创造了它用来交换的现在商品——信用媒介，因此，如果在贷款市场上对现在的商品进行交换的未来商品被限制在固定的数量上，才有可能认为信用媒介的数量具有自然的限制因素。但是，这绝不是这种情况。未来商品的数量确实受到外部因素的限制，但是以货币的形式提供到市场上的未来商品，却没有受到外部因素的限制。信用媒介的发行者通过利用把所要求的利率降低到自然利率以下，即低于如果不以货币为媒介而贷出实际资本而由供给和需求所决定的利率的方法，来引导信用媒介需求的扩大，[38] 而在另一方面，如果银行收取的利率被提高到自然利率以上的话，信用媒介的需求必然会完全停止。在贷款市场上表现的货币和货币代用品的需求，最终还是对资本货物的需求，或者当涉及消费信用时，则是对消费品的需求。那些努力借入“货币”的人，只是因为他们需要货币以购买其他经济商品。即使他仅仅希望补充他的储备金，除了在特定的时 307
间交换其他商品的可能性之外，他再没有其他的目的。如果他需要货币以支付到期的债务，原因也是相同的；在这种情况下，想用所收到的货币购买其他经济商品的人，收取了支付的金额。

决定货币和其他经济商品之间的交换比率的货币和货币代用品的需求，只在购买和销售其他经济商品时的个人的行为中表现出来。例如，只有当货币被用来交换面包时，经济商品、货币和商品的地位才能在交易各方之间的价值尺度(value scales)中表现出来,并作为交易行为的基础;并从中决定准确的可以计算的交换比率。但是,如果所需求的是必须以货币偿还的货币贷款,那么这些因素就没有必要考虑了。这时,仅仅要考虑的是现在商品和将来商品之间的价值的差别,而仅仅这一项差别对交换比率的决定,即对利率水平的决定,具有影响作用。

由于这一原因,银行原理(banking principle)不能证明,和信用媒介一样,不依赖于发行者的意愿的固定情况所决定的数量,也不能在社会上流通。因此,他们转而证明信用媒介的任何过剩数量会被迫退出流通,并流回发行机构的断言。富勒顿认为,和货币不同,信用媒介不是作为支付金额而是作为贷款进入市场的;因此,当偿还贷款时,它们必须自动地流回银行。[39] 这是正确的。但
308 是,富勒顿没有看到这种可能性,即由于得到一笔新贷款,债务人从而可以得到为偿还旧贷款所需的必要数量的信用媒介。



如果追寻已经在富勒顿和他的学术圈子内其他研究者的著作中的系列思想,并且为了支持英国和欧洲大陆银行体系的某些制度,我们必须指出这些制度实际上具有与一般赋予它们的意义不同的意义,银行理论的更新近的文献特别强调了短期商品汇票对于弹性信用体系建立的重要性。有人认为,如果支付体系能够和支付媒介的需求具有直接的因果关系的话,那么,支付体系对不断变化的需求能够进行最完善的调整。根据舒马赫(Schumacher)的观点,这只能通过钞票来实现,而且在德国,通过把商品票据作为钞票的基础,这一制度已经付诸实施,商品票据的数量随着经济生活的变化程度大小来增加或减少。通过贴现业务的方法,以

代替附有利息的商品票据(商品汇票仅仅具有有限的流通能力,因为其金额常常不同,其有效性受到时间的限制,而且其可靠性依赖于很多私人的信用),于是发行钞票(知名的半官方机构使钞票大量流通,数额总是相同,不受时间限制,因此具有更广泛的流通能力,堪比金属货币)。而当贴现票据到期偿还时,有人认为交换成相反方向:钞票,或者金属货币,流回银行,减少了流通中的支付媒介的数量。有人认为,如果货币因其提供服务的功能而被正确地定义为汇票(draft)的话,那么以已经承兑的商品汇票为基础的钞票,能够最大程度地符合这个概念,因为它把服务和服务的因素密切联系在一起,并且在兑现后者之后,有规律地退出流通。还有人认为,由商品汇票所创造的,在钞票的发行和经济生活之间的这样一个有机联系,流通中的支付工具的数量则自动地调整到支付工具所需要的变化上。而且调整所实现的变化越完整,货币本身的价值越会毫无疑问地影响物价的变化,而物价的决定越能处于商品市场的供给和需求的支配之下。[40] 309

面对这个说法,我们首先要问,怎样才有可能证明,在钞票和其他货币代用品之间,在没有货币保证的钞票和其他信用媒介之间,有根本的区别。随时可用支票提取的存款,除了一些次要的技术和法律细节,使其不能用于零售业务和一些其他的支付以外,和钞票一样可以用作货币代用品。从经济学的观点来看,当银行以支付钞票或以直接转账账户划拨信用来贴现汇票时,这两者没有什么区别。从银行技术的角度来看,对于银行职员来说,可能有重要性上的一些差别;但是,不论银行仅仅在贴现业务中发行信用,还是它也发放其他短期贷款,这都不是重要的问题。汇票仅仅是具有特殊法律和商业资格的期票(promissory note)形式。汇票形式的债权,和具有相同信用和相同期限的其他债权,在经济学上没有任何差异。商品票据和赊购交易中的往来赊欠债务(open book debt)也只有法律上的差异而已。所以,当我们谈论的不管是以商品汇票为基础的钞票流通的弹性,还是赊销(credit sales)中产生的短期债权的转让所产生的信用媒介的流通弹性,到最后都是相同的现象。

赊购和赊销的次数和范围,绝不是和信用媒介的发行者,银行,所遵循的信用政策没有关系。如果出让信用的条件不易满足的话,其数量一定减少;如果出让信用的条件容易满足的话,其数量一定增加。当采购价款延期支付时,只有不立刻需要货币的那
310 些人才出售货物;但是,在这种情况下,根本不需要银行信用。不过,那些立刻需要货币的人,只有在他们认为能够立刻把赊购交易中的债权转让为货币时,才愿意进行赊销交易。其他的信用出让者仅把他们拥有的很多现在商品提供到贷款市场供其支配;但是,银行则不同,银行能够以发行信用媒介来取得更多的现在商品。银行能够满足对其提出的所有信用要求。但是,这些要求的多少,仅仅取决于银行在出让信用时所要求的价格。如果银行收取的价格低于自然利率——如果它们希望以新发行的信用媒介来承揽业务的话,银行就必须这样做;我们决不能忘记,它们在给市场提供额外的信用供给——然后,这些要求就会增加。

诚然,当银行以发行信用媒介提供的贷款到期偿还时,相应数量的信用媒介流回银行,流通额减少。但是,银行同时发行新贷款,新信用媒介进入流通。当然,主张商品票据理论的那些人会提

出反对意见，认为只有在新商品汇票出现并被贴现时，才可以进一步发行信用媒介。这是绝对正确的。但是，新商品汇票是否出现，则取决于银行的信用政策。

让我们说明商品汇票，或者更正确的说，一系列商品汇票的发展史。棉花商把原棉卖给纺纱者。他从纺纱者处收款，得到一张三个月的经后者承兑的贴现的汇票。三个月之后，该汇票由银行交给纺纱者并由其赎回。纺纱者所纺棉纱卖给织布者的同时，向织布者开出汇票，并经承兑后，就得到他本身所需要的现金。这两笔买卖交易是否能够成功，现在主要取决于银行贴现率的高低。311
卖方，在前一个交易中是棉花交易商，在后一个交易中是纺纱商，他立刻需要货币；如果在减去折扣的三个月后到期的金额，至少等于他不愿意出售其商品的金额的情况下，他才能够用延期支付购买价格的方法出售他的货物。我们没有必要再进一步说明在这个计算中银行贴现率水平的重要性。即使我们假定所出售的商品在汇票所流通的三个月内已经到达消费者手里，消费者没有直接使用银行信用而直接付款，我们的例子也证明我们的观点是正确的。因为消费者由于付款的目的所使用的金额来自他们的工资和利润，而这些工资和利润只能来自于通过银行提供信用的交易。



当我们看到，商品票据的贴现数量有时增加，而有时又减少时，我们绝不能得出结论认为这些变化是个人的货币需求的变化。唯一可接受的结论是，在银行当时提出的条件之下，没有更多的人寻求信用。如果发行银行在其贷款交易中把其收取的利率定得接近于自然利率，那么，贷款需求下降；如果它们降低利率，利率下降到自然利率以下，那么贷款需求增加。发行银行信用需求波动的原因，只能从它们所推行的信用政策中来寻找，别无他途。

因为银行拥有以发行信用媒介来提供银行信用的权力，因此，银行能够无限地增加流通中的货币和货币代用品的总量。由于发行信用媒介，银行从而能够以这种方式增加广义货币的存量，否则，导致货币客观价值的上升的货币需求的增加，具有决定抵消的货币的价值的作用。由于限制贷款，银行从而能够减少广义货币的流通额，以避免由于这样或那样的原因而出现的货币客观交换价值的下降。在某些情况下，前面已经说过，这种情况可能会发生。但是，在银行提供信用的所有机制当中，以及在信用媒介的创
312 造和重新流回到发行机构的整个过程中，没有什么原因一定能够导致这样一个结果。例如，也可能会出现这种情况，即就在广义货币的需求下降，或者狭义货币存量的增加，从而引起货币的客观交换价值下降时，银行增加其信用媒介的发行；新增信用媒介的介入将会加强货币价值变化的现有趋势。事实上，信用媒介的流通弹性，并不是像有些人错误地解释为它自动使货币需求适应货币存量，而不影响货币的客观交换价值。信用媒介流通的弹性的意思仅仅是它容许流通的任何形式的扩大，即使完全无限地扩大，就像它容许任何形式的限制一样。流通中的信用媒介的数量没有任何自然的限制。如果由于任何原因应该对其进行限制，那么它必须以有计划的人为干预——即银行政策来进行限制。



当然，只有假设所有银行以相同的原则发行信用媒介，或者假设发行信用媒介的只有一家银行，所有这些说法才能成立。如果一家银行在经营业务时和其他很多银行竞争，它就不能执行独立的贴现政策。如果认为竞争者的行为不能使它在银行信用交易中

不断降低利率，那么——除了扩大其顾客的数量之外——只有在当它收取的利率不低于其他竞争银行收取的利率，同时对信用媒介还有需求的情况下，它才能够使更多的信用媒介流通。所以，我们才能够看到，这家银行对于货币需求的周期性变化给予了一定程度的关注。它们使其流通量按照货币需求的变化同时并且进行相同比例的增加或减少，由于缺乏相同的程序，从而使它们不能执行独立的利率政策。但是，在这样做的过程中，它们有助于稳定货币的客观交换价值。因此，从这个意义上讲，信用媒介流通的弹性理论是正确的；它正确地捕捉到市场中的一个现象，尽管它却完全错误地理解了其成因。而且，正是因为它使用了一个错误的方法来解释它所观察到的现象，所以它也完全没有可能解释市场的第二个趋势，这个趋势来源于信用媒介的流通。它可能会忽视这样一个事实，只要银行采取统一措施，信用媒介流通就一定会持续增加，结果导致货币的客观交换价值下降。



## 第五节 只使用汇票作为信用媒介保证的意义

1875 年 3 月 14 日颁布的德国银行法规定，超过黄金保证而发行的钞票，应该以汇票作为保证；但是，在实际上，这个规定被理 313
解为仅指商品汇票。这个规定的意义和对这个规定的常见的理解并不一样。这项规定不能使钞票发行具有弹性；它甚至不能，就像被错误地理解地那样，使钞票发行和货币需求的条件建立有机地联系；这些看法都是幻想，早在很早之前就应该破除这些幻想。它也不能维持兑换钞票的可能性的意义；在下文中我们更详细地讨论这个问题。

未被金属所保证的钞票发行的局限性，即采取钞票形式的信用媒介，是德国银行法的基本原则，这个法案是以英国的皮尔法案(Peel's Act)为基础制定的。在为实现这个目标而制定的为数众多的和多种形式的障碍当中，关于支持钞票发行的资产投资的严格规定具有非常重要的地位。这些投资必须不但由债权构成，而且还必须以汇票形式的债权构成；这些汇票的期限最长应有三个月；而且应该最好有三个人签名，但是，至少要有两个人签名，签名者必须公认有偿付能力——所有这些条件都限制钞票的发行。最初，国家信用的绝大部分被排除在银行之外。因为把钞票保证进一步局限于仅仅商品汇票，而产生了相似的结果，当时的法律毫无疑问有这种意图，尽管对此的明文规定在银行法中没有体现出来，这也许是因为不可能对商品汇票给出一个法律上的定义。这个局限性事实上已经构成信用媒介发行的限制因素，下面这个事实能够最好地说明这个问题：当银行法案通过时，商品票据的数量已经受到限制，而且自从那时以后，尽管信用需求有很大的增长，但汇
314 票的数量已经减少到当德国国家银行设法寻找这类汇票仅仅用于投资，而无须减少其出让的信用时，竟然有困难。[41]



## 第六节　要求银行信用的程度的周期性上升与下降

人们对银行的请求，不是为了转让货币，而是为了转让其他经

济商品。借款者寻求的是资本，而不是货币。他们寻求货币形式的资本，因为只有对货币的支配权才能够使他们有可能在市场上取得他们所真正需要的实际资本。现在，这个独特的问题，也是一百多年来经济学中最令人困惑的问题之一的根源，是借款人对资本的需求，是以银行发行货币代用品来满足的。显然这只能提供对资本需求的临时性满足。银行不能无中生有地创造资本。如果信用媒介能够满足人们对资本的欲望，换言之，如果它们能够使借款人真正取得资本货物的支配权，那么，我们必须首先寻求资本的这个供给的来源。要寻求这一来源并不特别困难。如果信用资本是货币的最完善的替代品，能够承担货币的所有功能，如果信用资本能够增加广义货币的社会存量，那么信用媒介的发行对于货币和其他经济商品之间的交换比率则一定产生相应的影响。以信用媒介向借款人贷款从而创造资本的成本则由货币的客观交换价值相应的变化而受到伤害的人来承担；但是，整个交易的利益不但由借款者，而且也由信用媒介的发行者所分享，不可否认，尽管它们有时也和其他经济人分享这些利益，例如，当它们具有有息存款，或者在其利益中有国家的股权时。



寻求银行贷款的企业家，遭受资本短缺的困扰；就货币这一词的本身意义而言，永远不是货币的短缺迫使企业家贴现其汇票。在一些情况下，资本的缺乏可能仅仅是暂时现象；在其他情况下，资本的缺乏可能是长期现象。对于很多企业来说，它们年复一年 315
地借入短期银行信用，资本的短缺则是一个长期现象。

对于我们关注的问题来说，引起企业家资本短缺的情况并不重要。作为不太重要的问题，我们甚至可以暂时不考虑这种短缺是投资资本短缺还是流动资本短缺的问题。人们有时候认为，利用银行信用筹措投资资本在一定程度上是不合理的，虽然以这种方式筹措流动资本更为可取。像这样的观点，在银行政策的近期讨论中占有重要的分量。有人以银行发行的大部分信用用于寻求流动资本，而不是寻求固定资本的工商企业贷款，因而危及其流动性为理由来批评银行。对于短期投资，有人要求用法律限制仅仅由于发行信用媒介而产生的保证负债的资产。这种规定的目的在于，处理存款形式的信用媒介的方式应该和处理在通货学派理论影响下的钞票发行的方式一样。对其意义我们已经进行了说明，并且已经表明，正如进一步的讨论会使我们注意到，这些措施的唯一实际价值，和所有相似的限制措施一样，是对抗信用的无限度扩张所建立的障碍。



每一个企业所维持的现金储备也是其流动资本的一部分。如果企业由于某种原因被迫增加其现金储备，这必须被视为是其资本的增加。如果该企业由于这一原因而要求信用，则其行为不能被视为不同于因为其他目的——例如，因为扩大厂房和设备等所提出的信用要求。

但是，我们现在必须注意一个现象，即使我们的研究对前人的研究结果不能有所补充，但是，却能够使我们对于货币和资本市场
316 的一些重要过程有更清楚的认识。上文已经多次提到，商业惯例将各种清偿集中在一年中的特定日期，所以这些特定时间的货币需求一定比其他时间大。把清偿的日期集中在周末，半月、一月和一个季度的最后一天，这是货币需求大量增加的一个因素，这当然也是企业对资本的需求大量增加的因素。即使企业家能够放心地

认为，他在某一天能够收到充足的资金以支付该日或次日到期的债务，如果说他能够用前者来直接支付后者，这仍然是非常少见的情形。支付技术尚未发展到一定有可能按时清偿债务，而无须获得几天自由支配其所需资金的时间。如果一个人必须在9月30日从其银行兑现到期的票据，他通常必须在这一日期之前采取措施以保证兑现；在汇票到期日的当天还不能使用的资金，对这一目的而言，在大部分情况下是无用的。在任何情况下，如果要使用任何特定日期的款项来支付在遥远地区同日到期的债务，则是完全不切实际的。因此，在清偿日，各个企业的货币需求必然会增加，而这种需求的增加，也会像其产生一样，又一次迅速消失。当然，货币的这种需求也是资本的需求。过分苛求的理论家追随重商主义的习惯，习惯于在货币的需求和资本的需求之间进行细微的区别；他们把作为货币需求的短期信用的需求和作为资本需求的长期信用的需求进行对比。没有理由再保留这个术语了，因为它造成很多混淆。在这里称之为货币需求的需求，只不过是对资本的真正需求；这一点绝对不应该忘记。如果企业借入一笔短期贷款以补充其现金储备，那么这就是一个真正的信用交易，是用未来的商品交换现在的商品。

企业家在清偿日的增长的货币需求，以及随后的资本需求，表明企业家对信用发行银行的贷款请求增加。在以钞票而不是存款是主要信用媒介的国家，这表现在向发行银行要求贴现的汇票数
量增加，如果银行对这些汇票实际上进行贴现，则会出现钞票流通 317
数量增加的情形。[42]钞票流通量在清偿日前后的这种有规律的上升和下降，绝不能用社会当时所具有的汇票总量的增加来解释。

没有任何新的汇票，特别是没有任何新的短期汇票，被提取并提交银行请求贴现。是那些有正常期限的汇票，在其到期前不久被议付。在议付之前，这些汇票可能是非银行家的投资组合中的一部分，也可能是信用发行数量有限的银行的投资组合的一部分，这是因为发行银行客户少，或者因为法律上有困难。只有在货币需求增加时，这些汇票才会流向大型发行银行。因此，可以很清楚地看出，中欧的各个发行银行发行的钞票的数量和该地区开具的汇票的数量具有有机联系的说法，是多么地缺乏依据。这些汇票仅有一部分是由银行发行信用媒介来贴现的；另外一部分汇票一直到期满为止都不使用银行信用。但是，这两个数量之间的比例完全取决于信用发行银行所遵循的信用政策。



银行法特别注意了每个季度的最后几天作为付款日期的货币需求的增长。1909 年 6 月 1 日颁布的德国银行(修正)法第二条，根据每年三月、六月、九月和十二月的最后几天的数据，把钞票的基本免税限额从 5.5 亿马克扩大到 7.5 亿马克，以支持银行几十年来一直习惯于遵循的一个程序。在每一个清偿日，企业家的信用需求增加了，所以自然利率也随之上升。但是，信用发行银行或者以根本不提高贴现率，或者以不把贴现率提高到自然利率增长的相应程度的方法，来努力抵消贷款利率的增长。当然，这样做的结果必然使信用媒介的流通量增大。国家银行政策一般不反对银行的这种做法，银行的这种做法毫无疑问有助于稳定货币的客观
318 交换价值。1909 年的德国银行法是首先采取措施直接支持这种做法的第一个法律。

# 第七节　信用媒介对于货币客观交换价值变化的影响

所以，信用媒介的流通量自动调整货币需求的变化而对货币的客观交换价值没有影响是根本不存在的现象。以货币流通的所谓弹性，来寻求否认数量理论的实际意义的所有这些观点，其基础都是错误的。在自由银行制度中，信用媒介存量的增减与广义货币需求的升降，和狭义货币需求的升降与货币存量的增减一样，都没有更大的直接或间接的自然联系。只有在信用银行有计划地致力于产生这种联系时，才会有这样的联系。除此之外，在这两类本身互相没有关联的变化之间能够确立的唯一联系和货币政策是一样的，例如，在广义货币需求不断增长的时期，为了抵消在相反的情形下有可能出现的货币的客观交换价值的上升，政策的目的在于增加信用媒介。因为货币的客观交换价值的变化不可能度量，甚至仅仅大概的计算也不可能，因此，我们不能判断，在过去的一百年中，几乎全世界所有国家的信用媒介的增加，以及货币总量的增加，是否和广义货币需求的增加，是同步、还是落后于，或者超过广义货币需求的增加。我们能够肯定的是，至少广义货币需求增加的一部分，由于货币数量和流通中的信用媒介的增加，而没有对货币的购买力产生影响。

# 第四章　信用媒介的兑现

## 第一节　货币和货币代用品完全等值的必要性



319 货币代用品是具有完全流动性的货币债权，其发行者拥有无可置疑的偿付能力，其价值和它所代表的相同数额的货币的价值是等值的，这是非常清楚的事实。但是，不可否认，却出现了这样的问题：有没有其偿付能力非常肯定而不会引起任何怀疑的发行者？也许可以指出不止一家银行在丧失信用后倒闭，甚至在其倒闭的前一天，也没有人敢怀疑它的偿付能力；而且只要人类还没有完全忘记这类事件，那我们就一定能够想到，在货币的估价和在随时可以支付的货币债权的估价之间至少还是有细小差别的，即便就人类的预见能力所及，后者被视为完全健全的。

不可否认，这样的问题揭示出人们对钞票和支票缺乏一定程度信任的一种可能的根源，这必然会导致货币代用品的价值比货币低。但是，另一方面，也有些原因使人们认为货币代用品的价值高于货币，即使把货币兑换成货币代用品的要求常常不会立刻得到满足。我们将在下文中讨论这个问题。另外，除了所有这些情

况，我们还应该清楚地指出，对信用媒介质量的怀疑在今天是很难
站得住脚的。在中小面额的货币代用品的情况中，辅币在这类货 320
币代用品中占有最重要的地位，完全没有出现这种性质的怀疑。但是，在用于满足大额交易要求的货币代用品的情形中，在目前的情形下损失的可能性实际上也不存在；至少各大中央银行发行的货币代用品损失的可能性，绝不大于任何种类的货币持有者所面临的停止流通的危险。

如果一定金额的货币和相同金额的立即支付的保证债权（secure claims）完全相等的话，所产生的结果对于整个货币体系具有极其重要的影响；即在货币收支的任何场所，都有可能使用这种债权进行收支交易。交换通过货币媒介进行；这个事实一直没有变化。购买者以货币采购，销售者卖出货物得到货币。但是，交易并不一直是货币数额的转让。交易也可能通过货币债权的转让来完成。履行上面提到的条件的货币债权在交易中转手流通，而取得货币债权的交易者，从来没有感到有必要实际执行其权利。它们完全履行货币的一切功能。那么，为什么持有者竟然会自找麻烦兑换呢？所以，进入流通的债权一直在流通着，并且成了货币替代品。只要对银行健全的信心没有动摇，而且只要银行发行的货币代用品不多于其顾客在彼此的交易中需要的数量（而且接受其货币代用品以代替货币的交易者都会被视为该银行的顾客），那么以钞票兑换或以支取存款的方式行使货币代用品的权利的情形，就根本不可能发生。因此，发行银行会认为其货币代用品会一直流通下去，直到银行的顾客群以外的交易者和货币代用品的持有者进行交易，从而产生了兑换货币代用品的必要。事实上，这正是银

行发行信用媒介的根本原因，换言之，使货币代用品流通，而无须事先准备相同金额的现金，以便履行兑现货币代用品所代表的现金随时兑换的诺言。

不过，当持有人和不承认这些信用媒介是货币代用品的交易
321 者进行支付时，发行信用媒介并且负责使其和所代表的货币金额相等的机构，必须能够立刻兑现持有者要求兑换成货币的那些信用媒介。这是防止货币价值和钞票以及存款的价值之间发生差异的唯一办法。

## 第二节　由于持有者缺少信心而流回发行者的信用媒介



有时有这样的观点，如果发行机构要想保证在信用媒介和信用媒介所代表的货币之间的数额相等，它应该预先采取措施，当持有者因为缺少信心而退还信用媒介时，它能够保证兑换这些信用媒介。我们不能同意这个观点；因为它完全没有认识到兑换基金的意义和目的。当银行的柜台被对信用媒介丧失信心的持有者包围时，兑换基金的作用不是让发行银行兑换其信用媒介。对信用媒介流通能力的信心不是个别现象；它要么是每个人都具有的现象，要么这种现象就根本不存在。信用媒介履行其功能的前提，仅仅是它们完全等同于它们所代表的货币数额。一旦发行者的信用被动摇，即使这种动摇仅仅发生在社会的一部分人当中，信用媒介就不再等于这些货币数额。如果其他人都不怀疑银行的支付能力，那么，出具其钞票请求兑现以证明银行有支付能力的农民，只

是银行不必害怕的一位喜剧人物。银行没有必要因为这一个人的行为而进行任何特殊安排或采取任何预防措施。但是，如果每个人都开始出具钞票要求兑现或提取存款时，发行信用媒介的任何银行都被迫停止支付。面对这样的恐慌，任何这种银行都无能为力；这时，没有任何制度或任何政策能够提供帮助。这是信用媒介的自身本质所必然决定的，这种本质要求信用媒介的发行者承担支付一笔货币的义务，但是，发行者却不具备这样一种能力。[43]

在最近两百年的历史中，发生这种灾难的例子不止一次。钞 322
票持有者和存款者指责银行出让信用不谨慎，资本运作不灵活，对政府提供贷款，从而丧失对信用媒介的信心，导致大量兑现；银行董事受到非常严厉的指责。当国家本身是信用媒介的发行者时，银行无法维持其兑现能力，常常被归咎于国家无视以银行经验为基础的原则。显然这种态度是出于误解。即使银行把所有资产都用于短期投资，即在相对短的期限内能够变现的投资，它们也不能满足债权人的需求。这仅仅是因为银行的债权只有通知之后才到期，而债权人的债权是见票即付的。所以，在信用媒介的性质中有一个无法解决的矛盾。信用媒介等于货币，这取决于持有者一旦有要求则随时兑现成货币的诺言，还取决于采取适当的预防措施使这种随时兑现的诺言有效。但是——而且这也同样涉及信用媒介的本质——因为银行从来不会使其贷款完全流动，所以随时兑现的承诺不可能履行。不管信用媒介是否在银行业务的过程中发行，只要持有者失去信心，立刻兑现就总是不可行的。

## 第三节　反对发行信用媒介的理由

人们认识到,信用媒介的发行者无法保护自身不受恐慌后果的影响,也不能避免大量挤兑,这个事实在李嘉图的时代之前就已经有人指出来了,如果人们愿意的话,这可能导致人们要求禁止创造信用媒介。很多著作者都采取了这一种态度。一些人要求禁止
323 发行没有金属支持的钞票;另外一些人则要求,除了有金属完全保证的交易之外,禁止所有的清算交易;还有一些人则提出把这两个要求结合起来,而这是唯一符合逻辑的观点。[44]

这样的要求一直未得到满足。如果创造信用媒介没有大幅度提高货币经济的效率的话,货币经济的不断发展会导致货币需求的大幅增长。发行信用媒介有可能避免在货币的客观交换价值增长过程中的大幅波动,并降低货币工具的成本。信用媒介为其发行者带来了丰厚的收入来源;信用媒介使发行者和使用者所在的社会都富裕起来了。在现代银行体系的早期,它们通过仍然强化银行的信用转让活动而进一步发挥作用(在当时,如果为银行本身而进行的话,信用转让活动不可能是有利可图的),所以使银行体系顺利地克服了起初构建时遇到的那些困难。

除了具有充足支持的那些钞票之外,禁止所有钞票的发行,并且禁止作为支票清算业务为基础的存款的贷放,这几乎无异于完全限制钞票的发行,并且阻碍支票清算体系的发展。尽管有这样的限制,如果仍然发行钞票并且开立存款账户,那么则必须找到愿意承担这种不计较补偿成本的人。发行者很少会是承担这种成本

的人，尽管发行者偶然会承担这种成本。美国发行银票（silver certificates），以便于使商业界摆脱使用笨重的银币的不便之处，并为银元（silver dollar）的进一步使用排除了其中一个障碍，由于通货政策的原因，人们认为应该鼓励这种做法。同样，由于通货政策的原因，美国发行了黄金券（gold certificates），以便于使黄金货币进入流通，尽管人民更喜欢使用钞票。[45]

由于技术上的原因，有时候人们愿意使用钞票、支票和直接转账（giro transfers）体系，即使为了得到这种便利而必须向银行进行某种支付。有时候也有人提出反对实际使用硬币的意见，这并不涉及货币的存款金额的债权转让。大量货币的贮存，并对这些货币进行保险，以防止火灾、水灾、抢劫和偷盗的风险，甚至对个体商人而言，一直都不是一个小问题，对于个人而言更不是一个小问题。空白抬头的付款凭证（warrants payable to order）和支票簿只有授权人签字才有效，因此，不太可能用不正当的方式加以处理，它们和硬币不一样，硬币光滑整洁的表面不能以任何方法告诉我们，它们是怎么被持有者得到的。但是，即使和个人没有关系的钞票，和体积庞大的金属相比，更利于保存，不易损坏和抢劫。诚然，把大量货币贮存于银行收益更高，但是，却成为吸引犯罪集团的目标；但是，就这种情况来说，银行有可能采取防范措施，提供几乎完全安全的保障，而在防范由于各种因素可能导致的意外损失方面，保护大量存款同样更加容易。事实证明，要想使银行资产摆脱当权者的控制则更加困难；但是，甚至这个目标最终也实现了，像斯图亚特或德乌斯兹（Davousts）等的打击，在现代并没有重演。324

在日常交易的正常过程中，由于确定硬币的重量和成色上的困难，以银行为中介进行支付的动机从而就更加强烈了。硬币价值的下降，就是以这种方式致使建立了阿姆斯特丹和汉堡等地著名的银行。阿姆斯特丹银行的顾客每次存款或取款必须支付1/40%的手续费[46]远远大于银行通货的可靠性所提供的好处。最后，节约运输成本和更多的便利性也是人们想到的银行支付方法的其他好处，在采用银本位或者甚至铜本位的国家尤其如此。所以，早在14世纪中期，在日本，富裕的商人发行的一些钞票有很大的需求，因为他们提供了一个方法，这个方法能够避免运输沉重的铜币所带来的成本和不便。[47]在地区间的支票清算业务和邮局汇款业务发展之前，钞票有时对金属通货拥有溢价（premium），从这个思路可以容易地进行解释。[48]

显然，禁止信用媒介，绝不意味着像某些人有时所断言的那样，是银行制度的终结。银行仍然有议付信用的业务，有以贷款为目的而借款的业务。没有限制信用媒介发展的原因，并不是出于为银行考虑，而是出于重视信用媒介对货币的客观交换价值的影响。



## 第四节　兑现基金

拥有货币代用品，并且希望和不熟悉货币代用品，因而不肯接受货币代用品来代替货币的人进行交易，在这种情况下，他被迫把货币代用品换成货币。他来到负责维持货币代用品和货币之间等值的机构，并进而取得货币代用品所代表的权利。他出具钞票（或者辅币或者类似形式的通货），并且要求兑现或要求提取存款。由

此可以看出，不管货币代用品的发行者是谁，他都永远不能使货币
代用品的流通多于满足其顾客彼此交易所需要的数量。超过这个
数额而发行的所有货币代用品，都会流回到发行者手里，如果他不
想破坏他的整个业务所赖以进行的信心的话，他就必须接受这些 325
货币代用品，并将其兑现为货币。（由于我们在前一章已经说明，
并且在下一章还要说明，应该没有必要在这里明确说明，只有当几
个银行同时发行货币代用品，而且在这些货币代用品的流通能力
有限的情况下，这是正确的。如果只有一家银行发行货币代用品，
而且这些货币代用品具有无限的流通能力，那么扩大信用媒介的
发行额就没有限度。如果所有的银行对于其信用媒介的发行达成
了共识，并且根据共同的原则扩大货币代用品的流通量的话，那
么，情形则是相同的。）



所以，在假设的情况下，银行不可能发行超过其顾客能够使用的数量的货币代用品；超过这个数量的每一个货币代用品，都一定流回银行。如果超额发行量是货币凭证之一的话，那么，在此当中则没有任何危险；但是，信用媒介的超额发行则是灾难性的结果。

因此，信用发行银行在其业务中必须遵循的主要原则是非常
清楚并且简单的：它永远不得发行多于满足其顾客在其交易业务
中彼此需要的信用媒介。但是，我们必须承认在实际中应用这个
原则常常有很大的困难，因为没有任何办法来确定顾客的这些需
求的程度。因为在这一点上缺乏任何准确的知识，银行不得不依
赖于没有把握的经验上的方法，而这些方法则很容易出现错误。326
不过，谨慎而有经验的银行董事们——大部分银行董事都是谨慎
而有经验的——常常把这类方法运用得很好。

仅仅在很少的情况下，信用发行银行自身的顾客会扩大到国界以外。甚至在不同国家有分行的那些银行都让它们的每一个分行完全独立发行货币代用品。在目前的政治条件下，统一管理不同国家的分行几乎是不可能的；而且，银行技术和法律上的困难，以及最终通货技术上的困难，也都妨碍对分行进行统一管理。此外，在一个国家之内，通常可以区别两种类型的信用银行。一类是特权银行，这类银行拥有发行钞票的垄断权或接近于垄断权，而且其古老的历史和金融资源，还有它在全国各地所享有的杰出信誉，使它具有独一无二的地位。第二类是很多竞争的银行，这些银行没有发行钞票的权利，而且不管其偿付能力的声誉和信用有多大，它们不能和特权银行的货币代用品的流通能力进行竞争，因为特权银行有国家及其权力的支持。这两类银行的政策适用不同的原则。就第二类银行来说，如果它们随时准备兑现流回的货币代用品，那么保留一定数额的，能够使其随时要求中央银行的信用的资产，这就够了。它们会尽可能地扩大其信用媒介的流通量。如果在扩大的过程当中，它们发行的信用媒介超过了其顾客能够吸纳的程度，以致它们的一些信用媒介被兑现，那么，它们就可以从其投资组合中用汇票再贴现，或以证券抵押，然后从中央银行取得必
327 要的资源。所以，为了维持其发行银行的地位，它们必须遵循的政策的本质是，总是维持由中央银行认为有出让信用的基础的足够数量的这种资产。

中央银行不能得到一个更强大的并且更杰出的机构的这种支持。它们完全依赖于自己的资源，并且根据自己的资源制定政策。如果它们把太多的货币代用品投入流通，以致持有者要求兑现时，

除了使用兑现基金之外，它们没有其他任何办法。因此，它们有必要保证，它们所发行的流通中的信用媒介，绝对不能超过其顾客所需要的数量。前面已经指出，不可能直接评估这些需求量。只有间接的估计才是可行的。必须决定信用媒介所不能满足的广义货币的总需求量的比例。这将是和不是中央银行的顾客的那些人进行交易时所需要的货币数量；换言之，这是进行对外贸易所要求的货币数量。

国际贸易的货币需求由两个不同的要素构成。首先，由于不同国家对货币需求的相对程度和范围发生变化的结果，货币需求的数额从一个国家运送到另一个国家，直到再次确立平衡状态，在这种平衡状态中，货币的客观交换价值在世界各国都是相同的水平。由于这个原因，必要的货币转移是不可能避免的。诚然，我们可以想象建立一个国际存款银行，在其中存入大量货币，也许甚至

是全世界的货币，作为货币凭证发行的基础，换言之，作为以货币 328
完全保证的钞票，或者作为存款余额的基础。这很可能停止硬币的实际使用，在某些情况下，而且可能常常大量减少成本；如果不使用硬币的话，则可以输送钞票，或者在银行的账簿之间进行转账。但是，这些外部的差异不影响这种过程的性质。

货币的国际转移的另外一个动机，来自于商品和服务在国际交换中产生的差额。这些差额必须用相反方向的转账来清偿，因此，在理论上有可能以发展清算过程从而来完全清偿这些差额。

在外汇交易和近年来和外汇交易相融合的相关交易中，有一个能够抵消几乎所有这些货币转让的良好机制。对于今天来说，如果两艘船在海上相遇，其中一艘从伦敦运送黄金到纽约，另外一

艘从纽约运送黄金到伦敦，这只是非常少见的情形。货币的国际转移一般仅仅由货币需求和货币存量之间的比率的变化来调节。在这些变化当中，实际意义最大的变化是那些把新开采的贵金属分配到世界各地的变化。在这个过程当中，伦敦经常担任中间人的角色。除此之外，如果没有特殊原因突然改变不同国家对货币的相对需求，从一个国家到另一个国家的货币转移量不会特别巨大。可以假定，一般情况下，以这种方法所导致的变化，不会和因为新生产所增加的货币存量的变化那样大，或者至少不会大幅度超过因为新生产所增加的货币存量的变化。如果这是真实的情况——目前只有粗略的估计支持这种情况——那么，有必要使货币购买力达到共同水平的变化，在很大程度上，或者完全，仅仅是额外的货币数量的分配上的变化。



以经验为基础来估计一个国家的货币的相对需求是可能的，换言之，这个国家的货币需求的程度和范围，相对于其他国家的货币需求的程度和范围（这一句话应该从其广义来理解），在相对短的时期内，不会大幅度减少到流通中的货币数量和信用媒介二者的当前数量的某个比例之下。当然，这样的估计，有必要以相关因
329 素的或多或少的任意组合为基础，而且，很显然这样的估计随后会受到不可预测的事件的影响。但是，如果这个数量估计得很保守的话，而且如果也适当地考虑了国际贸易的状态有必要使货币从一个国家向另一个国家转移，哪怕仅仅是暂时的转移，那么，只要在一个国家流通的信用媒介的数量的增长没有超过所估计的数量，而且也没有发行货币凭证的话，那么，兑现基金的积累就可能会被证明完全没有必要。因为只要信用媒介的发行不超过这个限

度，并且假定这个限度所依据的估计是正确的，那么，就没有信用媒介兑现的任何需求。例如，如果德国目前流通中的钞票、国库券(treasury notes)、辅币和存款被作为保证贮存在银行金库中的数额有所减少的话，货币和信用体系则不会发生任何形式的变化。德国利用货币媒介和外国进行交易的能力不会受到影响。[49]只是那些没有被货币作为保证的钞票、存款等才具有信用媒介的本质；仅仅是这些信用媒介，而不是被货币所保证的那些钞票和存款，对物价的决定有影响，本书的这一编就在说明这一问题。

如果信用媒介的流通量能够保持在国际贸易的可假定的最大需求所决定的限度以下的水平，如果不用考虑另一个因素的话，那么就有可能完全不需要兑现准备金。这个因素是：如果有需要货币对外支付的人，如果他被迫以货币代用品交换所需的货币，如果他只能通过多次的货币兑换交易才能取得货币的话，这些交易也许涉及时间的成本和麻烦，所以这种程序使人们感到受到损失，这会影响货币代用品和货币的完全等值，从而使前者以折扣价格流通。因此，如果仅仅是这个原因，一定数量的兑现基金应该予以维持，即使实际流通中的货币数量已经足够满足对外贸易的需求。330
由此可以看出，完全保证的钞票和完全保证的存款，最初是为了使人们习惯于使用这些形式的货币代用品，今天仍然需要和表面上相似而实际上不同的信用媒介同时被保留下来。完全没有货币保证的钞票和存款，即完全是信用媒介，在实际上仍然是不可行的。

如果我们观察自身资源充足的(self-sufficing)银行的兑现基金，我们会看到，它们的兑现基金五花八门、各种各样。我们会看到货币代用品保证的种类和数额，尤其那些以钞票形式发行的货币代用品受一系列规则的管制，这些规则是按照不同的原因制订的，一部分出于商业惯例，一部分源于法律。在这个方面，如果认为是不同的制度则是不正确的；这个名词的范围太大，很难适合那些大部分建立在货币和信用媒介的本质的错误观点之上的经验规则。不过它们都表达了一个概念；信用媒介的发行需要某种人为的限制，因为它没有任何自然的限制。所以，一切货币政策的根本问题，即无限制地增加信用媒介的发行，连同货币的客观交换价值下降的不可避免的结果，是否值得鼓励，都以否定的方式间接得以回答。



认识到对信用媒介的流通需要进行人为的限制，不管是在严格的科学意义上还是在实用的便捷性上，都是19世纪前半期经济研究的产物。这个观点战胜其他观点是几十年热烈讨论的结果，这在经济学史上是很少见的，与此同时结束了信用媒介发行的一段不确定的试验阶段。从此以来，一直有人批评这个观点所依据的理由，有些批评没有根据，有些批评则以真正的反对意见为基
331 础。但是，限制没有保证的钞票的发行的原则，在银行法律中一直没有被放弃。现在它仍然是文明国家银行政策的本质要素，尽管这个限制只适用于钞票形式的信用媒介的发行，而不适用于不断增长的存款形式的信用媒介的发行，这从而使它的实际意义远远不如几十年前重要了。

对信用媒介的限制也构成印度、菲律宾以及效仿它们的那些国家的货币和信用体系的一部分，尽管形式略有不同。在政府管理的兑现基金和信用媒介的流通量之间，没有直接的数字比例的规定；任何规定这个比例的尝试都会遇到技术上的困难，因为在向

新本位过渡时，不可能准确地计算信用媒介的数量。但是，以法定硬币的形式进一步发行信用媒介则保留到国家（这在很大程度上需要特殊的法律），这和其他机构管理辅币和其他类似工具的发行是相同的方式。

## 第五节 对信用媒介的所谓银行类型的保证

把偿付能力和流动性运用到银行的情形中时，其用法并不一直是正确的。人们有时候把它们视为同义词；但是，传统的看法认为这两个词指的是不同的情况。（必须承认，通常没有人尝试给这两个概念赋予清晰的定义和严格的区别。）

当银行的资产结构使清算一定至少使所有的债务人完全满意时，我们说这家银行具有偿付能力。流动性是银行资产能够支付它的所有债务，不仅能够全额还清，而且还能够及时还清的能力，换言之，银行不会被迫向债权人提出类似于延期偿付性质的任何要求。流动性是一种特殊类型的偿付能力。每一个企业——对于参与信用交易的任何机构来说，相同的原理都是适用的——只要具有流动能力，它也就具有偿还能力。但是，从另一方面来看，并不是每一个具有偿还能力的企业，都具有流动性。一个不能在到期日偿还债务的人，则不具有流动能力，即使他能够确定无疑地在三个月或六个月之后偿还其债务，并支付相应的利息和因延期偿付所涉及的债权人的其他成本。

自古以来，商法规定每一个人都有义务在其整个商业行为中 332

重视流动性。这个规定在商业生活中表现得特别明显。要求其债权人允许延期偿还债务的任何人，允许事态发展到其汇票被拒绝偿付的程度的任何人，即使他后来能够全额偿还所拖欠的债务，都会危及其商业信誉。所有企业都受我们已经说明的信用授予银行的业务原则的规定的制约，即必须采取措施以全额并按时清偿到期的每一笔债务。[50]

对于信用发行银行来说，重视谨慎行为的这个基本规则是不可能的事情。其性质建立在这个事实上，即信用媒介的比例——更大的比例——继续流通，而且发行的这一部分所产生的债权不会被要求履行，或者至少不会同时被要求履行。一旦人们对其行为丧失信心，债权人蜂拥到其柜台时，它们注定要破产。因此，它们不能像所有其他银行和一般企业那样，把流动性作为投资的目标；它们必须满足于把偿付能力作为其政策的目标。



当把短期贷款作为信用媒介发行的保证，而且这种方法被视为特别适合其性质和功能时，而且当名词“保证的特别银行类型”(characteristically banking type of cover)适用时，人们习惯于忽略这个方法，[51]因为我们假定，流动性的一般原则始终如一地应用于信用发行银行的特殊情况表明，这是对这类银行适用的投资制度。不管信用发行银行的资产由短期票据还是由抵押贷款构成，在发生一般性的挤兑时，这还是没有作用。如果银行立刻需要大
333 量货币，它只能用处理其资产的方法来取得；当恐慌的民众挤在柜台前要求兑现钞票或提取存款时，一张 30 天到期的票据和一笔多年后才能收回的抵押贷款一样没有用处。在这种时候，最重要的是资产可转让性的大小。但是，在某些情况下，长期债权或甚至不

可赎回的债权可能比短期债权更加容易变现；在发生金融危机的情况下，政府的公债（annuities）和抵押凭证也许比商业汇票更容易出售。

前面已经提到，就公众对银行的信心来说，在大多数国家有两类银行。发行钞票的中央银行，这常常是有权发行钞票的唯一银行，由于国家拥有部分或全部管理权，它的所有活动都受到严格的管理，所以它占有突出的地位。[52]和其他信用发行银行相比，它享有更高的声誉，其他发行银行的业务范围没有中央银行单纯，常常为了利润而负担超过其能力的风险，除了其银行业务本身，以发行信用媒介从而来兑现信用或出让信用以外，这些发行银行，至少在某些国家，还经营一系列的额外业务，例如开办公司的业务。第二类的这些银行，在某些情况下可能丧失公众的信心，而这时中央银行的地位则不会被动摇。在这种情形中，它们为了自身的利益向中央银行申请信用（就像在其资源耗竭而向中央银行求助的其他情形一样），以便能够维持其自身的流动性，并且能够按时全部偿还其债务。因此，当这些银行的债务每天到期时，只要它们拥有中央银行认为可以借贷的充足保证的这些资产能够被平衡，我们就可以认为这些银行具有流动能力。众所周知，甚至在这个意义上，
有些银行也没有流动能力。如果不同国家的中央银行仅用这样的 334
资产保证其发行信用媒介，而且这些信用媒介能被其他国家的中央银行视为可能的投资，那么这些中央银行同样具有流动性。但是，即使这样，我们仍然认为，要想把信用银行系统维持在具有流动性的状态，在理论上是不可能的。如果所有银行的信心同时遭受打击，则必然导致全面崩溃。

诚然,如果银行把其资产投资在短期贷款中,它就的确有可能在某个相对短的时间内偿清债务。但是,在面对丧失信心的情况时,只有当钞票的持有者和存款储户不是同时向银行要求立即支付欠他们的货币金额时,这类资产被证明是足够的。但是,这个假设并不太可能。或者公众根本没有丧失信心,或者公众在整体上丧失信心。在信用发行银行的特殊情况下,只有一种办法至少能够从形式上保证信用发行银行的流动性状态。如果这类银行贷款的条件是它们有权随时收回贷款,那么流动性问题当然就以非常简单的方式解决了。但是,从整个社会的角度来看,这当然不是问题的解决办法,而只是搁置了问题。维持银行的流动性状态,显然是以牺牲借款人的流动性状态为代价的,因为这些借款人面临同样无法解决的困难。银行的债务人不会将其借入的资金放在保险柜里,而会投入到生产性的投资中,他们当然不能立刻把资金从这
335 些投资中撤出来。所以,问题并没有改变;问题仍然没有得到解决。



## 第六节　短期保证的意义

信用发行银行一般优先考虑短期贷款投资。法律经常迫使信用发行银行这样做,而且公共舆论也迫使信用发行银行这样做。不过,这种优先考虑的意义,与人们一般但错误地认为信用媒介因此可以更容易地得到兑现没有任何关系。诚然,正是这个政策,在过去保护了银行信用体系没有遭受严重的打击;诚然,忽略这项政策总是会自食其果;诚然,这个政策在现在和将来仍然很重要;但

是，执行这个政策的原因，却与短期保证的支持者习惯于提出的理 336
由完全不同。

它们提出的原因之一，而且是次要的原因，就是判断短期贷款形式的投资比长期投资是否合理更容易一些。诚然，有很多长期投资比很多短期投资更合理；但是，一般来说，判断一笔投资是否合理，调查随后几个星期或几个月的基本市场形势和借款者的具体情况比研究几年或几十年的形势会更有把握。

它们提出的第二个原因，也是主要的原因，在上文已经提到过。[53] 如果以发行信用媒介的形式出让信用限于在短期内必须收回的贷款，那么信用媒介的发行数量有一定的限制。发行银行仅仅提供短期贷款业务是更值得经营的业务，这一规则是几百年经验的产物。这个规则总是遭到误解；但是，即使这样，遵循这个规则，对于限制信用媒介的发行具有重要的作用。



## 第七节　信用发行银行的投资的保证

信用发行银行的合理性问题的解决和信用转让（credit-negotiating）银行的合理性问题的解决一样困难。如果信用媒介仅以良好的保证金（good security）发行，而且如果用银行的股份资本建立一个担保基金以担保损失，因为即使在谨慎的管理下，也不可
能一直能避免损失，那么银行就能够全额兑现它所发行的信用媒 337
介，尽管不能按其在保证书中规定的支付条件来兑现。

不过，对于信用媒介来说，保证是否合理仅具有次要的意义。信用媒介可以完全没有保证至少在某种意义上不会影响其流通能

力。信用媒介甚至在完全没有保证的情况下发行。例如,当国家发行辅币,而并没有把铸造利差列入具体的基金用于兑换时就是这种情况。(在某些情况下,硬币本身的金属价值可以被视为部分保证。而且,整个国家当然拥有资产,这些资产比任何类型的特殊基金都能够提供更强有力的保证。)另一方面,即使信用媒介被发行者的资产完全保证,以致只有兑换的时间而不是最终的兑换可能会出现问题,不管支持信用媒介流通的能力是什么都不会有任何影响;因为这完全取决于对发行者准时兑回它们的期待。

忽略了这一点是所有那些建议和实验的根本错误,这些建议和实验以非流动资产,例如抵押契约,作为基金,力求保证信用媒介的发行。如果有人提出兑现的这些货币代用品立即并且全额以货币兑现,那么,除了用于这种兑现的必需的现金储备之外,则不需要贮存任何商品来维持信用媒介和货币之间的等值。不过,如果货币代用品没有全额并立刻兑换成货币的话,那么它们就不会被视为货币的等值物;仅仅是因为某个地方有某种商品,这些商品在某个时候能够用来满足货币代用品的持有者,以货币代用品所代表的债权为理由而有权提出的需求。它们的价值低于它们所代表的货币数额,因为它们是否兑现则不能肯定,而且充其量是在一段时间之后。因此,它们不再是货币代用品;如果它们继续作为交换媒介来使用的话,那就要进行独立的估价;它们不再是货币代用品,而是信用货币。



对于信用货币,即对于作为一般交换媒介而未到期的债权来
338 说,也没有必要用特殊基金来“保证”。只要债权被出让并且作为货币接受,而且获得超过仅仅作为债权所具有的价值的交换价值,

这样的基金对于信用货币就没有任何影响。关于保证和基金的规定，对于信用货币的意义和对于信用媒介的意义一样，都在于它们为能够发行的数量间接地规定了一个限度。[54]

## 第八节　把外国汇票作为兑现基金的一部分

因为兑现基金的目的不是因为持有者对其信用丧失信心而对流回银行的这类货币代用品提供兑现，而仅仅是对银行顾客提供的，和不是银行顾客的交易者进行交易所必需的交换媒介，显然这样一个基金可能至少其一部分包括不是货币，但是能够作为货币使用和银行顾客以外的交易者进行交易的这类工具。这些工具不但包括外国的货币代用品，而且也包括构成所有国际清算业务基础的这些债权，换言之，主要是外国汇票，即由外国付款的汇票。货币代用品的发行不能增长到超过银行的顾客在彼此交易当中所需要的货币(广义上的)需求的数量。只有顾客数量增加才是扩大流通量的基础；因为国家的中央发行银行的影响受政治疆域的限制，遂使这样的扩大成为不可能的事情。不过，如果兑现基金的一部分投资于外国钞票、外国汇票、外国支票和外国银行的短期通知存款，那么，和如果银行仅仅拥有其顾客随时可用于和外国商人进行交易的货币相比，银行发行的更大比例的货币代用品就能够转换成信用媒介。信用发行银行以这种方式甚至能够把它所发行的几乎所有的货币代用品都转换成信用媒介。许多国家的私人银行已经快要接受这种情形了；它们习惯于自己拥有用货币代用品所 339

构成的储备金来及时兑现它们所发行的货币代用品；它们所发行的货币代用品在性质上与信用媒介的区别仅仅在于这些保证的货币代用品是货币凭证，所发行的货币代用品不具有信用媒介的性质。仅仅只在最近中央发行银行也开始采用把货币代用品和外国汇票纳入其兑换基金的做法。

就像以前的金匠开始把他们受托保管的一部分货币贷出一样，所以中央银行采取步骤把它的贵金属存量的一部分投资于外国票据和其他外国信用上。汉堡转账银行首开先河，该行通常把其一部分准备金用于购买伦敦的票据；在 19 世纪的最后 25 年中，很多发行银行相继效仿这种做法。银行接受保证的这种体系其实都是为了增加利润。把一部分兑现基金投资于能够容易并且很快变现的外国票据和其他外国存款，其目的在于减少维持储备金的成本。在一些国家，中央发行银行取得外国票据的投资组合，因为国内的贴现业务没有足够的利益。[55]一般来说，正是中央发行银行和相对小的以及金融实力相对弱小的国家的政府兑现基金都力图以这种方式节约开支。自第一次世界大战以来，这次世界大战使整个世界更加贫穷，它们的方法被广泛地效仿。显然，把所有的兑现基金都投资于黄金的外国债权的政策不能成为普遍的政策。如果世界上的所有国家都过渡到金汇兑本位，而且所有国家持有的兑现基金不是黄金而是黄金的外国债权，那么则根本不再需要黄金来用于货币的目的了。黄金作为货币基础的那部分价值就完全消失了。用投资于外国票据的兑现基金来维持金汇兑本位损害金本位制度的基础。我们将在第六章再来讨论这一点。

# 第五章 货币、信用和利息

## 第一节 问题的性质

本章旨在研究货币流通量和利率水平之间的关系。我们已经说明，货币数量与货币需求之间比例的变化影响货币和其他经济商品之间的交换比率的水平。现在有待我们研究的是，由此引起的商品价格的变化是否对初阶商品和高阶商品产生相同程度的影响。直到现在我们研究了仅仅在货币和消费品之间交换比率的变化，还没有研究货币和生产物品之间的交换比率。这个程序似乎是有道理的，因为消费物品价值的决定是根本的过程，而生产资料的价值的决定是从其中衍生出来的。资本货物或生产资料从其将来产品的价值中衍生价值；不过，其价值从来不会达到这些将来产品的全部价值，而一般略低于将来产品的全部价值。资本货物的价值低于其将来产品价值的差额是利息；这个差额来源于现在商品和将来商品之间价值的自然差别。[56]如果由于货币决定因素而产生的变化在不同程度上影响生产资料和消费物品——这种可能性不能随意加以忽略——那么，其结果就会引起利息的变化。这个现象表现出的问题和另一个问题，尽管这两个问题常常分别给予讨论，是一样的：利息会受发行信用媒介的银行的信用政策影响吗？银行能够压低其收取的利率，直至达到贷款业务的技术工作成本所设定的限度吗？因为它们有权发行信用媒介使它们能够发放贷款。这里我们面临的问题是引起广泛讨论的，银行信用的赏赠性质(gratuitous nature)问题。

在理论界以外的人看来，这个问题在很久以前就解决了。作为一般交换媒介，货币履行其功能不但便利于现在货物的销售，而且也便利于以现在货物交换未来的货物，还方便于以未来商品交换现在商品。希望取得对资本货物和劳动力的支配权的企业家为了开始生产过程必须首先拥有货币来购买资本货物和劳动力。很
340 长一段时间以来，一般不再用直接交换的方式来转移资本货物了。资本家把货币借贷给生产商，生产商用货币购买生产资料并且支付工资。没有足够的自有资本可供支配的这些生产商不需要生产货物，而需要货币。对资本的需求是对以货币需求的形式表现出来。但是我们却不能因为这种说法而误解现象的本质。一般所谓的货币的充足或者货币的匮乏其实是指资本的充足或资本的匮乏。货币是否真正充足或匮乏在社会上一向不能直接感觉出来，换言之，除了它对货币的客观交换价值产生影响，以及因为这种变化所产生的后果之外，货币的匮乏或充足永远不会自己表现出来。因为货币的效用完全取决于其购买力，而购买力必须经常处于总需求和总供给完全一致的状态，而社会总是享有使用货币所能够产生的最大满足感。

长期以来人们没有认识到这一点，甚至在今天，人们在很大程度上还没有认识到这一点。想把业务扩大到市场状态所限定的范

围之外的企业家很可能抱怨货币的匮乏。贴现率的每一次增长都
使人们重新抱怨银行的方法不灵活，或者抱怨制定规则以限制其
发行信用的权力的立法者不通情理。人们建议增发信用媒介，将
其作为一种万能方法，来处理经济生活中的所有问题。很多人欢 341
迎通货膨胀的趋势，就是基于类似的思考方式。不仅仅是理论界
以外的人士支持这种观点。自从大卫·休谟和亚当·斯密的著名
论点提出以来，[57]甚至专家们在这一点上都持完全一致的看法，几
乎每年都有新的学者站出来，力图证明资本存量的大小和结构对
利息水平没有任何影响，利率由信用供给和需求所决定，他们还力
图证明，在无须提高利率的条件下，银行甚至能够满足对其信用提
出的最大需求，如果它们的手脚不被法律条文所束缚的话。[58]



没有认真观察见解不深的观察家们会发现和上述观点一致的观点，以及和这些观点相似的其他观点的很多现象。因为其钞票流通量可能会增长到法律许可的数量之外，当发行银行着手提高贴现率时，那么它们采取这个步骤的最直接原因是法律规定它们发行权力的条文。所以，大家把由于贴现率的提高而在所谓的货币市场，即短期资本投资市场，所产生的，或至少应该产生的，利率的普遍上调，归咎于全国性的银行政策，似乎从表面上看有一定的理由。当中央银行认为仅仅以提高银行利率来产生货币市场中所希望的普遍高价超出其权力时，它所采取的程序则更引起注意：它们所采取的措施具有迫使其他的国家信用发行银行在其短期贷款业务中提高利率的直接目标。在这种情况下，英格兰银行习惯于向自由市场强行发行统一公债（consols），[59]而德国国家银行习惯于贴现长期债券。如果我们考虑这些办法本身，而不考虑它们在

342 市场中的作用的话，那么，认为法律和银行的利己主义政策应该对利率的上升负责似乎是有道理的。对经济生活的各种复杂关系没有足够的理解使所有这些法律规定似乎被视为是有利于资本主义而不利于生产阶级(producing classes)利益的措施。

但是，传统银行政策的支持者非常不满意它们的观点。对于诸如“保护货币本位”和“控制过度投机”这类口号背后的问题，它们没有表现出非常有深度的看法。它们冗长的讨论充斥了不能证明任何问题的大量的统计数据，而且它们小心翼翼地避免构成其大量主题的理论中的大问题。不可否认，在近年来出版的大量的无价值的关于银行政策的出版物中，有一些非常优秀的具有描写性质的著作，同样不可否认是的，除了少数几个可敬的例外现象之外，它们对理论的贡献实在不能和通货学派及银行学派的大辩论所遗留下来的文字记录相提并论。



银行制度理论的较早的英国学者决心努力理解这个问题的本质。他们研究的中心问题是银行授予的信用是否有限度；这和信用的无偿性质问题是一样的；它和利息问题具有非常密切的关系。在19世纪的前40年中，英格兰银行以变化贴现率的方法仅能够对授予信用的数量进行有限程度的管理。因为法律对利率有限制，这个限制在1837年才取消，英格兰银行不能把其贴现率提高到5%以上；但是，它从来没有让贴现率下降到4%以下。[61]那时，英格兰银行调整其投资组合以适应资本市场的最佳工具是扩大或收缩其贴现活动。这就解释了银行理论的早期学者为什么主要只
343 讨论钞票流通的增加和减少，即使当时的情形证明讨论贴现率的上升和下降是正确的很长时间之后，这种表现方式仍然被保留着。

但是，这并不影响问题的本质；在这两个问题当中，唯一有争论的一点是银行是否能够在超过当时资本的可用数量之外授予信用。[62]

双方都同意以否定的答案回答这一问题。这并不意外。这些英国学者对经济活动的性质有特别深入的理解；他们把当时理论文献的全面知识和以他们的观察为基础的对经济生活的见解结合起来。他们严格的逻辑训练使他们能够很快并且容易地把本质和非本质分开，并且使他们不致犯把真理的外壳误以为其中的核心的错误。他们对利息性质的观点可能有很大的分歧——事实上，他们当中的大多数人，对于这个重要问题其实只有非常模糊的认识，这个问题的重要性一直到经济科学发展的稍后阶段才被学者所理解——但是，他们再也不会怀疑由一般经济条件所决定的利率水平当然不会受货币数量或其他流通中的支付工具的增减的影响，除了用于生产目的的商品存量可能因为货币需求减少而增加的因素之外。



但是，除此之外，这两个学派的看法出现了分歧。图克、富勒顿和其追随者全然否认银行有权力将其钞票发行量增加到业务需求以外的范围。按照他们的观点，银行在任何特定时间发行的支 344
付工具以这样的方式调整自身适应业务的需求，借助于支付工具，以当时的特定物价水平必须进行的支付能够利用当时的货币数量全部进行清偿。一旦流通额饱和时，任何银行，不管它是否具有发行钞票的权力，都不能继续授予信用，除了利用其本身的资本，或利用其储户的资本。[63]这些观点受到奥弗斯通勋爵（Lord Overstone）、托伦斯（Torrens）和其他人的直接反对，这些人从假定银行有可能具有任意扩大其钞票发行权力的观点出发，而且他们试图确定被干扰的市场平衡在这样一个事件之后重新建立自身平衡的方法。[64]通货学派对于货币的价值、信用授予对商品价格和利率的影响提出了一个其自身完整的理论。其理论的基础是经济价值本质的一个不能成立的基本观点，他们所提出的数量理论是一个纯粹机械性的理论。但是，我们不应该以此来责备通货学派：其成员既无欲望也无力量超越当时的经济理论。在通货学派自身的研究领域之内，他们的理论是非常成功的。这一事实应该值得那些以其理论为基础的后继者感激和承认。面对现在在银行理论方面的所有著作对通货学派影响的贬低，这一点需要特别加以强调。通货学派体系中表现出的缺点使其批评者容易找到批评的目标，毫无疑问，银行原理的支持者利用了这一机会，这是值得大加赞扬的。如果他们的作为仅限于此，如果他们仅认为自身是通货主义的批评者，则没有人能以此来反对他们。对其影响的严重打击是他们宣称他们建立了货币和银行制度的一个全面理论，而且他们想象他们对这个主题的附带意见（obiter dicta）就是这样一个理论。对于古典理论，其缺点不应该加以原谅，但是其逻辑的严谨和对问题的复杂性的深入洞察是不能加以否认的，他们取代了表述
345 并不一直是非常准确，而且经常彼此矛盾的一系列断言。由于这种做法，在门格尔工作之前，他们为经济学常常处理货币问题的这个方法铺平了道路，并且开始取得成果了。[65]

富勒顿和其追随者的致命错误是在于他们忽略了一个事实，即甚至可兑换的钞票会永远流通，而且还会带来信用媒介的过剩，其结果和货币流通量的增长的结果相似。即使像富勒顿所坚持的

那样，作为贷款发行的钞票在贷款期满后会自动流回银行是正确的，但是，这仍然没有告诉我们，银行是否能够以重复延长贷款的方法来维持钞票继续流通的问题。银行学派坚持的立场的中心，即不可能设定并永远维持多于满足公众需求的钞票的流通，这个断言是不成立的；因为信用需求不是一个固定的数量；当利率下降时信用需求扩大，当利率上升时信用需求收缩。但是，用信用媒介发放的贷款所收取的利息率，这一信用媒介是明确为贷款而设立的，由银行最初就将其降低到银行业务中所使用的资本的边际效用所决定的限度，即实际上等于零，因此，图克学派所建立的整个理论体系遂告崩溃。

我们的任务不是要对这两个著名的英国学派之间的分歧进行历史性的说明，不管这种说明有多么大的吸引力。我们只满足于重申，被大量滥用的通货学派的著作，有被一般人通常所想象的更多的有用的观点和有益的思想，尤其在德国，这一学派常常是仅仅通过其反对派的著作被大家所知道的，例如图克和纽马奇的《价格的历史》(Tooke and Newmarch's *History of Prices*)，米尔的《经济学原理》(Mill's *Principles*)，以及对于所研究的问题的本质缺乏深入理解的德国形式的银行原理。



我们必须用几页的篇幅来论述货币数量的变化和利率的波动
之间的关系问题，然后再着手研究信用媒介的设立对决定货币的 346
客观交换价值的影响，以及对利率水平所产生的影响。

## 第二节　货币存量和货币需求的比率的变化和利率波动之间的联系

货币存量和货币需求之间的比率变化最终一定也对利率产生影响；但是，这种影响产生的方式和一般所想象的方式不同。在利率和参加市场交易的个人所拥有的货币数量之间没有直接的关系；它们之间仅有一种间接的关系，这种间接关系通过货币客观交换价值的变化所产生的收入和财富的社会分配的变化以一种迂回的方式表现出来。



货币存量和货币需求之间比率的变化，以及随后产生的货币和其他经济商品之间交换比率的变化，只有当使用金属货币时，而且可用于工业用途的金属数量发生变化的情况下，才能对利率产生直接影响。非货币用途的可用金属数量的增加或减少就是国家生存资金（subsistence fund）的增加或减少，所以它影响利率水平。这个现象的实际意义是微不足道的，这几乎没有必要加以说明。例如，我们可以想象，和每天积累的资本相比，在南非发现黄金而产生的生存资金的增加是多么的少，或者如果把新开采的所有贵金属都完全用于工业用途，由此而产生的生存资金的增长是多么的少。但是，不管这个数量多么微小，对我们来说重要的是这是和金属用于非货币性用途相关的现象。

就货币功能来说，冗长的讨论就没有必要表明这里的一切都取决于额外数量的货币是否要完全用于取得生产资料和消费品。
347 如果一定额外数量的货币能够使消费品和更高阶的相应物品的需

求以完全相同的比例增加，或者如果一定数量的货币退出流通能够使这些需求以完全相同的比例下降，那么，这样的变化对利率水平具有永久的影响，这是毫无问题的。

我们已经看出，收入和财产分配的变化是货币的客观交换价值变化的一个重要结果。但是，收入和财产分配的每一次变化也引起利率的变化。如果把 100 万克罗纳（奥地利旧金币）的总收入在 1000 个人当中分配，有 100 人每人得到 2800 克罗纳，有 900 人每人得到 800 克罗纳，或者 1000 人每人都得到 1000 克罗纳，其结果将会有不同程度的影响。一般来说，收入多的个人对将来的准备比收入少的个人对将来的准备好。个人的收入越少，他在现在商品上花费的额外费用比在未来商品上花费的额外费用就越大。相反，个人的收入越多，就为将来的准备越多，对将来商品就有更高的估价。[66]



货币存量和货币需求之间的比率的变化，只有通过由它们所引起的财产和收入分配的变化，才能对利率产生永久的影响。如果收入和财产的分配发生变化，使储蓄能力增加，那么，现在商品和未来商品的价值之间的比率的变化一定最终有利于后者。事实上，有助于决定利率的其中一个因素，即国家生存资金的水平，必然会被储蓄的增加所改变。社会的生存资金的数量越大，利率就越低。[67]由此立刻可以看出，货币存量和货币需求之间比率的具体变化对于利率水平不会总是产生相同的影响；例如，我们不能断
言，货币存量的增加引起利率下降，而货币存量的下降引起利率上 348
升。究竟产生什么结果，总是取决于财产的新分配是否或多或少有利于资本的积累。但是，这个情况在每一个具体情形中都不一

样，要根据构成每一情形的具体因素的数量比重来决定。如果不了解实际数据，则不可能得出肯定的结论。

这些是由货币的总需求量和总存量之间的比率变化所引起的对利率的长期影响。这是由货币的客观交换价值的波动所引起的收入和财产分配的变化的结果，这种长期影响和这些波动一样是永久的现象。但是，在过渡阶段，也可能发生仅仅是过渡性质的利率的其他变化。我们在前面已经提到货币交换价值的变化的一般经济后果，一部分源于这些变化并不是在每个地方同时并且以相同程度出现的，而是从一个具体的点开始，然后才逐渐扩大到整个市场。只要这个过程持续，就会产生差别利润和差别损失，这实际上是收入和财产分配的变化产生的根源。一般来说，企业家会首先受到影响。如果货币的客观交换价值下降，企业家则受益；因为他仍然能够使他的一部分生产成本以还不到更高价格水平的价格支付，而另一方面，他能够根据变化后的较高价格出售其产品。如果货币的客观交换价值上升，企业家则亏损；因为他只能根据下降的价格水平出售其产品，而他的生产成本仍然必须以更高的价格支付。在第一种情况中，企业家的收入在过渡期间增加；在第二种
349 情况中，企业家的收入则下降。这不能不对利率产生影响。赚到更多利润的企业家，必要时会准备支付更高的利率，而其他借款者被增加的利润的相同前景所吸引，这种竞争使支付更高的利率成为必然。生意不好的企业家只能支付更低的利率，而且竞争的压力迫使放贷者满足于更低的利率。因此，货币价值的下降和利率的上升是密切相关的，而上升的货币价值和下降的利率也是密切相关的。只要货币的客观交换价值继续发生变化，这个现象就会

持续。当货币的客观交换价值不再发生变化，那么利率就重新建立在一般经济形势所决定的水平上。[68]

所以，利率的变化并不是货币的需求和货币的存量之间的比率变化的直接结果；只有在货币存量和货币需求的比率的变化引起货币的客观交换价值发生变化，随之引起财产的社会分配发生变化，才能产生利率的变化。再者，货币的客观交换价值的变化和利率的变化之间有明确联系的这个经常被人们提到的问题，也暴露出概念上的令人遗憾的混淆。现在商品和未来商品相对估价的变化，和货币的客观交换价值的变化，这两者并不是不同的现象。它们都是当时经济条件的同一变化的一部分，都最终决定于相同的因素。在阐述它应该具有的因素时，我们弥补第二编中的一个疏忽，并且填补一个空白。



## 第三节　均衡利率和货币利率之间的联系

由于发行信用媒介从而引起的广义货币存量的增加，意味着财产的社会分配的变化有利于信用媒介的发行者。如果信用媒介由银行发行，那么这种变化尤其有利于资本的积累，因为在这种情况下，发行机构将其得到的所有财富完全用于生产目的，无论是通过生产过程直接发行，还是借贷给生产者而间接发行。所以，一般
来说，贷款市场利率的下降，这是由于信用媒介的发行引起现在商 350
品供应增加的最直接的后果，一定在部分程度上具有永久性；换言之，它还没有被他人财产的减少随后所引起的反应所完全破坏。非常可能的情况是，银行大规模发行信用媒介，强烈刺激资本的积

累，并随之有助于利率的下降。

这里必须明确说明一个问题：信用媒介发行的增减，和信用媒介的发行影响财产的社会分配而间接产生的利率的升降之间，并没有直接的算术上的关系。原因仅仅是在财产的再分配和当时社会的商品现有存量所使用的不同方式之间并没有直接的关系。财产的再分配使个体经济人采取与过去不同的决定。他们以不同的方式销售他们能够支配的商品；他们在现在的（消耗性的）使用和未来的（生产性的）使用之间，以不同的方式分配其货物。如果个体经济人对于商品用途的改变没有彼此抵消，而是在一个方面或另一个方面有剩余，这可能导致全国的生存资金的数量发生变化。全国生存资金数量的这种变化是利率发生变化的最直接的原因；前面已经说明，因为它绝不是由广义货币存量变化的程度和方向所完全决定的，而是取决于整体社会分配的结构，所以，在广义货币存量的变化和利率变化之间不能建立直接的联系。事实上，不管广义货币存量增长的幅度有多大，不管这种增长是由信用媒介还是由狭义货币存量的增长所贡献，利率显然永远都不可能被降低到零。只有当财产的转移使全国生存资金增加到靠“间接”生产方法使增加生产的所有可能性都使用殆尽时，这件事才能发生。这意味着在所有生产部门中，在开始生产和使用产品之间所消耗的时间都没有被加以考虑，而且生产的扩大使产品价格仅仅足以支付在每次使用当中的主要因素的相同报酬的程度。尤其对耐用品来说，这意味着其数量和耐用性会得到极大地提高，以致其服务品的价格跌到很低，仅能分期偿还投资。例如，住房供给必须提高
351 到其年租赁价值，但是却下降到其总收益等于其延长寿命到期时

的原始成本的程度，这是难以想象的。当商品的寿命在递减成本条件下几乎无限制地延长时，结果是其服务几乎等同于自由物品(free goods)。似乎我们很难严格的证明，因为财产的重新分配，使全国生存资金规模的增长永远不可能扩大到这种程度。但是，即使我们没有这种难以取得的准确的证据，我们也有足够的能力估计所涉及的数量。至于由于信用媒介流通量的增加从而引起的财产分配的转移，我们似乎能够推理得更深入一些，并且有把握地断言，这个数量在任何情况下都不会太大。尽管我们不能以任何方法来证明这一点，不管是以推理还是演绎的方法，这仍然是一个合理的断言。而且我们可以对此感到满足；因为我们不打算把任何种类的进一步的观点基于这样一个不能证明的命题上。



我们现在开始研究的问题如下：银行能够把它们所出让信用的利率降到高于其经营成本以下的任何水平(例如，印刷钞票的成本、员工的工资等)，这是毫无疑问的。如果它们这样做的话，竞争的压力迫使其他放贷者效仿它们的做法。因此，银行完全有能力将利率降低到这个限度以下，只需假定在降低利率的过程当中，它 352
们不能使其他因素发生作用，自动将利率重新建立在资本市场的环境所决定的水平上，换言之，用现在商品交换未来商品的市场。我们所面临的问题，是人们常常提到的时髦用语“信用的无偿性质”。这是银行理论中的主要问题。

这个问题的重要理论和实际意义常常被人们所忽视。造成这个结果的主要原因是阐述这个问题的有些令人遗憾的方式。目前，银行信用的无偿性质问题似乎不是一个非常实际的问题，而且因为目前的倾向是纯理论问题几乎得不到当今经济学家的重视，因此，这个问题在很大程度上被忽略了。但是，如果将表述这个问题的方式稍加改变的话，甚至从只关心日常生活需求的那些人的角度来看，忽略这个问题的不合理性也是显而易见的。我们已经看到，新发行的信用媒介，由于导致收入和财产的社会分配的转移，从而间接导致利率发生变化。但是，进入贷款市场的新信用媒介对利率也有直接的影响。它们是现在商品的额外供给量，因此它们往往会导致利率下降。利率的这两个影响因素之间的联系并不明显，有没有一种力量使这两个影响因素相协调呢？在现在商品交换未来商品的市场中，信用媒介供给的增加，最初很可能比社会分配的转移产生更大的影响，而社会财富的转移是发行信用媒介的结果，这是非常可能的。问题是否就停留在这个阶段呢？随着信用媒介的增加，利率的直接下降是完全确定呢，还是不确定呢？



迄今为止，经济学家对这个问题的处理距离其实际意义还相差很远。其真正本质的绝大部分还没有被人们所理解；而且当这
353 个问题首先没有被正确表述的情况下，解决这一问题的随后的尝试都没有成功，这再自然不过了。但是，即使正确理解这个问题的本质的少数几个理论，在解决这个问题的努力中也陷入错误之中。

对于一个学派的学者来说，这个问题似乎没有什么困难。由于银行在其信用业务中有可能把利率降低到其经营成本的限度，这一学派的学者认为他们有可能推断出信用是可以无偿出让的，或者更准确地说，几乎是无偿出让的。在得出这个结论的过程中，他们的理论都没有直接否认利息的存在。他们把利息视为暂时放弃广义货币的补偿——这个观点的确非常天真。科学的批评家看

不起这个观点，这是完全有道理的；甚至粗略地提到这个理论也没有价值。但是，我们不得不指出，关于利息本质的这些观点，在普通人的观念中占有重要的地位，而且这些观点不断被重新阐述，并且被建议为银行政策措施的基础。[69]

传统的科学观点对这个问题的态度也站不住脚。传统的科学观点追随银行原理的支持者建立的先例，也怀疑是否有这个问题。事实上，他们不可能采取其他的立场。如果认为信用媒介的流通量永远不会超过需求——按前面所限定的意义——结论必然是，银行没有能力无偿出让信用。当然，银行除了发放贷款的主要成本之外，也许并不索取任何偿付或补偿。但是，如果这样做的话，除了银行本来能够得到发行信用媒介的利润，而这个利润现在却成了借款者的利益之外，也不会在本质上改变这个问题。而且因为根据这个观点，银行没有权利任意增加信用媒介的流通量，所以，对这些信用媒介发行量的限制将使银行贴现政策对一般利率的影响范围很小了。因此，可以得出结论，在信用发行银行所收取的利率和一般经济形势所决定的其他信用交易之间仅仅有微小的
差异而已。 354



我们已经有可能发现这个论点中的错误所在。从银行进入流通的信用媒介的数量，不可否认地被银行所收到的贴现请求的数量和范围所限制。但是，这些请求的数量和范围并不是不受银行信用政策的影响；由于降低贷款利率，银行从而有可能无限制地增加信用的社会需求。而且因为银行——即使是图克和富勒顿的最正统的追随者也不能否认——能够满足对信用的所有这些需求，它们能够任意扩大信用媒介的发行。由于明显的原因，只要竞争

者不采取相同的措施，一家银行就无法这样做；但是，在一个单独的社会中，或者在全世界，所有的信用发行银行似乎没有理由不共同并以相同的程序这样做。如果我们想象，在一个单独的社会中，只有一家信用发行银行，如果我们进一步想象（这其实是很明显的），这家银行所发行的信用媒介享有公众的信心，并且作为货币代用品在商业中自由使用，那么，传统银行理论的断言的缺点就非常明显了。在这种情况下，除了银行为自身所设定的限度之外，银行发行信用媒介就没有其他任何限制条件了。

但是，即使通货学派处理这个问题的方式也不令人满意。通货学派似乎——详尽的历史研究也许会产生其他的结论——仅仅注意研究世界上同时存在一些独立银行集团的信用媒介的通货膨胀的结果，其出发点是假定这些银行集团根本没有遵循一致并且相同的信用政策。信用媒介的普遍增长的情况，在 19 世纪前半



355 期，这种增长的情况几乎没有任何直接的实际意义，并没有包括在其研究的范围之内。所以，它甚至没有考虑这个问题的最重要的方面。解决这个重要问题的一些必要的研究还仍然有待完成；因为即使威克塞尔（Wicksell）最引人注意的努力，也不能认为达到了其目的。但是，他至少清楚地说明了这个问题，这是威克塞尔的成就。

威克塞尔区别了自然利率（natürliche Kapitalzins），即在没有货币中介而贷放实际资本货物时，供给和需求所决定的利率，和货币利率（Geldzins），即以货币或货币代用品所需要并且支付贷款的利率。货币利率和自然利率没有必要一定一致，因为银行有可能任意扩大其信用媒介的发行量，从而给货币利率带来压力，而

使其降低到它们的成本所决定的最大限度。不过，货币利率肯定早晚会达到自然利率的水平，而问题在于需要用什么方法才能最终使货币利率达到自然利率的水平。[70] 在这一点上，威克塞尔的意见得到了大家的认可；但是，他的进一步的观点却引起了争议。

根据威克塞尔的观点，在每次并且在所有可能的经济条件下，都有一个平均货币利率水平，在这个水平上，商品价格的一般水平就不再具有向上或向下变化的趋势。他把这个水平称之为正常利率；其水平决定于普遍流行的自然利率，尽管由于和我们目前的问 356
题无关的某些原因，这两个利率没有必要完全一致。他认为，不管因为任何原因，当平均利率低于这一正常利率，不管任何数量，而且不管有多么低，并且维持这一水平的话，都一定会使物价逐渐并且最终大幅度地上升。“这自然会使银行早晚提高其利率”。[71] 现在，就物价上升来说，这一点可以暂时得到承认。但是，物价的普遍上升为什么竟然使银行提高其利率，这仍然难以使人理解。显然，在限制信用媒介流通的法规中，不管是法律规定还是商业习惯，都应该有一个动机；或者有必要思考其他银行的程序是否也具有相同的效果。但是，如果我们首先像威克塞尔一样假设只有信用媒介在流通，而且信用媒介的数量在法律上没有限制，所以银行能够自由地扩大信用媒介的发行，那么，则不可能理解不断上升的物价和不断增长的贷款需求为什么竟然使银行提高其贷款利率。即使威克塞尔认为因为商业对金币和钞票的需求随物价水平的上升而扩大，银行不能收回它所贷出的全部金额，而有一部分仍然掌握在社会大众的手中；而且银行储备金因此大量减少，而银行的负债总额增加；这自然一定使银行提高其利率，[72] 除了这个理由之外，他想不出其他理由。但是，威克塞尔的这个观点，和他作为研究的出发点所采纳的假设是相矛盾的。银行现金储备金的水平与这一水平对发行信用媒介所产生的负债的关系的考虑因素，和他所描述的假设的银行没有关系。他似乎突然忘记了他提出的只包括信用媒介的流通的最初假设，他最初对这个假设特别重视，这是正确的。

威克塞尔偶然附带提到信用媒介发行的第二个限制因素。他认为如果银行收取的利率低于当时相应的自然利率的平均水平的话，银行会遇到在工业上使用贵金属所决定的限度。如果货币的购买力太低，在其他条件都相同的情况下，这会妨碍黄金的生产，但是却增加黄金的工业消耗，结果，一旦消费开始超过生产，就带来黄金的不足，而这种不足就必须用银行的储备金来补充。[73]当使用金属货币时，这是完全正确的；信用媒介发行的增加必须在它所引起的货币的客观交换价值下降能够吸收金属的货币用途所产生的价值之前停止。一旦货币的客观交换价值下降到该金属的工业用途的价值之下，价值的每一次更大的损失（这当然对货币代用品
357 的购买力也产生相同程度的影响）都会使那些需要这种金属从事工业用途的人来到银行柜台，把这里视为这种金属供给的最廉价的来源。银行不能进一步扩大信用媒介的发行，因为银行的顾客有可能仅仅从信用媒介和货币的交换中获得利润；超过特定限度发行的所有信用媒介会立刻流回到银行。[74]

但是，对此进行说明还不能使我们更接近于这一问题的解决。在这个机制下，一旦货币的制造材料的不断下降的客观交换价值下降到工业使用所决定的水平时，货币媒介的进一步发行就会受

到限制，当然，这个机制只在商品货币的情形中有效；在信用货币的情形中，只有当所代表的债权是商品货币时，它才是有效的。在不兑现纸币的情形中，它永远不会有效。第二个因素具有更重要的意义：这个限制是个不太明显的限制，所以即使它最终具有效力时，对于信用媒介发行的增长，它仍然有很大的空间。但是，绝不能据此认为，银行仍然有可能在这些宽松的限度内任意降低贷款的利率；下面的观点将力图证明这一点。

## 第四节 信用发行银行的利息政策对生产的影响



假定信用发行银行采取一致的政策，它们能够无限地扩大其信用的发行。它们有权力以降低贷款利率从而来刺激对资本的需求，而且，除了上面提到的限度以外，它们也有权力在贷款成本所允许的范围之内来刺激资本的需求。在这样做的过程中，它们强迫贷款市场的竞争者，即所有那些不贷放它们自己所创造的信用媒介的人，也相应地降低利率。所以，贷款利率最初可能被信用发行银行降低到几乎等于零。当然，假设公众对信用媒介具有信心，如果任何人要求银行立刻履行兑现现金的诺言，这个诺言是信用 358
媒介的本质，这不是因为信用媒介的持有者怀疑其信用媒介是否健全，在这个假设之下这当然是正确的原则。在这个假设之下，提取存款或以钞票要求兑现的唯一可能的理由，是存在对某一银行的顾客范围以外的交易者进行支付的货币需求。银行不一定以支付货币的形式来满足这种需求；在这种情况下，这些银行的信用媒介，其顾客是银行自己的顾客愿意进行支付的交易者同样也可以使用。所以，银行没有必要拥有由货币构成的兑现基金；这种兑现基金可以被其他银行信用媒介构成的储备金来代替。如果我们想象世界的整个信用体系集中在一个银行，则不难看出再不会出现以钞票兑现或提取存款的情形；事实上，狭义货币的整个需求可能消失。这些假设根本不是武断的。上文已经说明，只有假定发行机构完全享有公众的信心，信用媒介的发行才有可能，因为，甚至不信任所导致的提款立刻会使构成信用流通的脆弱结构崩溃。再者，我们知道，所有的信用发行银行都致力于尽可能地扩大其信用媒介的流通量，我们还知道，当今妨碍它们的唯一障碍是关于钞票和存款保证的法律规定和商业习惯，而不是公众的任何抵制行为。如果对信用媒介根本没有任何人为限制的话，而且如果各信用发行银行能够同意采取相同的方法的话，那么完全停止使用货币仅仅是个时间问题。因此，完全有理由把我们的讨论基于上述假设之上。



现在，如果这个假设成立，而且如果我们不考虑上文提到的适用于金属货币的限制，那么，从实际情况来看，发行信用媒介就再
359 也没有任何限制了；贷款利率和货币的客观交换价值的水平只受银行的经营成本所限制——顺便说一下，这个成本是数量极其微小的最低数额。由于使出让信用的条件更容易了，银行从而能够几乎无限制地扩大其信用媒介的发行量。信用媒介发行量的扩大，一定伴随着货币客观交换价值的下降。银行发行信用媒介而引起的货币贬值所表现的过程，和狭义货币存量增加所表现的过程，以及和不是由银行所发行的信用媒介所表现的过程，在某种程

度上可能不同；但是，这种过程的本质是相同的。因为不管货币的客观交换价值的下降首先始于金矿的拥有者，还是始于发行不兑现纸币、信用货币或者辅币的政府，或者始于以借款的方式取得新发行的信用媒介的支配权的企业，都没有什么不同。

信用媒介能否真正无限制地扩大而不会引起公众的不信任，对于这个问题的不厌其烦的研究不但是多余的，而且也没有必要。对于我们正在研究的理论问题来说，这是一个几乎没有意义的问题。我们进行这一研究不是为了表明货币的客观交换价值和贷款利率会被降低到几乎等于零；而是为了表明在货币利率和自然利率之间的差异（我们已经说明这种差异是可能的）所产生的结果。由于这一原因，就像我们刚刚所说明的，在商品货币体系下，当货币的客观交换价值被降低到金属的工业用途所决定的水平之后，信用媒介就不能继续增加了，这也是一个无足轻重的问题。



如果信用发行银行有可能把贷款利率降低到当时的整个经济形势所决定的利率（即威克塞尔的 natürliche kapitalzins 或自然利率）以下，那么问题就会产生于这种形势的特殊影响。这种情况是静止的呢，还是在这两个利率之间有能够消除这种差异的某种 360
力量自动发挥作用？甚至在第一眼看来，这个问题似乎也是一个非常有意义的问题，而且在更加仔细地加以研究之后，最终证明这个问题是理解现代经济生活中的很多过程的最重要的问题之一，而直到现在，这个问题还完全没有被认真地加以研究，这实在是一件令人瞩目的事情。

关于信用媒介的增发对于决定货币客观交换价值的影响，我们在这里不打算再进一步加以讨论；我们已经详细地讨论了这些影响。我们现在的任务，假定信用发行银行能够采取统一的方法，只是研究在自然利率和货币利率之间的任何可能的差异的一般经济影响。我们显然只需要考虑银行将其利率降低到自然利率以下的情况。相反的情况，即银行收取的利率被提高到自然利率以上的情况则不需要加以考虑；如果银行以这种形式发行信用媒介，它们仅仅是退出贷款市场的竞争，而不会产生任何其他值得注意的影响。

自然利率水平，从经济角度上来看，被合理的生产周期延长的生产力所限制，另一方面，被不合理的生产周期的额外延长的生产力所限制；因为延长所依赖的资本单位的利息，一定总是低于合理延长的边际报酬，而且一定总是高于不合理延长的边际报酬。这样定义的生产周期，其长度一方面必须完全是整个生存基金所需要的长度，另一方面必须足以支付在整个生产周期期间工人的工资。因为如果生产周期较短的话，那么在整个生产过程中则没有足够的工人，造成的结果是紧急提供失业经济因素，这势必导致当



361 时经济形势的变化。[75]如果贷款利率被人为降低到由市场上发挥作用的因素所自由决定的自然利率以下，那么企业家就要被迫从事更长的生产过程。诚然，更长的间接生产过程比更短的生产过程能够产生绝对更多的收益；但是，从它们中得到的相对收益则更少。因为尽管持续延长生产的资本化过程确实导致持续增加收益，但是，在到达某一点之后，增加的自身却变成递减的数量了。[76]所以，只有在这种更小的额外生产能力仍然能使企业家有利可图时，他们才有可能从事更长的间接生产过程。只要贷款利率和自然利率一致，企业家就无利可图；进入更加长时间的生产周期则会

亏损。另一方面，贷款利率的下降，必然导致延长平均生产周期。的确，只有在新的间接生产过程开始之后，新资本才能被使用在生产中。但是，开始每一次新的间接生产过程都一定要比已经开始的间接过程更间接，比以前已经开始的间接生产过程更短的新的间接生产过程是难以得到的，因为资本当然总是投资于最短的间接生产过程，因为它们产生最大的收益。只有当所有的短期间接生产过程已经被使用的情况下，资本才能被使用在更长的间接生产过程中。

然而，要么当生活资料增加到在更长的时间足以养活工人和企业家的程度时，要么当生产者的欲望下降到足以使他们在更长的时间内使用相同的生活资料的时候，生产周期的延长才是可行的。诚然，信用媒介的增加，使财富在影响货币的客观交换价值的过程中重新分配，这很可能导致储蓄增加和生活标准下降。当使用金属货币时，货币的贬值也可能直接导致商品存量增加，这是因
为需要把一些金属从货币用途转移到工业用途上。如果考虑这些 362
因素，信用媒介的增加的确能够带来甚至自然利率的下降，如果必要时，我们能够对此加以证明。但是我们需要研究的却是一个不同的情形。我们并不关心信用媒介发行的增长使自然利率下降这个现象，我们关心的是银行收取的货币利率下降到这一利率之下，这种下降开始于信用发行银行，然后必然由贷款市场上的其他机构所效仿。我们在前面已经说明了银行能够这样做的能力。

情况是这样的：尽管中间产品（intermediate product）一直没有增加，而且也没有可能延长平均生产时间，但是，贷款市场中确定的利率却是以更长的生产周期为基础；如果是这样的话，尽管这

最终是不允许的，并且是不切实际的，但是生产周期的延长在当时仍是有利可图的。但是，这种情况会产生什么结果，没有人会加以怀疑。当用于消费的可用生活资料消耗殆尽，然而用于生产的资本货物还没有转化成消费品时，必然出现一个时机。因为利率的下降削弱了储蓄的动机，因而减缓了资本积累的速度，这一时机肯定迅速出现。在已经开始的生产过程的整个周期，生活资料不足以养活工人。因为生产和消费在继续，所以，每天都有新生产过程的开始和其他过程的完成，所以这种形势不会由于突然表现为完全缺乏消费品，从而危及人类的生存；它只是表现为可供消费的商品数量减少，以及随后对消费的限制。消费品的市场价格上升，而生产资料的市场价格下降。



这是贷款市场的平衡被银行的干扰破坏之后重建平衡的方法之一。当银行开始以低于自然利率的利率实施发放贷款的政策时，生产活动的增加首先使生产资料的价格上升，而消费品的价格
363 尽管也上升，但是，上升的幅度很慢，换言之，仅在工资上升所引起的幅度之内上升。所以，最初加强的是源于银行政策的贷款利率下降的趋势。但是，很快开始了一个相反的运动：消费品的价格上升，生产资料的价格下降。即贷款利率重新上升，它再一次接近于自然利率。

现在，这个相反运动被这一事实所加强：信用媒介数量的增加涉及广义货币存量的增加，这个增加降低货币的客观交换价值。前面已经说明，只要货币的这种贬值持续，如果货币的客观交换价值维持不变的话，贷款利率就一定高于所需要和支付的水平。[77]

起初，银行试图以继续降低贷款利率，并迫使新的信用媒介进

入流通，来对抗抵消其利息政策的这两个趋势。但是，它们这样增加的广义货币存量越多，货币价值的下降速度越快，对利率的反作用越强。无论银行如何努力扩大其信用流通量，它们都不能阻止提高利率。即使它们能够并愿意继续扩大信用媒介的流通量，直到不能再进一步增加(不论是因为所使用的货币是金属货币，而且其限度已经达到货币和信用单位的购买力已经下降到银行被迫停止现金兑现，还是因为贷款利率的下降已经达到银行的经营成本所决定的限度)，它们仍然不能实现预期的结果。因为这样增发信用媒介，而且何时停止也无法预测，这一定会导致货币和信用单位的客观交换价值下降到没有止境的恐慌状态。[78] 那么贷款利率也一定上升到相似的程度和态势。



所以，银行将最终被迫停止努力把贷款利率降低到自然利率以下的水平。于是，初阶商品价格和高阶商品价格之间的比率大约能够重新建立起来，这个比率是由资本市场的状态所决定，只仅 364
仅由于银行的干预而波动，而且所剩无几的波动只是因为货币所引起的因素形成的货币客观交换价值的一般增加。生产资料和消费品之间的过去的价格比率的完全重新恢复却不可能，一方面是因为银行的干预使财产重新分配，另一方面是因为贷款市场的自动恢复涉及一些危机的现象，这些危机现象是投资于过度延长的间接生产过程的一些资本亏损的征兆。证明把所有生产资料从那些无利可图的用途中转移到其他用途是不可行的；其中一部分不能撤出，而且要么闲置不用，要么至少不太经济地加以使用。在这两种情况下都会有价值的损失。例如，让我们假设银行信用的人为扩大使成立的一家企业仅有 4% 的净利润。如果贷款利率是

4.5%，就不会有人想到成立这样一个企业；我们可以设想，这样一个企业的建立是在信用媒介发行扩大之后，利率下降到3.5%才能可能。现在，让我们再进一步设想按照上文说明的方式开始相反的过程。贷款利率又上升到4.5%。遂使这样一个企业无利可图。无论发生什么情况，不管是企业完全停产，或者无论企业家决定满足于更小的利润而继续经营，在这两种情况中的任何一种情况中——不管从个体的角度来看，还是从社会的角度来看——都会有价值的损失。本来能够满足于更重要的需求的经济商品却被用来满足不太重要的需求，只有当这个错误能够用转移到其他渠道的方法来加以纠正的情况下，才能制止损失。

## 第五节　信用和经济危机



我们的银行理论，和货币理论一样，最终都会联系到经济循环
365 理论。通货学派的确没有深入地研究这一问题。它没有继续研究信用发行银行无限制地扩大信用会产生什么结果；它甚至没有研究信用发行银行是否有可能使自然利率长期处于下降的态势。它给自己设定的目标过于谨慎，只满足于追问如果一个国家的银行比其他国家的银行发行更多的信用媒介时，会产生什么问题。所以它得出了“外部压力”的理论，并且对19世纪中期英国发生的经济危机得出了解释结论。

如果把我们的危机理论应用于更近的历史，那么，我们就可以看出，银行在扩大信用和增加信用媒介的发行时从来没有达到其限度。它们一向在没有到达这个限度的很早之前就停止了，无论

是因为谨慎地发行自己的信用，并且没有忘记更早的危机，还是因为它们必须服从关于信用媒介的最大发行量的法律规定。所以在没有必要爆发危机的时候，却爆发了危机。所以在这个意义上我们能够解释限制贷款是经济危机的原因，或者至少是经济危机的直接推动者，这显然是完全正确的；而且如果银行只继续降低贷款利率，那么银行就能够继续延缓市场的崩溃。如果我们强调延缓这个词，那么我们就可以更容易地同意这一观点。当然，银行能够延缓崩溃的出现；不过，正如上文已经说明，不可能进一步扩大信用媒介发行的时间最终一定会到来。然后则出现危机，而且如果 366
贷款利率低于自然利率的周期越长，而且如果不符合贷款市场形势的间接生产过程被采用的程度越大，那么危机的结果就更严重，对市场的繁荣趋势带来的影响就更大。

# 第六章　信用政策问题

## （Ⅰ）引言

### 第一节　信用政策的冲突

367 从通货学派时代以来，欧洲和美洲各国政府对于信用媒介发行所采纳的政策，总的来说以下面的观念为导向：为了防止银行过 374 度发行信用媒介以引起物价上涨，并最终发展到经济危机，遂有必要对银行进行某种限制。但是，相反的目标一直破坏这一政策的方向。信用政策一直致力于使利率保持在低位；"低息贷款"（即低利率）和"合理的"（即高）物价成为追求的目标。20世纪初期以来，这些举措明显地使用得越来越多；在第一次世界大战期间和之后的一段时间，这些举措成为流行的目标。

如果要说明信用政策的奇怪的变化，除了回顾信用政策过去实际解决的问题，并说明它将来要解决的问题之外，别无它途。尽管问题本身可能总是相同的，但是，这些问题的表现形式是变化的。而且，正因为我们的工作是剥开这些问题的外表，了解其真正的内容，我们首先必须研究这些问题在当代所表现的形式。随后，我们再来逐个研究这些问题，首先，在第一次世界大战之前出现的这些问题，然后，在第一次世界大战之后不久这些问题的表现形式。[79]

## （Ⅱ）第一次世界大战之前信用政策的问题[80] 368

### 第二节　皮尔法案

皮尔银行法案以及这个法案所依据的思想，仍然是当今管理信用政策的最终标准；甚至那些不遵循英国银行法律先例的国家，或者不像其他国家那样忠实地奉行英国银行法律先例的国家，尚未完全摆脱其影响。这里我们面临一个奇怪的现象。尽管所有国家的经济著作，都最激烈并且最无情地批判没有金属保证的钞票发行的固定限额制度；尽管人们一直把皮尔法案称之为错误理论的一个不幸的法律产物；尽管通货理论继续被视为是充满错误假设的一项制度，长期以来遭到批判；但是，各国颁布一个又一个的法律，采取措施以限制没有保证的钞票的发行。而且，尤其值得我们注意的是，政府的这种做法却几乎没有受到在银行理论的观点上应该对其加以严厉反对的那些人的责难。从银行理论的观点出发，银行理论否认过度发行钞票的可能性，并视“弹性”是其本质特征，就必然得出结论认为，对钞票发行的任何限制，不管钞票的发行是否有货币的保证，都一定会证明是有害的，因为它阻碍钞票发行发挥其主要功能——调整货币存量和货币需求之间的关系，而无须改变货币的客观交换价值。对于没有被金属所保证的钞票流通部分应该提供保证，图克的追随者也许会感到满意；但是，从逻辑上看，他们应该反对金属存量和钞票流通之间应该维持某一比例的规定。不过，在这些作者的理论观点和他们从这些理论观点所得出的实际结论之间，存在着不可调和的矛盾。对于提出根本
369 改变各种限制无保证钞票发行的学者，没有必要认真对待他们；没有一个学者坚决要求完全取消这些制度。这种缺乏一致性足以表明当代银行理论的内在不确定性和缺乏独立性。必须对钞票发行实行某种限制以防止严重的灾难，这在今天仍被视为政府在银行政策问题上的智慧的根本，而断言得到相反证据的科学最终都遵从这一结论，现在已没有任何人证明这个结论了，而且每个人都认为可以将其驳倒。英国人的保守性阻碍他们处理这个持续多年的，而且是当时最优秀的人所参与的一个智力竞赛的杰出典范的法律；而世界上这一最重要银行的先例影响了所有其他国家的银行。两代经济学家的结论没有能够动摇应该是实际银行经验的结果的意见。



通货理论中有很多严重的错误。其中最严重的错误是它没有认识到钞票和银行存款的基本相同之处。[81]通货理论的反对者巧妙地发现了这一体系中的弱点，并相应地进行了最猛烈的攻击。[82]但是，通货学派的理论，不能因其支票和存款性质的观点而论其成败。对这一点进行纠正就够了——接受其关于钞票发行的观点，并将这些观点也应用到存款账户的开立上——来阻止坚持银行理论的那些人的责难。通货理论在这一点上所犯的错误和银行理论所犯的错误相比没有什么重要性，关于这一点我们没有必要再加以讨论。然而，无论如何，如果我们把银行的古典理论建立之时的

英国存款制度发展相对落后的情况考虑在内的话，而且如果我们再进一步把钞票支付和支票支付的法律差异容易产生错误的因素考虑在内的话，那么这个错误就似乎不是一个不可原谅的错误。

不过，就皮尔法案来说，正是形成这一法案的理论的这个缺点 370
反而变成了一个优势；它给这个法案安装了一个安全阀，如果没有这个安全阀，它就不能处理随后出现的商业需求的增加。皮尔法案的基本错误，限制钞票流通的其他所有方法都有这种错误，是它不能预测因为广义货币需求增加所形成的没有金属保证的钞票的限额的扩大。从过去的情况来看，该法案认可发行一定数量的信用媒介，以及这一信用媒介对决定货币的客观交换价值所产生的影响；但是，对于如何抵消这一信用媒介发行的作用，它没有任何规定。但是，与此同时，为了防止资本市场发生震荡，皮尔法案取消了以发行信用媒介的方式来部分或全部满足增加货币需求，以便减轻或完全防止货币的客观交换价值增长的所有未来的可能性。这等于完全限制信用媒介的发行，因此放弃了稳定货币的客观交换价值所有相关的优点。这是一个很大的但却是极端的矫正措施，在本质上几乎无异于完全反对发行所有信用媒介的建议。



不过，通货学派的理论家在其推理中忽略了一个方面。他们没有认识到没有保证的存款其实和没有保证的钞票在本质上是一样的，因此，他们没有以对钞票立法的相同方式来为存款立法。如果信用媒介的发展取决于钞票的发行，皮尔法案则完全限制了信用媒介的发展；如果信用媒介的发展取决于开立存款账户，皮尔法案则没有任何干预作用。这迫使英国银行体系的技术向一个方向发展，由于伦敦和其周边地区的钞票发行权是英格兰银行的唯一特权，已经有人极力主张在某种程度上朝这个方向发展。存款制度的发展以钞票制度的发展为代价。从社会的角度来看，这个问题无关紧要，因为钞票和存款都履行相同的功能。所以，皮尔法案并没有实现其目的，或者至少在程度上和方式上没有实现其制定者打算实现的目的；以钞票为形式的信用媒介受到了限制，但是，存款形式的信用媒介却得到了发展。

371 德国的银行理论家认为，有可能找到钞票和存款之间的基本区别，这是正确的。但是，他们却没有说明其论点的具体内容；实际上，他们没有真正想这样做。德国银行理论的内在弱点在钞票对支票的这个具体问题上表现得最明显，这个问题多年以来一直是所有讨论的中心问题。和他们一样，任何从英国银行学派学习到在钞票和支票之间没有任何本质的区别，并习惯于经常强调这一点[83]的人，至少应该准备对支持这一断言提供详细的证明，即和存款银行、支票，以及和往来存款(account current)制度、账面信用和票据交换相比，钞票制度体现“信用经济的一个更早期和更低阶段的发展”。[84]当然，参考英国和美国的情况不能被接受为这一断言正确的证据，至少对于坚决反对皮尔法案和一般限制钞票发行的那些人更不能如此接受；因为，不可否认存款制度在盎格鲁-撒克逊国家大行其道，而钞票的重要性相对下降正是实施这一法案的结果。其结果是银行理论的德国文献中充满了几乎令人难以置信的矛盾观点。[85]



对钞票的限制，正如在英国和美国出现的情况——出现的形式不同，而且原因也不同，但却是相同的基本观点的结果——以及存款重要性的相应增加，还有另外一个情况，即存款银行的组织尚未达到能够使其在严峻的危机期间保持公众的信心的健全性，从而产生了严重的干扰。在英国，而且也在美国，在危机期间，以存款的形式发行信用媒介的那些银行的信心被破坏殆尽，这是经常发生的现象，而公众对钞票的信心却一直保持着。但是，采取措施使国家商业组织的一部分避免崩溃所造成的影响已被大家所知晓。在英国，由于英格兰银行随时准备增发它自己的钞票，从而得 372
以填补由于缺少大量信用媒介而造成的流通空缺。在美国，由于法律原因不可能使用这个方法，票据交换所的凭证(clearinghouse certificates)被用来实现相同的目的。[86] 这两个国家都力图使这一工具具有法律基础。但是，洛议案(Lowe's bill)没有获得通过，在美国，甚至奥尔德里奇－弗里兰法案(Aldrich-Vreeland Act)仅获得部分的成功。[87]



在限制钞票流通的很多方法中，没有一个方法最终被证明能够完全阻止进一步发行信用媒介。这也适用于皮尔法案，它完全禁止以钞票的形式发行新的信用媒介，这同样也适用于其他国家的这些银行发行法律，这些法律对于增发没有用货币保证的钞票也留出了一些范围。在1844年的英国法案和，譬如，1875年的德国法案之间，似乎有一个本质的区别：一个严格规定在所有时间没有金属保证的钞票流通的限额，而另一个因为只要求一定比例的钞票流通必须用金属保证而其余部分则需征税，所以规定未来钞票的扩大发行应该在某一限度之内。但是，一切都取决于这样所规定的扩大信用媒介发行的范围。如果这个范围大得足以使没有保证的钞票流通自由发展，那么德国法律——同样如此，不但以相同理论为基础的其他法律(例如，奥地利法律)，而且对于以其他方式限制钞票流通的那些法律，例如法国法律——和英国法律会产生完全不同的结果。因为事实上，对于这一点来说，证明法国的法律范围过于狭窄，所以，这两个法律之间的差异仅仅是程度问题，而不是种类问题。所有这些法律都把信用媒介的发行限制在钞票的形式上，但是对于存款形式的信用媒介的发行却没有制定任何限制范围。使钞票的发行更困难一定会使存款的使用增加；所以存款账户代替了钞票，并取得了重要的地位。对于信用体系的发展来说，这个变化是非常重要的。从技术角度来看，钞票在中等交易和小额交易中优于存款；在有可能作为货币代用品使用的很多
373 情形中，支票和清算转让的方法则不能使用，而且在这样的情形中，限制钞票形式的信用媒介的发行一定对限制一般的信用媒介的发行产生影响。美国法律规定，以存款形式发行信用媒介也受到限制；但是，由于这仅仅适用于一些银行，即联邦银行，所以在美国的存款业务和没有相同法律规定的其他国家的存款业务中还不足以形成巨大的差异。

信用媒介发行的无限制扩大的真正障碍并不是钞票发行的法律限制，这些法律限制其实只能影响某一种信用媒介，而是缺少一个中央化的世界银行，或者缺少所有信用发行银行的统一的发行办法。只要银行在信用扩大的问题上未能彼此达成一致的协议，信用媒介的流通就只能缓慢增长，而不能快速地增长。每一个银行只能逐步向前发展，然后等待其他银行采取相同的方法。每一个银行都被迫根据其他银行的利息政策来调整自己的银行政策。

## 第三节　贴现政策的性质

目前最模糊不清的，并且最不正确的概念，是关于中央发行银行的贴现政策的性质。有人经常认为银行的主要工作是保护它们的现金储备，好像为了这一目的而做出牺牲是有利可图一样。不过，同样广为流行的观点是银行有义务采取顾及其他银行情况的贴现政策，只是有悖常理的法律规定和廉价货币的理想——具有双重的意义，即低廉的货币购买力和低廉的利息率——由于放弃某些过时的法律规定从而能够实现。

没有必要花费很多时间来批驳像这样的这些观点。在对货币 374
和信用媒介的性质进行充分说明之后，对于银行的贴现政策的目标可能不会再有很多疑问了。每一家信用发行银行被迫将其贷款利率固定在和其他信用发行银行的贷款利率在某种程度上一致的水平上。利率不得低于这一水平，因为如果利率低于这一水平的话，银行迅速扩大的顾客需要付给其他银行的顾客的金额会大量增加，从而有可能危及银行的偿付能力。正是由于提高了贴现率，从而使银行能够保证它自己的支付能力。这个目标当然不能以保护兑现基金来达到，我们已经说明了用这个方法来维持信用媒介价值没有什么意义，但是，而应该以避免由于收取比其他银行低的利息而产生的信用媒介流通的人为扩大来实现，而且还应该以避免信用媒介兑现的需求的增长来实现。即使对于钞票的保证没有法律上的规定，银行也仍然必须有贴现政策。

在德国，对于国家银行的某些措施，是以国内货币市场的情况来决定还是以国际市场的情况来决定，曾经有过争议。就其通常被提出的形式来看，这个问题没有意义。资本货物的流动，现在已经很少受到像关税这样的法律规定或其他障碍的限制，从而导致形成了相似的世界资本市场。在参与国际贸易的国家的贷款市场上，其净利率已不再按照国内因素来决定，而是按照国际因素来决定。利率水平不是由本国的自然利率来决定，而是以任何国家的自然利率来决定。就像货币和其他经济商品之间的交换率在世界各地都是相同的一样，初阶商品和高阶商品价格之间的比率在世界各地也是一样的。如果资本货物的流动性受到限制的话，现代国际贸易的整个体系就会被完全改变。在德国，有很多人要求禁止或至少大幅度限制资本的国外投资。我们的工作不是要说明，像这样的政策其成功的前景有多么渺茫，或者说明让一个国家来
375 决定它是否参加国际贸易的时代已经过去。不过，只要一个国家加入国际贸易，那么其市场就是世界市场的一部分；价格不是由国内市场而是由国际市场决定的。如果说德国的利率可能上升，这不是因为德国国内的决定因素发生了任何变化，而是因为，例如，美国的因素发生了变化，这和说谷物价格上扬是由于外国收成的状况似乎不应该使我们感到更加吃惊。



把国内市场扩大并合并为一个世界市场并使政策一致绝非易事。和几个世纪前城镇经济向国家经济发展中所遭遇的抵抗相比，19 世纪和 20 世纪进一步发展到世界经济阶段所遭遇的抵抗更为激烈。现在再也没有任何以前克服地区利益的相似性质的感觉了；现在明确强调的，并且是现代政策的主基调是国家的对抗性，这可能是妨碍尝试经济统一的因素，即使这些尝试不会对任何

利益带来伤害。从生产者的角度来看，低物价似乎是最大的灾难，而且在任何一个国家，不能适应竞争的那些生产商不惜动用能够得到的所有手段，把世界市场的廉价商品拒于国内市场之外，但是，在每一个具体情形中，他们是否做到这一点在很大程度上取决于反对集团的政治影响的实力。对于每一个具体商品来说，生产商制定高价的利益会受到消费者拓展市场，以得到外国竞争使商品廉价的影响的利益的反对。这个问题仅仅由两个集团冲突的结果来决定。当讨论资本交易的自由问题时，各种因素分布的情况和上述说明并不相同。我们已经知道，当债权人利益和债务人利益发生冲突时，债权人的利益总是受到最严重的伤害。资本家的利益从来都几乎不会反映在货币政策中。从来都没有人反对过从国外输入资本，因为它导致国内市场的利率下降，并减少资本家的收入；其情形则完全相反。普遍流行的观点是，如果利率尽可能低 376
的话，则对整个社会有利。在拥有大量资本的那些欧洲国家，就资本的国际交易来说，这些国家只应该被视为债权人而不是债务人，这个政策表现为努力阻碍外国投资。毫无疑问，这不是现代国家判断资本输出的唯一观点。在这个问题上也有其他因素需要考虑，有些有利于资本输出，有些不利于资本输出。例如，有些商品除非允许对方延期付款，以便于出让现在商品，通过交换来获得未来商品，否则，这些商品则常常不可能输出；而且仅仅为了这个理由，所以有必要加强资本输出，或者至少不妨碍资本输出。[88]不过，必须强调的是，这些国家在资本输出方面采取的政策，包括其他政策在内，是努力把本国的利率保持在低位。另一方面，同一动机使资本缺乏的那些国家，必须以国际借款者的身份来促使资本的输出。

以影响资本的国际流动来降低国内利率在所谓的货币市场上，即在短期资本投资市场上的努力尤其明显。在所谓的资本市场上，即长期资本投资市场上，人为干预产生效果的可能性较小；无论如何，所采取的任何步骤，在前一市场都比后一市场可以产生更快的影响。因此，货币市场上对贷款利率产生的影响更有可能比长期资本市场的影响大。但是，持续需要对货币市场施加影响的最重要的原因是对信用媒介和银行信用的普遍流行的错误观点。当黄金出现小规模外流，从而使富裕国家的权力巨大的中央发行银行提高贴现率，一般人往往认为一定有除此之外的其他方
377 法来防止黄金的外流，从而不会使本国蒙受提高利率的有害影响。这不能被视为由于一个国家加入国际贸易而自动把本国利率向国际利率调整的过程。只靠银行和通货政策措施不能阻止一个国家参加国际资本交易，这一点被完全忽略了。这一点就能够解释在大规模出口的国家，要求采取“不断降低”信用措施的那些人，为什么就是从出口贸易中受益最多的那些人。对于那些制造商来说，由于国外因素使贴现率的每一次上升，都会使他们要求修改银行制度，从而使中央发行银行取消随时提供黄金用于出口的义务，如果他们认识到，只有通过禁止资本出口并完全退出国际贸易才能有效地停止利率的上升的话，然后他们才能很快地改变其想法。这些结论似乎在某种程度上赢得了公众的承认，即使文献对这一问题的处理仍然有一些不足之处。在德国和奥地利，只有想把国内市场隔绝的那些团体，才要求“隔绝”货币。

没有必要再作进一步的解释了。不过，逐一研究赞成低利率

的那些人所提出的措施，并且说明这些措施为什么产生不能预期的结果，则可能不是多余的。

## 第四节　黄金贴水政策[89]

让我们首先研究应该能够把贴现率维持在国内货币市场水平的制度，从而使人们以低于国际市场水平所决定的比率购买黄金更困难并且更昂贵。这些制度当中最重要而且最为人所知的是黄金贴水政策，法兰西银行（Bank of France）执行的就是这一政策。378

鉴于现在五法郎的银币仍然是法定硬币，法国授权其中央银行，对于其钞票的兑现，要么自行选择使用黄金，要么使用这些五法郎的银币。它过去有时候利用这一权力以达到使兑换黄金用于出口更加困难的目的。一般来说，用黄金兑换钞票毫不困难。而且还可以用相同的方式把五法郎的银币兑换成金币，尽管法兰西银行并没有义务这样做，但是，在这样做的过程中，这赋予后者货币代用品的特点。自然，这些便利条件在很大程度上并没有使用在国内商业的用途上。公众对钞票和五法郎银币具有无限的信心，所以，它们作为货币代用品，丝毫没有人加以怀疑。但是，如果要求该银行提供黄金用于出口，该银行并不一定要这样做。的确，它过去会毫不迟疑地拿出黄金支付所谓的“合法”贸易，即支付进口商品，尤其是谷物和棉花的需求。但是，如果有人需要黄金在国内和国际利率的差价上进行投机的话，它当然不会供给黄金。对于这一目的，法兰西银行根本没有发行法国的金币——拿破仑币；而只是以额外的费用发行金条和外国金币，这种额外费用的收取范围是3,437法郎的4%到8%，这是法律规定的购买1公斤纯金的比率。由于这一比率从来没有正式公布，[90]我们不可能说明这一“黄金贴水”的准确数量。

黄金贴水政策的目的是尽可能地推迟由于法兰西银行迫于国际货币市场的压力，提高贴现率以防止黄金流出的时间。把贴现率保持在低位对于法国的金融政策尤为重要。为了维护支持它的那些社会阶层的利益，第三共和国的政府被迫避免采取任何措施，以防有可能伤害长期公债的良好信誉，因为这是这些阶层的主要
379 投资。甚至仅仅是暂时的高贴现率对于公债市场也总是危险的，因为它可能诱使公债的一些持有者抛售公债，以将其资本重新投资在更有收益的方面，由此所产生的市场动荡对于公债的市值会带来非常不利的影响。不可否认在某种程度上实现了预期的目的，尽管贴水政策绝不具有被错误地认为的那么大的意义。



如果认为法国的低贴现率是由上述方法实现的，这是完全错误的。如果法国的贴现率一直比其他国家低，那完全是由于其他的原因。在世界上的所有国家中，法国是资本最充裕的国家；但是，其人民却没有特别大的创新精神和创业精神。[91]因此，它的资本需要在本国以外寻找投资对象。对于一个输出资本的国家来说，甚至不考虑在利率总额中包含的承担风险的额外费用，贷款利率一定低于输入资本的国家。当资本家比较国内投资和国外投资的收益时，当其他因素都相同时，一系列心理因素会使他们更青睐于前者而不是后者。这足以解释法国的长期投资和短期投资比其他国家，譬如，德国的利率低。这种原因是一般的经济原因；银行政策或者通货政策措施不能对这些问题产生任何影响。法国的利

率和国外的利率之间的比率，不可能迫于法兰西银行的贴水政策，而长期游离于一般经济形式所决定的比率之外。法兰西银行不可能超越制约经济活动过程的规律。在制定其贴现率水平时，它有必要适当地注意自然利率的水平。和任何对国内市场有影响的其他信用发行银行一样，它必须致力于把国内短期投资的利率保持在使外国投资对本国资本家没有太多吸引力的水平上，否则会危及银行自身的偿付能力。像其他银行一样，法兰西银行只能用一种方法来有效地防止黄金的外流——提高其贴现率。[92]使用黄金 380
贴水政策只能推迟国际货币市场的形势所引起的贴现利率的短期提高。贴水使输出黄金的代价更高，所以降低了套利交易的赢利率。当大家普遍认为法国和外国利率的差额因为外国利率的下降有可能发生变化有利于法国时，那么套利交易者根本不会输出黄金，因为套利交易的微小利润在很大程度上被贴水所抵消。所以，如果法兰西银行有必要短期提高贴现率时，它有时会利用这种方式来避免提高贴现率。但是，每当利率之间的差额足够大，而使外国短期投资仍然有利可图时，尽管由于贴现使购买黄金的成本提高，而且每当套利交易的结果不会由于外国利率有可能立刻下降而受到威胁时，那么，甚至法兰西银行也难以避免提高利率。

有人曾经断言，如果中央银行按汇率下降所要求的方式连续压低黄金输送点或出口限度，中央银行有可能连续提高贴水以完全防止黄金的输出。[93]这毫无疑问是正确的。众所周知，这种方法不断地被加以使用；它被称为现金支付的终止。采纳这种办法的银行使其信用媒介失去了货币代用品的性质。如果它们继续发挥一般交换媒介的作用，那就是信用货币的作用。它们的价值将会发生不受其他因素影响的变化。在这样一种情况下，大家公认银行有可能采纳一种完全独立的贴现政策；它可以把其收取的利率降低到能够降低的任何水平，而不会遭遇无法偿付的风险。但是，
381 这则暴露出以努力扩大信用媒介的发行而把贷款利率维持在自然利率以下的银行政策必须正视的结果。对于这一点，我们已经进行了详细的讨论；但是，和目前的联系来看，还有非常重要的第二点。如果银行干预，使贷款利率人为保持在国际条件所决定的水平以下，那么，资本家则更加急于把其资本投资到国外，因为国内和国外利率的差额扩大了。人们对外国的交换的普通媒介的需求将会增加，因为人们更需要外国资本货物，而国内资本货物的需求就相对少了。汇率下降也无法自动发挥作用，以重新建立银行货币和世界货币黄金之间的交换比率，当钞票和银行存款不是信用货币而仍然是货币代用品时，这个交换比率以前就存在。货币体系的机制往往会把两类货币的交换价值带到由其中每一类和其余商品的交换比率所决定的“自然”水平。但是，在目前的情况下，正是自然交换比率本身使国家拒绝支付黄金。一个“自主的”利率政策一定必然导致货币的逐步贬值。

很多黄金贴水政策的支持者并不试图否认，他们按照这种意图使用这一政策一定会完全导致单位的急剧下降的客观交换价值信用货币本位或不兑现纸币本位。事实上，他们往往把这一事实视为一种特别的利益；因为他们在某种程度上是通货膨胀政策的支持者。[94]

不过，这绝不是法兰西银行执行贴水政策的方式。法兰西银行遵守一个固定的限度，在任何情况下，它从来都不允许贴水高于

这一限度。8‰也许是它曾经要求的最高贴水。而且这当然不是该银行的错误；它是按照当时形势的性质制定的。在法国政府和 382
政府所管理的法兰西银行的管理层看来，8‰的黄金贴水所引起的货币贬值的数量不是不能忍受的；但是，从整个社会的不能预测的反应来看，公众认为最好避免进一步贬值。所以，法国的黄金贴现政策完全不能阻止黄金的输出，而只能推迟一段较短的时间。仅仅这一事实，而且不仅当利率之间的差额非常小而且短暂，所以贴现率根本没有必要提高，这说明贷款利率的低廉化。但是，在国外利率相对低的时期，这被利率的上升所抵消。每当国外的贷款利率下降得很低，以致资本家感觉把资本转移到法国投资有利可图时，如果他们不能确定这种形势持续长久的话，而且如果利率之间的差额不大的话，他们不会这样做，因为他们有理由担心，当形势发生不利的变化时，撤出资本则需要递增的成本。所以，黄金贴水政策不仅确实能够阻止黄金从法国输出；而且也阻止黄金输入法国。它有时降低贷款利率，但是，它有时也提高贷款利率。它确实不能使一个国家完全不参加国际资本交易；它只能使参加国际资本交易更加困难；但是，它在两个方面有这种作用。法国的短期投资利率比其他国家的短期投资利率更为稳定，这是贴水政策的影响的主要表现，而贴水政策影响的程度不应该被加以过高的估计。例如，法国的利率从来没有下降到英国那样低的水平；但是，它也没有上升到其他国家那样高的水平。如果把伦敦和巴黎的贷款利率的变化加以比较的话，这种情况则表现得很清楚。



人们越来越清楚地认识到，黄金贴水政策不能具有人们认为它应该具有的那些效果。那些曾经把它视为解决所有问题的办法的人则逐渐沉默下来了。

## 第五节　和黄金贴水政策相似的制度

最近仍采纳完全金本位的那些国家并不具备允许法兰西银行
383 实行黄金贴水政策的法律规定。在完全金本位制度之下，金币没有被任何货币代用品、不兑现纸币或信用货币所补充，对于任何付款人，包括中央信用发行银行，都具有无限的法定货币，所以信用媒介必须按其面值兑现，不得额外收取贴水。[95]但是，实际上，这些银行也正在采纳和法兰西银行的上述办法在程度上虽有区别，但在种类上没有区别的政策。

在大多数国家，中央发行银行都模仿英国银行法的模式，仅有责任以本国的法偿金币兑现其钞票。按照现代货币体系的精神和货币政策的最终目标，这个责任也被理解为按照法定比率，或者至少按照购买金条比购买金币更有利可图的价格，向出口商提供金条。所以，英格兰银行直到 1889 年一直自动延长其义务，随时就钞票面值支付十足金币重量的金条来兑现钞票。它把金条的销售价永久地规定在每盎司标准金等于 77 先令 10½便士。[96]欧洲大陆的各个发行银行有一段时间追随这一先例。但是，它们不久就决定了一个不同的方法，英格兰银行最终也放弃了其过去的政策，并且采纳了欧洲大陆银行的做法。

除了法兰西银行之外，世界上两个最重要的信用发行银行，英格兰银行和德国国家银行，都习惯于发行质量较低的、用旧的金币，以用于出口的目的。英格兰银行发行用于出口的金镑（sover-

eigns)，一般比新铸造的金镑的成色低 2‰到 3‰。从德国国家银行提取金币用于出口目的的商人得到的 20 马克的金币，按照专家的计算，其重量平均是 7.943 克，而标准平均重量是 7.965 克。换
言之，比铸造价值低 1%的四分之一。[97] 英格兰银行有时完全拒绝 384
发行金条，并且有时只按照 77 先令 10½便士的价格发行金条，直到 1889 年，仅仅这一个价格还是常见的价格。它有时把金条的销售价格提高到高达 77 先令 11 便士。[98]

关于这些措施的范围和影响，我们已经说明了有关法国的黄金贴水政策，没有必要再补充其他内容了。不同之处——上文已经说明——只是数量上的，而不是性质上的。[99]

用来使黄金输出更困难的其他"小办法"，完全具有相同的影响。例如，当德国国家银行有时禁止发行用于出口的黄金时，它援引银行法第十八条的规定，仅在柏林发行黄金，由于使黄金出口商把黄金从柏林运送到出口地具有风险和成本，从而使黄金出口成本更高。

## 第六节　货币的所谓非法需求的不满足

在法兰西银行的公报中，它不断地重申，黄金贴水政策的目的
旨在打击从银行兑换黄金用于投机目的。据说该行从来没有对换 385
取黄金用来满足法国贸易的合法需求设置障碍。[100] 但是，对于"合法"需求和其反面"不合法"需求的概念，却没有任何解释。

这个区别显然基于商品贸易和资本交易是经济活动中两个完全不同和独立的分支，而且限制一个而不影响另一个是可能的；对

套利交易不提供黄金不会增加购买外国商品的费用，只要进口商支付购买外国商品所需的金额不受影响。

如果我们进行更深入地研究，这个观点就不能作为正确的观点来接受。即使我们完全不考虑资本交易仅仅是商品交换的一般过程的一种形式的事实，并且完全不考虑提取黄金的技术问题，但是，显然银行不能以对黄金的不同用途采取区别对待的方式来实现其目标。如果黄金的输出因为利率的不同而无利可图的话，进口的原材料实际上能够部分或全部用出口的商品来支付。进口商不会努力从银行兑换黄金；他会从市场购买来自于法国出口业务的汇票。如果银行不收贴水把黄金支付给出口商，而当时的汇率上升到大约等于套利交易商所付的贴水的数额，这很有可能表明对进口业务有利，而且在某些情况下也可能对消费者有利，尽管这完全取决于进口商之间竞争的状态。但是，尽管如此，汇率会发生银行希望避免的波动。黄金输送点的上限，由于和贴水数额相等的数额，从而被提得太高。



最后，必须指出，黄金输出的合法需求和不合法需求之间的区别不能应用于现实。支付进口商品的黄金需求可以称为合法需
386 求，购买外国汇票作为暂时投资以赚取利率差的黄金需求，可以称为非法需求。但是，还有很多介于这二者之间的情况，这些情况不能列入这一类或另外一类。譬如说，如果外国政府、地方政府和公司提取也许是作为贷款余额的存款，法兰西银行是否有必要设置障碍？或者有人一直不断地批评奥匈银行不愿意给打算从事套利交易的人签发汇票，对于奥匈银行来说，它是否有可能增加对从国外进行投机的方式重购本国证券的难度呢？[101]

# 第七节　加强中央发行银行拥有的金属存量的其他措施

中央发行银行致力于积累尽可能多的黄金储备导致使用与黄金贴水政策和相类似的政策截然相反的方法。由于提高了支付黄金输入的价格，银行从而可以减轻输入黄金的进口商的成本，从而降低了黄金输送点的下限。

在这些方法当中，其中一个做法是给黄金进口商给予无息或
低息贷款，英国、法国和德国普遍认可这一做法。[102]也有一种做法 387
是不仅在总行购买黄金，而且也在靠近国界的分行购买黄金。[103]在这些办法当中，也许最引人注意的是购买某些种类的金币的价格高于其条金价值(bullion value)。如果银行对黄金出口商支付的不是本国的金条或金币，而是他准备出口黄金的那个国家的金币，银行得到比其黄金含量高的价格。因为出口商可以节省熔化、重铸的成本，并避免本国金币在某种程度上磨损所造成的损失。因此，银行能够同意支付比其黄金含量更高的价格，因为这些金币在将来有可能用于出口。[104]



所有这些措施都可认为是对抗外国银行使用的贴水政策和相关方法的武器。如果甲国的中央银行致力于提高从甲国到乙国出口的黄金输送点的上限，那么乙国的银行则采取措施降低这一上限。如果甲国只用磨损的金币出口，而如果用高于黄金含量的价格在乙国支付甲国的金币，这些办法就没有作用了。这些措施和对抗措施在很大程度上是彼此补偿的，这是很有可能的，所以，黄

金输送点之间的差额的扩大，在其他情况下有可能使银行进行干预，但是，事实上并没有出现干预。

## 第八节　推广把支票和清算交易作为降低贴现率的工具

在第一次世界大战之前，德国的黄金流通量相对很大，当时不断地致力于以扩大支票和清算交易，从而使黄金退出流通而放到
388 国家银行的金库。这一宣传的目的，在 1907 年 5 月 2 日柏林的商业团体领袖(the elders of the Kaufmannschaft of Berlin)所发布的通告中进行了如下的说明："德国高利率原因的根源，在很大程度上，是德国人民比其他国家的人民更多地使用现金流通媒介(黄金和白银)在商业过程中进行支付，但是，德国人民还没有完全习惯于使用有可能代替黄金和白银的方法，他们也没有完全习惯于用钞票和财政部钞票(treasury notes)代替金银作为流通媒介的方法，也就是说，使用支票和清算体系。如果大量的支付能够通过转账和支票来清偿的话，那么，这就能够节约大量的通货，即黄金、白银和钞票，而且这些节约的通货积累在发行银行的准备金中，尤其是积累在中央发行银行的德国国家银行。积累得越多，德国国家银行必须满足的通货的需求就越少，德国国家银行的现金储备就越多，对于国家银行和整个国家的利率的降低就贡献越大。"[105]

在这个通告中，我们可以清楚地看出构成现代银行政策的理论观点的弱点。有人认为利率水平取决于对通货的需求。中央发行银行的现金储备的不断强化，据说具有降低整个国家的利率的

效果，并且能使利率大幅度下降。而且这不是这个或那个个人的观点，而是柏林商业集团（Berlin Kaufmannschaft）这个备受尊敬的公司的观点，而且，大家都知道这也是德国基本经济政策的制定者的观点。就这个观点来说，各方似乎是完全一致的，不管他们在经济现象本质上的观点有多么大的分歧。但是，即使我们暂时不管这个基本的错误，但是，我们还是不可能不理会这个观点所阐述的理论的弱点，而且尤其不能不管其理论的矛盾因素。19 世纪 70 年代的银行法律规定的德国国家钞票保证的比例被视为非常重要。从来没有人想过有可能修改这些规定，譬如，以四分之一或五分之一的保证来代替三分之一的保证。尽管它所基于的假设已经改变，但是，法律的内容还需要保持不变。当存款形式的货币代用 389
品得到扩张而没有规定其货币保证时，那么信用媒介的数量就增加了。这进一步表明，甚至理论上正确的银行理论上的这一部分观点，也不能对现实政治产生任何影响。图克和富勒顿多次指出，在钞票和存款（他们称为支票）之间没有本质的区别。他们的现代追随者却不敢从这一无可争议的事实中推断出合理的结论；他们仍然根据信用媒介是钞票或者存款来支持对信用媒介进行差别处理。[106]



如果德国流通中的部分黄金和部分钞票被以存款形式的信用媒介所代替的话，只有在过剩的黄金被用来从国外交换资本货物时，这才会导致利率的下降。由没有金属保证的存款来代替没有金属保证的钞票，在这个方面没有任何意义。仅仅只有当由金属保证的钞票被由金属保证的存款代替时，信用媒介的流通才能增加，而代价却是货币凭证（money certificates）的减少，以这种方式得到黄金以出口于其他国家。但是，由于保证（cover）和钞票之间比率的降低，从而能够得到相同的结果；不过，一般认为这个更简单的方法不切实际，尽管这个方法的安全程度和危险程度与其他方法是完全一样的。如果用这个方法节省的黄金已经用于出口的话，那么德国民族能够支配的其他经济商品的存量则相应地增加，这可能会导致利率的下降，只要下降幅度不大，假定从德国输出的黄金数量被国外吸收，并使货币的客观交换价值普遍下降。但是，德国支持扩大支票和清算体系的人在提出这种建议时并没有想到这一点。他们建议扩大存款形式的信用媒介的流通量，因为他们
390 认为这能够减少国家银行以钞票形式所出让的信用所应用的次数和程度；而且他们希望这能够使贷款利率下降。在所有这些建议中有一个严重的错误。贷款利率的水平不取决于国家的广义货币存量的数额，当然也不取决于流通中的信用媒介的数量。不是关于保证（cover）的法律规定使德国银行采取能够防止自然利率和贴现率之间所产生的任何紧张状态的贴现政策，而是德国银行不可避免地关心其自身的偿付能力。



在所有那些其信用体系建立在所谓的单一准备基础上的国家，其货币代用品随时兑现所需的货币存量由一家中央银行管理，在发生紧急情况时，所有信用发行银行最后向该行请求援助，一旦黄金外流，该银行的董事首先得到通知；而且该银行的董事必须首先采取措施制止黄金的外流，因为黄金外流的最初影响打击他们所负责的机构。因此，中央银行提高贴现率在时间上常常早于公开市场、私人银行和其顾客之间交易中的更加严格的贷款条件。所以不明真相的批评家们就得出了按时间先后决定因果关系的结

论。这就大错特错了。即使不管中央发行银行的程序是什么，私人银行和发行货币的其他机构都必须根据世界市场的主要利率来调整其利率政策。人们可以提取资金来用于套利的目的，就像从中央银行提取资金一样。实际上，只要不限制资本的流动，那么，任何一个国家的信用发行银行就不可能实行独立的信用政策。

# （Ⅲ）第一次世界大战之后立刻实行的信用政策的问题 391

## 第九节　金汇兑本位[107]



在通货膨胀使货币体系陷入混乱的国家，通货政策的主要目的一直是停止钞票的发行。一旦能够停止发行货币，一旦大家最终认识到提高货币的客观交换价值具有不良影响，而且一旦大家认识到最重要的工作是稳定货币的价值，那么就能够尽可能快的建立金汇兑本位。例如，1922 年年底，在奥地利发生的问题就是这种情况，至少在当时，奥地利固定了对美元的比率。但是，在当时的情况下，固定的美元比率也是固定的黄金价格。于是奥地利拥有了元汇本位（dollar-exchange standard），也就是间接拥有了一个金汇兑本位。这似乎就是德国、波兰、匈牙利和其他很多欧洲国家的通货政策要实现的目标。当今，在通货政策领域中，欧洲各国希望达到的目的仅限定于金本位的恢复。这是完全可以理解的，因为金本位在以前整体上发挥了令人满意的作用；诚然，它没有能够实现具有不变的客观交换价值的货币的这一无法实现的理想，但是，它的确维护了货币体系不受政府和不断变化的政策的干扰。

不过，金本位制在第一次世界大战之前就被削弱了。第一步是在个别支付中取消黄金的实际使用，并且把黄金存量累积在大的发行银行的金库中。第二步是很多国家的中央发行银行（或代替它们的兑现基金）采纳的不是实际的黄金，而是不同类型的（可兑换）黄金的外国债权。这样，最后的结果是用于货币用途的黄金存量的绝大部分就逐渐积累在几家大型发行银行；这些银行于是
392 就成为各国的中央储备银行。第一次世界大战没有形成这样的发展格局；它只是加速了这种发展而已。这种发展也没有达到把新生产的，没有被工业用途所吸收的黄金流入一个单一中心的阶段。英格兰银行和其他一些国家的中央发行银行仍然控制着大量的黄金；其中几家银行仍能吸收一部分每年新生产的黄金。不过，黄金价格的波动当今在很大程度上取决于美国联邦储备委员会实行的政策。如果美国未能吸收它应该吸收的黄金，黄金的价格会下降，商品的黄金价格会上升。因为只要美元代表黄金的固定数量，而且美国吸纳过剩的黄金并且无限制地以其商品交换黄金，那么就能够避免黄金价值的急剧下跌。但是，美国的这个政策会使其蒙受很大的损失，所以，总有一天，这个政策可能会改变。那时就可能会有黄金价格的波动，这肯定会使其他金本位国家产生这样的问题，即为了避免物价的进一步上升，把货币本位和黄金分开是否会更好。就像瑞典有一段时间试图以停止黄金铸造而使其克朗价格高于其以前的黄金平价一样，所以，现在仍然实行金本位或打算回归到金本位的其他国家也可能采取相同的行动。这意味着黄金

价格的进一步下跌，而且也意味着黄金用于货币的价值进一步减少。如果我们不管亚洲国家对货币的需求，我们现在甚至可以毫不夸张地说，黄金已经不再是一种其价格变化不受政府影响的商品。现在黄金价格的波动在很大程度上取决于一个政府，即美国政府的影响。[108]

对于这个发展的长期过程的结果，我们所不能预测到的是，黄金价格的波动竟然发展到依赖于仅仅一个政府的政策。美国竟然取得了今日支配其他国家的这么大的经济成就，而且在经济上重要的所有国家中，仅仅美国竟然保留了金本位，而其他国家（英国、
法国、德国、俄罗斯和其他国家）竟然至少暂时放弃了金本位—— 393
这就是第一次世界大战期间产生的结果。不过，如果黄金价格并不仅仅由美国的政策所主宰，而是同时也取决于四到五个其他国家的政府的话，情况也不会有本质的不同。那些提倡把金汇兑本位作为一般货币体系，而不是仅仅作为贫穷国家的临时办法的倡议者，没有注意到这个事实。他们没有注意到金汇兑本位必须至少意味着取消从货币政策的角度来看最重要的特点——其价值的变化不受政府的影响。提倡或采纳金汇兑本位的目的不是要推翻黄金的支配地位。李嘉图需要的一切是减少货币体系的成本。从19世纪末以来，很多国家希望取消银本位或信用货币本位，它们采纳了金汇兑本位，而没有采纳实际使用黄金通货的金本位，目的是为了防止黄金新需求的增长导致黄金价格上升和商品的黄金价格下降。但是，不管金汇兑本位倡议者的动机是什么，金汇兑本位还会不断受到欢迎，这是毫无疑问的。



如果保留金汇兑本位，早晚一定会出现一个问题，如果用一个

其变化比黄金更容易管制的信用货币本位来代替金汇兑本位，这是否会更好。因为如果黄金价格的变化在很大程度上依赖于政府干预的话，我们就无法理解为什么政府的政策应该仍然受到限制，而不是不再限制政府的政策，因为对政府政策限制的程度并不足以把价格政策的任意性局限于小范围。整个世界负担的用于货币用途的新增黄金的成本也许能够节约下来，因为我们不再需要实现使货币体系不受政府干预的结果了。

如果不采纳这个完全由政府管制的办法，那么只有另外一个办法：必须努力从金汇兑本位再回到黄金的重新流通。



## 第十节　恢复到黄金通货



重新恢复黄金的实际使用肯定会产生大家不愿意看到的影响。它会导致黄金价格的上升，或者，同样，并使商品价格下降。这是人们一般不愿意看到的结果，为什么人们不愿意看到这个结果，我们在上文已经讨论过了。我们可以满怀信心地假设，物价的这种下降所引起的不满和黄金退出流通过程所引起的不满一样多。不需要太多地远见就能够预测，在这样的情况下，人们不久就会指责商业的不良状态是由金本位造成的。人们就会再度指责金本位抑制物价并抬高了利率。而且人们会再度建议对金本位进行某种程度的“改革”。尽管有这些反对意见，回归实际金本位是否合理的问题需要加以认真的考虑。

仅仅一件事就能使我们放弃金汇兑本位并恢复黄金的实际使用；这件事情是，如果使通货膨胀政策的重新实施不是完全不可能的话,至少在很大程度上也是非常困难的。从 19 世纪末以来,国家主义在货币政策上的目标因为三个理由而限制黄金的实际流通:第一,因为它希望在无须废除现行银行法律的前提下,由于把黄金集中于中央发行银行从而实行通货膨胀政策;第二,因为它希望累积一笔战争基金;第三,因为它希望人们逐渐放弃使用金币,以便为即将到来的世界大战的通货膨胀政策奠定基础。

不可否认,由于反对这些举措从而能防止战争或通货膨胀是不可能的。坎特(Kant)的禁止为战争目的而筹措贷款的建议过于天真;[109]如果把信用媒介的发行也列入这样一个禁止的范围之内,这仍然更为天真。只有一件事能够战胜战争——在战争中只看见破坏和毁灭,而看不见任何其他东西的人类思想的自由主义
态度,这种态度永远不希望发生战争,因为它认为战争对于胜利者 395
也是伤害。在自由主义流行的地方永远不会发生战争。但是,在大家对战争的利害有不同看法的地方,就没有规则和制度能够阻止战争的发生,不管这些规则和制度设计得多么好。如果有人认为战争有益,那么,管理货币体系的法律就不允许阻碍战争的发生。在任何战争爆发的第一天,一切妨碍战争的法律都被抛在一边,就像在 1914 年所有交战国把货币法律破坏殆尽,没有人敢说出一个字来进行抗议一样。试图用通货法律来反对未来的战争政策,这是愚蠢的。但是,当我们讨论是否应该取消黄金将来在国内的实际流通的问题时,对于黄金流通足以增加作战困难的理由,我们却不能予以忽视。如果人民在其日常事务中习惯于使用黄金,和 1914 年的欧洲人民相比,他们会更加坚决地抵制通货膨胀政策。政府如果否认战争对货币体系的影响,则不是非常容易的;它

们被迫要说明制定政策的正当理由。维持实际黄金通货对于各个国家来说都要花费很大的成本，并且首先导致物价的普遍下降；对此几乎没有任何怀疑的余地。如果除了准备战争、革命和破坏之外，还要求货币体系履行其他职能的话，那么，所有其一切缺点则必须被视为这个职能的一部分。

正是由于这一观点，我们才应该讨论钞票的面额问题。如果禁止发行小面额的钞票，那么，在日常生活中就必须使用金币。一个国际通货协定是实现金币在日常生活中使用的最好办法。使用惩罚性关税迫使各国加入这样一个协定是容易的。

## 第十一节　银行的自由问题



最近几年发生的事件使人们重新讨论长期以来被认为是已经
396 结束的问题。银行的自由问题就是其中的一个问题。虽然这个问题确实已经被讨论了几十年之久，但是，还没有可能认为这个问题已经完全解决。有些钞票因为实际上不能兑换而变得毫无价值，这个令人遗憾的经验，曾经导致一些国家把发行钞票的权力限制在几个特权机构。不过，国家对发行银行的管制比没有管制的私人银行更不受欢迎。如果和德国银行制度的完全崩溃相比，历史上发行银行和清算银行的所有失败又有什么关系呢？除了反对国家管制钞票发行的反对意见之外，赞成对银行制度进行管制的所有说法都是苍白无力、没有意义的。曾经提出反对自由发行钞票的国家主义的观点，现在已没有人相信了；在银行领域，就像在其他领域一样，国家主义一直是失败的。

19 世纪的自由主义立法为保护发行银行体系不受国家滥用权力而建立的保护措施被证明还不够。轻视为保护货币本位而建立的法律规定是最容易不过的事情了。所有的政府，即使最脆弱和最无能的政府，也都会毫不费力地轻视这些法律规定。它们的银行政策使它们把当时的形势推进到金本位旨在防止的问题上：置货币价值于政治势力的影响之下。在僭越这一权力之后，政府肆无忌惮地滥用这一权力。但是，只要其他政治和意识形态因素依旧不变的话，我们就不能得出结论认为，仅仅银行的自由还不会或不能使形势发生变化。

让我们假设在第一次世界大战爆发之前的两代人的时间中，银行自由在欧洲普遍存在；钞票没有成为法定货币；钞票总是受到检查，不但要检查真伪，而且要判断其好坏，每当使用钞票时，没有人接受不知名银行发行的钞票；但是，大型而且著名的私人银行发行的钞票，和大型中央发行银行发行的钞票，在它们还没有成为法定货币的时期，一样自由流通。让我们进一步设想，因为没有任何世界型银行卡特尔的危险，仅仅由于有必要用现金兑现钞票，银行 397 不得以收取低利率的方式来大量扩充其钞票的发行；或者至少这一风险没有在由法律管理钞票制度的情况下更大。简言之，让我们假定，直到第一次世界大战爆发之前，这一制度和当时的实际情况非常吻合，看不出好坏。但是，问题是在 1914 年 7 月 28 日之后它能否把自己保护得更好。这个问题的答案似乎是它不能把自己保护得更好。交战各方以及中立国的政府大笔一挥，整个银行法律体系就被推翻了，如果银行没有被管制，它们也可以如法炮制。它们根本没有必要继续发行财政部的钞票。它们能够简单地规定银行有义务向国家贷款，它们能够以停止银行兑现钞票，并规定其钞票为法定钞票的方式，从而使银行履行这一义务。一些次要的技术问题的解决办法也许不同，但是结果却是一样的。因为使政府破坏银行制度的因素，不是银行组织的任何技术、法律或经济缺陷，而是支持国家主义和战争的一般看法所赋予它们的那种权力。它们能够支配货币体系，因为公共舆论赋予它们如法炮制的精神权力。“需要不知道任何法律”是所有政府采取所有行动的一个理由，德国政府备受责难，因为该政府毫不讳言地承认它坚持这一原则。

如前所述，对抗国家主义将来滥用银行制度一个有效的，但是却是有限的，保护措施，也许是禁止发行小面额钞票。换言之，不是由银行界的没有管制的私人银行发行，而相反由钞票发行自由的干预。除了这一个禁止措施之外，完全有可能使钞票发行不受任何法律的限制，当然也没有任何法律上的特权，例如赋予钞票法定货币的资格。不过，银行自由本身显然不能保证完全杜绝通货膨胀政策的再次实施。



398 除了在财政上为战争准备的问题之外，这些观点鼓励支持集权、垄断，而且尤其鼓励对发行银行进行国家管制，这些都是完全错误的观点。在最近的20年到30年中，关于银行的文献完全集中于对商业技术的细节进行讨论，完全放弃了经济学观点，完全受赤裸裸的各种国家主义论点的影响，以致为了要发现应该能够反对银行自由的论据，则有必要追溯到两三代人以前，在银行文献中占重要地位并支配银行政策的那些观念。人们认为那时的银行发行体系能够保障穷人和没有文化的人的利益，所以银行破产不会对那些对商业事务不熟悉和不习惯的人——工人、以工资为生者、公务员和农民——造成损害。这个观点认为这些个体人士不应该被迫接受他们不能检验其价值的钞票，只需要说明的是，这个观点是完全错误的。没有任何银行政策比近年来国家主义实行的政策对普通人造成的伤害更大。

不过，那时被认为是最重要的观点是由通货理论提供的。从通货理论的角度来看，没有被黄金保证的任何钞票的发行都是危险的，因此，为了避免发生经济危机，必须限制这样的钞票发行。关于货币理论在理论上的重要性问题，以及通货学派提出的方法是否在过去有效果，或者能够产生效果，或者仍然有效果，除了在上文说明的以外，没有必要再增加什么了。我们已经说明，通货理论所看到的危险只有在当所有的信用发行银行采取一致的方法时才存在，不仅仅是在一个特定的国家，而是在全世界。现在，每一个国家的银行发行都已发展为垄断活动，垄断活动不但不能阻止这种方法的一致性，而且还更有力地促进了这一方法。



第一次世界大战前的几十年间，反对银行自由的重要观点正
好与通货学派所持的观点相反。第一次世界大战之前，人们赞成 399
由国家管理银行，其唯一目的在于以人为的方法把国内利率抑制在兑现需要所决定的水平之下，如果银行在此之前完全自由的话。这个目标在于尽可能使现金兑现的义务没有意义，而现金兑现是所有信用发行银行体系的基石。所有当时习惯上称为银行政策的小小的权宜办法，从一个一个的单个办法来看都不重要，但从累积方面来看，则具有暂时的明确效果，其目的都是如此。它们的一个目的可以用一句话总结如下：千方百计使利率下降。它们规避了

妨碍银行利率下降到自然利率以下的所有自然障碍和法律限制。事实上，所有银行政策的目标一直是避免有必要使用贴现政策，诚然，这个目标直到第一次世界大战爆发，通货膨胀肆虐时才得以实现。

如果没有国家主义对规则和禁令的偏爱，而就支持或反对国家对发行银行和整个信用媒介制度进行管制的观点来进行研究的话，除了银行自由理论的支持者提出的最后一个观点之外，我们得不出任何其他的结论。这个观点是："钞票发行只有一个特殊的危险；即银行被免除了普通法中的一个义务，按照这个义务，如果任何人对他人负有债务，则在任何时间和任何地点都有严格履行这一债务的责任。在垄断体系之下，这个危险更大，并且更具有危险性。"[110]



## 第十二节　费希尔对于商品本位的建议

一般商业形势的变化应该用银行的信用政策来解释的观点越深入人心，人们越急于寻求消除经济生活中繁荣和萧条交替变化
400 的方法。通货学派的目标是以制定没有保证的钞票发行的最高限度，来预防一般经济危机的周期性发生。更进一步的明显步骤就是以限制任何形式的信用媒介的发行，不仅仅是钞票的发行，从而来填补其理论中没有考虑到，随后在其政策中没有规定的空白。如果能够做到这一点，那么信用发行银行就再也没有可能与均衡利率抗衡，而使新增的信用媒介进入流通，从而产生人为刺激商业的直接效果，并且出现可怕的经济危机这一不可避免的最终结果。

是否在实际中采取像这样的一个重要步骤显然取决于不远的将来各个银行,尤其是大型中央发行银行,所实行的信用政策的类别。我们在上文已经说明,如果其他银行不愿意采取一致的行动,那么任何一家银行本身,甚至一个国家的所有银行,或者几个国家的所有银行,都不能增加信用媒介的发行。世界各国所有信用发行银行,为此目的而欲达成默契的协议则困难重重,而且即使能够达成这一默契,所增加的信用媒介数量也很小,这个事实是近年来防止极端信用政策的最有效的保护措施。从这一方面来看,我们还不能[111]知道形势将如何发展。如果万一能够证明信用发行银行现在更容易扩张其信用流通,那么,没有采纳限制信用媒介发行的措施将对经济生活的稳定性构成最大的危险。



在第一次世界大战爆发的前几年中,黄金的客观交换价值持续下跌。从 1896 年以来,商品价格水平连续上升。这种变化,一方面可以用黄金的生产增加来解释,另一方面也可以用信用媒介的扩张使用来解释,在第一次世界大战爆发之后则更加明显。在很多人口大国黄金已不再流通了,但却流入了使用范围不断缩小的地区,在这些地区,黄金和以前一样,继续发挥着货币功能。这当然使黄金的购买力下降。物价上涨不但发生在已经发生通货膨胀的国家,而且也发生在继续维持金本位的国家。如果现在使用纸币的国家应该恢复金本位,黄金的客观交换价值会上升;商品和 401
服务以黄金计算的价格会下降。如果采纳金汇兑本位以代替金本位货币,这个结果也许会发生变化;但是,如果用黄金作为货币的范围再度扩大的话,那么这个影响则几乎难以完全消除了。只有当所有国家都重新采纳金本位之后,这个影响才能逐渐消除。那么，持续将近30年的黄金价值的下降也许会再度出现。

前景并不特别令人乐观。在这种情况下，理论家和政治家的注意力都集中在创造一个货币，其购买力应该尽可能的稳定，这并不值得我们吃惊。

费希尔对于稳定货币购买力的计划的基本观点，是用“商品”本位代替金本位。关于商品本位的以前的提议是把这一计划设想为是对贵金属本位的补充。其目的是经过一段时间才到期的货币负债，因为一般的强制性法律，或者因为各方之间的特殊契约规定，不以它们所涉及的货币的名义金额来偿还，而以某种在债务偿还时其购买力和债务发生时所借金额的购买力相等的货币金额来偿还。不然的话，贵金属应该仍然能够履行其货币职能；物价指数表(tabular standard)只有作为延迟支付的本位才有作用。但是，费希尔却有更为宏伟的目标。他的商品本位不只是作为金本位的补充，而是要完全代替金本位。如果要实现这个目标，则需要把金汇兑本位和物价指数表的基本概念巧妙地结合。



金汇兑本位下的货币代用品既可兑换黄金，也可兑换金本位国家的汇票。费希尔希望保留兑换黄金，但是，他的方法是通货单位不再兑换固定重量的黄金，而是所兑换的黄金数量等于该计划
402 实施之时的货币单位的购买力。美元——根据费希尔为美国设计的标准提案——不再是购买力可变的黄金的固定数量，而是要成为购买力不变的黄金的可变数量。每月以价格数据统计的计算结果来编制一个指数，用这个指数来表示美元的购买力比前一个月上升或下降的数量。然后，根据货币价值的这一变化增加或减少代表一个美元的黄金数量。这就是执行这一功能的银行要兑换美

元的黄金数量。如果任何人要求兑现1美元，这就是要支付的黄金数量。

费希尔的计划虽然宏大，但是却失之简单。也许我们没有必要说明，这个计划绝不是以费希尔的独特货币理论为基础的，但是，他的理论在一些重要问题上还有一些缺陷，我们在上文对此已经进行了说明。[112]

关于指数的科学正确性，以及关于运用指数以消除在货币的价值变化中出现的长期契约的意外变化的可能性仍有大量的不确定性方面，没有必要再批评费希尔的计划了。[113]在费希尔的计划中，指数的功能是表示货币单位的购买力逐月变化的指标。我们可以假设，对于在很短的时间内决定货币价值的变化来说——而且在目前的情况下将月视为一段很短的时间是自然的——指数使用在实际目的方面具有至少足够准确的结果。但是，即使我们假定这样，我们仍然会得出结论认为，执行费希尔计划无论如何都不能改善货币价值变化的社会意义。



但是，在我们讨论这个问题之前，首先讨论费希尔的计划对于 403
商业惯例有哪些要求。

如果我们认为，货币价值的变化对于长期信用交易的影响可以由利率的变化来补偿的话，那么，采用以指数的使用为基础的商品本位来补充金本位必须被视为是多余的。但是，无论如何，对于货币价值的逐渐变化来说，这种变化的程度和方向都是不能预测的，这当然是不正确的；自从19世纪末黄金继续贬值以来，我们根本找不到黄金贬值在利率变化上的任何表现。所以，如果有可能找到度量货币价值变化的问题的解决办法，那么，长期信用交易采纳物价指数表(tabular)(每一个契约的双方当事人决定是否使用指数)绝不能被视为是多余的。但是，在解决这个问题的过程中技术问题多到难以克服的程度。计算指数的所有方法，从科学角度来看都有缺陷，这说明没有一个“正确”的方法，因此，没有一个方法得到普遍认可。从纯理论的角度来看，从同样都有缺陷的很多可能的方法中进行选择是一种武断的选择。既然每一个方法都会得到不同的结论，那么债务人和债权人对这些方法的看法也是不同的。采用不同的解决办法，无论是法律规定的方法，还是负责计算指数的行政当局决定的方法，会产生各种各样的问题，这些问题又形成长期信用交易的不确定因素的新来源——这种不确定因素，比黄金价值的变化更加影响信用交易的基础。



只要这些问题和长期信用交易有关，所有这一切就适用于费希尔的计划。如果这些问题和短期信用交易有关，我们就必须指出，即使在货币体系目前的组织形式中，货币价值的未来波动也没有被忽略。在长期信用交易中考虑货币价值的未来变化的困难在于，甚至只有相对的把握，也不可能预先知道长期变化的方向和程
404 度。但是，对于短期信用交易来说，几周或甚至几个月的一个周期，在某种程度上有可能预测商品价格水平的变化；结果，这一变化在涉及短期信用的所有交易中都被考虑了。货币市场的利率，也即短期投资市场的利率，尤其表现商界人士对商品价格的短期变化的看法。它随物价上涨的预期而提高，并随物价下跌的预期而下降。在对利息有明确规定的那些商业协议中，在费希尔的计划中，对商业技术进行必要的调整并没有任何特别的困难；在新的情况中有必要进行的唯一调整，是在将来计算利率时，完全不考虑

物价水平变化的所有因素。但是,在没有明确规定利率,而只是以协议的某种其他条款暗示的那些交易中,这个问题在某种程度上就更加复杂了。

一个赊账购买的案例有助于讨论这个问题。让我们假定,在这个案例中,在连续五个月的一个周期内,每个月的指数比前一个月的指数按照等差级数上升1%,如下所示:

| 月份 | 指数 | 每1美元兑换纯金的数量,1%/克 |
|---|---|---|
| 1 | 100 | 160.0 |
| 2 | 101 | 161.6 |
| 3 | 102 | 163.2 |
| 4 | 103 | 164.8 |
| 5 | 104 | 166.4 |



一个人以三个月的赊购方式在二月购买商品,在五月还款时,他必须以当时的金额对每1美元比原来的含金量多付0.48克的纯金。根据现在的做法,二月签订的交易条件会考虑到物价预期上涨的一般情况;在当时所决定的采购中,买方和卖方对于将来物 405
价变化的可能性的看法在交易订立时已经有所体现。因为在费希尔的计划中,购买价格仍然由议定的美元数额的支付来清偿,所以,价格的这种上升还需要进行再一次计算。显然这是行不通的。换言之,必须修改赊购和其他信用交易的目前的惯常做法。

在单纯的金本位中,如果一个人在一月以三个月赊购的方式购买105美元的商品,在实行商品本位之后,他需要以不同的方式来考虑黄金价值的预期波动，以避免以金元购买时支付更高的价格。如果他正确地预测出这些波动等于 3 美元，那么他必须同意支付仅仅(160 × 105)/164.8 美元 = 101.94 美元的购买价格。费希尔的计划使企业有必要在商业中采纳不同的技术；我们不能断言这个技术比在纯金本位下所采用的技术更加简单。无论是否采纳费希尔的计划，买卖双方有必要考虑物价水平的基本变化趋势，还有必要考虑双方进行交易的商品价格的特殊变化趋势；唯一的区别是他们在评估其预测结果时，所使用的方法不同。

所以，我们能够看出，就信用交易中出现的货币价值变化的结果来说，费希尔计划所具有的价值。对于长期信用交易来说，和过去常常讨论的，但是由于缺点太多一直没有使用的物价指数表相比，费希尔的计划并没有任何发展，使用商品本位以补充金本位不可行，其原因是计算指数的所有方法有本质上的缺陷。对于短期信用交易来说，由于货币价值的变化已经使用不同的方法加以考虑，所以它是多余的。



但是，货币的客观交换价值的变化还有另外一种社会影响，这
406 种影响产生于这些变化，并不是同时并且一致地表现在所有的商品和服务上。费希尔的计划对于这种影响根本没有提出任何解决的办法；事实上，费希尔从来没有提到货币价值变化的这种影响，而且费希尔似乎只知道这些影响产生于以货币计算的债务关系所产生的反应。

不管如何计算，指数只能表示物价变化的平均状态。有些物价的变化高于这一计算的平均数量，有些物价的变化低于这一计算的平均数量；而且有些物价的变化却正好与这一计算的平均数

量相反。所有那些经营的商品的价格和这一计算的平均价格不同的商人，都会受到上文(第二编第六章第三节和第四节)所说明的黄金的客观交换价值的变化的影响，而且美元的价值对表现于所选指数的商品价格的平均变化的调整完全不能影响这一点。当黄金的价值下降时，有些人由于所售商品价格的上升早于他们打算购买的商品价格的上升，因而他们受益；另一方面，尽管有些人需要按更高的价格购进商品，但却不得不按照符合更早情况的更低价格出售其商品，因而他们的利益受到损害。甚至当我们执行费希尔的计划的话，这也不能使货币价值在其对所有其他经济商品的关系中产生同时和一致的变化。

所以，货币价值变化的社会影响，即使借助于费希尔的商品本位也无法消除。



## 第十三节　未来通货政策的基本问题

欧文·费希尔的计划是在当代通货政策中反对黄金趋势的一个反映。在美国和盎格鲁－撒克逊国家，普遍存在着过高估计指数方法的重要性的倾向。在这些国家，这些方法在科学上的正确性在很大程度上还有待于提高，它们充其量只能产生一个粗略的 407
结果，以及是否选择这一个方法，或者另外一个计算方法，则永远不能用科学手段来解决，这些问题都没有引起人们的注意。选择哪个方法的问题一直是个从政治上进行判断的问题。如果我们认为货币理论研究者和通货统计学者提出的方法能够产生明确的结果，并能够使货币价值的决定不受执政党的政治决策的影响，这是一个严重的错误。在货币价值和商品价格的变化是由根据物价统计所计算的数据管制的货币体系中，政府影响这些变化的程度，丝毫不会低于政府对价值能够施加影响的其他类型的货币体系。

黄金市场目前的形势毫无疑问必须在两个可能性之间进行选择：模仿19世纪英国金本位的形式，恢复实际使用黄金，或者过渡到不兑现纸币本位，并根据指数管制购买力。只有在国际协定强行规定每一个国家有义务保持和其能力相应的黄金存量规模的条件下，金汇兑本位才能被视为未来通货体系的可能的基础。如果其兑现基金主要投资于黄金通货的外国票据上，那么金汇兑本位最终不是这一问题的一个可行的一般解决办法。

1912年出版的本书的德文第一版，在结尾部分力图对货币和信用的未来发展进行简单的预测。其论点的主要内容如下：

“尽可能避免政府干预已经逐渐被大家认为是货币政策的一项基本原则。信用媒介和货币在本质上没有区别；信用媒介的供给和货币本身的供给对市场的影响是一样的；信用媒介数量的变化和货币本身数量的变化对货币的客观交换价值的影响相同。因此，在逻辑上它们应该受规范货币本身的相同原则所制约；对于信用媒介来说，也应该同样致力于尽可能消除人类对货币和其他经
408 济商品之间的交换比率所产生的影响。信用媒介的发行对高阶商品和低阶商品之间的交换比率所产生的暂时波动的可能性，以及自然利率和货币利率之间的背离所产生的有害结果，都是产生相同结论的情况。显然，消除人类对信用系统影响的唯一途径就是限制所有信用媒介的进一步发行。皮尔法案的基本概念应当加以重申，并应当把银行存款形式的信用发行并入法律禁令之内，从而

使皮尔法案的内容比当时英国实行时更加完善。

“首先，实行这样一个彻底的措施似乎一定会导致货币客观交换价值的上升。但是，情况并不一定会这样。目前，黄金的生产和银行信用发行的增长可能比货币需求的增长快出很多，并因此导致货币客观交换价值的持续下降。并且，毫无疑问，显然物价由销售者单方面决定，也产生相同的结果，这种情况对降低货币价值的影响在上文已经有过详细的研究。人们对于生活成本一般涨价的抱怨，这种情况会持续很长的时间，可以用来证明这个假设是正确的，这个假设不能从统计的角度来证明或驳斥。所以，对广义货币存量增长的限制并不一定会无条件地导致货币单位购买力的上升；这种限制可能具有全部或部分抵消否则有可能出现的货币价值的下降。



“未来的货币政策和信用政策会力图遏制货币客观交换价值的进一步下降，这并不是完全没有可能。人口中的大部分阶层——工薪阶层——认为货币价值的持续下降是不公平的。使他们摆脱货币价值持续下降的任何建议很有可能都会受到他们热忱的欢迎。这些建议的内容会是什么，这些建议会进展到什么程度，都是难以预测的问题。不管怎样，没有人要求经济学家去担任预言家的角色。”

在这个讨论的其他方面，有人断言按照物价指数表所设想的
方式来努力改进货币体系是毫无用处的。“我们必须放弃使市场 409
结构比现在更完善的所有努力，并满足于已经取得的成就；或者我们必须努力保持已经取得的成就；对于那些只是更多地关注改善交换的工具，而不太关注维持目前的完善水平所隐含的危险的人

来说，这不是一个如此容易的工作。”

“如果假定现代交换结构一定会持续存在是错误的。它自身存在着导致其自身毁灭的根源；信用媒介的发展必然导致其崩溃。一旦不同的信用发行银行都同意其信用流通政策的共同原则，或者一旦大多数信用银行被一个单一的世界银行所取代，那么信用媒介的发行就不再有任何限制。首先，只有在货币的客观交换价值被降低到货币金属的其他可能的用途所决定的水平时，才有可能增加信用媒介的发行。但是，在不兑现纸币和信用货币的情况中，却没有这样一个限度，即使在商品货币的情况中，这样一个限制也不能证明是不能克服的。因为一旦货币代用品的使用在由货币所中介的交换往来中代替货币的实际使用，而且我们离这种形势也绝不是太远，一旦超越这个限度，兑现货币代用品的义务即告解除，而过渡到银行信用货币就能够容易地得以完成。在这种情况下，发行的唯一限制是银行业务的技术成本。不管怎样，在这些限制还没有实行的很久之前，信用媒介发行的增长将使其本身产生重大的影响。”



自从本书德文第一版出版以来，我们经历了一系列欧洲各国货币体系的非常突然的崩溃的事实。第一次世界大战和战后期间的通货膨胀超过我们所能预测的一切，带来了史无前例的混乱。现在我们正在致力于控制这种混乱局面，并致力于恢复货币体系的新组织，这个新组织如果更接近于战前的结构，它就会更好。

410 以这种方式再次建立的交换组织，会表现出这本书从头到尾所强调，并不断指出的所有的缺陷。未来的工作是建立各种防范措施，以防止政府把通货膨胀政策滥用在货币体系上，还要防止银行扩大其信用媒介的流通。

不过,仅仅这样的防范措施还不足以防范威胁货币和信用媒介在促进交换功能的和平发展的危险。在以生产资料私有制为基础的社会秩序中,货币是自由市场机制的一部分。只有在政治势力不反对生产资料是私有财产的国家,才有可能制定旨在最大程度地维持货币的客观交换价值的稳定性的政策。

# 第 四 编

# 货币体系的重建

（这一编撰写于 1952 年，首次出版于耶鲁大学出版社的 1953 年美国版）

# 第一章　健全货币的原则



## 第一节　健全货币的古典思想

主导19世纪货币理论和政策的健全货币原则，是古典政治经济学的产物。413 这个原则是18世纪社会哲学所发展的自由主义纲领的非常重要的一部分，并在19世纪被欧洲和美国的最有影响的政党所传播。

自由主义理论认为市场经济是社会经济组织中最好的，甚至是唯一可能的制度。生产资料的私人所有权常常会把生产的控制权转移到那些最适合于这一工作的人手中，并且最大可能地满足社会所有成员的需求。它使消费者拥有选择的权力，以最廉价的方式向他们供给他们最迫切需求的物品，并使企业家和生产资料的拥有者，即资本家和地主，都受购买消费品的大众主权的制约。它使国家和其人民具有自由权，并为持续增长的人口提供足够的生活必需品。

作为劳动分工原则下的和平合作的制度，如果没有一个制度来保障其成员不受其国内的暴徒和外国敌人的侵害，市场经济则不能发挥作用。只有用武力抵抗和镇压才能遏制暴力的侵犯。所

以，社会需要国防组织，国家、政府和警察部队。只有时刻准备打
414 击侵犯者，才能保障市场经济不受干扰，正常发挥作用。但是，除此之外，还出现一个新问题。如何控制掌握政权的人以防止他们不会掉转武器来对付他们应该服务的人民呢？主要的政治问题是如何预防统治者不会变成暴君而奴役其人民。西方文明史的一个根本主题是反对专制政府侵犯个人的自由。西方的主要特征是人民追求自由，东方人民则不关注自由。西方文明取得的所有辉煌成就都是自由之树结出的果实。

如果认识不到健全货币是保障公民的权利，对抗专制暴政而产生的一个工具的话，我们就不可能理解健全货币理念的意义。从意识形态上来看，健全货币和政治宪法以及人权法案属于一类。人民要求宪法保障和人权法案是对国王的专制统治和不遵守常规的一种反抗。健全货币的基本条件起初是为反对国王降低铸币的成色和重量而提出来的。后来，在时代的发展中，经过缜密的阐述和完善——美国的大陆通货、法国大革命的钞票和英国限制兑现时期——人们最终知道了政府对于一个国家的通货体系能带来什么损害。

假借自由主义名义的现代隐形的专制政权认为自由主义具有消极性，因而是错误的。这种批评是错误的，因为它仅仅提到这个概念的语法形式，而并没有理解所有的人权都可以从正面或反面来解释。从消极意义上看，自由主义的宗旨是消除邪恶，即反对警察权力的无处不在，并且防止国家变成极权政体。从积极意义上看，自由主义的宗旨，是保障私有财产制度发挥正常的作用，而私有财产制度是能够产生所谓文明的唯一社会制度。

所以，健全货币原则也有两个方面。它的积极意义在于支持市场选择一般常用的交换媒介。而它的消极意义是防止政府干涉货币体系的倾向。

健全货币原则在很大程度上不是来源于古典学派经济学家对市场现象的分析，而是来源于他们对于历史经验的解释。和那些精通经济理论的狭小圈子里的人相比，绝大多数普通民众也能够理解这种经验。因此，健全货币观念成为自由主义纲领中获得最广泛支持的观点之一。自由主义的支持者和反对者都将其视为自 415
由主义政策的基本条件之一。

健全货币是金属本位。本位币（standard coins）事实上应该是由国家的法律所明确决定的固定数量的本位金属。只有本位币应该具有无限的法定货币的资格。辅币和各种钞票应该以提示即付，并且毫不迟延地兑换合法的本位货币。



健全货币的支持者完全同意上述观点。但是，对于哪种金属作为本位币，曾经出现过激烈的争议。由于支持把白银作为本位币的失败，还因为复本位不可行，从而最终使健全货币原则成为了金本位。在 19 世纪末期，世界各地的商人和政治家都一致认为金本位是不可或缺的。当时采用不兑现纸币体系或采用银本位的国家，都认为采纳金本位是它们经济政策的最重要的目标。对金本位的重要作用有不同意见的人，被官方理论的代表人物——教授、银行家、各大报纸和杂志的编辑——视为怪人。

健全货币的支持者采纳这样一个方法，实则是犯了一个严重的错误。不管反对方的观点多么愚蠢和矛盾，用意识形态的概括性的方法来加以处理，实在没有任何意义。即使对于明显错误的理论，也应该进行仔细的分析，并且揭穿其隐含的谬误，来进行反驳。只有大量说明对方理论的错误，健全的理论才能获得胜利。

健全货币理论的基本原则，不管在过去还是现在，都是无懈可击的理论。但是，在 19 世纪的最后 10 年中，其科学根据却是非常不稳固的。从古典学派价值理论的视角来证明其合理性没有很大的说服力，当后来不得不放弃价值理论时，就完全没有产生任何意义。但是，在长达几乎半个世纪中，新价值理论的支持者把他们的研究局限于直接交换的问题上，而把货币理论和银行理论问题的研究留给了那些不懂经济的处理具体事务的人。当时有关于交易经济学的论文，但是，这些论述只是偶然并且粗浅地论述了货币问题，当时也出版了关于通货和银行为主题的著作，但是这些著作甚至没有努力把它们的主题结合到交易经济学体系的结构中。[1]最终，这一思想发展到现代价值理论，即主观主义或边际效用理论，现代价值理论不能解释货币的购买力问题。[2]



在这样的情况下，即使通货膨胀政策的支持者提出的最没有根据的反对意见也没有得到回答，其中原因就很容易理解了。金本位不再受到各界的欢迎，因为在很长一段时间内，没有人认真地尝试表明金本位的优点，也没有揭示其反对者的理论的缺点。

## 第二节　金本位的优点和所谓的缺点

金本位的优点在于它使货币单位购买力的决定不受政府政策和政党的影响。再者，它使执政者不能逃避议会对金融权力和预算权力的管理。只有当政府不能利用增加法定货币的流通量来供给未经批准的支出时，议会对于财政的管理才能发挥作用。如果从这个角度来看，金本位似乎是代议政府制度(system of representative government)发挥作用的宪法保证机构的必不可少的补充。

在19世纪50年代，加利福尼亚和澳大利亚的黄金生产大幅增加，人们批评金本位是通货膨胀的本位。那时，米歇尔·谢瓦利埃(Michel Chevalier)在其《黄金可能贬值》一书中，提出放弃金本位，贝朗瑞(Béranger)在他的一首诗中也提出了同样的主张。但是，后来，这些批评都逐渐停止了。不再有人批评金本位是通货本位，而相反是紧缩本位。即使通货膨胀政策的强有力的支持者也都宣称，他们只想抵消所谓的黄金供给不足常常引起的紧缩压力，以掩盖其真正目的。



不过，显而易见，在最近几十年中，所有商品的价格和工资率都呈现出一直上升的趋势。因此，我们可以不讨论货币价格和货币工资下降的一般趋势对经济的影响。[3]因为，毫无疑问，近100年 416
以来，我们的经验正好相反，即货币单位的购买力一直呈现下降的长期趋势，这种趋势只在信用扩张所带来的景气现象崩溃之后才暂时中断。如果以商品计算的话，黄金更便宜了，而不是更贵了。金本位的反对者所要求的不是扭转决定物价的当前趋势，而是大幅加强物价和工资已经在上升的趋势。他们只想以更快的速度降低货币单位的购买力。

这样一个大幅通货膨胀的政策当然是非常受欢迎的。但是，这一政策之所以受欢迎，在很大程度上是因为人们没有正确理解其效果。人们实际上所要求的是他们所销售的那些商品和服务的价格的上升，而他们所购买的那些商品和服务的价格没有发生变化。土豆种植者的目的在于土豆价格上升。他不希望其他商品和服务的价格上升。如果这些其他商品和服务的价格比土豆的价格上升得快或上升的幅度大，他就会遭受损失。如果一个政客在一个会议上主张政府应该采取使物价上涨的政策，他的听众可能会欢迎这一政策。但是，每一个听众所想的是不同商品和服务的价格的上升。

自古以来，就有人建议把通货膨胀政策作为减轻贫穷的但却是有价值的债务人的负担的手段，从而牺牲富有的但却是吝啬的债权人的利益。不过，在资本主义制度下，一般的债务人不是贫穷阶层，而是拥有不动产、公司和股票的富有阶层，他们能够从银行、储蓄银行、保险公司和债券持有者借款。一般的债权人不是富人，而是拥有债券、储蓄存款或者购买保险等普通财产的人。普通人支持打击债权人的措施，他之所以这样做，是因为他没有意识到他自己也是一个债权人。认为百万富翁是廉价货币政策的牺牲者则是古老观念的残余物。



对于经验不足的人来说，不兑现纸币的发行是能创造奇迹的一件事情。只要政府说出一句具有魔法的话，就能凭空创造出一
417 种能够交换人们想要得到的任何商品的货币。和政府的财政部相比，魔法师的魔力是多么的苍白无力！教授告诉我们说，政府“能够用印刷的方法筹集它所需要的所有货币”。[4]位于纽约的联邦储备银行的一位主席宣布说，以税赋筹集收入的方式“过时了”。[5]多么美妙动听啊！那些顽固地支持过时的经济正统学说，并请求政府以税赋收入来支付所有支出从而平衡其预算，是多么恶毒和令

人厌恶啊！

这些热心人并没有看到，通货膨胀能够持续发展的原因是普通大众没有看清事实，他们也没有看到一旦大多数人看清楚通货膨胀对货币单位的购买力产生的影响时，通货膨胀就不再奏效了。在正常时期，即在政府不干涉货币本位的时期，人们不担心货币的问题。人们非常单纯地并且想当然地认为，货币单位的购买力是“稳定的”。他们注意各种商品的货币价格所发生的变化。他们非常清楚地知道不同商品之间的交换比率是变化的。但是，他们却不知道货币与所有商品和服务产品之间的交换比率也是变化的。当通货膨胀的不可避免的后果出现，而且物价上涨时，他们认为商品价格更贵了，但是，他们却没有看到货币的价值越来越便宜。在通货膨胀的早期阶段，只有少数人觉察到正在发生的事实是什么，并且根据他们的先见之明管理其商业事务，然后从容地准备收获通货膨胀的利益。绝大多数人反应太迟钝，不能对形势做出正确的理解。他们仍然按照没有发生通货膨胀时期的惯常做法来经营其业务。他们义愤填膺地批评那些敏感于理解市场变化的真正原因的人，把他们斥为“暴利牟取者”，并把自己的困境归咎于这些人。公众的这种无知是通货膨胀政策的难以避免的基础。只要家庭主妇认为：“我特别需要一个新煎锅。但是，现在物价太高，我等物价降下来再买”时，通货膨胀就在产生作用。当人们发现通货膨胀会持续，通货膨胀导致物价上升，而且物价将会无限地急剧上升时，则其欺骗作用突然消失了。当家庭主妇认为：“我现在不需要
一个新煎锅了；一两年之后我可能需要。但是，我今天就买一个， 418
因为以后价格会更贵”时，那么通货膨胀的危机阶段就开始了。然

后，通货膨胀的灾难性后果就接近了。在发生灾难性后果的最后阶段，家庭主妇认为："我不需要另一张桌子；我永远也不会需要一张桌子。但是，与其保存政府称之为货币的这些纸片，哪怕再多保存一分钟的话，我还不如买一张桌子呢。"

政府财政制度的基础是否应当存心欺骗绝大多数人民，我们在此不讨论这个问题。我们强调一点就够了，这样的欺骗政策适得其反。林肯的一句名言在此非常适用：你不可能永远欺骗所有的人。人民最终会明白统治者的阴谋。然后，那巧妙炮制的通货膨胀政策即告崩溃。不管替政府辩护的经济学家说什么，通货膨胀政策都不能被视为代替健全货币政策的货币政策。它充其量只是一个临时办法。通货膨胀政策的主要问题是，在人民看穿其统治者的伎俩之前，如何使这一政策停止。仅仅由于人民大众没有理解其本质特点，就公开认为一个货币体系能够发挥作用，这是非常幼稚的表现。



指数方法是"度量"货币单位购买力变化的一个非常粗略的而且不完善的方法。在社会事务领域，各种数量之间没有固定的关系，任何度量都是不可能的，经济学永远都不可能成为一个量化的科学。[6]尽管指数方法不完善，但是，在通货膨胀的过程中，它却发挥了使人民注意通货膨胀的巨大作用。一旦指数被普遍使用，政府就被迫放缓通货膨胀的步伐，并且要使人民相信，通货膨胀政策只是对于短暂的紧急情况的一个临时变通办法，是一项不久就会停止的政策。尽管政府的经济学家把通货膨胀誉为货币管理的一
419 项持久的计划，具有优越性，但是，政府却被迫限制这一政策的应用。

我们可以称有计划的通货膨胀政策为欺骗性的政策，因为应用这一政策所追求的效果，只能在政府向大多数人民隐瞒这一政策的后果时才能取得。干涉主义政策的很多支持者毫无顾忌地进行这种欺骗；在他们的眼中，政府所做的一切，永远都不会有错误。但是，他们在道德上表现出高傲和冷漠，却不知道如何反驳经济学家反对通货膨胀的观点。在经济学家的眼中，主要问题不是通货膨胀在道德上应该受到谴责，而在于除非被加以严格限制，否则它不可能产生效果，即使能够产生效果，也仅仅只能产生短期的效果。所以，不能把通货膨胀视为像金本位那样的永久性本位制度的一个替代的方案。

现今，支持通货膨胀政策的宣传强调所谓的事实，即金本位已经崩溃了，金本位永远不会被推行了：因为各国再也不愿意遵守金本位机制的规则，也不愿意负担因维持金本位所需要的所有费用。



首先，需要记住的是金本位并没有崩溃。各国取消金本位，以便为通货膨胀铺平道路。为了破坏金本位，整个压迫和强制机构——警察、海关、法庭、监狱，在一些国家甚至于刽子手——都行动起来了。背弃了庄严的诺言，公布了有追溯力的法律，公然挑衅宪法条例和人权法案。很多御用作家赞扬政策的作为，为不兑现纸币的太平盛世的来临而欢呼。

不过，这个所谓的新货币体系最引人注目之处，是它的彻底失败。诚然，不兑现纸币在国内市场代替了健全货币，这有利于一些个人和团体的物质利益，却牺牲了其他个人和团体的物质利益。而且，它也在很大程度上促使了国际劳动分工的解体，但是，它没有使黄金失去其国际或世界本位的地位。如果你翻阅任何报纸的

金融版，你会立刻发现黄金仍然是世界性的货币，而不是政府的各种印刷机构的五颜六色的产品。这些纸币兑1盎司黄金的价格越
420 稳定，其价值就越高。今天，如果有人敢于提出各国有可能回归到国内的金本位，他就一定会被斥为疯子。这种恐怖主义般的行为仍然还会持续一段时间。但是，黄金作为世界本位的地位是稳固的。“脱离金本位”政策仍然使一个国家有必要注意以黄金计算的货币单位的价格。

那些谈论金本位游戏(the gold-standard game)规则的作者，对金本位的规律并不明确。当然，如果黄金的买卖或持有是非法的，而且大量的法官、警察和告密者都在繁忙地执行法律，那么，金本位则显然不能发挥令人满意的作用。但是，金本位不是一个游戏；它是一个市场现象，就这一点而论，它是一个社会制度。它只需要政府不要对它进行有意地破坏。把这种情况视为一个所谓的游戏规则是不合理的，就像声称维持保罗的生命取决于遵守保罗生命游戏的规则一样，因为如果有人刺死保罗的话，保罗一定死了。



金本位的所有反对者视为金本位的主要缺陷的内容，而在金本位的支持者看来，则是其优点，即金本位和信用扩张政策是不兼容的。反对金本位的作者和政客所表达的中心意思，是信用扩张主义的错误。

扩张主义者的理论没有认识到利息，即未来商品对现在商品的折现，是人类估价的原始范畴，存在于人类的任何行为之中，并不受任何社会制度的影响。扩张主义者没有理解，过去没有，现在也不会有人，把一年或100年之后能够得到的苹果，和现在能够立

刻得到的苹果视为具有相同的价值。在扩张主义者看来，利息是不公正的制度所创造的扩大生产和人类福利的障碍，借以满足贷款者自私的利益。他们认为利息是借款人必须付出的代价。因此，利息的高低取决于货币供给量的大小。如果不通过法律人为 421
地限制新货币的发行，利率会下降，并且最终下降到零。“紧缩”压力会消失，资本不再缺乏，金本位的“限制主义”所阻止的很多商业计划，就有可能得以执行。如果要想使每一个人富裕，所需要的只是反抗“金本位游戏的规则”，这一规则的遵守是所有一切经济弊端的主要来源。

当这些荒谬的理论和民族主义者的口号掺杂在一起时，就极大地影响了无知的政客和煽动者。经济孤立主义者认为，使本国不能充分享受低利率政策的利益的问题在于实行了金本位。国家的中央银行被迫把其贴现率保持在和国际货币市场以及外国中央银行相适应的高度上。不然的话，“投机者”会从本国撤回资金，在国外进行短期投资，所导致的黄金外流使本国中央银行的黄金储备降低到法定比率以下。如果本国的中央银行没有把其钞票兑换成黄金的义务，则黄金不会外流，中央银行就不必把其利率调整到国际货币市场的高度，因为国际货币市场的利率由世界范围的黄金垄断所决定。



这个观点的最令人吃惊的事实是，它是由债务国提出的，对于这些国家来说，国际货币市场和国际资本市场的活动可使外国资金流入，因此，出现使利率下降的趋势。在 19 世纪 70 和 80 年代，这个观点在德国流行，在奥地利更为流行，但是，在相同的时间，在英国和荷兰，却几乎没有人提到这个观点，而这两个国家的银行和银行家给德国和奥地利提供了充足的贷款。仅仅在第一次世界大战之后，有人在英国提出了这个观点，这时，大不列颠作为世界金融中心的地位已丧失殆尽。

当然，这个观点本身是不成立的。信用扩张的任何尝试最终不可避免会失败，这并不是因为国际借贷业务彼此交织，互相联系。而是因为不可能以不兑现纸币和银行的流通信用来代替根本不存在的资本货物。信用扩张起初能带来繁荣。但是，这样一个繁荣最终会以经济危机而结束。经济危机周期不断重复出现，完
422 全是由于政府和政府监督下的银行以低利率屡次扩张信用，以刺激商业繁荣。[7]

## 第三节　充分就业的理论



通货膨胀的理论，或扩张理论，有几种形式。但是其本质内容一直是相同的。

最古老和最简单的理论是所谓的货币供给量不足的观点。杂货店老板认为生意不好做，因为我的顾客或潜在顾客没有足够的货币来扩大他们的购买量。到此为止他的说法是对的。但是，如果他补充说如果要使他的生意更加兴旺，则必须扩大货币数量的流通额，那他就错了。他其实心中想的是，增加他的顾客和潜在顾客口袋里的货币，而其他人手中的货币数量保持不变。他要求的是一种特殊类型的通货膨胀，在这种通货膨胀中，新增货币首先流入某一特定集团的人群中，也就是他的顾客手中，这样他就能够获得通货膨胀的利益。当然，支持通货膨胀的每一个人都会这样做，

因为他推断他属于能够受益的那些人之中，因为他所出售的商品和劳务的价格，比他购买的商品和劳务的价格上涨得早，并且上涨得多。如果知道他自己会蒙受损失的话，任何人都不会支持通货膨胀政策。

这个杂货商的似是而非的观点，已经被亚当·斯密和让-巴蒂斯特·萨伊(Jean-Baptiste Say)进行了彻底的澄清。在当代，凯恩斯勋爵重新提出了这一观点，并且在充分就业的名义之下，是没有完全屈服于苏联人的所有政府的基本政策之一。不过，凯恩斯不知道如何提出一个有根据的观点来反对萨伊的法则。凯恩斯的追随者，以及各国政府和联合国的经济学家，以及各种各样其他国内和国际机构的经济学家，不论是滥竽充数之辈还是其他类型，也都不能提出有效的反驳论点。尽管凯恩斯的充分就业理论披上了新的外衣，但是，在本质上，却是斯密和萨伊彻底推翻的同一个 423
错误。



工资率是市场现象，也是购买一定数量和一定质量的劳动力的价格。如果一个人不能以他所要求的价格出售其劳动力，他必须降低他所要求的价格，否则他只有失业。如果政府和工会把工资率固定在不受任何影响的劳动力市场的价格之上，而且如果他们用压制和强迫的办法执行其最低价格法令，寻求工作的一部分人会继续失业。这样的制度性失业是目前自称进步的政府所应用的各种方法的不可避免的结果。这是错误地称为亲劳动力的各种措施的真正结果。提高实际工资率和改善工人生活标准只有一个有效的办法：增加每一个工人所投资资本的配额。如果政府和工会不破坏自由放任的资本主义，就能达到这种效果。

我们没有必要研究我们这个时代的政客是否意识到这些事实。在大多数大学中，不好向学生提到这些问题。对于官方的理论有怀疑的书籍，不仅图书馆不愿意大量购买，而且也很少被作为课本来使用，因此，出版商不敢出版。报纸很少批评流行的理论，因为他们害怕遭到工会的抵制。所以，政客们也许由衷地相信他们为其“人民”赢得了“社会利益”，失业的蔓延是资本主义固有的问题之一，而且和他们所引以为荣的政策无关。不管他们的观点是什么，显然，除苏联阵营之外，各个国家的统治者的声誉和威望，以及他们在职业界和新闻界的同盟者的声誉和威望，和他们必须坚持的“进步”理论都有密不可分的关系，因此，他们必须坚持这个理论。如果他们不想放弃其政治抱负，他们就不得不顽固地否认，他们自己的政策常常使大量的人失业成为一个永久的现象，而且他们必须想方设法把其政策的不良结果归咎于资本主义。



充分就业理论的最有特色的特点，是它并不提供工资率如何
424 决定于市场的任何数据。对于“进步人士”来说，讨论工资率的高低是个禁忌。当他们处理失业问题时，他们不提工资率。在他们看来，工资率的高低和失业率没有任何关系，所以一向无须联系起来进行讨论。

进步理论认为，如果有失业现象，政府必须增加货币流通的数量，直至达到充分就业。它们认为把通货膨胀称为在这些情况下所实行的货币流通数量的增加是个严重的错误。这仅仅是“充分就业政策”。

我们可以不计较这个理论在术语上的奇特之处。主要问题是货币流通量每增加一次，就常常会引起物价和工资上升。尽管商

品价格上升，如果工资率根本没有上升，或者如果工资率的上升完全滞后于商品价格的上升，由于工资率的上升而导致的失业人数会下降。但是，失业率的下降幅度很小，因为商品价格和工资率的这样一个结构则说明实际工资率下降。为了取得这种效果，就没有必要开始增加货币的流通量。由于政府和工会的压力，所执行的最低工资率的下降会取得相同的效果，而不会同时引起通货膨胀政策的所有其他后果。

事实上，在 19 世纪 30 年代，在一些国家，实行通货膨胀政策之后，政府和工会所制定的货币工资率并没有立刻上涨，这等于实际工资率下降了，结果失业人数减少了。但是，这仅仅是个暂时现象。当凯恩斯在 1936 年宣称由雇主发起的降低货币工资的谈判，比物价上升所引起的实际工资率的逐步和“自动”下降会遇到更强烈的抵制，[8]此时，他已经落伍了，而且形势的发展也证明他落伍了。人民已经开始看穿通货膨胀的欺骗性。在工会处理工资率时，购买力和指数问题已经是重要的问题了。支持通货膨胀的充分就业理论，在凯恩斯及其追随者宣称是进步经济政策的基本原 425
则时，就已经不能适应当时形势的需要了。



## 第四节　支持通货膨胀的紧急情况的观点

支持通货膨胀的所有经济观点都站不住脚。很久以来，其谬误已经被人们毫无争议地加以彻底澄清了。

不过，有一个支持通货膨胀的政治观点需要进行特别的分析。这个政治观点很少出现在书籍、文章和政治演说中。它还没有得到这样公开的讨论。但是，其内在观点在政治家和历史学家的思想中却占有重要的地位。

其支持者完全支持健全货币理论的一切学说。他们没有犯通货膨胀者所犯的错误。他们认识到通货膨胀政策是一个适得其反的政策，它一定不可避免地导致经济灾难，而且即使在制定通货膨胀政策的那些人看来，所有所谓的通货膨胀的好处还没有通货膨胀所要解决的问题更可取。不过，在完全认识到这一点之后，他们仍然认为在一些紧急情况下绝对需要采取通货膨胀的政策，或者，至少采取通货膨胀的政策是有道理的。他们认为一个国家可能会遭受到比通货膨胀严重得多的灾难的威胁。如果要避免国家的自由和文化完全被毁灭，有必要暂时放弃健全货币，任何合理的反对意见都不能用来反对这样一种做法。这就是两害相权取其轻的意思。



为了正确评估支持通货膨胀的这种紧急观点的影响，就有必要认识到通货膨胀并不能增加一个国家的抵抗能力，不论是在增加其物质资源方面，还是在提高其精神力量和道德力量方面。不管是否有通货膨胀，军队所需要的物质装备必须以限制不重要的
426 消费，以加强生产来提高产量，并以消耗以前所积累的一部分资本的手段来提供。如果绝大多数公民都下定决心，发挥其最大能力抵抗外寇，并且准备为保存其国家的独立和文化做出牺牲，上述各个方面的工作都可以做到。那时，法律会采取保证这些目标实现的财政方法。他们可以取得所谓的经济动员或国防经济，而无须影响货币体系。不采取通货膨胀政策就能够处理巨大的紧急情况。

但是，支持紧急时期应该实行通货膨胀政策的那些人所想到的情况则具有完全不同的特点。他们的观点的显著特征是在政府的意见和绝大多数人民的意见当中有不可调和的冲突。从这个方面来看，由仅仅少数人民所支持的政府认为，存在有必要大幅度提高公共支出，并要求私人家庭相应地厉行节约措施的这样一个紧急情况。但是，绝大多数人民则不同意这个观点。他们不认为实际情况会像政府所描述的那些严峻，或者他们认为保存所危及的价值观并不值得他们做出牺牲。这里没有必要提出这样一个问题，即是政府还是人民的观点正确。也许政府的观点正确。不过，我们所讨论的不是冲突的内容，而是统治者为解决这个问题所选择的方法。他们没有使用说服大多数人民的民主方法。他们盗用了欺骗人民意志的权力和道德权利。他们向人民大众隐瞒和所建议的措施有关的费用，从而急于赢得人民的合作。从表面上来看，尽管这种做法符合代议政府的宪法程序，但是，他们的行为实际上不是民选官员的行为，而是人民的统治者的行为。他们不再把自 427
己看作是人民的委托者；而把自己变成了一个至高无上的统治者。

引起通货膨胀的紧急情况是这样的：人民或大多数人民不愿意支付由他们的统治者的政策所产生的支出。他们对这些政策的支持程度仅在于这些行为不会加重他们的负担。例如，他们只赞成由其他人，即富人，缴纳的税赋，因为他们认为这些税赋不会损害他们自己的物质幸福。政府对人民的这个态度的反应是，有时至少是，以最大的诚意，以尽可能的方式，服务它认为是人民的真正利益。但是，如果政府用通货膨胀来达到这个目的，那么，它所使用的那些方法则有悖于代议政府的原则，尽管在形式上完全符合宪法的规定。它在利用大众的无知，它在欺骗选民，而不是在努力说服选民。

在我们这个时代，通货膨胀成了货币管理的公认的方法，这并不是偶然的。通货膨胀是国家主义和专制政府的财政补充工具。它是逐渐导致集权主义的复杂政策和制度的一个组成部分。

如果人民没有认识到将要遇到的危险是什么，并且没有准备好为他们的文明理想而做出最大牺牲的话，面对东方奴役的猛烈攻击，西方的自由将不能坚守其阵地。采用通货膨胀的方法会给政府提供既不能用征税也不能从人民的储蓄中借款而筹集到资金，因为人民及其议会反对征税和借款。花费新发行的不兑现纸币，政府能够为其军队购买所需的装备。但是，如果不愿意为胜利做出必要的物质牺牲，那么，一个国家就永远不能表现出它所需要的精神力量。在自由和文化的捍卫战中，胜利的保证不仅要有物
428 质装备，但是，首先要激励手握武器的那些人民的精神。这种英勇的精神不是能用通货膨胀购买的。

# 第二章 当代的通货体系

## 第一节 没有弹性的金本位

第一次世界大战前夕各种金本位和金汇兑本位的特点是，国家的货币单位的黄金平价由正式公布的法律予以明确规定。当然，这个平价是永远不能变化的。按照这个平价法律的规定，一个国家的通货体系的单位实际上是一定数量的黄金。钞票是否具有法定货币的权力并不重要。钞票能够用黄金来兑换，而且中央银行一经请求就能给予完全兑换。

后来被称为正统的或古典的金本位和金汇兑本位的区别只是程度不同而已。在金本位下，个人和公司的库存现金中有金币——连同钞票、支票和小额硬币——都被用在商业交易中。在金汇兑本位下，在国内商业交易中不使用黄金。但是，中央银行出售用国内通货购买的黄金和外汇，其比率不超过法定平价在古典金本位下的黄金边际(gold margin)以上。所以，采用金汇兑本位制度的国家和采用古典金本位的国家一样，都被结合到国际金本位的体系中了。

## 第二节　有弹性的本位

429 有弹性的本位起源于金汇兑本位，发展于第一次世界大战和第二次世界大战之间。其主要特点如下：

1. 本位币兑黄金和外汇的国内平价不是由法律规定的，而只是由管理货币事务的政府机构决定。

2. 这个平价可能随时发生突然的变化，事先无须通知人民。它具有弹性。但是，这个弹性实际上一向使用于降低国内通货对黄金的交换价值上，还使用在对黄金的价值没有下降的那些外国通货的交换价值上。如果平价的下降趋势非常显著，这就被称为货币贬值。如果下降的程度不大，则一般称之为相关货币新近表现出疲软现象。



3. 防止一个国家通货的交换价值下降到所选择的平价以下的唯一可行的办法是无条件地兑现所有的数量。但是，兑现一词在自称为非正统的政治家的心中会引起不愉快的含义。这会使他想起在过去的金本位下，钞票持有者具有按平价要求兑现的法定权利。所以，现代的官员更愿意使用钉住一词。事实上，钉住和兑现实际上指的是同一件事。他们的意思都是防止有关通货的价值下降到某一点之下，即兑现机构或钉住机构必须购买在这一价格上出售的任何数量的本国货币。

当然，这个价位——平价——不是在弹性本位之下由法律规定的，其主管部门有拒绝按这一比率购买本国货币的若干数量的自由。如果这样的话，则外汇兑这一平价的价格开始上升。如果政府不打算采取自由变化的本位，那么钉住价格则很快恢复到更低的水平上，即外汇的价格兑本国通货的现在价格比过去高。这样的变化有时被称为提高了黄金的价格。

4. 在一些国家，钉住汇率的管理权力被赋予中央银行，在其他国家，被称为外汇平衡账户或类似名称的特别机构负责处理这一工作。[9] 430

## 第三节　自由波动的通货

如果政府对信用货币或不兑现纸币的增发进行限制，而且如果公众舆论认为在不太久的将来通货膨胀政策能够完全停止的话，那么，具有通货膨胀倾向的通货体系能够盛行很多年。这个国家将遭受由通货所产生的所有影响，通货单位的交换价值相对于国际金本位而言，会不断波动。由于这些影响，自由波动的通货可以被称为不良货币。但是，它能够持续，并且不一定会走向崩溃的道路。

这个自由波动通货的主要特点，是任何数量的该通货的持有者对财政部、银行或任何其他机构都没有任何债权。无论从法律上或是事实上都不能兑现。这类钞票不是货币代用品，而其本身是货币自身。

有时，尤其在20世纪20年代的欧洲通货膨胀时期，由于政府害怕其通货的价格对黄金或外汇急剧下降，力图在市场上销售一定数量的黄金和外汇，以抵消本国通货的下降。这是一个完全没有意义的行为。如果政府从来没有发行过以后须从市场上收回的那些数量的钞票的话，则就非常简单并且高效了。这些风险并不影响通货的发展。必须在此提出的唯一原因，是政府和其派出机构有时错误地将其称为钉住汇率。

当今的自由波动通货最好的例子是美国的美元，新政美元（the New Deal dollar）。这个美元不兑换黄金和任何外汇。美国政府致力于通货膨胀政策，钞票流通的数量和支票的银行存款（bank deposits subject to check）数量增加得越来越多。如果允许财政部按照其顾问的设计采取行动的话，美元在很久以前就走上了1923年德国马克的道路了。但是，几位经济学家提出的强烈抗议使这个国家警惕起来，责成限制财政部的行为。通货膨胀的速度缓和下来了。但是，美元的未来则不确定了，其未来却取决于
431 少数经济学家和大批无知的煽动者，及其“新政的”盟友之间的长期斗争的力量的此消彼长。



## 第四节　虚假的本位

虚假的本位（illusive standard）以谎言为基础。政府规定在国内通货和黄金或外汇之间存在一个平价。但是，政府完全知道市场上的平价汇率比它所乐于规定的虚假本位低。政府知道它没有采取任何措施使虚假的平价成为有效的平价。政府也知道这个通货没有任何可兑换性。但是，它却坚持这个虚假的本位，并禁止用违反这个虚假汇率进行交易。用其他汇率进行买卖的任何人被政府视为有罪，会遭到严厉的惩罚。

如果这样一个法律被严格执行的话，会使和外国进行的所有

货币交易停止下来。因此，政府又进一步采取了措施。政府强行购买其人民拥有的所有外汇，并且按照官方汇率，折成本国货币向人民进行同等数额的补偿。这些征收的外汇，使政府垄断了全国的外汇交易。政府现在是全国唯一的外汇出售者。按照政府自身的法令，它应该以官方汇率出售外汇。

在不受政府干预所干扰的市场上，在本国通货（甲）和外汇（乙）之间，经常有建立并维持这样一个汇率的趋势，即不论是利用本国通货或利用外汇买卖商品都没有差别。如果以外汇购买一定数量的商品，在国内出售获得本国通货有可能获取利润的话，那么，在市场上对外汇就会表现出特定的需求，这种特定的需求来源于商人销售本国一定数额的通货。只有当这两种通货中的每一种所表现出的差价，不能再进一步获得利润的话，这种特定的需求就会消失。市场汇率维持不变，是因为任何人以高价买入外汇都无利可图。在高于市场价格的情况下，无论是以本国通货买入外汇还是以外汇买入本国通货（前者以外汇来计算，而后者以本国通货
来计算）都不能获得一定的利润。在这个价格水平上，套利活动常 432
常停止下来。这是外汇的购买力平价理论所说明的过程。

被称为外汇管制的政策，力图抵消购买力平价原则的作用，但是却完全失败了。用赔偿的办法，以低于市场的价格没收外汇则等于征收出口税。这往往减少出口，并减少政府能够得到的外汇数量。另一方面，以低于市场价格出售外汇则等于补贴进口，因此，这等于增加外汇的需求。虚假本位和其主要工具外汇管制导致——很不适当地——所谓的外汇短缺。

稀缺性是经济商品的本质特征。相对于需求而言非稀缺性物

品不是经济商品，而是自由商品（free goods）。人类行为和自由商品无关，因此经济学不论述自由商品。没有人会对自由商品支付价格，因为和自由商品交换不能获得任何东西。如果要确认黄金或美元供给匮乏，则无异于说明一个众所周知的道理。

那些谈论美元短缺的人所要说明的情况是这样的：按照虚假的平价，由政府任意制定的，而且由压迫和强制的整个政府机构所执行的平价，要求美元的需求超过出售所需的美元的供给。如果任何政府和其他机构都力图执行一个低于不受干扰的市场所决定的市场价格的最低价格，这就是不可避免的结果。

鲁里坦尼亚王国的人民（Ruritanians）想消费的外国商品的数量超过出口其产品能够购买的外国商品的数量。要描述这个情
433 形，以便说明鲁里坦尼亚王国的人民饱受外汇短缺之苦是不太容易的。他们的困境是由于他们没有生产出更多更好的产品用于本国和外国的消费。如果 1 美元在自由市场上可以购买 100 个鲁里坦尼亚王国的货币单位，但是，政府却固定了一个 50 个理想国度的货币单位的虚假平价，并且力图用外汇管制来执行这个比价，情况就恶化了。鲁里坦尼亚王国的出口会下降，对外国商品的需求会增加。

当然，在这种情况下，鲁里坦尼亚王国的政府会采取各种所谓已经制定的措施以“改善”国际收支。但是，不管采取什么措施，美元的“短缺”现象都不会消失。

当今的外汇管制实际上本来是强行购买外国投资的一个措施。它破坏了国际资本市场和国际货币市场。它是旨在取消进口，并因此使各个国家在经济上孤立的政策的一个主要工具。所

以，它是导致西方文明衰落的最重要的因素之一。将来的历史学 434
家会详细地说明这个问题。在研究当代的实际货币问题时，指出
它是一个失败的政策就足够了。

# 第三章 健全货币的回归

## 第一节 货币政策和全面计划的当前趋势

435 世界各国的人民都认为当前货币市场的情况不能令人满意，非常需要改革。不过，关于所需改革的类型和所要达到的目标却差异很大。关于货币的稳定性和关于既不通胀也不紧缩的本位就有一些混淆视听的议论。所使用的术语模糊不清，以致大家不能



理解这一事实，即人们仍然致力于应用错误的和自相矛盾的那些理论，正是此类理论的应用，造成了今天货币市场的混乱局面。

对货币秩序的破坏是各国政府所采取的有计划的行为的结果。政府管理的中央银行，以及在美国由政府所管理的联邦储备系统是应用于这一混乱和破坏过程的工具。但是，改善通货体系的所有方案都无一例外地赋予政府管理货币事务的无限至高权力，并为享受超级特权的超级银行制定了异想天开的蓝图。甚至国际货币基金组织的明显无所作为也没有阻止理论家沉迷于建立世界银行，以催熟人类大量滥发廉价信用的梦想。

所有这些计划愚蠢并且没有意义，这并不是偶然的。这是这些理论家的社会哲学的必然结果。

货币是交换的一般媒介。它是市场现象。在生产资料私有制和实行劳动分工为基础的社会中,其范围是个人或个人的团体之间所进行的商业交易。经济组织的这种方式——市场经济或资本主义——目前受到政府和政党的一致攻击。教育机构,从大学、幼儿园、报纸、电台、剧院到电影院和出版社,几乎都在把资本主义视为万恶之源的那些人控制之下。他们的政策的目的是要用“计划”代替所谓的市场经济的无计划性。按照这些人的用法,计划一词当然是指政府的计划经济,并以警察力量给予执行。它含有取消 436
每一个公民计划它自己生活的权利。它把个体公民变成计划结构的组成部分,不管这种结构的名称是政治局(Politburo,Reichswirtschaftsministerium)还是其他名称。计划和马克思在社会主义和共产主义的名称下所倡导的社会制度都没有什么不同。在这种制度下,一切生产活动的控制权都转移到政府,于是完全取消了市场。在没有市场的地方,也就没有货币了。

尽管经济政策的目前趋势是向社会主义发展,但是,美国和其他国家仍然保持着市场经济的主要特点。截至目前,主张政府管理商业的倡导者们还没有实现其最终目标。

公平交易派(Fair Deal party)认为,政府的责任是决定什么样的物价、工资率和利润是公平的,然后用警察力量和法庭以执行政府的决策。这一派还认为政府的职能是通过信用扩张把利率保持在公平的水平上。这一派进一步认为税收制度的目的是收入和财富的平等化。这些原则中的第一个或者第二个原则的完全实行就等于实现了社会主义。但是,形势并没有发展到这一程度。坚持经济自由主义的人士的抵抗尚未完全失败。还有一个反对意见可以防止政府建立对所有物价和工资的永久性直接控制,并防止由那些收入更低的人视为公平的,对某个等级以上的所有收入的全部没收。在铁幕外面的国家中,极权主义全面计划的支持者和反对者之间的斗争还不分伯仲。

在这场激烈的冲突中,主张国家控制经济的人,离不开通货膨胀。他们需要通货膨胀以便于为其无限度的支出、滥用补贴和贿赂选民的政策提供费用。通货膨胀的不良的但却是不可避免的结果,即物价的上涨,给他们提供了一个实行物价管制的受欢迎的借
437 口,从而一步一步地实现其全面计划的目标。他们把经济计算的通货膨胀所扭曲的虚幻利润视为真实利润,在超额收益使人产生错觉的名义下对其课以重税,人民所投入的一部分资本被没收了。通货膨胀还可产生不满意和社会不稳定,因此,对于自称为福利和进步的支持者们蛊惑人心的宣传提供了有利条件。在最近 20 年中,政治形势的发展的确令人吃惊。政府毫不迟疑地实行大规模通货膨胀的政策,而且政府的经济学家宣称赤字开支和“扩张的”货币和信用管理是通往繁荣、持续发展和经济改善的最可靠的方法。但是,这些政府及其支持者则把通货膨胀不可避免的结果归咎于企业界。尽管他们认为高物价和高工资率是万应灵药,并赞扬政府把“国民收入”(当然是以贬值后的通货计算的)提高到了空前的高度,他们却批评私有企业收取很高的价格并牟取暴利。尽管政治家有计划地限制农产品的产量以便于提高价格,他们却又厚颜无耻地认为资本主义带来了物质的匮乏,还认为如果没有大型企业的邪恶阴谋的话,则一切物质将会非常充裕。很多选民没有经过分析就轻信了这些话。

我们必须清楚自称为支持进步的经济政策离不开通货膨胀。它们不能，也永远不会接受健全货币的政策。它们不能放弃其赤字支出政策，也不能放弃其反资本主义宣传从通货膨胀的不可避免的后果中所得到的帮助。它们的确谈论消除通货膨胀的必要性。但是，它们的意图不是终止增加流通中的货币数量的政策，而是为了建立价格管制，即避免其政策必定会产生的紧急情况的无效的计划。

货币重建，包括放弃通货膨胀并恢复到健全货币，不仅仅是一个不改变其一般经济政策结构就能解决的金融技术问题。在反对坚持经济自由主义的意识形态所支配的环境中没有稳定的货币。执政党为了瓦解市场经济，当然不会同意剥夺其最强大的武器——通货膨胀——的改革。货币重建最重要的先决条件，是全 438
部并且无条件的拒绝接受那些所谓的进步政策，在美国，这些所谓的进步政策，由新政和公平交易的口号所表现出来。



## 第二节　完整的金本位

今天的健全货币和 19 世纪健全货币的意义是一样的：金本位。

金本位的好处是它使货币单位购买力的决定不依赖于政府的政策。它从“经济沙皇”手中夺回其最强大的工具。它使它们无法再产生通货膨胀。因此，这就是所有希望从政府那似乎永不枯竭的钱袋中获得巨大利益的人激烈反对金本位的原因。

首先，必须迫使统治者按照正式颁布的法律仅支出其以税收所征收的收入。无论政府是否应该向人民借债，如果需要向人民借债的话，需要借多少，这些都是和处理货币问题无关的问题。主要的问题是政府再也不能增加没有完全——即百分之百——被公众的存款所保证的、流通着的货币的数量和支票货币的数量。任何通货膨胀能够乘虚而入的不正当途径都必须加以消除。任何紧急情况都不能作为恢复通货膨胀的理由。通货膨胀即不能为保卫国家的独立提供武器，也不能为任何项目提供其所需的资本货物。它也不能解决难以令人满意的经济状况。它只能为统治者开脱其政策所造成的灾难。

我们所建议的改革的目标之一是破除并永远消灭政府和银行具有使国家和个体公民更富裕的力量，不用花费任何成本，而且不会使任何人陷入贫穷的愚昧的说法。缺乏远见的观察家只看到了
439 政府由于花费新创造的货币从而取得的成就。他没有看到不是政府取得的成就为政府的成就提供了资源。他没有认识到通货膨胀没有创造额外的商品，而只是把财富和收入从一个团体转移到另一个团体。他尤其没有认识到通货膨胀的第二个作用：不正确的投资和资本的减少。



尽管各种各样的通货膨胀政策者在热情地宣传，但是，认识到为了公库（public treasury）的利益，有必要完全停止通货膨胀的人却越来越多。即使在大学中，凯恩斯主义的影响也在逐渐消退。几年前，很多政府狂热地吹嘘其赤字支出、刺激经济的政府投资（pump-priming）和提高“国民收入”的“正统”方法。虽然它们现在没有放弃这些方法，但是却再也不吹嘘了。它们甚至偶然承认预算平衡和货币的稳定性并不是一件坏事。虽然恢复健全货币的

政治可能性仍然不大，但是，这种可能性比1914年以来的任何时期显然都大。

不过，大多数健全货币的支持者对于通货膨胀的废除以财政目标为界限。他们希望防止政府向银行进行任何类型的借款，发行钞票，或者向借款者出让能够用支票提取的信用。但是，他们不想以同样的方式防止因为向企业贷款而出现的信用扩张。总的说来，他们希望的改革是恢复到第一次世界大战之前没有发生通货膨胀的状态。他们对于通货膨胀的观点，是19世纪经济学家的观点，充斥着英国银行学派的所有错误。他们仍然坚持那种其应用导致欧洲银行体系和通货崩溃的计划，而且其应用由于产生经济衰退阶段几乎以周期性的方式出现，从而使人们对市场经济产生怀疑。



在本书第三编和我的著作《人类行为》中，我对这些问题都进行了论述，这里没有必要再论述了。如果要避免出现经济危机，我们必须避免产生繁荣，然后不可避免地进入萧条的信用扩张。

即使因为观点不同，我们没有提到这些问题，但是，我们必须
认识到，现在的状况和19世纪银行信用扩张的支持者所认识的情 440
况不一样了。

这些政治家和著作家把政府的财政需求视为特权银行或银行的偿付能力的主要的和实际上唯一的威胁。大量的历史经验证明政府能够而且确实迫使银行对其借款。停止钞票的兑现和法定货币的条款把许多国家的“坚挺的”通货变成了有问题的纸币。根据这些事实得出的合乎逻辑的结论就是完全取消特权银行，并且使所有银行受习惯法的制约，而且商业惯例迫使每个人按照诺言完

全诚实地履行其契约。自由银行体系可能已经使世界避免了许多危机和灾难。但是，19 世纪银行理论的可悲的错误，是它们认为把利率降低到不受干扰的市场利率之下是一个国家的幸事，而信用扩张是达到这一目的的正确方法。所以，这就导致了银行政策的典型的两重性。中央银行或银行不得向政府借款，但是却应该
441 自由的，在一定限度内向企业扩张信用。当时的想法是通过这种方式使中央银行在发挥其职能的同时可以独立于政府的控制。

这样一个安排的先决条件是政府和企业是两个不同的行为范畴。政府征收税赋，但是它不能干扰企业的经营方式。如果政府干预中央银行的业务，其目的是为国库借款，而不是鼓励银行对企业发放更多的贷款。如果规定银行对政府的贷款为非法，那么，银行的管理层就只能够按照企业的需求进行信用交易。

无论这个观点在过去的优点和缺点是什么，[10] 毫无疑问，它在今天再也没有意义了。当代通货膨胀的主要动机是所谓的充分就业政策，而不是政府不能用除银行贷款以外的资源来补充其国库。货币政策被视为——当然是错误的——把工资率保持在不受干扰的劳动力市场所决定的水平之上的工具。信用扩张必须受工会的控制。如果在 100 年前或 70 年前，一个西方国家的政府冒险向中央银行借款，公众会一致支持中央银行并挫败这一计划。但是，多年来，为了“创造工作”而实行的信用扩张却一直很少遭到反对，换言之，在政府强有力的支持之下，工会强迫银行向企业提供所需的货币，以支付工资。当英国于 1931 年，美国于 1933 年开始执行这一政策时，没有人注意过警告的意见，几年之后，凯恩斯勋爵在其《通论》中力图为这一政策寻找一个理由。在 1936 年，在强迫法国

雇主执行所谓的马提翁协议时，布鲁姆(Blum)命令法兰西银行借给企业所需的数额以满足工会的要求。

通货膨胀和信用扩张是忽视以下事实的工具：满足人类需求所依赖的物质具有天然的稀缺性。资本家的私有企业的主要工作就是尽可能地消除这种稀缺性，并且对越来越多的人口提供不断 442
改善的生活水平。历史学家已经注意到自由放任政策和自由主义以前所未有的程度成功地致力于对普通人提供越来越丰裕的食品、充足的住房和其他很多的生活福利设施。但是，不管这些成就多么显著，如果不减少可供继续的资本，以及为了扩大生产，对于能够消费的物质数量，总是有一个严格的限度。

在古代，社会改革者认为，改善社会贫穷阶层的物质条件所需要的一切，是没收富人的剩余之物并分配给穷人。虽然这个方法仍然是指导当今税收制度的思想原则，但是这个方法的错误不再被有识之士所认同。人们可能没有注意到这个问题，这样的分配方法对于增加绝大多数人的收入数量是微乎其微的。主要的问题是一个国家或整个世界在一定时期的生产总量和当时社会的经济组织形式有密切的关系。如果一个人担心自己的活动成果的一部分或绝大部分会因没收而丧失的话，这会削弱个人追求财富的努力，并因此导致国家财富的减少。马克思的社会主义者曾经沉溺于生产的社会主义方式能够使财富大量增加的幻想中。实际上，财产权的每一次被侵犯，自由企业的每一次被限制，都损害了劳动者的生产力。反对经济自由主义的所有政党最关注的一个问题就是不让选民知道这一点。如果人民发现，被誉为社会进步而采取的措施，其作用是减少生产，而且常常使资本减少时，那么，各种形式的社会主义和干涉主义都不会得到人民的欢迎和接受。对人民隐瞒这些事实是通货膨胀对于所谓的进步政策的用途之一。通货膨胀是人民的真正鸦片，而正是反对资本主义的政府和政党给予了人民这一味麻醉剂。

## 第三节　鲁里坦尼亚王国的通货改革

如果和美国或瑞士的情况比较，鲁里坦尼亚王国（安东尼·霍普的一本小说中想象的一个欧洲小国）是一个穷国。鲁里坦尼亚人的平均收入低于美国或瑞士人民的平均收入。



过去，鲁里坦尼亚王国一度采用金本位。但是，这个国家的政府发行具有法定资格的纸币，并规定一个纸卢尔（rur）等于一个金卢尔的比率。全国居民必须接受任何数量的纸卢尔，这些纸卢尔是作为金卢尔的相同面额的等值物。只有该国政府不受它所颁布的这个规则的制约。它并不按照 1∶1 的比例把纸卢尔兑换成金卢尔。由于政府不断增加纸卢尔的发行量，因而致使出现格雷欣法则所描述的结果。金卢尔在市场上消失了。金卢尔要么被该国人民收藏，要么被出售到国外。

443 世界上几乎所有的国家都有过像鲁里坦尼亚王国政府这样的行为。但是，每个国家的不兑现纸币数量的通胀上升（inflationary increase）比率不同。一些国家的额外发行量更为稳健，而另外一些国家的额外发行量不太稳健。其结果是各个国家的不兑现纸币的兑换率和它们在放弃金本位之前的时期所实行的通货的兑换率就不相同了。从前,五枚金卢尔等于一美元。尽管今天的美元所代表的黄金成色不再是 1933 年之前金本位下的等值物,但是,如果要购买这些贬值后的美元中的一个美元,则需要 100 个纸卢尔。不久以前,80 个纸卢尔可购买一个美元。如果美国和鲁里坦尼亚王国目前的通货膨胀率没有发生变化的话,纸卢尔对美元的比价还会下降得越来越低。

鲁里坦尼亚王国政府清楚地知道,如果要防止纸卢尔兑美元的比率进一步贬值,它需要做的一切就是放缓以持续通货膨胀来融资的赤字支出。事实上,为了维持对美元的稳定汇率,它不会被迫完全放弃通货膨胀。它只需把其本国的通货膨胀率降低到和美国的通货膨胀率的程度合适的比例上即可。但是,政府官员认为,因为鲁里坦尼亚王国是个穷国,以低于目前的通货膨胀来平衡其预算是不可能的。因为这样一个下降会迫使该国有必要放弃社会进步的一些成果,并且会再度陷入美国的"社会落后"的状况。该国政府把铁路、电报和电话收归国有,并把各种形式的工厂、矿山和不同行业的工厂作为国营企业来经营。每年,几乎所有的国营企业的经营都产生亏损,而这些亏损都必须由非国有的(non-nationalized)和非市有的(nonmunicipalized)企业的不断萎缩的集团中所征收的税收来弥补。私有企业是国库收入的来源。国有化的工业是消耗政府资金的力量。但是,如果鲁里坦尼亚王国不以越来越高的通货膨胀来增加其国库的资金的话,这些资金将不足以应付其支出。

从货币技术的视角来看,稳定一个国家的通货对外国的、通货膨胀不太严重的通货,或对黄金的汇率,是个简单的工作。其基本

步骤是阻止进一步增加本国通货的数量。这从一开始就会抑制外汇汇率和黄金价格的进一步上升。经过几次波动之后，会出现一
444 个相对稳定的汇率，这个汇率的高低取决于购买力平价。按照这个汇率进行交易，不管是买入或卖出甲国通货或乙国通货，都没有任何区别。

但是，这种稳定性不能永远持续下去。尽管国外黄金生产或美元的发行量持续增加，但是，鲁里坦尼亚王国现在拥有的通货数量有严格的限制。在这些条件下，鲁里坦尼亚王国市场上商品价格的变化和外国市场上商品价格的变化之间不会完全一致。如果以黄金或美元计算的物价上升的话，那些以卢尔计算的物价将会滞后或者甚至下跌。这说明购买力平价正在发生变化。如果是这样的话，则会产生以黄金或美元表示的卢尔的价格上升的趋势。这一趋势明朗化之后，完成货币改革的有利时机就到来了。鲁里坦尼亚王国政府就可以宣布此刻市场上的汇率是卢尔对黄金或对美元的新的法定平价。从此以后，每一个纸卢尔对黄金或美元的无条件可兑换按照这一法定汇率进行就是一个基本原则，反之亦然。

由此观之，这一改革有两个措施。第一个措施是建立一个防止国内货币供给进一步增长的不可逾越的障碍，从而终止通货膨胀。第二个措施是防止第一个措施可能引起的在一段时间之后的以其他货币计算的相对通货紧缩，因为以其他通货计算的供给量并没有以相同的方式被严格地加以限制。一旦采取第二个步骤，任何数量的卢尔都能随时兑换成黄金或美元，而且任何数量的黄金或美元也能随时兑换成卢尔。被改革法律授权负责这些外汇业

务的机构，不管其名称叫什么，从技术原因上来看，都需要一笔数量不大的黄金或美元储备。但是，这个外汇管理机构主要关注的问题，至少在它开始其业务的最初阶段，是如何提供必要的卢尔以交换黄金或外汇。为了使这个机构能够履行这一职能，必须赋予这个机构发行额外卢尔的权利，以全额——100%——黄金和外汇的保证来购买大众的黄金和外汇。

从政治方面的原因来看，除了给这一机构赋予根据法定平价买卖黄金或外汇的业务之外，不能赋予它任何其他责任和义务。445
这一机构的工作是使这一法定平价成为一个有效而真正的市场汇率，通过无条件兑换卢尔的方式防止卢尔的市场价格跌到法定平价以下，而且由于可以无条件地购买黄金或外汇，还可防止卢尔的价格上升到法定平价以上。

前面已经提到，这个机构在开展其业务的初期需要一定数量的黄金或者外汇储备。这个储备必须由政府或者中央银行给予贷款，不收利息，而且永远不得收回。除了这个开始的贷款之外，在政府和任何附属于政府的银行或机构和这一机构之间不得有任何业务关系。[11]在新货币体系开始之前发行的卢尔总额不得由政府的任何活动给予增加；只有这个机构可以自由地发行额外的新卢尔，而且，在这样的发行中这个机构要严格遵守一个规则，即这些新发行的卢尔必须全额由黄金或外汇所保证，而这些黄金或外汇是公众为交换卢尔所支付的。

政府的铸币厂可以继续铸造并发行尽可能满足公众需求的小额硬币和辅币。为了防止政府滥用其铸币的垄断权力以进行通货膨胀的冒险，并以迎合人民要求“找零”的借口，将大量的辅币投入市场，两个规定是非有不可的。为政府之外的任何受款人进行支付时，这些小额辅币只具有严格限制的法定货币权力。辅币应该仅仅对政府具有无限的法定货币权力，再者，政府必须承担随时兑换卢尔的义务，不收任何费用，无论数额大小，并且不管兑换者是个体、商店、公司还是机构。对于一个单位卢尔，或者一个单位以上的各种面额的钞票，无论是在改革之前发行，或者在改革之后以黄金或者外汇全额保证而发行，都具有无限的法定货币权力。

除了以辅币兑换法定货币卢尔之外，这个机构只处理人民大众的兑换事务，它不处理政府或附属于政府的任何事务，特别是中
446 央银行的事务。这个机构为公众服务，而且只为公众中愿意使用这一机构的那一部分人服务。但是，不能给这一机构赋予任何特权。它不应该得到经营黄金或外汇的垄断权。市场完全自由，不受任何限制。每个人都可以自由地购买或销售黄金或者外汇。这类交易不得集中进行。不得强迫任何人向这一机构出售黄金或者外汇，也不得强迫任何人从这一机构购买黄金或者外汇。



一旦这些措施得以实施，鲁里坦尼亚王国实行的是金汇兑本位，或者是美元汇兑本位。它就把其通货稳定在对黄金和美元的水平上了。这在开始之初就够了。在这一阶段，没有必要再开展更多的工作。由于不再受到通货崩溃的威胁，鲁里坦尼亚王国可以静观其他国家的货币事务如何发展。

上面建议的这个改革使鲁里坦尼亚王国政府的支出权力或者不得超过向公民征税，或者只限于向国内或者国外的公众借款。一旦这个目标实现，国际收支逆差的幽灵就会逐渐消失。如果鲁里坦尼亚人想购买外国产品，他们必须出口国内产品。如果他们

不出口的话，他们就不能进口。

但是，通货膨胀政策的支持者会问，怎样解决资本外逃的现象呢？鲁里坦尼亚王国无爱国心的公民和在该国投资的外国人会转移其资本到商业前景更好的其他国家吗？

鲁里坦尼亚人约翰·鲍德曼和美国人保罗·扬克过去在鲁里坦尼亚王国投资。鲍德曼拥有一个矿山，扬克经营一个工厂。现在他们都意识到他们的投资不安全。鲁里坦尼亚王国政府所实行的政策不但会没收其投资的全部收益，而且也会没收其投资本身。鲍德曼和扬克都想挽救他们能够挽救的资产；他们想把其投资以卢尔卖掉，然后换成美元，并输出这些美元。但是，他们的问题是找到一个买主。如果所有有钱购买其资产的那些人和他们的想法相同的话，那么，即使他们以最低的价格也不可能出售他们的资产。鲍德曼和扬克失去了恰当的时机。现在太晚了。



但是，也许有买主。美国人比尔·萨克尔和鲁里坦尼亚人彼德·西姆普尔认为有关投资的前景没有鲍德曼和扬克想象的那么黯淡。西姆普尔有现成的美元；他把美元买成卢尔，然后用这些卢 447
尔购买了扬克的工厂。扬克购买了西姆普尔卖给有关机构的美元。西姆普尔储蓄了一些卢尔，用他的储蓄购买了鲍德曼的矿山。西姆普尔本来可以把他的储蓄使用在其他方面，购买鲁里坦尼亚王国的生产商的商品或者消费品。他没有购买这些商品，这有助于这些商品的价格下降，或者，如果他购买的话，则有助于阻止这些商品价格的可能的上升。他的这一行为扰乱了国内市场的价格结构，使过去无法进行的出口成为可能，或者阻止了过去可以进口的商品的输入。这样就提供了鲍德曼购买并且寄往国外的美元。

支持外汇管制的许多人担心的一个问题是，假设鲁里坦尼亚人从事出口贸易，他们会把其出口业务的外汇留在国外，从而使本国丧失了一部分外汇。

米勒就是这样一个出口商。他从鲁里坦尼亚王国购买甲商品，并将其销往国外。现在他决定不再从事其业务，并将他的资产转移到外国。但是，这并不能阻止鲁里坦尼亚人出口甲商品。按照我们的假设，在鲁里坦尼亚王国购买甲商品，然后销往国外是有利可图的，因此，这一贸易会继续进行下去。如果鲁里坦尼亚人没有所需的资金来从事这一商品的出口业务，外国人会填补这个商品出口的空缺。因为在市场上总是有尚未被政府的行为完全毁掉的人，他们急于利用任何机会赚钱。

让我们再次强调这一点：如果人们想消费其他人生产的物品，他们则必须把他们自己生产的物品支付给出售者，或者向出售者提供一些服务。这不但适用于纽约州和艾奥瓦州的人民之间的关系，而且也适用于鲁里坦尼亚王国的人民和拉普塔尼亚王国（Laputania）的人民之间的关系。国际收支永远是平衡的。因为如果鲁里坦尼亚人（或者纽约人）不付款的话，拉普塔尼亚人（或依阿华人）就不会出售其商品。

## 第四节　美国如何回归到健全货币

就华盛顿的政客和华尔街的专家来说，回归金本位问题是一
448 个不能谈论的禁区。为通货膨胀辩解的教授和记者们认为只有愚笨和无知的人才支持这样一个荒谬的观点。

如果他们仅仅认为金本位和赤字支出方法不能调和的话，这些人的说法是完全正确的。恢复金本位的主要目的之一就是要完全取消浪费、腐败和武断政府的制度。但是，如果他们要我们相信重建和维持金本位在经济上和技术上不可能的话，他们就错了。

第一步，必须是完全并且无条件地放弃任何进一步的通货膨胀。美元的总量，不管其名称和法律特点是什么，都不能通过进一步发行而增加。除非收到具有法定资格的钞票，或者除非收到具有相同限制条件的另一家国内银行的应付的支票，任何银行不得扩张其活期存款的总额，或者扩张任何个人客户的这类存款的余额，不论个人客户是私人或者是美国财政部。这表明对于所有的未来存款，都有严格的 100% 的现金储备；换言之，在实行改革时还没有存入的所有存款。



与此同时，必须废除关于贸易和持有黄金的所有限制条件。必须重新建立黄金的自由市场。每个人，不论是美国公民还是任何外国的公民，都能自由买卖、借贷和进出口，并且持有任何数量的黄金，无论是金币还是金块，不管是在美国本土还是在其他国家的领土上。

黄金市场上的这种自由会导致大量黄金从海外流入美国，这是预料之中的事情。美国公民可能会把他们的一部分现金投资在黄金上。在美国以外的一些国家，把这种黄金出口到美国的一些人可能会储存所收到的美元，把其余额原封不动地存入美国银行。
但是，这些黄金销售者中的很多人或大多数人可能会购买美国的 449
产品。

在改革的这个最初阶段，当务之急是美国政府和政府的所有附属机构，包括联邦储备系统，都不得参加黄金市场的活动。如果美国政府企图以低价出售的方式操纵价格，那么，自由的黄金市场则不能存在下去。这个新货币体系必须得到保护，不得被美国财政部和联邦储备系统的官员的恶意行为所破坏。毫无疑问，政府官员会急于阻挠旨在遏制他们在货币事务中的权力的改革。

无条件地限制增发任何具有法定货币权力的纸币，也被称为发行叫做白银证券(silver certificates)的那类票据。美国宪法规定，国会可以命令美国政府以超过市场价格的一个确定价格购买一定数量的一个确定商品，不管是白银、土豆或其他商品，或囤积，或销毁所购买的数量，这个规定都不得违反。但是，今后这样的购买必须由向人民征税所得到的资金或者用向公众借款所得到的资金来支付。



经过一些波动之后，在美国市场上所确定的黄金价格可能会高于每盎司 35 美元，这是 1934 年黄金储备法规定的比率。黄金价格也许会在 36 美元和 38 美元之间，也许甚至还会高一些。一旦市场价格相对稳定之后，把这个市场比率颁布为美元新的法定平价的时机就到了，然后按照这一平价保证黄金的无条件可兑换。

应该建立一个新机构——兑换局(the Conversion Agency)。美国政府以不收利息以及永不收回的方式对该局贷以某一数量的金块，让我们假设金块的价值是 10 亿美元(按照新平价计算)。兑换局只有两个职能：首先，以平价向拥有美元的公众无限制地销售金块。在短时间之后，当铸造足量的新美国金币时，兑换局有义务
450 用这些金币在美国的有偿债能力的银行兑换美元钞票和支票。第二，按照平价，以美元纸币购买任何数量的黄金。为了使兑换局能

够行使这第二个职责，美国应该授予兑换局以百分之百的黄金为储备来发行美元的权力。

财政部有义务以平价向兑换局销售金块或新美国硬币，兑换在改革开始之前所发行的任何种类的法定纸币、辅币或者会员银行的支票。如果这种销售减少政府的黄金拥有量的话，那么，在改革开始之前发行的各种法定纸币的总量，以及会员银行的支票存款的总量也会减少。这种减少在各类通货之间如何分配，除了小面额的钞票在下文讨论之外，则由财政部和联邦储备委员会来决定。

联邦储备系统不应该参与上面建议的改革，这是非常有必要的。无论大家对 1913 年的联邦储备法律的优点和缺点怎么看，事实仍然是，最不顾后果的通货膨胀政策滥用了联邦储备系统。任何机构和任何个人只要以任何方式参与了过去几十年中的错误和罪恶，都不得影响将来的货币状况。



联邦储备系统正面临一个难以处理的问题，那就是由其成员银行所持有的大量政府债券。不管用什么方法解决这一问题，都不得影响美元的购买力。政府的财政和国家的交易媒介在将来必须是两个完全不同的系统。

联邦储备系统发行的钞票和白银证券（silver certificates）可以继续流通。如果无条件兑换，或者如果严格禁止进一步增加其数量，都将会使它们的性质发生巨大的变化。仅这一点就是非常重要的。

还有，对于这些钞票的面额必须实行一个重要的改革。美国需要的不是金汇兑本位，而是古典的传统金本位，通货膨胀政策的 451

支持者将其贬低为正统理论。黄金应该是每个人的现金持有额的一部分。每个人必须能够看得见黄金在转手,每个人必须习惯于把金币装在自己的口袋中,在发薪时习惯于接受金币,在商店购物时习惯于花费金币。

如果取消所有五元、十元,甚至二十美元在市场上流通,这个目标能够很容易实现。在所建议的新货币体系中,将有两类法定纸币:旧纸币和新纸币。旧纸币包括所有在改革之初作为法定纸币在市场上流通的那些钞票,除了法定纸币的权力以外,无须考虑其名称和法律的性质。必须严格禁止进一步增发这类纸币。另一方面,按照财政部和联邦储备委员会的规定,减少在改革之初已经存在的旧法定纸币和支票存款的总量到一定程度时,这些旧法定纸币的确定数量应最终退出流通而被销毁。再者,在美元的新法定黄金平价颁布之后的一年之内,财政部在发行新金币之前,应该让所有五元、十元和也许二十美元的所有纸币退出流通,并且销毁它们。

兑换局将要发行的新法定纸币,必须仅以一美元或者五十美元以及以上的面额发行,这无须在此特殊提出。

古老的英国银行理论禁止发行小面额钞票(按照它们的观点,指五英镑以下的钞票),因为它们想保护社会中的贫穷阶层,英国的银行理论家当时认为贫穷阶层更不熟悉银行业务,因此更有可能被不道德的银行家所欺骗。今天,我们主要关注的是防止政府重新实行通货膨胀,从而以保护人民的利益。金汇兑本位,不管用什么理由来支持它,还是有一个难以纠正的缺点。它给政府提供了一个容易的实行通货膨胀的机会,而国人对此却不知道。除了几个专家之外，没有人能够及时注意到货币事务发生了巨大的变化。普通人，即99%的人民，没有认识到并不是商品越来越贵了，而是他们的法定货币在不断地贬值。

我们所需要的是及时提醒人民。工人从工资支票中提取现金时，应该知道某个邪恶的花招正在欺骗他。事实已经清楚地证明，总统、国会和最高法院都不能或不愿意保护普通人，即选民，免于 452
成为通货膨胀的牺牲品。保证健全货币的功能必须转入新人的手中，即转入全国人民的手中。一旦格雷欣法则开始发挥作用，劣币从普通人的口袋中驱除黄金时，人民应该抗议。人民永远保持警觉，就能够实现一千部法律和雇用大量雇员的众多机构永远没有实现，将来也永远不可能实现的目标：保持健全货币。

只有古典的或者正统的金本位才能真正有效地遏制政府实行通货膨胀的权力。如果没有这样的遏制措施，其他所有的宪法保障都难以达到效果。



## 第五节　关于选择新黄金平价的争议

一些支持恢复金本位的人不同意上一节提出的计划中的一个重要观点。这些反对者认为没有任何理由背离1934年所规定的每盎司35美元的黄金价格。他们认为这个比率是法定平价，贬低美元相对于这一平价的比率是不公正的。

支持以前的平价恢复金本位的那些人（我们将他们称为恢复派），和建议新平价的采纳必须和作为黄金基础的通货的目前市场价值一致的那些人（我们将他们称为稳定派），这两派之间的争论，并不是新的争议。每当通货因为通货膨胀而贬值，需要恢复到健全基础上时，就出现了这些争议。

恢复派把货币视为主要是延期支付的标准。一个一贯支持恢复金本位的恢复派会这样认为：人民在过去，即在 1933 年之前，签订契约，他们按照这些契约，答应支付一定数量的美元，这在过去是本位美元，含 25.8 格令(grains)的九成黄金。如果债务人有权
453 力以含金量低于相同的名义数额的美元来履行其合同义务，这明显对债权人不公平。

不过，只有当延期付款的所有现存债权是在 1933 年之前签订的，而且如果这种契约目前的债权人都是最初签订契约的相同的人(或他们的继承人)，那么恢复派的推理是正确的。但是，这两个假设都和事实相反。大部分在 1933 年之前签订的契约在过去的 20 年中已经得以履行。当然，现在也有 1933 年之前发行的一些政府债券、公司债券和抵押契约。但是，很多，甚至大部分的这类债权的现在持有者都不再是 1933 年的持有者了。一个在 1951 年买入 1928 年发行的公司债券的人，为什么应该赔偿不是他自己，而是这一债券的前一持有人，所遭受的损失呢？而且为什么在 1945 年借入贬值美元的一个市政府或一家公司，应该以含金量更多和购买力更强的美元来还债呢？



事实上，在今天的美国，几乎没有主张恢复到罗斯福以前的美元的一贯恢复派了。只有其观点折中的一些恢复派，他们主张恢复到 1934 年的罗斯福美元，这种美元含九成金 15 又 5/21 格令。但是，这种美元的黄金含量是总统按照 1934 年 1 月 30 日的黄金储备法规定的，它一向不是一个法定平价。对于美国的国内市场

来说，它只有理论上的价值。它没有任何法定货币的效力。在罗斯福执政时的法律中，法定货币只是各种印制的纸币。这些纸币不能兑换成黄金。当时没有美元的任何黄金平价。对于美国人民来说，拥有黄金是一种犯罪行为。罗斯福规定的每盎司35美元的黄金价格（而不是每盎司20.67美元的旧价格），只在政府购买黄金，以及美国联邦储备委员会和外国政府以及中央银行之间的一些交易中才具有效力。当提出恢复不是法定平价的1934年的比率时，如果把一贯恢复派提出恢复到罗斯福以前的美元平价的法律因素作为根据，则一点儿作用都没有。

折中恢复派力图把诚实作为其提议的理由，这的确是似是而
非的。因为他们想恢复的黄金含量在美国货币史上发挥的作用， 454
从他们所使用这个词的意义上来说，当然谈不上诚实。它只是这些恢复派自己将其指责为不诚实的计划中的一项临时措施而已。



不过，无论他们是一贯地支持麦金利美元，还是折中地支持罗斯福美元，恢复派观点的任何一种形式的主要缺陷都在于他们把美元的功能只视为延期付款的标准。按照他们的这种观点，通货膨胀政策的主要缺点，或者说甚至其唯一缺点，则是它在牺牲债权人利益的前提下，有益于债务人。他们没有注意到通货膨胀的其他更普遍和更严重的后果。

通货膨胀并不是同时并且以相同的程度影响各种商品和服务的价格的。有些物价上涨得快，有些物价上涨得慢。尽管通货膨胀有其发展规律，不会完全显现出它影响物价的各种因素，但是，在一个国家中，总是有人得益，有人受损。得益者——如果是企业家的话，常常被称为暴利获得者——是这样的一些人，他们所出售

的商品和服务的价格，随着已改变的货币供求关系已经被调整，而他们所购买的商品和服务的价格，仍然符合这种关系的以前状态。受损者是那些被迫以新上涨的价格支付商品和劳务的人，而他们出售的商品和劳务的价格则根本没有上涨或上涨空间不足。通货膨胀引起的严重社会冲突，消费者、工人和工薪阶层的所有不满，都是由这一事实所引起的，即通货膨胀的结果不是同时显现的，也不是以相同的程度表现出来的。如果货币流通量的增加使每种商品和劳务的价格以相同的比例和相同的价格同时上升，除了影响延期付款之外，货币单位购买力的变化不会对社会产生任何影响；这种上涨既不会使任何人受益，也不会使任何人受损，也不会引起政治不稳定。但是，通货膨胀——或者通货紧缩——的影响的这一均衡性永远都不可能出现。



罗斯福和杜鲁门推行的通货膨胀政策，除了使所有债权人丧失了绝大部分本金和利息之外，还严重地伤害了大多数美国人的物质生活。但是，我们不能用通货紧缩来消除通货膨胀带来的灾
455 难。通货紧缩的不均衡过程中的受益人，只在非常少的情况下，才是通货膨胀的不均衡过程的受害者。那些在通货紧缩的不均衡过程中丧失财富的人，只在非常少的情况下，才是通货膨胀中受益的相同的人。选择每盎司 35 美元的新黄金平价所产生的通货紧缩的效果，不能治愈在过去的 20 多年中人民因为通货膨胀而遭受的创伤。他们只会造成新的创伤。

今天人们抱怨通货膨胀。如果恢复派的计划得以执行，人们又要抱怨通货紧缩。就心理原因来说，通货紧缩的影响比通货膨胀的影响更不受欢迎；于是，支持通货膨胀的强有力的运动，在反

对通货紧缩政策的掩盖之下，会迅速兴起，并且严重危及重建健全货币政策的所有努力。

如果有人怀疑上述结论的正确性的话，他们不妨应该研究一下美国的货币史。他们在美国的货币史中会找到充足的证据确凿的材料。英国的货币史则具有更加丰富的证据。

拿破仑战争之后，当英国面临改革其通货问题时，它选择恢复到战前英镑的黄金平价。英国当时根本没有想到稳定其纸英镑和黄金之间的交换率，在通货膨胀的影响下，这是英国曾经在市场上建立的平价。英国建立了通货紧缩的政策，而没有建立稳定的货币政策，也没有采纳和其市场情况相一致的新平价。这一通货紧缩造成了严重的经济灾难；而经济灾难引起社会不稳定，并导致了通货膨胀运动和反对资本主义的群众情绪，在这些事件之后不久，马克思和恩格斯从中受到启发。

第一次世界大战结束之后，英国重蹈英法战争之后所犯错误的覆辙。它没有采取措施以稳定英镑的实际黄金价值。它于1925年恢复了英镑的旧的、战前的和通货膨胀之前的平价。因为工会不愿意忍受把工资率调整到英镑的增加的黄金价值和购买力，英国的对外贸易出现了危机。在工会领袖的威胁下，政府官员 456
和新闻记者都不敢公开指责高工资率和工会政策的灾难性后果。他们认为英镑的不可思议的过高估价，是英国出口下降和由此而产生的大量失业的罪魁祸首。他们只知道一个补救措施，那就是通货膨胀。英国政府于1931年采纳了通货膨胀政策。

毫无疑问，英国的通货膨胀政策，从1925年紧缩性货币改革所发展的情况中获得了力量。的确，如果不是工会的顽固政策，通货紧缩的影响早在 1931 年之前就被吸收了。但是，事实一直是，公众舆论认为当时的情况对于凯恩斯的谬论是一个明显的说明。1925 年的改革和通货膨胀政策在英国 30 年代和 40 年代的深受欢迎之间有密切的联系。

折中恢复派认为，因为在 35 美元的黄金价格和 37 或 38 美元的黄金价格之间的差额很小，因此所带来的通货紧缩的影响也小，所以他们以此为理由来支持其计划。这个差额是大还是小，其实只是一个任意的判断而已。为了辩论起见，姑且让我们接受其影响小。小规模的通货紧缩当然比大规模的通货紧缩带来的不良影响更少。但是，这个众所周知的道理不能作为一个有效的观点来支持通货紧缩政策，因为这个政策是错误的，这是不容否认的。



## 第六节　结束语

货币事务目前难以令人满意，这是当代人所具有的社会意识形态和这种意识形态所孕育的经济政策的产物。人们痛恨通货膨胀，但是，人们却热情地支持没有通货膨胀就不能持续的政策。尽管人们不满意通货膨胀的不可避免的后果，但是，人们却顽固地反对停止或限制赤字支出的任何努力。

上文提出的对通货体系的改革，以及恢复到健全货币状态，其
457 前提是经济学方法需要有大幅度的变化。如果公共事务的最重要的特点是浪费、资本缩减和腐败，就没有人怀疑金本位了。

对现实不满的人认为恢复到金本位是乌托邦式的理想。但是，我们只能在两种乌托邦式的理想中进行选择：一个是由于政府

干预，但是却没有失去作用的市场经济的理想，另一个是极权主义的全面计划的理想。选择第一个理想则说明支持金本位的决定。

# 附录1　货币理论的分类

461 （这个附录首先发表于1917—1918年的一个期刊上，后来作为本书1924年德文第二版的一章，后来又列为1934年巴特森翻译版的附录。）

## 第一节　交换货币理论和非交换货币理论



货币现象在经济生活的其他现象中占有非常重要的地位，以致对经济理论问题毫不注意的人也研究货币问题，甚至在对交易过程的全面研究还不为人所知的时代，人们就已经开始注意货币现象了。对货币现象研究的结果是多方面的。商人，以及随后和商业事务有密切联系的法学家，都把货币的使用归因于贵金属的特性。并且认为货币的价值取决于贵金属的价值。宗教学者的法律思想尽管不注重现世的规律，却看到货币的使用来源于国家的法令；这就告诉我们货币的价值是一种外加的价值（valor impositus）。其他人也寻求以类比的方法来解释货币问题。从生物的角度来看，他们把货币比喻为血液；正如血液的流动可以使身体具有生命一样，货币的流通可以使经济机体具有生命。或者他们把货币比作话语，因其同样具有使人类方便交换（Verkehr）的功能。

或者他们使用法律上的术语，把货币定义为每个人对其他每个人的要求付款的一个命令。

所有这些观点都有一个共同点：他们不能建立在从现实角度研究经济活动过程的任何体系中。完全不可能使用它们作为交换理论的基础。而且基本上没有人做过这类尝试；因为把货币理论和关于物价的任何解释联系在一起的任何努力一定会得出令人失望的结果，这是显而易见的。如果想对解决货币问题的这些尝试给予一个通用的名称，可以称之为非交换论(acatallactic)，因为在 462
交换论(catallactics)中找不到它们的任何位置。

另一方面，货币的交换理论确实适合于交换比率的理论。它们寻求在交换的流通中货币的本质；它们用交换的规律来解释货币的价值。每一个一般的价值理论也都应该有可能提供货币价值的一个理论，而且货币价值的每一个理论都应该包括在价值的一般理论中。价值的一般理论或者货币的价值理论符合这些条件，绝不能证明这个理论是正确的。但是，如果理论不符合这些条件的话，那么，任何理论都不能证明是令人满意的。

似乎很奇怪，货币交换理论的发展并没有完全抑制货币的非交换理论的发展。关于这一点有很多理由。

假设进行直接交换，暂时不考虑间接交换，除非首先解决价格(商品价格、工资、租金、利息等)的决定问题，否则就不可能掌握理论经济学的问题。这种必要性使交换理论分成两部分——直接交换理论和间接交换理论。既然纯理论的问题既多又难懂，所以则有可能不考虑其一部分，至少暂时不考虑则是非常受欢迎的。所以，目前的大多数研究者对于间接交换理论没有加以研究，或者研究得很少；不管怎么说，间接交换理论还是经济学中最没有引起注意的一部分。这种被忽略的结果是最令人遗憾的。这种结果不但表现在间接交换理论、货币和银行理论的范围中，而且也表现在直接交换理论的范围中。有些理论问题只有借助于间接交换理论才能被完全理解。为了寻求这些问题的解决方式，例如，其中的一个问题是危机问题，如果没有其他理论而只有直接交换理论，则不可避免地会偏离正确的方向。

与此同时，货币理论则让位于非交换论者（acatallactist）。即使在很多交换理论家的著作中，也能找到非交换理论的一些遗留的痕迹。我们时而会看到作者关于货币和交换的其他论述中有不一致的论述，他们接受这些观点，仅仅是因为这些理论是传统的观
463 点，还因为作者没有注意到，这些理论和其理论体系的其他部分不一致。

另一方面，正好在现代理论很少注意它们的时候，货币理论问题中关于通货的争议却引起了人们更大的兴趣。很多“实用人士”参加了这一讨论。没有受过一般经济学教育，却开始介入货币问题的这些实用人士，没有看到任何问题，而将其研究局限于和他们最相关的有限范围内，没有考虑他们的问题和其他问题的联系；因此，他们的货币理论就容易成为非交换理论。被高傲的专业“理论家”所看不起的“实用人士”能够从货币问题的研究入手，然后对经济理论进行深入的理解，从对李嘉图的理论的发展中，可以最明显地看出这一点。在我们所讨论的这一段时期，则没有任何这样的发展。但是，这一段时期却产生了货币理论的学者，他们发展了当时的货币政策所需要的所有理论。在大量的这些学者当中，

仅有必要提到两个人——班伯格(Bamberger)和索特比尔(Soetbeer)。他们的大部分工作是致力于反对当代非交换理论者的理论。

目前,在那些认为"理论"无用的经济学家中,货币的非交换理论会很容易地被加以接受。公开或暗地里否认有必要进行理论研究的那些人不会要求货币理论融入一个理论体系之中。

## 第二节 货币的"国家"理论



所有非交换货币理论的普遍特点是否定的(negative)的特点;它们不能结合到任何交换理论中。这并不是说它们完全没有货币价值的观点。如果没有任何这样的观点,它们则完全不是货币理论了。但是,它们的货币价值理论是以潜意识的方式构建的;它们不是清楚地表达出来的;它们没有经过完整的思考。因为如果这些理论经过清晰的思考,符合其逻辑结论的话,则其自相矛盾
是显而易见的。一个前后一致的货币理论必须能够结合到交换理 464
论中,而不再是非交换理论。

按照最简单和最原始的非交换理论,货币的价值和货币材料的价值是一致的。但是,如果我们要努力更进一步,开始研究贵金属价值的基础的话,那么,我们就已经建立了交换体系的结构了。对商品价值的解释,可以从其效用,或者从获得它们的难易程度方面来寻求。不管从哪个方面来解释,都是寻求货币价值的出发点。所以,如果把这个简单的方法加以合理的发展,就能自动把我们引导到真正的问题上。这个问题是非交换问题,但是它能导入交换

问题。

另外一个非交换理论寻求以国家的指令来解释货币的价值。根据这个理论，货币的价值依赖于最高政权的权威，而不是依赖于商业界的估价。[13]法律发出指令，人民必须遵从。这个理论绝不能结合到交换理论中；因为很明显，仅仅只有在一般的价格管制下，国家把所有经济商品和服务的货币价格固定在某个实际水平上，这个理论才能具有意义。因为不能认为实际情况就是这样，货币的国家理论不得不将其自身局限于这个命题中，即国家指令只能建立货币名义单位的效力，而不能建立这些名义单位在商业中的效力。但是，这个限制相当于放弃了解释货币问题的努力。由于强调外加价值和内在优点的对比，宗教学者(canonists)的确使学术诡辩有可能把罗马的宗教法律体系和经济生活的事实协调起来。但是，与此同时，他们也揭示了外加价值理论所固有的贫乏；他们证明了不可能借助于这一理论来解释市场的过程。

不过，唯名派理论并没有从货币文献中消失。当时各国的国
465 王看到降低货币的价值是改善其金融状况的重要手段，因此需要这一理论的支持。在致力于建立人类经济的一个完整理论的过程中，奋斗中的经济科学使自己不受唯名主义的束缚，但是，为了财政的需要，总是有足够的唯名主义者。在 19 世纪初期，根茨(Gentz)和亚当·米勒(Adam Müller)仍然是唯名主义的代表，他们在其著作中支持奥地利钞票(Bankozettel)时期的货币政策。而且，唯名主义被用来作为需要通货膨胀政策的基础。但是，在 20 世纪德国的“现实”经济学中，唯名主义复兴起来了。

非交换货币理论是经济学中重视经验和现实趋势的逻辑上的

必然结果。由于这一学派不支持所有的“理论”，不发展交换理论的任何体系，因此，它肯定反对可以形成这样一个体系的任何货币理论。所以，它最初避免讨论任何货币问题；等到它们不得不讨论这一问题时(在其关于铸币历史的杰出著作中和它们关于政治问题的态度中)，它保留了价值的传统古典理论。但是，它对货币问题的看法逐渐无意识地滑入上面所说明的原始的非交换理论的观点上，这个观点把由贵金属制作的货币视为“自身”具有价值的一个商品。这种看法没有一致性。对于把国家主义的方法作为其永久性的旗帜的学派来说，而且对于把所有的经济问题都视为管理问题的学派来说，唯名主义的国家理论是再也合适不过了。[14]纳普完成了这个关联。所以，他的著作在德国获得了成功。

纳普对货币交换问题，即购买力问题，没有发表任何观点，这不能被视为他从不接受交换论的理论角度而提出的一个反对意见，以及他预先放弃了从价格决定的因果关系来解释的努力。早期唯名主义理论所遭受的困难对于纳普来说并不存在，因为他的追随者主要是现实经济学的信徒。他能够——事实上，考虑到他的追随者和读者，他必定——放弃解释货币在商业方面的有效性 466
的所有努力。如果在纳普的著作刚刚出版之后，德国出现了货币政策的重要问题，那么，不足以解释货币价值的理论的缺陷自然很快就变得明显了。

新国家理论在提出不久之后，就确实采取了妥协态度，因为这一理论遗憾地试图从非交换的角度来研究货币的历史，纳普本人在其著作的第四章中简要地叙述了英国、法国、德国和奥地利的货币史。其他国家的货币历史则由他的学生陆续出版。所有这些叙述完全是形式上的。他们试图把纳普的理论应用于不同国家的具体情况。他们使用纳普的术语撰写了一个货币的历史。

毫无疑问，这些努力一定会产生结果。这些结果却揭示了国家理论的弱点。通货政策和货币价值有关，因此，一个不能阐述货币购买力的理论不适合于探讨通货政策问题。纳普和他的学生列举了法律和指令，但是，他们却不能阐述其动机和影响。他们没有指出一直有支持不同通货政策的派别。对于复本位制论者（bimetallists）、通货膨胀论者（inflationists）或者限制主义者（restrictionists），他们一无所知或所知不多；对于他们来说，金本位的支持者被“金属迷信”（metallistic superstition）的观念所引导，金本位的反对者是那些不受“偏见”影响的人。他们有意避免提到商品价格、工资以及货币体系对生产和交换的影响。除了对“固定汇率”有几句说明之外，他们从来不谈论货币本位和对外贸易的关系，而这个问题在通货政策中占有重要的地位。在货币历史中，从来没有哪一个理论比这个理论的内容更贫乏和更空洞了。

作为第一次世界大战的结果，通货政策问题再一次成为非常重要的问题，国家理论觉得它应当对通货政策的重要问题有所贡
467 献。除了讨论过去的通货问题之外，它没有阐述其他更多的问题，这在纳普的文章“德奥关税同盟的汇兑问题”（“Die Währungsfrage bei einem deutsch-österreichischen Zollbündnis”）中有说明，这篇文章是社会政策协会（the Verein für Sozialpolitik）所出版的《德国及其盟邦的经济关系》（*Die wirtschaftliche Annäherung zwischen dem deu tschen Reiche und seinen Verbündeten*）一书中的第一部分。对于这篇文章，几乎连两种意见都没有。

当货币的唯名主义理论开始讨论货币政策问题时，其结果肯定荒唐可笑，本迪克森(Bendixen)，纳普的其中一个学生，所撰写的著作就能说明这一点。本迪克森认为在第一次世界大战期间，德国的通货在外国的价值低“甚至在某种程度上有好处，因为它可以使我们以有利的汇率出售外国证券”。[15]从唯名主义的视角来看，这种荒谬的看法是合理的。

顺便说一下，本迪克森不仅是货币的国家理论的追随者；他同时还是把货币视为一项债权(claim)的理论的一个代表人物。事实上，非交换理论可以根据爱好而结合。例如，杜林(Dühring)通常把金属货币视为“一项自然的制度”，他主张债权理论，但却同时不承认唯名主义。[16]

货币的国家理论的主张已经被1914年以来的通货历史中的事件证明是错误的，这不能被理解为这个理论已经被“事实”所证明是错误的。事实本身既不能证明也不能反证明；一切都取决于它对事实产生的作用。只要一个理论不是在绝对不合适的方式下思考和制定出来，那么，用它来解释“事件”，就不是一件极端困难的事情——即使其解释很肤浅，其解释的程度也不能使真正聪明的批评者绝对感到满足。经验和现实学派的肤浅的科学理论认为，如果一个人能够让事实说话，那么他就省去了思考的麻烦，这个说法是不对的。事实不能说话；事实需要一个理论来代言。

货币的国家理论——以及货币的所有的非交换理论——之所以崩溃，并不是因为它不符合事实，而是因为它不能试图去解释事实。对于1914年以来出现的货币政策的所有重要问题，货币国家理论的追随者都没有试图去解释，而是保持沉默。的确，甚至在这

一段时间，他们出版了很多著作，足以说明他们的勤奋和热情；但是，他们未能说明今天我们关注的问题。他们有意不承认货币价
468 值的问题，那么，他们对货币体系中所有那些重要的价值和价格问题还能发表什么观点呢？他们的独特术语不能使我们向前迈出一步，以便能够更接近于困扰当今世界的问题的答案。[17]纳普的观点是，除了“经济学家”之外，这些问题并不需要解决，并且承认他的理论对于这些问题无话可说。[18]但是，如果国家理论无助于阐释对我们来说重要的问题，那么它有何用途呢？国家理论不是一个不好的货币理论；它根本就不是一个货币理论。[19]

把德国货币体系崩溃的大部分责任归咎于国家理论，并不是暗示纳普直接引发了导致德国货币体系崩溃的通货膨胀政策。他没有这样做。不过，一个根本没有提到货币的数量，并且没有讨论货币和物价之间的关系，而认为货币的唯一本质是国家的认证(authentication)的理论，则直接助长了财政部门对于创造货币的“权力”的非法利用。如果政府知道使大量的钞票不断进入流通不会影响物价，因为物价的所有上涨都能用“扰乱的贸易状态”(disturbed trade conditions)或者“国内市场的干扰”来解释，而根本和货币的变化无关的话，那么我们用什么办法才能阻止政府发行越来越多的钞票呢？纳普不会像过去的宗教学者和法学家那样如此轻率地谈论货币的外加价值。尽管如此，他的理论和他们的理论都导致了相同的结论。

和他的一些热心的追随者不一样，纳普肯定不是政府的代言
469 人。当他发表任何观点时，他都是出自真正的个人信念。这证明他本人正直可信，但是，这和他的理论没有任何关系。

如果说国家主义的货币理论源自纳普，这是不正确的。国家主义的货币理论是国际收支理论，纳普只在讨论“汇率的起源”时才偶然提到。[20]如果国际收支理论不能成立的话，它也至少是货币的一个交换理论。但是，这个货币交换理论的创立，是在纳普之前的很久以前的事情。例如，国家主义者莱克西斯（Lexis）提出了这个理论，并区别了货币的内部价值（Binnenwert）和外部价值（Aussenwert）。[21]纳普对这个理论没有进行任何补充。

但是，国家主义学派使货币的国家理论迅速成为德国、奥地利和俄罗斯所接受的理论。这个学派认为交换理论、交换和价格理论在经济学所涉及的一系列问题中是多余的；它致力于试图表明社会生活的各种现象仅仅是国王和其他当权者行使权力的结果。该理论致力于最终表明货币也是仅仅由权力创造的，这仅仅是其理论在逻辑上的延伸。更年轻的一代国家主义者，甚至对于经济学真正关注的是什么都所知不多，所以，他们才能够把纳普的没有价值的讨论作为货币理论来接受。



## 第三节　熊彼特创建交换债权理论的努力

把货币称为债权，就是提出一个不会引起实际反对的类比。尽管和其他比较一样，这个比较在某些方面有不足之处，却能使很多人更容易地形成货币性质的概念。不可否认，类比不是解释，如果我们讨论货币的债权理论，这显然是一种夸张，因为对于理由充足的任何一种货币理论仅仅构建一个类比还远远不够。用债权类比构建一个货币理论的唯一可能的办法，是把债权，譬如，比作进

入一个面积有限的房间的门票，发放的门票数量越多，则意味着每个持有门票的人所能支配的房间的面积就相应地越小。但是，这
470 种思考方式的危险在于，把这个例证作为出发点，就只能形成货币总量和商品总量之间的对比；但是，这个类比除了是最古老和最原始的货币理论之一之外，它什么也不是，它不能成立就无须进一步讨论了。

所以，直到最近，债权类比在解释货币理论方面仍然没有确切的根据，有人认为除了作为能被所有人容易理解的表达工具之外，它没有更重要的意义。甚至在其著作中，本迪克森一直乐于看到他那晦涩难懂的理论被视为债权理论，债权概念也没有被赋予更大的重要性。最近，经过认真的尝试，熊彼特从债权类比中得出了一个真正的货币价值理论，也就是说，他努力构建了一个交换债权理论。



以债权概念为出发点构建货币价值理论的每一次尝试所遇到的基本困难，都是要比较货币的数量和某种其他商品的总量，就像在门票的例子中，以门票的总数和房间的可用面积总数进行比较一样。这样一个比较，对于把货币视为“债权”的理论是必须的，债权的特性，在于它们并非指一定的商品，而是指许多商品的份额(shares)。熊彼特详细地解释了首先由维塞尔所倡议的观点，他没有从货币的数量出发，而是从货币收入的总额出发，然后和所有消费品的总价格进行比较，以寻求避免这种困难。[22]如果货币除了
471 购买消费品而没有其他用途的话，这样一个比较是有一些理由的。但是这样一个假设显然是完全没有根据的。货币不但和消费品有关系，而且也和生产资料有关系；而且尤其重要的一点是，货币不

仅用来以生产资料交换消费品，而且更经常以生产资料交换其他生产资料。所以只有不考虑货币流通的大部分作用，熊彼特才能使他的理论成立。他认为商品实际上只和货币总量中的流通部分有关，只有这一部分才和所有收入总额具有直接的关系，而仅仅只有这一部分才履行货币的基本功能。因此，“获得流通中的货币数量，这才是我们所关注的问题”，所以，必须排除以下项目：

1.储藏的货币

2.“没有使用而等待使用的金额”

3.储备金，即“经济人从来都不会使其持有量低于其金额以下；以准备用于意外的需要”的那些货币金额

但是，即使排除这些金额还不够；我们还必须更进一步。因为总收入理论“甚至和流通中的货币总量没有关系”。另外，我们必须排除“在收入分配市场、房地产市场、抵押市场、证券市场和类似市场中流通的所有那些金额”。[23]



和熊彼特所思考的问题一样，这些限制因素不仅表明不能用统计的方法解决有效流通中的货币概念；并且也从根本上使他的理论失去了基础。对于把储藏的货币、没有使用的金额和储备金与货币的其余部分分开，我们需要说明的观点，在上文已经进行了说明。[24]我们不承认“尚未使用而等待使用的金额”的说法。在严格而准确的意义上——而且理论必须严格而准确地处理一切问题——在我们思考之时，还没有交换持有者的所有货币都是等待使用的货币。再说，称这样的货币为“尚未使用”是不正确的；作为储备金的一部分，它满足货币的需求，并因此履行货币的主要功 472
能。而且，当熊彼特进一步提出排除在收入分配市场中的流通金

额时，我们只能问他：那么货币还能剩下什么？

熊彼特只有破坏他自己的理论以便使他的理论似乎还显得能够成立。他的理论不能和反对货币的总存量和货币的总需求(即经济人用于储备金的总需求)的观点进行比较，因为他的理论并没有真正尝试解决这一问题的一小部分。如果一个理论要有用处，它必须努力解释摆在我们面前的整个问题。熊彼特的理论任意地把货币存量和货币需求分开，以构建一个否则无法进行的比较。如果熊彼特从货币总量在三个范畴之间分配的命题开始，即流通范畴、储藏与储备金范畴和资本范畴，而且，如果他想提出一个完整的货币理论的话，那么，他在总收入和消费品总量之间的流通范畴所进行的比较，就应该在前两个范畴中加以重复；因为在货币价值的决定中，这两个范畴也不是没有作用。货币需求的数量，和用于储藏和储备金——暂时保留这个模糊的区分——的可用数量，以及用于资本范畴的数量，这三个方面的变化影响货币价值的程度和流通范畴的变化的程度一样大。任何标榜完整的货币价值理论都不敢省略储藏、储备金和资本范畴的过程对货币价值所施加的影响的解释。



所以，我们可以看出，甚至熊彼特也不能从债权理论中发展出一个完整的交换理论。他力图把债权理论发展成货币交换理论，这就迫使他给这一问题设置了这些特别的限制，这最好地证明了货币的全面交换理论不能在交换类比的基础上构建。在他那精彩的讨论过程中，他得出了对于其他方面的结论，而这些结论和利用交换货币理论的其他方面，以及和其他工具所得出的结论，在本质上并没有区别，这仅仅是因为他在货币理论中已经发现了这些结论，并因此加以采用。这些结论绝不是从他本人提出的不完整的货币理论中得出的。

## 第四节　“货币金属主义”

再也没有必要为反对货币的唯名主义理论而继续讨论了。对
于理论经济学来说，这个理论已经早就不存在了。不过，唯名主义 473
的争论在理论历史上散布的一些错误，需要我们进行彻底的修正。

首先，有货币金属主义(metallism)一词的使用。这个术语出自纳普。他对货币金属主义的定义是：“从重量和成色开始，并且从货币的图案中看到这些特性被证明的那些著作家们”。“货币金属主义者认为价值的单位是金属的某一数量。”[25]

纳普给货币金属主义提出的这一定义绝不是一个清楚的定义。我们应该很清楚地知道，几乎没有一个值得提到的学者认为价值的单位是由一定数量的金属构成。但是，我们必须记住，除了唯名主义者之外，从来没有一个学派对于纳普的价值概念的解释能够如此容易地得到满足，在纳普看来，价值单位“只是表示支付数量的单位”。[26]

但是，即使纳普没有明确地定义货币金属主义，我们还是能够容易地看出纳普的意思。纳普认为货币金属主义就是不是唯名主义货币理论的一切货币理论；[27] 而且因为他精确而全面阐述了唯名主义理论，所以他对货币金属主义的理解就显而易见了。非唯名主义的那些货币理论没有共同的特点，在唯名主义货币理论当中，有些是交换理论，有些是非交换理论，这两类交换理论中的每

一类，又可以分成各种对立的理论，纳普要么是不知道这些理论，要么是有意忽略这些理论。对于纳普来说，所有的货币非唯名主义理论只有一个。在纳普的著作中，没有任何地方能够表明除了把金属货币视为“本身”是具有价值的材料的理论之外，他还了解其他的货币理论。他甚至完全没有注意到价值的经济理论的存在——不仅仅是指任何特殊理论的存在，而是指所有理论的存在。他一贯致力于为他所知道的唯一的货币理论辩论，他认为这一理
474 论是反对唯名主义的唯一理论，而且他把这一理论称为货币金属主义。他的主张是没有用的，因为他的主张只适用于这一个非交换理论，而这个理论和其他非交换理论，包括唯名主义理论，早在很久之前就被经济学推翻了。



所有有争议的著作者都为他们自己设置了限制条件。在经过大量研究的任何领域，不可能驳倒所有反对的观点。必须选择最重要的反对观点，以及那些典型的反对观点，即那些特别威胁自己本身的论点的观点，必须加以选择，而对剩下的反对意见则不予以理会，保持沉默。纳普的读者是当今德国的大众，在政治经济学的国家主义理论影响下，这些人只熟悉货币的非交换理论，而且甚至在这些人当中，多数人只熟悉他称为货币金属主义的理论。纳普的理论在德国受到欢迎，表明他把他的批评只集中于这一个理论，因为这个理论在文献中几乎没有代表性，另一方面，他没有注意博丁（Bodin）、劳（Law）、休谟（Hume）、西尼尔（Senior）、杰文斯（Jevons）、门格尔（Menger）、瓦尔拉（Walras）和其他人，这说明他的方法是正确的。

纳普根本没有尝试确定经济学对于货币的观点是什么。他只

问道:“当有人问到受过良好教育的人,货币的性质是什么?”[28]然后他批评了“受过良好教育的人(educated man)的观点”,显然是指普通人。没有人会否认他有权利这样做。但是,一旦这样做了,则不允许把受过良好教育的人士的观点视为科学中的经济学的观点。不过,当他把亚当·斯密和李嘉图的货币理论称为“彻头彻尾的货币金属主义”时,纳普就这样做了,并且补充说:“这个理论告诉我们,价值的单位(英镑)可定义为一定数量的金属。”[29]对于纳普的这个断言,我们能够以最婉转口气说它没有任何根据。这个断言完全和亚当·斯密与李嘉图关于价值理论的观点相矛盾,而 475
且在斯密和李嘉图的著作中找不到任何支持。对于即使对古典学派的价值理论和其货币理论只有肤浅认识的所有那些人来说,纳普在此犯了一个难以理解的错误,这是显而易见的。

但是,如果认为古典学派的“金属主义者”对纸币问题的唯一贡献是“义愤”,这个说法也是错误的。[30]亚当·斯密阐述了“以纸币代替金币和银币”所能产生的社会利益,在他之前和之后都没有人能比得上他。[31]但是,李嘉图在他1816年出版的小册子《一个经济而稳定的通货的建议》中详细地阐述了这个观点,并提出一个货币体系,在这个货币体系下,贵金属应该完全退出国内的实际流通。李嘉图的这个建议是今天货币体系的基础,在19世纪末首先建立于印度。然后建立于海峡殖民地和菲律宾,最后建立于奥匈帝国,这就是今天所谓的金汇兑本位。如果纳普和其“现代货币理论”的热忱追随者注意到斯密和李嘉图在这些章节中说明的原理,那么他们在解释1900至1911年间奥匈银行所奉行的政策时,则能够很容易地避免这些错误。[32]

## 第五节　维塞尔和菲里波维奇(Philippovich)的“货币金属主义”观念

遗憾的是，其他学者已经接受了纳普在理论历史上的错误。这开始于他们力图以尽可能友好的方式阐述纳普的理论，即温和
476 地判断其缺点，而且如果可能的话，给予这个理论一种用途。但是，如果没有在国家理论中读到不能找到的一些事物，事实上无论是在精神上和内容上都绝对矛盾的事物，或者没有在理论史中接受纳普的错误的话，这是不可能的。

首先，必须提到维塞尔。他对比两类货币理论。“对于货币金属主义者来说，货币具有独立的价值，这个价值来自于自身，也来自于其原料；对于当代理论来说，其价值来自于交换的对象，即商品”。[33]维塞尔在另一处又说道：“货币材料的价值是两个不同来源的汇集。它是货币材料由于其各种工业用途——用作首饰、器具和各种技术用途——而获得的使用价值，它又是由于其作为支付手段而获得的交换价值……硬币作为交换媒介所履行的职能和货币在其工业用途中所履行的职能遂共同形成其价值的一个共同估计……我们可以……认为，这两种职能中的每一种职能都足够独立，能够继续存在，即使另外一种不存在的话。正如同黄金不再用于铸币，其工业用途也不会停止一样，所以，如果国家决定禁止黄金使用在工业上，而要求其全部用于铸币，黄金的货币功能也不会消失……主流货币金属主义的观点则不同。从这一观点来看，货币的金属价值和金属的使用价值相同；它只有一个来源——工业

用途——而且如果货币的交换价值和其金属价值一致的话，那么，这只是反映了金属的使用价值。根据流行的货币金属主义的观点，由没有价值的材料所制造的货币是不可想象的；因为有人说，由于制造的材料，如果货币本身没有价值的话，货币则不能度量商品的价值。”[34]

维塞尔在这里对比了货币价值的两个理论：当代理论和货币金属主义理论。他称为当代理论的理论是货币理论，这个理论可 477
以自然地追溯到源于以效用为价值的价值理论。由于效用理论只在最近才得到科学的解释（维塞尔的功绩之一是对这种解释的贡献），而且因为这个理论毫无疑问在今天被视为流行的理论（请维塞尔本人原谅，他把货币金属主义称为流行理论），所以我们应该把以这个理论为基础的货币理论称为现代理论。但是，在这样做的过程中，我们不应该忘记，正如主观价值理论具有悠久的历史一样，所以其相应的货币理论也已经具有二百多年的历史。例如，早在1705年，约翰·劳（John Law）在其《货币与贸易》一书中用古典形式表述过这一理论。如果把劳的理论和维塞尔的理论做一个比较的话，那么，可以看出在他们两人的观点之间有本质的相似性。[35]

但是，维塞尔称为现代理论的这个理论，当然不是纳普的理论；我们在纳普的著作中找不到这个理论的一点儿说明。因为唯名主义没有注意过货币的价值问题，所以，事实是一切和他的唯名主义共同的地方是这两个理论都不是“货币金属主义”理论。

维塞尔本人很清楚地知道他的理论和纳普的理论没有任何关系。不过，令人遗憾的是，他接受了纳普的这个观点，即根据“流行的货币金属主义观点”，“货币的金属价值和金属的使用价值相同”。理论史中的几个严重错误在这里都全部混淆在一起了。

需要注意的第一件事是，维塞尔所指的货币金属主义和纳普所谈论的货币金属主义有不同之处。维塞尔把货币价值的“现代”理论和“货币金属主义”理论进行了对比，并正确地说明了他对这些名词的理解。根据这一点，这两个理论是彼此对立的；一个观点排斥另外一个观点。但是，对于纳普来说，维塞尔称为现代理论的理论和其他理论一样，都是货币金属主义理论。这个观点的正确性能够很容易地加以说明。

在纳普的重要著作中，他从来没有提到过任何论述过货币问题的学者的名字；他从来也没有引用过关于这一主题的任何著作。对于在货币的丰富文献中经常所遇到的很多思想，他从来都没有
478 给予驳斥。他的辩论总是仅仅针对货币金属主义，这是他作为货币的一般观点而建立的理论。在其著作的序言中，他的确明确指出有两个学者是货币金属主义者：赫尔曼（Hermann）和科尼斯（Knies）。但是，赫尔曼和科尼斯两人所阐述的理论和维塞尔所阐述的“现代”理论非常相似。这应该不奇怪，因为这两个学者都采纳主观价值理论的立场，[37]而货币价值的“现代”理论自然以这个理论为根据，所以这两个学者认为贵金属的使用价值的基础就是它们的货币用途和它们的“其他”用途。[38]的确，关于“其他”功能可能停止对货币功能产生影响，维塞尔和科尼斯之间的看法并不相同。不过，纳普不会把这一点视为重要的特点，或者他在其他地方肯定提到这一点，事实上，关于这一点他没有发表过任何观点，就像他对货币价值的任何其他问题也没有发表过任何观点一样。

正如纳普和他的学派对货币金属主义所描写的一样，我们的确不能在经济学家中去寻找货币金属主义者。纳普非常清楚地知道，他一向反对的只是对货币金属主义者的这种任意的描写，而且他审慎地不去引用他放入这个货币金属主义者口中的观点的任何内容。事实上，纳普心中的金属主义者不是别人，而是他自己；不是撰写《货币的国家理论》的那个纳普，而是“不重视一切理论”，正如他自己所承认的，常常就货币体系的“实用主义”发表演说的纳普；[39]以及那个在政治经济学上作为历史主义的标准支持者的一员，曾经认为在古老文献的出版物中能够找到思考经济问题的替代品的纳普。如果纳普没有如此傲慢地轻视被大量滥用的“理论家”的著作，如果他没有不屑于和它有任何关系的话，他就会发现他过去一直在支持其内容是完全错误的一个观点。他的追随者也是如此。的确，他们的领头羊本迪克森公开承认过他曾经就是一个“金属主义者”。[40]



如果仿效维塞尔的先例，认为货币材料的价值仅仅来自其工业用途，而给予其流行理论的称号，这绝对是不对的。当然，科尼斯一直没有接受过的关于货币的观点不能被视为流行理论。[41]关于货币的所有文献，只要是以现代理论的结论为基础的话，就都不是维塞尔所指的金属主义理论，这是毫无疑问的；但是，关于这一点，货币的任何其他交换理论也都不是金属主义理论。 479

事实上，维塞尔对于前人的货币理论的意见，由于他接受了货币金属主义的说法，而被歪曲了。他本人不是没有注意到这一点；因为他用以下的话补充了我们在上文所引用的内容：“主流理论对其自身来说并不一直是正确的，因为它……提出了一个解释货币的交换价值的特殊理论。如果货币的价值总是局限于金属的使用价值，那么货币的需求、货币流通的速度，或者货币代用品的数量还能产生什么影响呢?”这个明显的矛盾必须在这一事实上去寻求解决，即维塞尔所认为的流行的货币金属主义理论，和“提出一项解释货币的交换价值的特殊理论”的那些交换理论，形成了鲜明的对比。

和维塞尔一样，菲里波维奇也对货币价值的两个理论进行了对比；唯名主义理论[以亚当·穆勒(Adam Müller)、纳普和其他人为代表；菲里波维奇也把阿道夫·瓦格纳(Adolf Wagner)也包括在这一派之中]；另一派是不承认唯名主义观点的一派。他只把我的《货币和信用理论》作为这第二派的代表，[42] 他还补充说，在讨论货币价值的时候，我被迫承认商品货币的价值只在依赖于它作为交换的普通媒介而发挥功能时才对货币的价值理论有影响。[43] 在这一点上，由于追随纳普的历史观点，菲里波维奇也陷入了和维塞尔相同的错误之中。



尽管维塞尔不承认货币的唯名主义理论，但是，菲里波维奇却承认支持这一理论，与此同时，他却以完全抹去在交换概念和唯名主义概念之间的区别的方法来解释这个理论。一方面，他宣称“货
480 币单位的本质，是它作为价值单位的名义上的效力”。另一方面，他认为“货币单位其实不是这个在技术上所定义的贵金属的数量，而是其购买或支付的能力”。[44] 这是两个无法一致的命题。作为纳普的定义，我们已经讨论过前者；后者是所有货币交换理论的出发点。我们几乎难以想象出更为明显的对比。

视货币单位为购买力不但完全背离纳普的观点，而且和纳普

的观点完全矛盾，从他的著作中的几个段落中可以明显地推断出来。[45]唯名主义的最基本的特点——和所有的非交换理论一样——是它不谈及货币的价值，即不讨论货币的购买力这一事实。要说明菲里波维奇所阐述的两个论点是多么地不能调和，这是容易的。在其理论限度之内，当限定马克为“前一价值单位，塔勒的三分之一”时，纳普在形式上是正确的。[46]不管这个定义是多么地不能说明问题，但是它自身却没有任何矛盾之处。当菲里波维奇宣称以下观点时，情况就不同了：“作为塔勒三分之一的银马克，过去在计算上被视为货币的单位，按照经济人的经验，这个货币单位代表了一定的购买力。这个购买力必须保留为新铸硬币的单位；即作为金币的马克，必须体现以前由银币所一直体现的相同数量的价值。因此，铸币单位的技术决定的宗旨，是维持货币单位的价值”。[47]和上面的引文一起来分析的话，这些引用显然只能意味着，德国货币体系的改革旨在建立塔勒在其过去水平上的购买力。但是，这实在难以成为菲里波维奇的真正观点。



菲里波维奇从纳普那里接受了另外一个历史性错误，这就是货币的交换理论不重视实际经验的观点，而“这些实际经验对于国家纸币的强制流通提供了充足的例证”。[48]任何交换理论的著作，包括菲里波维奇在这个方面提到的唯一著作，本书的第一版，都证 481
明情况恰好相反。我们不妨认为，交换理论家没有能够令人满意地解决这类纸币的问题——这仍然是一个没有解决的问题；但是，如果认为他们不重视这个问题的存在，则是不对的。这一点非常重要，因为纳普的很多追随者认为，货币的交换理论已经被战争时期的纸币经济学所证明是错误的；好像这不是自从李嘉图以来一直由一切货币理论所讨论的问题一样。

当纳普对早期和当代经济学家的看法的错误，被维塞尔和菲里波维奇这两个对于政治经济学的历史和文献有杰出贡献的专家所接受时，如果德国现在研究货币问题的大多数学者都以纳普的理论作为其理论历史的基础，这不应该使我们感到惊讶。

## 第六节　注释：唯名主义的争论和银行理论的两个英国学派的问题的关系

有一个学者把货币金属主义理论和通货理论视为相同的理论，并把这个理论称为“古老银行理论的一个变种”。[49]还有另一个学者认为“把通货学派的理论称为经济上的唯名主义是有一些理由的，只要其基础是同等对待金属货币和纸币的话”。[50]这两个观点似乎都是错误的。信用理论的这两个著名学派之间的对立完全表现在另外一个方面。[51]纳普和其追随者从来没有深入地理解他们所关注的问题，更没有努力去解决这些问题。

本迪克森的创造货币的理论和纳普的唯名主义只有次要的和松散的关系，已经被公认为仅仅是一个夸大和非常肤浅的银行理论。多年来，本迪克森的理论竟被视为新理论，却没有人指出它与几十年前在德国占据支配地位的理论，充其量只是在阐述方式上不同而已，这是德国经济理论处于落后状态的非常典型的表现。

# 附录 2　英译者关于一些专业术语翻译的说明

要把一个专业术语的完整意义在翻译中表现出来，永远都不可做到确信无疑。所以，译者附上一张简表，列出了本书提到的各种货币和货币代用品的德文原文术语和用来翻译它们的英语术语。 482

Umlaufsmittel 一词就是一个翻译起来特别困难的术语。米塞斯教授使用这个术语的意义，在英语中没有现成的对等词。按照字面意义而翻译的“流通媒介”(Circulating medium)显然不恰当，因为它会使我们联想到通货，而米塞斯教授完全没有这个意思。“银行货币”(Bank money)也不够好，因为 Umlaufsmittel 不仅包括银行存款，而且还包括由国家发行的货币代用品(例如辅币)。“信用工具”(Credit instrument)乍看起来似乎令人满意，但是，它却和米塞斯教授强调在 Umlaufsmitteln 和汇票有区别的意义上不一致；而且，米塞斯教授已经明确指出，Umlaufsmitteln 的发行在更本质的意义上不是一项信用交易。因为缺乏一个更好的对等词，因此，采用了“信用媒介”这个术语。它和米塞斯教授把 Umlaufsmitteln 定义为没有用货币保证的货币代用品的意义一致，[52]而且它使我们联想到有关 1844 年皮尔法案的那些争论以及米塞斯教授对这些争论的态度。它也使我们能够注意米塞斯教授所强调的没有保证的银行存款和没有保证的钞票之间的相似性。

下面是其他专业术语所采用的对等词：[53]

广义货币(Money in the broader sense (Geld im weiteren Sinne))

狭义货币(Money in the narrower sense (Geld im engeren
483 Sinne))

货币代用品(Money substitute (Geldsurrogat))

商品货币(Commodity money (Sachgeld))

信用货币(Credit money (Kreditgeld))

不兑现纸币(Fiat money (Zeichengeld))

辅币(Token money (Scheidemünzen))

货币凭证(Money certificate (Geldzertifikat))

商品信用(Commodity credit (Sachkredit))

流通信用(Circulation credit (Zirkulationskredit))

下图表示在米塞斯教授的体系中一些这些术语之间的关系：

484

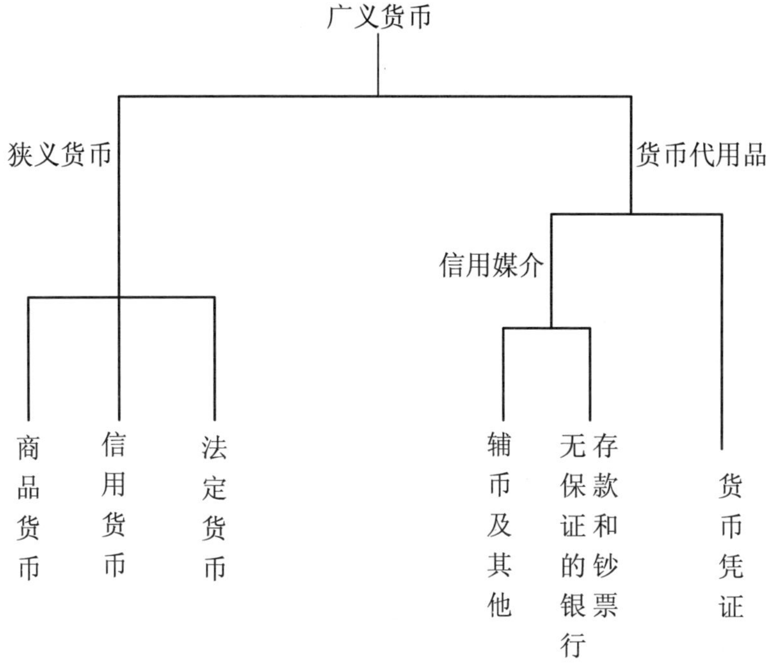

# 作者生平简介

路德维希·冯·米塞斯(1881—1973年)是经济思想的奥地利学派公认的领袖,是经济理论才华横溢的创始人,他还是一位多产的作家。如果仅限于第一版的话,他的著作总计达21卷,如果包括所有的修订版和翻译版,则达48卷。如果再加上纪念文集和有他的文章的其他卷册,那就更多了。



冯·米塞斯的著作和演讲包括经济理论、历史、认识论、政府和政治哲学。他对经济理论的贡献,包括对货币的数量理论、贸易周期理论、货币理论和一般经济理论的结合的重要阐述,他认为社会主义一定失败,因为它不能解决经济核算问题。米塞斯最先认识到,经济学是人类行动这一范围更广的科学的一部分,米塞斯把人类行动科学称为"人类行为学"。

路德维希·冯·米塞斯于1906年在维也纳大学获得法学博士和经济学博士学位。在1909年,他成为奥地利商会(相当于美国商务部)的经济顾问。第一次世界大战期间,他在军队服役,之后他成为维也纳大学经济学教授,1934年他担任位于日内瓦的国际研究院(the Graduate Institute of International Studies)的国际关系教授。1945年他成为纽约大学客座教授,一直到1969年退休。在横跨几个大陆,长达半个多世纪的演讲和教学生涯中,他的学生中有一个诺贝尔奖获得者，F. A. 哈耶克，美国经济协会的两位会长，戈特弗里德·哈伯勒(Gottfried Haberler)和弗里兹·马克卢普(Fritz Machlup)，还有其他很多享有国际声誉的经济学家。

他的主要著作是《货币和信用理论》(1912)、《社会主义》(1922)、《人类行动》(1949)、《理论和历史》(1957)、《经济学的认识论问题》(1960)和《经济科学的最终基础》(1962)。

# 注　　释

德文第二版序

1. 参阅 Altmann，“Zur deutschen Geldlehre des 19. Jahrhunderts，” in Die Entwicklung der deutschen Volkswirtschaftslehre im 19. Jahrhundert, Schmoller Festschrift（Leipzig，1908）。

2. 参阅 Döring，Die Geldtheorien seit Knapp，1st ed.（Greifswald，1921；2d ed. Greifswald，1922）；Palyi，Der Streit um die Staatliche Theorie des Geldes（Munich and Leipzig，1922）（also in Schmoller's Jahrbuch，45. Jahrgang）. 同时参阅 G. M. Verrijn Stuart 的目光敏锐的研究，Inleiding tot de Leer der Waardevastheid van het Geld，'s. Gravenhage，1919）。



第一编

1. 参阅 Wicksell，Über Wert，Kapital und Rente（Jena，1893；London，1933），pp. 50 ff.。

2. 在大多数情况下，间接交换是必要的，这个结论是非常明显的。正如我们所料，这是经济学最早的发现之一。我们发现在《学说汇纂》（*Pandects of Paulus*）的一个著名片段中有清楚的表达：“因为你有我所需要的物品，反之，我具有你愿意取得的物品，这种时机不容易经常存在。”［Paulus，lib. 33 ad edictum 1.I pr. D. de contr. empt. 18，I）

熊彼特认为货币的必要性只能从间接交换的假设中得以证明，这肯定是错误的。［参阅他的 Wesen und Hauptinhalt der theoretischen Nationalökonomie（Leipzig，1908），pp. 273 ff.］。在这一点上，参阅 Weiss，Die moderne Tendenz in der Lehre vom Geldwert，Zeitschrift für Volkswirtschaft，Sozialpolitik und Verwaltung，vol. 19，pp. 518 ff.。

3. 参阅 Menger，Untersuchungen über die Methode der Sozialwissenschaften und der politischen Okonomie insbesondere（Leipzig，1883），pp. 172 ff.；Grundsätze der Volkswirtschaftslehre，2d ed.（Vienna，1923），pp. 247 ff.。

4.参阅 Menger，Grundsätze，pp. 278 ff.。

5.参阅 Nicholson，*A Treatise on Money and Essays on Present Monetary Problems*（Edinburgh，1888），pp. 22 ff.；Laughlin，*The Principles of Money*（London，1903），pp. 22 ff.。

6. 比较 Menger，Grundsätze，pp. 284 ff.。

7.除了储藏黄金、白银和外国汇票的习性之外，这还受通货膨胀和推动通货膨胀的法律的刺激。

8.科尼斯尤其强调货币作为地区之间价值的转移工具的功能。[Geld und Kredit，2d ed.（Berlin，1885），vol. 1，pp. 233 ff.]

9.比较 Menger，Grundsätze，pp. 282 ff.。

10.参阅 Simmel，Philosophie des Geldes，2d ed.（Leipzig，1907），p. 35；Schumpeter，Wesen und Hauptinhalt der theoretischen Nationalökonomie（Leipzig，1908），p. 50。

11.比较 Böhm-Bawerk，"Grundzüge der Theorie des wirtschaftlichen Güterwertes，" Jahrbücher für Nationalökonomie und Statistik（1886），New Series，vol. 13，p. 48。

12.参阅 Cuhel，Zur Lehre von den Bedürfnissen（Innsbruck，1906），pp. 186 ff.；Weiss，Die moderne Tendenz in der Lehre vom Geldwert，Zeitschrift für Volkswirtschaft，Sozialpolitik und Verwaltung，vol. 19，pp. 532 ff. 在他自己修订的名著《资本与利息》的最后一版中，庞巴维克努力反驳 Cuhel 的批评，但是，他自己却没有提出有助于解决这个问题的任何新观点。[参阅 Kapital und Kapitalzins，3d ed.（Innsbruck，1909－12），pp. 331 ff. Exkurse，pp. 280 ff.]

13. 参阅 Fisher，Mathematical Investigations in the Theory of Value and Prices，Transactions of the Connecticut Academy（New Haven，1892），vol. 9，pp. 14 ff.。

14. 也请参阅 Weiss，op. cit.，p. 538。

15.比较 Schumpeter,op. cit.，p. 290。

16.可进一步比较 Weiss,op. cit.，pp. 534 ff.。

17.也请参阅 Clark，Essentials of Economic Theory（New York，1907），p. 41。在本书的德文第一版中，上述论点包括两个进一步的句子，这两个句子以不太充分的方式总结了总价值问题的研究结果。为了尊重斯图亚特的一些批评［Die Grundlagen der Volkswirtschaft（Jena，1923），p. 115］，本书第二版省略了这两个句子。

18.对于经济计算，货币是不可缺少的，参阅我的著作 Die Gemeinwirtschaft：Untersuchungen über den Sozialismus（Jena，1922），pp. 100 ff.。

19. 本章论述技术问题，对于不熟悉一般经济理论的读者来说，可能会有困难。在第一次阅读时可略而不读，但是，必须完整的理解一些问题，例如指数问题，这在下文有论述。——编者注

20.参阅 Böhm-Bawerk，Rechte und Verhältnisse（Innsbruck，1881），pp. 120 ff.。



21. Wagner，Beiträge zur Lehre von den Banken（Leipzig，1857），pp. 34 ff.。

22.例如，Helfferich，Das Geld，6th ed.（Leipzig，1923），pp. 267 ff.；英译本《货币》（London，1927），pp. 284 ff.。

23.参阅 Laughlin，*The Principles of Money*（London，1903），pp. 516 ff.。

24.参阅 Kalkmann，Englands Übergang zur Goldwährung im 18. Jahrhundert（Strassburg，1895），pp. 64 ff.；Schmoller，"Über die Ausbildung einer richtigen Scheidemünzpolitik vom 14. bis zum 19. Jahrhundert，" Jahrbuch für Gesetzgebung，Verwaltung und Volkswirtschaft im Deutschen Reich 24（1900）：1247－74；Helfferich，Studien über Geld und Bankwessen（Berlin，1900），pp. 1－37。

25.关于商品货币、信用货币和不兑现纸币的概念，参阅本章第三节。

26.关于辅币的性质，参阅 Say，Cours complet d'économie politique

pratique, 3d ed. (Paris, 1852), vol, 1, p. 408; and Wagner, Theoretische Sozialökonomik (Leipzig, 1909), Part II pp. 504 ff. 在比利时1860年的辅币铸造法通过之前的备忘录和辩论中,可以看到非常有启发性的讨论。在Pirmez的备忘录中,现代可兑现辅币的性质的特点如下:“具有这个性质(可兑现)的辅币,不再仅仅是硬币;它们变成了充诺支付的债权。持有者不再仅仅对硬币本身具有财产权;并且对国家拥有硬币的名义价值的数量的债权,他随时可以要求兑现,以行使这项权利。辅币不再是货币,而变成了信用工具(une institution de crédit),即印铸于金属块上的钞票……”(参阅Loi décrétant la fabrication d'une monnaie d'appoint ... précédée des notes sur la monnaie de billon en Belgique ainsi que la discussion de la loi à la Chambre des Représentants [Brussels, 1860], p. 50)

27.奥匈帝国的银盾(silver gulden),和1873到1907年的德国的银塔勒具有相同的地位。它是法定货币,但是,从经济角度上来看,它是对货币的债权,因为事实上一经要求,发行银行总是兑以现金。

28.参阅我的论文“Das Problem gesetzlicher Aufnahme der Barzahlungen in Österreich-Ungarn,” Jahrbuch für Gesetzgebung, Verwaltung und Volkswirtschaft im Deutschen Reich 33 (1909): 985-1037;“Zum Problem gesetzlicher Aufnahme der Barzahlungen in Österreich-Ungarn,” ibid. 34 (1910): 1877-84;“The Foreign Exchange Policy of the Austro-Hungarian Bank,” *Economic Journal* 19 (1909): 202-11;“Das vierte Privilegium der Österreichisch-Ungarischen Bank,” Zeitschrift für Volkswirtschaft, Sozialpolitik und Verwaltung 21 (1922): 611-24。

29.尤其参阅 Hammer, Die Hauptprinzipien des Geld-und Währungswesens und die Lösung der Valutafrage (Vienna, 1891), pp. 7 ff.; Gesell, Die Anpassung des Geldes und seiner Verwaltung an die Bedürfnisse des modernen Verkehres (Buenos Aires, 1897), pp. 21 ff.; Knapp, Staatliche Theorie des Geldes, 3d ed. (Munich, 1921), pp. 20 ff.。

30.参阅 Luschin, Allgemeine Münzkunde und Geldgeschichte des Mittelalters und der neureren Zeit (Munich, 1904), p. 215; Babelon, La théorie féodale de la monnaie [Extrait des mémoires de l'Académie des Inscriptions et Belles-Lettres, vol. 38, Part I (Paris, 1908), p. 35]。

31.对于重要的参考资料,参阅 Babelon, op. cit., p. 35。

32.比较 Seidler, "Die Schwankungen des Geldwertes und die juristische Lehre von dem Inhalt der Geldschulden," Jahrbücher für Nationalökonomie und Statistik (1894), 3d. Series, vol. 7, p. 688。

33.对于俄国的早期的情况,参阅 Gelesnoff, Grundzüge der Volkswirtschaftslehre, trans. into German by Altschul (Leipzig, 1918), p. 357。

34.比较 Luschin, op. cit., pp. 221 ff.。

35. Ibid., p. 155;Endemann, Studien in der romanisch-kanonistischen Wirtschafts-und Rechtslehre bis gegen Ende des 17. Jahrhunderts (Berlin, 1874), vol. 1, pp. 180 ff.

36. Chevalier,Cours d'économie politique, III., La monnaie (Paris, 1850), pp. 21 ff.; Goldschmidt, Handbuch des Handelsrechts (Erlangen, 1868), vol. 1, Part II, pp. 1073 ff.

37. Knapp, Staatliche Theorie des Geldes (3d. ed., 1921); trans. into English by H. M. Lucas and J. Bonar as The State Théory of Money (London, 1924).



38.比较 Helfferich, Das Geld, 6th ed. (Leipzig, 1923), p. 294; English trans., Money (London, 1927), p. 312。

39.比较 Helfferich, Die Reform des deutschen Geldwesens nach der Gründung des Reiches (Leipzig, 1898), vol. 1, pp. 307 ff.; Lotz, Geschichte und Kritik des deutschen Bankgesetzes vom 14. März 1875 (Leipzig, 1888), pp. 137 ff.。

40. Subercaseaux, Essai sur la nature du papier monnaie (Paris, 1909), pp. 5 ff.

41. 比较 Menger, Grundsätze der Volkswirtschaftslehre, 2d ed. (Vienna, 1923), pp. 20 ff.; Wieser, Über den Ursprung und die Hauptgesetze des wirtschaftlichen Wertes (Vienna, 1884), pp. 42 ff.。

42. Roscher, System der Volkswirtschaft, ed. Pöhlmann, 24th ed. (Stuttgart, 1906), vol. 1, p. 123.

43. 比较 Knies, Geld und Kredit, 2d ed. (Berlin, 1885), vol. 1, pp. 20 ff.。

44. 比较 Helfferich, Das Geld, 6th ed. (Leipzig, 1923), pp. 264 ff.; Money (London, 1924)。

45. 例如 Philippovich, Grundriss der politischen Ökonomie 1st-3d eds. (Tübingen, 1907), vol. 2; Wagner, Theoretische Sozialökonomik (Leipzig, 1909), vol. 2, Part 2 p. 1。

46. 更古老的意义,至少是文献中唯一的更早的意义,似乎和商品的销售有关。值得注意的是,1891 年出版的格林词典(*Grimm's Dictionary*)的第 12 卷,没有提到与运输有关的意义。

47. 比较 J. S. Mill, Principles of Political Economy (London, 1867), p. 16; Böhm-Bawerk, Kapital und Kapitalzins, pp. 10 ff.。

48. Wieser, Über den Ursprung und die Hauptgesetze des wirtschaftlichen Wertes, p. 47. See also Böhm-Bawerk, op. cit., pp. 131 ff.; Clark, The Distribution of Wealth (New York, 1908), p. 11.

49. Böhm-Bawerk, op. cit., Part II pp. 131 ff., see also, on the historical aspect, Jacoby, DerStreit um den Kapitalsbegriff (Jena, 1908), pp. 90 ff.; Spiethoff, "Die Lehre vom Kapital," Schmoller-Festschrift Die Entwicklung der deutschen Volkswirtschaftslehre im 19. Jahrhundert (Leipzig, 1908), vol. 4, p. 26.

50. 比较 Jacoby, op. cit., pp. 59 ff.。

51. 比较 Böhm-Bawerk, op. cit., p. 125 n.。

52. Ibid., p. 132 n.

53. Böhm-Bawerk, Rechte und Verhältnisse, pp. 36 ff.

54. Smith, The Wealth of Nations, Cannan's ed. (London, 1930).

55. 即使考虑门格尔和克拉克(Clark)的讨论,这也是正确的。但是,无论如何,不管是这个问题,还是第三编第五章所讨论的问题,都出自门格尔或克拉克的资本概念,其最终概念和以庞巴维克的定义为基础的概念都是相同的结果。

56. 比较 Böhm-Bawerk, Kapital und Kapitalzins, pp. 54 ff.。

57. I, 3, 23.

58. 比较 Böhm-Bawerk, Kapital und Kapitalzins, Part I, pp. 16 ff., Part II, pp. 23 ff.。

59. Ibid., Part II pp.54 ff., 130 ff.

60. 关于这些观念的历史,参阅 Hildebrand, Die Nationalökonomie der Gegenwart und Zunkunft (Frankfurt, 1848), pp. 118 ff.; Roscher, System der Volkswirtschaft, ed. Pöhlmann, 24th ed. (Stuttgart, 1906), vol. 1, pp. 345 ff.; Marx, Das Kapital, 7th ed. (Hamburg, 1914), vol. 1, pp. 95 f. n.。

61. More, Utopia.

62. 比较 Marx, Zur Kritik der politischen Ökonomie, ed. Kautsky (Stuttgart, 1897), pp. 70 ff.; Knies, Geld und Kredit, 2d ed. (Berlin, 1885), vol. 1, pp. 239 ff.; Aucuy, Les systèmes socialistes d'Échange (Paris, 1908), pp. 114 ff.。

63. 参阅 1889 年在布鲁塞尔由 Solvay 出版的三份备忘录,标题是 La monnaie et le Compte, 也请参阅他的 Gesellschaftlicher Comptabilismus (Brussels, 1897), Solvay 的理论也出现了其他各种基本的错误。



第二编

1. 参阅 Böhm-Bawerk, Kapital und Kapitalzins, pp. 211 ff.。

2. 参阅 Walsh, *The Fundamental Problem in Monetary Science* (New York, 1903), p. 11; and in like manner, Spiethoff, "Die Quantitätstheorie insbesondere in ihrer Verwertbarkeit als Haussetheorie," Festgaben für Adolf Wagner (Leipzig, 1905), p. 256。

3. 参阅 Rau, Grundsätze der Volkswirtschaftslehre, 6th ed. (Leipzig, 1855), p. 80。

4. 参阅 Böhm-Bawerk, op. cit., Part II, p. 275. And similarly in Wieser, Der natürliche Wert, p. 45; "Der Geldwert und seine Veränderungen," Schriften des Vereins für Sozialpolitik 132: 507。

5. 参阅 Böhm-Bawerk, op. cit., Part II, pp. 273 ff.; Schumpeter,

Wesen und Hauptinhalt der theoretischen Nationalökonomie (Leipzig, 1908), p. 108。

6. Wieser, Der natürliche Wert, p. 46.

7. Ibid., p. 52.

8. Böhm-Bawerk, op cit., Part II, pp.214 ff.

9. 参阅 Helfferich, Das Geld, 6th ed. (Leipzig, 1923), pp. 301 ff.。

10. Thus Schumpeter, op. cit., p. 109.

11. 参阅 Böhm-Bawerk, op. cit., Part II, p. 217.。

12. 参阅 Wieser, "Der Geldwert und seine geschichtlichen Veränderungen," Zeitschrift für Volkswirtschaft, Sozialpolitik und Verwaltung 13 (1904): 45。

13. Thus even as late as Menger, Grundsätze der Volkswirtschaftslehre (Vienna, 1871), p. 259 n.; and also Knies, Geld und Kredit (Berlin, 1885), vol. 1, p. 323.

14. 参阅 Simmel, Philosophie des Geldes, 2d ed. (Leipzig, 1907), p. 130.。

15. 但是,一般而言,由贵金属制造的艺术品、珠宝和其他物品,不应该被视为履行商品货币功能的金属存量的一部分。它们是初阶商品,至于金属块和铸造的金属,则必须被视为高阶商品。

16. 参阅 Wieser, "Der Geldwert und seine geschichtlichen Veränderungen," p. 46.。

17. 二百多年前,约翰·劳(John Law)超越了他的时代,并以天才般的远见洞察了这个真理:"Il est raisonnable de penser que l'argent s'échangeait sur le pied de ce qu'il était évalué pour les usages, comme métal, et q'on le donnait comme monnaie dans les échanges à raison de sa valeur. Le nouvel usage de la monnaie, auquel l'argent fut appliqué, dut ajouter à sa valeur, parce que, comme monnaie, obviait aux désavantages et aux inconvénients de l'échange; et conséquemment les demandes d'argent venant à s'augmenter, il reçut une valeur additionnelle, égale à l'accroissement de la demande occasionnée par son usage comme monnaie. Et cette valeur additionnelle n'est pas plus imaginaire que la valeur que l'argent

avait dans les échanges comme métal, parce que telle ou telle valeur dérivait de son application à tels ou tels usages, et quelle était plus grande ou moindre, suivant les demandes d'argent comme métal, en proportion de sa quantité. Le valeur additionnelle que l'argent reçut de son usage comme monnaie provient de ses qualités, qui le rendaient propre a cet usage; et cette valeur fut en raison de la demande additionnelle occasionnée par son usage comme monnaie. Si l'une et l'autre de ces valeurs sont imaginaires, alors toutes les valeurs le sont; car aucune chose n'a de valeur que par l'usage auquel on l'applique, et à raison des demandes qu'on en fait, proportionellement à sa quantité" (Considerations sur le numéraire et le commerce, ed. Daire, Économistes financiers du XVIIIe siécle, 2nd. ed. Paris, 1851), pp. 447 ff. See further Walras, Théorie de la monnaie (Lausanne, 1886), p. 40; Knies, op. cit., vol. 1, p. 324. 价值客观理论不能理解货币价值理论的这个根本原则。这可以由在上文引用的马克思和劳相冲突的观点不能被理解,而得以最好地证明。(参阅 Marx, Das Kapital, 7th ed. [Hamburg, 1914] vol. 1, p. 56, n. 46; trans. E. and C. Paul into English)



18. 参阅 Heyn, Irrtümer auf dem Gebiete des Geldwesens (Berlin, 1900), p. 3; Simmel, op. cit., pp. 116 ff.。

19. Jevons, Money and the Mechanism of Exchange, 13th ed. (London, 1902), pp. 49 ff.

20. 参阅 pp. 121－22 above. Also Böhm-Bawerk, Kapital und Kapitalzins, Part II, p. 274; Wieser, Der natürliche Wert, p. 46. (Eng. trans. The Theory of Natural Value.)

21. 参阅 Wieser, "Der Geldwert und seine Veränderungen," Schriften des Vereins für Sozialpolitik. 132:513 ff.。

22. 参阅 Knies, Geld und Kredit (Berlin, 1885), vol. 1, p. 324。

23. 例如 Locke, Some Considerations of the Consequences of the Lowering of Interest and Raising the Value of Money, 2d ed. (London, 1696), p. 31。

24. 例如 Subercaseaux，Essai sur la nature du papier monnaie（Paris，1909），pp. 17 ff.。

25. 参阅 Simmel，Philosophie des Geldes，2d ed.（Leipzig，1907），pp. 115 ff.；but，above all，Wieser，“Der Geldwert und seine Veränderungen，” p. 513。

26. 参阅 Schmoller，Grundriss der allgemeinen Volkswirtschaftslehre（Leipzig，1902），vol. 2，p. 110。

27. 参阅 Zwiedineck，“Kritisches und Positives zur Preislehre，” Zeitschrift für die gesamte Staatswissenschaft，Vol. 65，pp. 200 ff.。

28. 参阅 Wieser，“Der Geldwert und seine Veränderungen，” p. 513。

29. 参阅 Senior，Three Lectures on the Value of Money（London，1840；1931），pp. 1 ff.；Three Lectures on the Cost of Obtaining Money（London，1830；1931），pp. 1 ff.。

30. 参阅 Davanzati，Lezioni delle monete，1588（in Scrittori classici italiani di economia politica，Parte Antica（Milan，1804），vol. 2，p. 32. Locke and，above all，Montesquieu（De l'Ësprit des lois，edition Touquet [Paris，1821]，vol. 2，pp. 458 ff.）share this view. See Willis，“The History and Present Application of the Quantity Theory，” Journal of Political Economy 4（1896）：419 ff.。

31. 参阅 Zuckerkandl，Zur Theorie des Preises（Leipzig，1889），p. 124。

32. 参阅 Wieser，“Der Geldwert und seine Veränderungen，” p. 514。

33. 参阅 Carver，“The Value of the Money Unit，” *Quarterly Journal of Economics* 11（1897）：429 ff.。

34. 参阅 Kinley，Money（New York，1909），pp. 123 ff.。

35. 参阅 Walras，Théorie de la Monnaie（Lausanne，1886），pp. 25 ff.。

36. 参阅 Kemmerer，Money and Credit Instruments in Their Relation to General Prices（New York，1907），pp. 11 ff.。

37. 参阅 Wieser，“Der Geldwert und seine Veränderungen，” pp. 514 ff.。

38. 参阅 p. 146 n. H.E.B.。

39. 参阅 Wicksell，Geldzins und Güterpreise (Jena，1898)，pp. iv ff.，16 ff.。

40. 同上，p. 35.

41. 参阅 Helfferich，Das Geld，6th ed. (Leipzig，1923)，p. 577。

42. 同上，p. 578.

43. 安德森博士(Dr. B. M. Anderson)在其大作《货币的价值》(*The Value of Money* [New York，1917])的第 100－110 页中，曾对上述理论提出反对意见，认为它没有提供逻辑分析，而只是提供了时间上的后退。不过，他所提出的所有尖锐的反对意见，仅仅以商品的交换比率中的历史因素为对象，我本人也完全不同意这个观点。(参阅本章第二节)但是，当他认为："我认为货币使用以外的价值，是使用货币的一个根本的先决条件"时，他已经承认了我的理论的逻辑基础 (p. 126) 。

44. 参阅 Menger，Grundsätze der Volkswirtschaftslehre (Vienna，1923)，pp. 304 ff. 英译本译者按：在本书的德文版中，上一段的后面还有一个解释，追随门格尔的德国理论家通常把"货币方面的那些价格决定因素的变化对货币和商品的交换比率产生影响的性质和程度的问题"，视为是货币的内在客观交换价值(innere objektive Tauschwert)的问题，并且把"与货币客观交换价值在一切情况下有关的那些变化"视为其外在的客观交换价值(äussere objektive Tauschwert)。因为在英语术语中，这种区别并不常见，所以在这个英语版中予以省略；而且在下文中，凡是涉及"货币的客观交换价值"的地方，都是内在(innere)交换价值，除非明确指出有相反的意义。

45. 参阅 Wieser，Über den Ursprung und die Hauptgesetze des wirtschaftlichen Wertes，op. cit.，p. iii。

46. 参阅 Laughlin，*The Principles of Money* (London，1903)，pp. 513 ff.。

47. 同上，pp.530 ff.

48. 同上，pp. 531 ff.

49. 参阅 Zuckerkandl，op. cit.，pp. 123 ff.。

50. 参阅 Mill，Principles of Political Economy (London，1867)，p. 299。

51. 比较 Marshall，before the Indian Currency Committee，"Report"

(London, 1898—99; Q. 11759), in Official Papers (London, 1926), p. 267。

52. 参阅 Menger, op. cit., pp. 325 ff.; also Helfferich, op. cit., pp. 500 ff.。

53. 参阅附录 2。

54. 如果研究这个假设和通货学派所阐述的"纯金属通货"理论之间的关系,则有必要讨论银行学派所提出的批评意见;但是,本书第三编关于信用媒介和清算体系的说明,会补充上面遗留的这一空白。

55. 值得注意的是,甚至在其他地方采纳主观价值理论立场的研究者也可能会犯这种错误。例如,Fisher and Brown, *The Purchasing Power of Money* (New York, 1911), pp. 8 ff.。

56. 参阅 Wieser, "Der Geldwert und seine Veränderungen," pp. 515 ff.。

57. 参阅 Hume, Essays, ed. Frowde (London), pp. 294 ff.; Mill, op. cit., pp. 298 ff.; Cairnes, Essays in Political Economy, Theoretical and Applied (London, 1873), pp. 57 ff.; Spiethoff, "Die Quantitätstheorie insbesondere in ihrer Verwertbarkeit als Haussetheorie," Festgaben für Adolf Wagner (Leipzig, 1905), pp. 250 ff.。

58. Hume, op. cit., p. 307.

59. Mill, op. cit., p. 299.

60. 参阅 Conant, "What Determines the Value of Money?" *Quarterly Journal of Economics* 18 (1904): 559 ff.。

61. 参阅 Fisher and Brown, op. cit., pp. 28 ff., 157 ff.。

62. 参阅 Fullarton, On the Regulation of Currencies, 2d ed. (London, 1845), pp. 69 ff., 138 ff.; Wagner, Die Geld- und Kredittheorie der Peelschen Bankakte (Vienna, 1862), pp. 97 ff.。

63. 在其他地方也表达得很清楚。参阅 Fullarton, op. cit., pp. 57 ff.; Wagner, op. cit., p. 70。

64. 也可参阅 Knies, Geld und Kredit (Berlin, 1876), vol. 2, 1st half, pp. 284 ff.。

65. 参阅 Fullarton, op. cit., p. 71。

66. 参阅 Diehl, Sozialwissenschaftliche Erläuterungen zu David Ricardos Grundsätzen der Volkswirtschaft und Besteuerung, 3d ed.（Leipzig, 1922）, Part 2, p. 230。

67. 参阅 Spiethoff, op. cit., pp. 263 ff.; Kemmerer, op. cit., pp. 67 ff.; Mill, op. cit., pp, 316 ff.。

68. 参阅本书第三编第三章第三节。

69. 参阅 White, *Money and Banking Illustrated by American History*（Boston, 1895）, pp. 166 ff.。

70. 参阅 Wagner, Theoretische Sozialökonomik（Leipzig, 1909）, vol. 2, p, 245。

71. 参阅 Wieser, "Der Geldwert und seine geschichtlichen Veränderungen," pp. 57 ff.; "Der Geldwert und seine Veränderungen," pp. 527 ff.; "Theorie der gesellschaftlichen Wirtschaft," in Grundriss der Sozialökonomik（Tübingen, 1914）, Part I, pp. 327 ff.。

72. 也可参阅我的论文"Die allgemeine Teuerung im Lichte der theoretischen Nationalalökonomie", Archiv für Sozialwissenschaft 37：563 ff.。

73. Menger,Beiträge zur Währungsfrage in Österreich-Ungarn（Jena, 1892）, pp. 53 ff.

74. 例如国际邮政联盟会员国的信件邮资。

75. Jahrbücher für Nationalökonomie und Statistik, 3d Series, vol. 47, pp. 86－93.

76. 参阅本章第六节。

77. 参阅本书第一编第五章第一节。

78. 参阅 Senior, Three Lectures on the Cost of Obtaining Money, pp. 1 ff.。

79. 参阅 Wieser, "Der Geldwert und seine Veränderungen," Schriften des Vereins für Sozialpolitik 132：531 ff.。

80. 上面提到的理论出自李嘉图，今天卡斯尔（Cassel）极力倡导这一理论，他用购买力平价这一术语指称静态交换比率。参阅 Cassel, *Money and*

*Foreign Exchange After 1914* (London, 1922), p. 181 ff.。

81. 参阅 Senior, Three Lectures on the Transmission of the Precious Metals from Country to Country and the Mercantile Theory of Wealth (London, 1828), pp. 5 ff.。

82. 参阅 Ricardo, "Principles of Political Economy and Taxation," in Works, ed. McCulloch, 2d ed. (London, 1852), pp. 213 ff.; Hertzka, Das Wesen des Geldes (Leipzig, 1887), pp. 42 ff.; Kinley, *Money* (New York, 1909), pp. 78 ff.; Wieser, "Der Geldwert und seine Veränderungen," Schriften des Vereins für Sozialpolitik 132: 530 ff.。

83. 如果在投机性活动中预期外国货币升值。而购买外国货币,则有可能会出现暂时的变化。

84. [英译者注:如果按照门格尔的观点,我们应该把这两个问题中的第一个问题称为货币的外在(äussere)客观交换价值的可度量性问题,把第二个问题称为货币的内在(innere)客观交换价值的可度量性问题。请参阅第二编第二章的注释 25。]

85. 参阅 Menger, Grundsätze der Volkswirtschaftslehre, 2d ed. (Vienna, 1923), pp. 298 ff.。

86. 关于福克纳(Falkner)的观点,请参阅 Laughlin, *The Principles of Money* (London, 1903), pp. 213—21; Kinley, *Money* (New York, 1909), pp. 253 ff.。

87. 参阅 Wieser, "Uber die Messung der Veränderungen des Geldwerts," Schriften des Vereins für Sozialpolitik 132 (Leipzig, 1910): 544 ff., Joseph Lowe seems to have made a similar proposal as early as 1822; on this, see Walsh, The Measurement of General Exchange Value (New York, 1901), p. 84。

88. 参阅 Weiss, Die moderne Tendenz in der Lehre vom Geldwert, Zeitschrift für Volkswirtschaft, Sozialpolitik und Verwaltung, vol. 19, p. 546。

89. 也请参阅本编第六章第四节。

90. 参阅 Dernburg, Pandekten, 6th ed. (Berlin, 1900), vol. 1,

p. 84. On the fact that one of the chief characteristics of a fiction is the explicit consciousness of its fictitiousness, see also Vaihinger, Die Philosophie des Als ob, 6th ed. (Leipzig, 1920), p. 173; English trans., The Philosophy of "As If" (London: Kegan Paul, 1924)。

91. L. 80, Dig. desolutionibus et liberationibus 46, 3. Pomponius libro quarto ad Quintum Mucium. See further Seidler, "Die Schwankungen des Geldwertes und die juristische Lehre von dem Inhalt der Geldschulden," Jahrbücher für Nationalökonomie und Statistik (1894), 3d series, vol. 7, pp. 685 ff.; Endemann, Studien in der romanische-kanonistischen Wirtschafts- und Rechtslehre bis gegen Ende des 17 Jahrhunderts (Berlin, 1874), vol. 2, p. 173.

92. 在评论本书第一版(Die Neue Zeit, 30th year, vol. 2, p. 1024－1027)时,Hilferding 把上述观点批评为"仅仅滑稽而已"。如果想让蒙受马克贬值影响的德国各阶层人士喜欢这种幽默的额外意义,也许要求太高了。不过,仅仅在一两年之前,甚至这些人似乎对这个问题理解得也好不到哪里去。费希尔提供了具体的证明(Hearings Before the Committee on Banking and Currency of the House of Representatives, 67th Cong., 4th sess., on H.R. 1788 Washington, D.C., 1923, pp. 5 ff., 25 ff.),如果近年来德国的货币和经济政策竟然掌握在像 Hilferding 和 Havenstein 这一类人的手中的话,这实在是德国的不幸,他们甚至都不适合于解决相对于黄金的马克的贬值问题。

93. 参阅 Knies, Geld und Kredit (Berlin, 1876), vol. 2, Part I, pp. 105 ff.; Fisher, *The Rate of Interest* (New York, 1907), pp. 77 ff., 257 ff., 327 ff., 356 ff.。

94. 参阅 Clark, *Essentials of Economic Theory* (New York, 1907), pp. 541 ff.。

95. 参阅 Walsh, *The Measurement of General Exchange Value* (New York, 1901), pp. 80 ff.; Zižek, Die statistischen Mittelwerte (Leipzig, 1908), pp. 183 ff.。

96. 参阅 Mügel, Geldentwertung und Gesetzgebung (Berlin,

1923), p. 24。

97. [英译者注:应该记得的是,所有这些都写于 1924 年。]

98. 1892 年 3 月,在维也纳的通货质询委员会——任命以准备管理奥地利通货的组织——的会议上,卡尔·门格尔(Carl Menger)说:"我应该补充说明的是,不仅仅是立法者,而且我们全体,在日常生活中都习惯于不重视货币购买力的变化。各位先生,甚至像你们这样杰出的银行家,在年底拟定资产负债表时,也不询问代表股本的货币总额的购买力是否增加或亏损的问题。"维也纳房地产信托银行(Bodenkreditanstalt)的行长,奥地利银行家中最杰出的银行家,Theodor von Taussig, 没有理解门格尔这一番话的意思。他回答说:"资产负债表是以公司或个人的财产或资产来平衡他的债务,都是以公认的价值尺度或货币本位来表示,对奥地利来说,以盾(gulden)表示。当我们以本位币(我们假定其内容是同质的)表示财产或债务时,我看不出我们如何去考虑尺度标准的变化,而不按照习惯来考虑被度量的对象的变化。" Taussig 根本没有理解,问题的关键在于商品价值的估价,和应该注销的贬值的金额,而不在于以货币债权来平衡货币债务,或者,如果损益表不过分失实的话,必须考虑货币价值的变化。门格尔在其回答中并没有有意识地提到这个问题,因为他所关心的是要表明他的说法不应当被解释为他指责银行经理们的经营行为不诚实,而这正是 Taussig 打算解释的内容。所以,门格尔补充说:"我所说的只是,不仅仅是银行经理们,(我所说的是甚至担任银行领导的人们)都犯了没有考虑货币价值在日常生活中的变化的错误。"(Stenographische Protokolle über die vom 8. bis 17. März 1892 abgehaltenen Sitzungen der nach Wien einberufenen Währungs-Enquete-Kommission [Vienna, 2892], pp. 221, 257, 270)

99. 参阅我的著作 Nation, Staat und Wirtschaft (Vienna, 1919), pp. 129 ff., 研究这些问题的著作,后来在德国和奥地利出现了很多种。

100. 可进一步参阅本书第三编第六章第十二节。

101. 参阅 Ricardo, Letters to Malthus, ed. Bonar (Oxford, 1887), p. 10。

102. 参阅 Hume, Essays, ed. Frowde (London), pp. 294 ff.。

103. Auspitz and Lieben, Untersuchungen über die Theorie des Preises

(Leipzig, 1889), p. 65.

104.［英译者注：本书作者以上一节所限定的技术意义上使用术语 Geldwertpolitik。对于这个特殊的意义，我使用了货币政策一词。通货政策是我翻译 Währungspolitik 一词的术语。］

105. 类似的利益，例如印刷商、石版家等人的利益，对于纸币的生产也产生一定的影响。本杰明·富兰克林在他的第一部政治著作中建议增加纸币的发行，也许和这样的动机有关，富兰克林的这部著作，1729 年在费城（匿名）出版，名为《纸币的性质和其必要性初探》（"A Modest Inquiry into the Nature and Necessity of a Paper Currency"）(in The Works of Benjamin Franklin, ed. Sparks [Chicago, 1882], vol. 2, pp. 253 – 77). 在此书发表之前不久——正如他在自传中所述（ibid., vol. 1, p. 73）——他曾经为新泽西州印制钞票，当他的这本小册子导致宾夕法尼亚州决定印制更多的钞票时，尽管有"富人"的反对，他得到印制钞票的订单。关于这件事，他在其自传中写道："一项非常有利可图的工作，对我有很大的帮助。这是我所得到的另外一个利益，它能够使我写作"（ibid., p. 92）。



106. 汽车制造商亨利·福特、大发明家爱迪生以及美国参议员拉德（Ladd）等人近年来所提出的天真的通货膨胀的建议，参阅 Yves Guyot, Les problèmes de la déflation (Paris, 1923), pp. 281 ff.。

107. 早在 1740 年，威廉·道格拉斯（William Douglass）在其匿名著作 *A Discourse Concerning the Currencies in the British Plantations in America* (Boston, 1740)中提出这个主张。也可参阅 Fisher, *The Rate of Interest*, p. 356。

108. 参阅 Hertzka, Währung und Handel (Vienna, 1876), p. 42。

109. 参阅 Bentham, Defense of Usury, 2d ed. (London, 1790), pp. 102 ff.。

110. 参阅 Wright and Harlow, The Gemini Letters (London, 1844), pp. 51 ff.。

111. 参阅 Hofmann, "Die Devalvierung des österreichischen Papiergeldes im Jahre 1811," Schriften des Vereins für Sozialpolitik 165, Part I.

112. [英译者注:应该记住,此英译本根据 1926 年出版的德文版翻译。不过,请参阅本书英语版序言中关于英国政策的讨论。]

113. [See p. 146 n above.]参阅本书第三编第二章注释 25。

114. Cp. pp. 251 and 262 - 63 above.参阅本书本章第三节和第四节。

115. Esp. Pigou, *The Economics of Welfare* (London, 1921), pp. 665 ff.

116. 关于这一点,请参阅我的著作 Die Gemeinwirtschaft, 2d ed., (Jena, 1922), pp. 211 ff.。

117. 参阅我的著作 Nation, Staat und Wirtschaft (Vienna, 1919), pp. 108 ff.。

118. 卡斯尔(Cassel)正确地认为:"如果等官方的解释一点一点地被加以驳斥,以及当局力图尽可能地蒙蔽人民的思想的欺骗被完全揭穿之后,再对第一次世界大战所带来的货币问题有非常清楚的理解,这件事永远都不可能实现"(Cassel, *Money and Foreign Exchange After 1914* [London, 1922], pp. 7 ff.)。参阅戈雷格里(Gregory)对国家主义最重要的理论的批评,见其著作 *Foreign Exchange Before, During and After the War* (London, 1921), esp. pp. 65 ff.。

119.匈牙利苏维埃共和国的一个领袖在 1919 年春天对本书作者说:"苏维埃共和国所发行的纸币,的确应该具有次于俄国货币的最高汇率,因为在全体匈牙利人民的私有财产社会化之后,匈牙利政府在全世界成为次于俄国的最富有的国家,因此具有最好的信用。"

第三编

1. 参阅 Bagehot, Lombard Street (London, 1906), p. 21。

2. Knies, Geld und Kredit (Berlin, 1876), vol. 2, Part II, p. 242. See further, Weber, Depositen- und Spekulationsbanken (Leipzig, 1902), pp. 106 ff.; Sayous, Les banques de depêt, les banques de crédit et les sociétés financières, 2d ed. (Paris, 1907), pp. 219 ff.; Jaffé, Das englische Bankwesen, 2d ed. (Leipzig, 1910), p. 203.

3. 参阅 Macleod, *The Elements of Banking* (London, 1904), p. 153。

4. 参阅 Fullarton, *On the Regulation of Currencies*, 2d ed. (London, 1845), p. 39; Mill, *Principles of Political Economy* (London, 1867), p. 314; Jaffé, op. cit., p. 175。

5. 参阅 Jaffé, op. cit., p. 153。

6. 这是银行业务的"过剩利润"( Übergewinn),由赫尔曼(Hermann)提出(op. cit., pp. 500 ff.)。

7. 例如,甚至威克塞尔也持此观点。(Geldzins und Güterpreise [Jena, 1898], p. 57)

8. 参阅 Torrens, The Principles and Practical Operation of Sir Robert Peel's Act of 1844 Explained and Defended, 2d ed. (London, 1857), pp. 16 ff.。

9. Ibid., p. 18.

10. 自本书第一版出版以来,又出版了大量的著作,但是,这些著作仍然没有认识到流通信用的问题。在理解了这个问题的本质的著作中,应该指出下列著作:Schumpeter, Theorie der wirtschaftlichen Entwicklung (Leipzig, 1912), pp. 219 ff.; Schlesinger, Theorie der Geld- und Kreditwirtschaft (Munich and Leipzig, 1914), pp. 133 ff.; Hahn, Volkswirtschaftliche Theorie des Bankkredits (Tübingen, 1920), pp. 52 ff.。



11. Thus Lexis, Allegemeine Volkswirtschaftslehre (Berlin, 1910) (Hinnenberg, Die Kultur der Gegenwart, section II, vol. 10, Part 1), p. 122; Lexis, Geld und Preise (Riesser-Festgabe, Berlin, 1913), pp. 83 ff. Similarly, with regard to the clearinghouse business, Schumacher, Weltwirtschaftliche Studien (Leipzig, 1911), pp. 53 ff. and the writings there referred to.

12. 参阅 Lotz, Geschichte und Kritik des deutschen Bankgesetzes vom 14. März 1875 (Leipzig, 1888), pp. 72 ff.。

13. 例如,可参阅根据 1860 年 1 月 31 日的通货法案第 8 条建立的瑞士通货储备金,Altherr, Eine Betrachtung über neue Wege der schweizerischen Münzpolitik (Bern, 1908), pp. 61 ff.。

14. 参阅 Knies, Geld und Kredit (Berlin, 1876), vol. 2, Part I,

pp. 268 ff.。

15. 参阅 l. 21, sec. 1 D. de liberatione legata 34, 3. Terentius Clemens libro XII ad legem Juliam et Papiam。

16. 参阅 l. 1 D. der compensationibus 16, 2. Modestinus libro sexto pandectarum。

17. 参阅 Thornton, An Enquiry into the Nature and Effects of the Paper Credit of Great Britain (London, 1802), pp. 39 ff.。

18. 参阅 Baird, The One Pound Note, Its History, Place and Power in Scotland, and Its Adaptability for England, 2d ed. (Edinburgh, 1901), pp. 9 ff.; Graham, The One Pound Note in the History of Banking in Great Britain, 2d ed. (Edinburgh, 1911), pp. 195 ff.; Nicholson, A Treatise on Money and Essays on Present Monetary Problems (Edinburgh, 1888), pp. 177 ff.; Jevons, Investigations in Currency and Finance (London, 1909), pp. 275 ff.。

19. 参阅 Lindsay, A Gold Standard Without a Gold Coinage in England and India (Edinburgh, 1879), pp. 12 ff.。我无法得到同一个作者于1892年匿名出版的第二个小册子,这本小册子的名称是《李嘉图的交换补救法》(*Ricardo's Exchange Remedy*)。

20. 参阅 Probyn, Indian Coinage and Currency (London, 1897), pp. 1 ff.。

21. 参阅 Report of the Indian Currency Committee 1898 (in Stability of International Exchange, Report on the Introduction of the Gold-Exchange Standard into China and Other Silver-using Countries submitted to the Secretary of State, October 1, 1903, by the Commission on International Exchange [Washington, D. C., 1903], Appendix G), pp. 315; Heyn, Die indische Währungsreform, (Berlin, 1903), pp. 54 ff.; Bothe, Die indische Währungsreform seit 1893 (Stuttgart, 1906), pp. 199 ff.。

22. 关于第一次世界大战期间通货膨胀时期印度通货的命运,参阅 Spalding, Eastern Exchange, Currency and Finance, 3d ed. (London, 1920), pp. 31 ff.。

23. 参阅 Conant, "The Gold Exchange Standard in the Light of Experience," *The Economic Journal* 19 (1909): 200。

24. 1816 年出版的小册子,"Proposals for an Economical and Secure Currency with Observations on the Profits of the Bank of England," in Works, ed. McCulloch, 2d ed. (London, 1852), pp. 404 ff.。

25. 参阅 Patterson, Der Krieg der Banken, trans. from the English by Holtzendorff (Berlin, 1867), pp. 17 ff.; Wolf, Verstaatlichung der Silberproduktion und andere Vorschläge zur Währungsfrage (Zurich, 1892), pp. 54 ff.; Wolf, "Eine international Banknote," in Zietscrift für Sozialwissenschaft (1908), vol 11, pp. 44 ff.。

26. 这些话写于 1911 年,今天不需要任何补充。

27. 参阅 De Greef, "La monnaie, le crédit et le change dans le commerce international," Revue economique internationale 4 (1911): 58 ff.。

28. 参阅 Smith, *The Wealth of Nations*, Cannan's ed. (London, 1930), vol. 2, pp. 28, 78。

29. 参阅 Ricardo, "The High Price of Bullion a Proof of the Depredation of Bank Notes," in Works, ed. McCulloch, 2d ed. (London, 1852), pp. 263 ff.; "Proposals for an Economical and Secure Currency" in ibid., pp. 397 ff.; see pp. 324－25 above and 467－68 below。

30. 关于经济波动取决于信用政策的问题,参阅本书这一编第六章第十二节。

31. 参阅 Jevons, Investigations in Currency and Finance, pp. 8, 151 ff.; Palgrave, Bank Rate and the Money Market in England, France, Germany, Holland and Belgium 1844－1900 (London, 1903), pp. 106 ff.; 138; J. Laughlin, The Principles of Money (London, 1903), pp. 409 ff.。

32. 参阅 Spiethoff, "Die Quantitätstheorie insbesondere in ihrer Verwertbarkeit als Haussetheorie," Festgaben für Adolf Wagner (Leipzig, 1905), pp. 263 ff.。

33. 参阅 Helfferich, Studien über Geld- und Bankwesen (Berlin, 1900), pp. 151 ff.; Schumacher, Weltwirtschaftliche Studien (Leipzig,

1911), pp. 5 ff.。

34. 参阅 White, *An Elastic Currency* (New York, 1893), p. 4。

35. 参阅本书第二编第二章第九节及以后内容。

36. 参阅 Tooke, *An Inquiry into the Currency Principle* (London, 1844), pp. 60 ff.; 122 ff.; Fullarton, *On the Regulation of Currencies*, 2d ed. (London, 1845), pp. 82 ff.; Wilson, Capital, *Currency and Banking* (London, 1847), pp. 67 ff.; Mill, *Principles of Political Economy* (London, 1867), pp. 395 ff.; Wagner, Geld- und Kredittheorie der Peelschen Bankakte (Vienna, 1862), pp. 135 ff. ,关于米勒(Mill)在这个问题上的不一致性,参阅 Wicksell, Geldzins und Güterpreise (Jena, 1898), pp. 78 ff.。

37. 参阅 Laughlin, *The Principles of Money* (London, 1903), p. 412。

38. 参阅 Wicksell, op. cit., p. v。

39. 参阅 Fullarton, op. cit., p. 64。

40. 参阅 Schumacher, op. cit., pp. 122 ff.。

41. 参阅 Prion, Das deutsche Wechseldiskontgeschäft (Leipzig, 1907), pp. 120 ff., 291 ff.。

42. 一些私人银行在结算日的不久之前,向德国国家银行(Reichsbank)提出一部分再贴现,这不是因为银行缺乏资本,而是因为它们希望把快到期的票据转给国家银行以收回现金,由于国家银行在全国各地有密集的分行网络,所以比其他银行更容易履行这一任务。参阅 ibid., pp. 138 ff.。

43. 参阅 Ricardo, "Proposals," in Works, ed. McCulloch, 2d ed. (London, 1852), p. 406; Walras, Études d'économie politique appliquée (Lausanne, 1898), pp. 365 ff.。

44. 例如,参阅 See for example, Tellkampf, Die Prinzipien des Geld- und Bankwesens (Berlin, 1867), pp. 181 ff.; Erfordernis voller Metalldeckung der Banknoten (Berlin, 1873), pp. 23 ff.; Geyer, Theorie und Praxis des Zettelbankwesens, 2d ed. (Munich, 1874), p. 227。

45. 参阅 Hepburn, *History of Coinage and Currency in the United States* (New York, 1903), p. 418。

46. 参阅 Dunbar, *Chapters on the Theory and History of Banking*, 2d ed. (New York, 1907), p. 99。

47. 参阅 Kiga, Das Bankwesen Japans, Leipziger Inaug. Diss., p. 9。

48. 参阅 Oppenheim, Die Natur des Geldes (Mainz, 1855), pp. 241 ff.。

49. 这个例子假设的是 1914 年以前的情况。

50. 参阅本编第一章第三节。但是,这个"银行足够保证的原则"("principle of the banking adequate cover")不但适用于银行,而且也适用于类似的其他所有企业,这个事实常常被忽略了。例如,可参阅 Schulze-Gaevernitz, "Die deutsche Kreditbank," Grundriss der Sozialökonomik, Part V, section 2, pp. 240 ff.。

51. 参阅 Wagner, System der Zettelbankpolitik (Freiburg, 1873), pp. 240 ff.—The "golden rule" found its classical expression with regard to the business of credit banks in the famous "Note expédiée du Havre le 29 Mai 1810, à la Banque de France, par ordre de S. M. l'Empereur, et par l'entremise de M. le comte Mollien, ministre du Trésor" (I quote from the reprint in Wolowski, La Question des Banques [Paris, 1864], pp. 83 - 87); "Il faut qu'une banque se maintienne en état de se liquider à tout moment, d'abord, vis-à-vis des porteurs de ses billets, par la réalisation de son portefeuille, et, apres les porteurs de ses billets, viv-à-vis de ses actionnaires, par la distribution à faire entre eux de la portion du capital fourni par chacun d'eux. Pour ne jamais finir, une banque doit etre toujours prête à finir" (p. 87). All the same, Mollien had no doubt on the point that a bank that does not issue its notes otherwise "qu'en échange de bonnes et valable lettres de change, à deux et trois mois de terme au plus" can only call in its notes from circulation "dans un espace de trois mois" (ibid., p. 84)。

52. 在美国,在银行制度按照联邦储备法案(the Federal Reserve Act)重组之前,由参加票据交换所的各银行会员临时组成的组织,弥补在危机时期没有中央银行的缺陷。

53. 参阅这一编第三章第五节。

54. 参阅 Nicholson, *A Treatise on Money and Essays on Present Monetary Problems* (Edinburgh, 1888), pp. 67 ff.。

55. 参阅 Kalkmann, "Holland's Geldwesen im 29. Jahrhundert," in Schmoller's Jahrbuch, vol. 25, pp. 2249 ff.; Witten, "Die Devisenpolitik der Nationalbank von Belgien," in ibid., vol. 42, pp. 625 ff.。

56. 我在本章中一直使用庞巴维克的利息理论所使用的术语和方法，这并不暗示我是该理论的支持者，或者我认为这一理论是解决这一问题的令人满意的方法。由于本书受篇幅限制，我没有说明我对利息问题的观点；这个问题必须有待于进行特殊的研究，我希望我在不久的将来能够发表我对这个问题的观点。在这种情况下，我没有其他办法，只能在庞巴维克理论的基础上提出我的观点。庞巴维克的杰出贡献是直到今日从他那个时代以来所有研究利息问题的研究者研究的基础，而且很可能是将来研究这个问题的那些研究者进行研究工作的基础。他是理解这一问题的开拓者；他是把利息问题和货币价值问题系统联系起来的第一人。

57. 参阅 Hume, *Essays*, ed. Frowde (London), pp. 303 ff.; Smith, *The Wealth of Nations*, Cannan's ed. (London, 1930), vol. 2, pp. 243 ff.; see also J. S. Mill, *Principles of Political Economy* (London, 1867), pp. 296 ff.。

58. 例如，参阅 Georg Schmidt, Kredit und Zins (Leipzig, 1910), pp. 38 ff.。

59. 英格兰银行进行这一交易，出售其一部分联合公债(consols)得到"现款"，然后立刻以"赊账"的方式买回。赊账的价格更高，因为它包含快要到期的大部分利息；这两个价格之间的差额是银行支付贷款的报酬，因此，所产生的费用，由这个银行现在得到贷款业务的较大比例而等到补偿。参阅 Jaffé, Das englische Bankwesen, 2d ed. (Leipzig, 1910), p. 250。

60. 例如，参阅 Arendt, Geld-Bank-Börse (Berlin, 1907), p. 19。

61. 参阅 Gilbart, *The History, Principles and Practice of Banking*, rev. ed. (London, 1904), vol. 1, p. 98。

62. 参阅 Wicksell, Geldzins und Güterpreise (Jena, 1898), p. 74。的确，甚至那个时期的著作者的确经常讨论利率变化的问题；参阅，例如

Tooke, *An Inquiry into the Currency Principle* (London, 1844), p. 224。

63. 参阅 Tooke, *An Inquiry into the Currency Principle* (London, 1844), pp. 121 ff.; Fullarton, *On the Regulation of Currencies*, 2d ed. (London, 1845), pp. 82 ff.; Wilson, *Capital, Currency and Banking* (London, 1847), pp. 67 ff., Wagner follows the train of thought of these writers in his Die Geld- und Kredittheorie der Peelschen Bankakte, pp. 135 ff.。

64. 参阅 Torrens, *The Principles and Practical Operation of Sir Robert Peel's Act of 1844 Explained and Defended*, 2d ed. (London, 1857), pp. 57 ff.; Overstone, *Tracts and Other Publications on Metallic and Paper Currency* (London, 1858), passim。

65. 参阅 Wicksell, op. cit., pp. 1 ff.。

66. 参阅 Fisher, *The Rate of Interest* (New York, 1907), pp. 94 ff.。

67. 参阅 Böhm-Bawerk, Kapital und Kapitalzins, p. 622。

68. 参阅 Fisher and Brown, *The Purchasing Power of Money* (New York, 1911), pp. 58 ff.。



69. 例如，参阅德国银行改革的有关最新文献。如注释 3 所引用的 Schmidt 的著作。如果要进行历史性的研究，则应该研究 Law, Cieszkowski, Proudhon, Macleod 和其他学者被视为这个理论的创立者和拥护者的程度。

70. 参阅 Wicksell, op. cit., pp. v ff.。

71. 参阅 ibid., pp. v ff., Ⅲ; also "The Influence of the Rate of Interest on Prices," *Economic Journal* 18 (1907): 213 ff.。

72. 参阅 Wicksell, "The Influence of the Rate of Interest," p. 215。

73. 参阅 Wicksell, Geldzins und Güterpreise, pp. 104 ff.。

74. 参阅 Walras, Études d'économie politique appliquée (Lausanne, 1898), pp. 345 ff.。

75. 参阅 Böhm-Bawerk, op. cit., pp. 611 ff.。

76. 同上，pp. 151 ff.

77. 这两个运动的方向是相反的，所以它们彼此抵消，米尔(Mill)强调这一事实(Principles, pp. 391 ff.)以表明,由通货膨胀引起的利率的上升被银行发行的额外钞票的数量所抵消(以及用于生产的黄金的额外数量),对银行利率具有收缩性影响。

78. 参阅第二编第七章第三节最后两页的内容。

79. [英译者注:自那时以来所发生的问题,作者在本书的英语版序言中进行了说明。]

80. [英译者注:参阅罗宾斯教授序言的最后一页。]

81. 参阅 Torrens, *The Principles and Practical Operation of Sir Robert Peel's Act of 1844 Explained and Defended*, 2d ed. (London, 1857), pp. 8 ff.。

82. 参阅 Tooke, *An Inquiry into the Currency Principle* (London, 1844), pp. 23 ff.。

83. 参阅 Wagner, "Banknote," in Rentzsch, Handwörterbuch der Volkswirtschaftslehre (Leipzig, 1866), p. 91。

84. 参阅 Wagner, "Kredit," ibid., p. 201。

85. 参阅 Schumacher's criticism of this contradiction, Weltwirtschaftliche Studien (Leipzig, 1911), pp. 62 ff.。

86. 参阅 Cannon, *Clearinghouses: Their History, Methods and Administration* (New York, 1900), pp. 79 ff.。

87. 自那时以来,联邦储备法案提出对美国发行钞票的基础工业,以便于缓和恐慌。

88. 参阅 Sartorious von Waltershausen, Das volkswirtschaftliche System der Kapitalanlage im Auslande (Berlin, 1907), pp. 126 ff.。

89. [英译者注:罗宾斯教授序言的最后一页。]

90. 参阅 Rosendorff, "Die Goldprämienpolitik der Banque de France und ihre deutschen Lobredner," Jahrbücher für Nationalökonomie und Statistik 21 (1901): 632 ff.; Dunbar, *Chapters on the Theory and History of Banking*, 2d ed. (New York, 1907), pp. 147 ff.。

91. 参阅 Kaufmann, Das französische Bankwesen (Tübingen, 1911), pp. 35 ff.。

92. 关于这一点，参阅 Rosendorff, op. cit., pp. 640 ff., and passages cited in the essay "Die neue Richtung in der Goldpolitik der Bank von Frankreich," Bank-Archiv. 7 (1907): (72) ff.，摘自法兰西银行会计报表。其中利率的上升被视为"seul moyen connu de défendre l'encaisse"。

93. See Landesberger, Währungssystem und Relation (Vienna, 1891), p. 104.

94. Ibid., p. 105, and Über die Goldprämienpolitik der Zettelbanken (Vienna, 1892), p. 28.

95. 即使在塔勒仍然是无限制的法定货币，而且其地位和法国的五法郎银币类似的时期，德国国家银行从来没有效仿法国，而采取黄金贴水政策。尽管常常有人建议德国国家银行这样做。这可能是因为塔勒的数量相对少，而不是因为班伯格的观点在德国有很大的影响。根据当时流行的观点，公开违背 1870 年到 1871 年之后的时期的银行和通货改革原则是不可能的。

96. 参阅 Koch, Der Londoner Goldverkehr (Stuttgart, 1905), p. 708。

97. Ibid., pp.81 ff.。

98. 参阅 Clare, *A Money Market Primer and Key to the Exchanges*, 2d ed. (London, 1893), p. 22。



99. Rosendorff ("Die Goldprämienpolitik der Banque de France," p. 636) 认为，在英格兰银行和德国国家银行兑现黄金的办法和法兰西银行的黄金贴水政策之间能够找出原则的不同，这似乎是错误的。他的观点的基础是由于法兰西银行完全拒绝兑现法国的金币，因此，从理论上来说，能够将其贴水数量无限制地提高，而英格兰银行和德国国家银行则和法兰西银行相反，一向按照钞票的全部面值兑现金币，而从来没有企图拒绝支付黄金，所以只能在铸造费用和磨损折旧的范围内提高其黄金的价值。Rosendorff 认为法兰西银行在"理论上"能够无限制地提高其黄金的贴水时，完全和他在他的著作中的其他说法相矛盾。事实上，除了法律也禁止采取这项措施的因素之外，该银行并没有这样做。但是，如果法兰西银行这样做的话，那就会完全改变法国货币体系的性质。这个办法将把法国货币体系转变为信用货币本位，因此，很难希望得到法国政府和议会的支持。

100. Thus, in the Compte rendu for 1898 (pp. 12 ff.): "Si nous nous

efforçons de conserver de grandes disponibilités métalliques et de les ménager le mieux possible, nous ne devons pas non plus perdre de vue les intérêts du commerce et lui refuser les moyens de payement qu'il réclame pour les besoins les plus légitimes, c'est-à-dire pour l'approvisionnement du marché français."

101. 参阅我的论文 Das Problem gesetzlicher Aufnahme der Barzahlungen in Osterreich-Ungarn, p. 1017。如果奥匈银行以这种方式或其他方式效仿法兰西银行的先例,它所实现的结果将和法兰西银行实现的结果相反。像法兰西银行一样,其行为不仅限制黄金的流出,而且也限制黄金的流入。对于法国这个债权国来说,这样做的意义和对债务国奥地利的意义完全不同。在法国,限制资本输入(只有在例外的情况下才会发生)不会引起反对;而奥地利是一个依赖于从国外经常输入资本的国家,这具有完全不同的影响。由于以后资本流出国外可能会有困难,所以在资本注入奥地利之前,维也纳的利率和外国的利率肯定产生更大的差距,因此,奥地利的利率常常会比外国的利率高。另一方面,奥地利输出短期资本也是无利可图,除非在例外的情况下,当奥地利的利率和外国的利率之间有较大的差距,但仍然不能抵消上述缺点。因为很少会出现奥匈的资本输出到西方国家的问题。

102. 参阅 Koch, op. cit., p. 79; Die Reichsbank 1876－1900 (Berlin, 1901), p. 146。

103. 参阅 Obst, Banken und Bankpolitik (Leipzig, 1909), pp. 90 ff.; Hertz, "Die Diskont und Devisenpolitik der österreichisch-ungarischen Bank," Zeitschrift für Volkswirtschaft, Sozialpolitik und Verwaltung 12 (1903): 496。

104. 参阅 Koch, op. cit., pp. 79 ff.; Hertz, op. cit., p. 521; Spitzmüller, "Valutareform und Währungsgesetzgebung," in Oesterreichischen Staatswörterbuch, 2d ed., vol. 2, p. 300。

105. 也可参阅 Proebst, Die Grundlagen unseres Depositen- und Scheckwesens (Jena, 1908), pp. 1 ff.。

106. 仅仅在最近几年,关于这一点的看法在主流阶层开始缓慢地发生变化。

107. [The reader will remember that this was written in 1924. H. E. B.]

英译者注:读者应该记住这些内容写于1924年。

108. 参阅 Keynes, *A Tract on Monetary Reform* (London, 1923), pp. 163 ff.。

109. 参阅 Kant, Werke, vol. 5, Zum ewigen Frieden (Insel-Ausgabe), pp. 661 ff.。

110. 参阅 Horn, Bankfreiheit (Stuttgart, 1867), pp. 376 ff.。

111. [英译者注:读者应该记住这些内容写于1924年。]

112. 参阅本书第二编第二章第八节。费希尔尤其指的是这个计划的独立性[Stabilizing the Dollar(New York, 1920), p. 90],而且安德逊(Anderson)也同样同意这一点,尽管在他的著作《货币的价值》(*The Value of Money*)中,他非常严厉地批评了费希尔的货币数量理论。参阅 Anderson, *The Fallacy of "The Stabilized Dollar"* (New York, 1920), pp. 6 ff.。

113. 参阅本书第二编第五章第一节和第六章第一节。



第四编

1. 参阅 Mises, Human Action (New Haven: Yale University Press, 1949), pp. 204-6。

2. 参阅本书第二编第二章第四节。

3. 关于这个问题,参阅 Human Action, pp. 463-68。

4. 参阅 A. B. Lerner, *The Economics of Control* (New York, 1944), pp. 307-8。

5. 参阅 B. Ruml, "Taxes for Revenue Are Obsolete," *American Affairs* 8 (1946): 35-36。

6. 参阅本书第二编第五章;*Human Action*, pp. 55-57, 347-49。

7. 本书第三编完全致力于阐述贸易周期的理论,这个理念被称为货币或流通信用理论。有时也被称为奥地利理论。以可参阅 *Human Action*, pp. 535-83, 787-94。

8. 参阅 Keynes, *The General Theory of Employment, Interest and*

*Money* (London, 1936), p. 264。

9. 关于建立这类外汇平衡账户的理由,参阅 *Human Action*, pp. 458-59。

10. 关于这个观点的基本错误,参阅本书第三编第五章。

11. 对于这个规定的唯一例外,参阅下文。

12. 参阅下文。

13. 参阅 Endemann, Studien in der romanisch-kanonistischen Wirtschafts- und Rechtslehre bis gegen Ende des 17. Jahrhunderts (Berlin, 1874-1883), vol. 2, p. 199。

14. 参阅 Voigt, "Die staatliche Theorie des Geldes," Zeitschrift für die gesamte Staatswissenschaft 62: 318 ff.。

15. Bendixen, Währungspolitik und Geldtheorie im Lichte des Weltkriegs (Munich and Leipzig, 1916), p. 37 (2d ed., 1919, p. 44).

16. Dühring, Cursus der National-und Sozialökonomie, 3d ed. (Leipzig, 1892), pp. 42 ff., 401.

17. 也可参阅 Palyi, Der Streit um die staatliche Theorie des Geldes (Munich and Leipzig, 1922), pp. 88 ff.。

18. Knapp, Staatliche Theorie des Geldes, 3d ed. (1921), pp. 445 ff.

19. 如果想象国家理论是个法学理论,就等于不考虑货币的法律理论所应达到的目的。任何持有这个观点的人,都应该查阅一下契约法律的著作,看一看在货币一章中是如何讨论这个问题的。

20. Knapp, op. cit., pp. 206, 214.

21. Lexis, "Papiergeld," in Handwörterbuch der Staatswissenschaften, 3d. ed., vol. 6, pp. 987 ff.

22. Schumpeter, "Das Sozialprodukt und die Rechenpfennige," Archiv für Sozialwissenschaft und Sozialpolitik 44: 635, 647 ff.

23. 同上, pp.665 ff.

24. 参阅本书第二编第二章第九节。

25. Knapp, op. cit., p. 281; "Die Beziehungen Oesterreichs zur staatlichen Theorie des Geldes," Zeitschrift für Volkswirtschaft, &c. 17: 440.

26. Knapp, Staatliche Theorie, pp. 6 ff.

27. "Alle unsere Nationalökonomen sind Metallisten," Knapp, "Über die Theorien des Geldwesens," Jahrbuch für Gesetzgebung, &c. 33: 432.

28. Knapp, "Die Währungsfrage vom Staat aus betrachtet," Jahrbuch für Gesetzgebung, &c. 41: 1528.

29. Knapp, "Über die Theorien des Geldwesens," p. 430.

30. Ibid., p. 432.

31. 也可参阅本书第三编第三章第一节。

32. 我们只需从上文提到的李嘉图的小册子中引用下面一段就够了:"一个管理良好的纸币通货,对于商业来说是一个非常大的进步,如果我们受偏见的影响,而重新回到效用更低的制度,我将感到极大的遗憾。把贵金属作为货币使用可以真正地被视为商业的改善和文明生活艺术的最重要的步骤之一;但是,随着知识和科学的进步,我们发现,再次把贵金属从货币用途中排除出去也是另外一个进步,在文明程度较低的时期,使用贵金属的优点非常多"。(Works, 2d ed. London, 1852, p. 404)李嘉图的"货币金属主义义愤"的真正目的就在于此。

33. Wieser, Über dieMessung der Veränderungen des Geldwerts, p. 542.

34. Wieser, "Theorie dergesellschaftlichen Wirtschaft," Grundriss der Sozialökonomik (Tübingen, 1924), p. 316.

35. 参阅本书第二编第一章(注 17)所引用的段落。

36. 参阅 Knapp, Staatliche Theorie, 1st ed., pp. 5, 7。

37. 参阅 Zuckerkandl, Zur Theorie des Preises mit besonderer Berücksichtigung der geschichtlichen Entwicklung der Lehre (Leipzig, 1899), pp. 98, 115 ff.。

38. 参阅 Hermann, Staatswirtschaftliche Untersuchungen, 2d ed. (Munich, 1870), p. 444; Knies, Das Geld, 2d ed. (Berlin, 1885), p. 324。

39. Knapp, Staatliche Theorie, p. 5.

40. Bendixen, op. cit., p. 134.

41. 参阅 Wieser, "Theorie der gesellschaftlichen Wirtschaft," p. 317。

42. 英译者注:本书是该书的译本。

43. Philippovich, Grundriss (Tübingen, 1916), p. 275.

44. 同上。

45. 尤其参阅 Knapp, Schriften des Vereins für Sozialpolitik, vol. 132, pp. 560 ff.。

46. Knapp, Geldtheorie, staatliche in H. d. S., 3d ed.

47. Philippovich, op. cit.

48. 同上, pp. 272 ff.

49. Lansburgh, Kriegskostendeckung (Berlin, 1915), pp. 52 ff.

50. Bortkiewicz, Frage der Reform, A. s. P. G., vol. 6, p. 98.

51. 参阅本书第三编第五章第一节。

52. 参阅本书第二编第六章第一节。

53. 参阅本书第二编第五章第二节和第三编第三章第四节。

# 索　　引

（页码为原书页码，即本书边码）

**图书在版编目(CIP)数据**

货币和信用理论/(奥)路德维希·冯·米塞斯著;樊林洲译.—北京:商务印书馆,2017
(汉译世界学术名著丛书:120年纪念版:珍藏本)
ISBN 978-7-100-14083-6

Ⅰ.①货… Ⅱ.①路… ②樊… Ⅲ.①货币信用学—研究 Ⅳ.①F820.4

中国版本图书馆CIP数据核字(2017)第137960号



汉译世界学术名著丛书
(120年纪念版·珍藏本)
**货币和信用理论**
〔奥地利〕路德维希·冯·米塞斯 著
樊林洲 译

商 务 印 书 馆 出 版
(北京王府井大街36号 邮政编码100710)
商 务 印 书 馆 发 行
南京爱德印刷有限公司印刷
ISBN 978-7-100-14083-6

2017年12月第1版 开本710×1000 1/16
2017年12月第1次印刷 印张35¼
定价:173.00元